„Eine Investition in Wissen bringt immer noch die besten Zinsen."

Benjamin Franklin (1706 – 1790)
Nordamerikanischer Politiker und Wissenschaftler

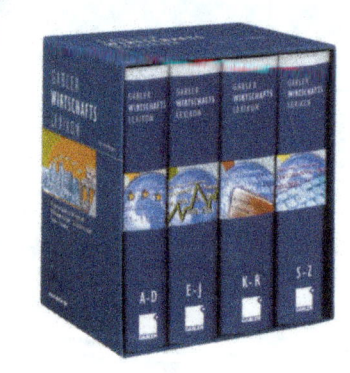

Das Gabler Wirtschaftslexikon lässt keine Fragen offen.
Jetzt auch als Taschenbuch!

CLASSIC EDITION
- 16., vollständig überarbeitete und aktualisierte Auflage 2004
- 3.478 Seiten, Gebunden, 4 Bände
- EUR (D) 179,00/CHF 283,00/EUR (A) 184,10
- ISBN 3-409-12993-6

TASCHENBUCHAUSGABE
- 16., vollständig überarbeitete und aktualisierte Auflage 2005
- 3.484 Seiten, Softcover, 8 Bände
- EUR (D) 89,00/CHF 146,00/EUR (A) 91,50
- ISBN 3-409-10386-4

Änderungen vorbehalten. Erhältlich im Buchhandel oder beim Verlag:
Gabler Verlag, Abraham-Lincoln-Straße 46, 65189 Wiesbaden, Telefon 06 11/78 78-6 26, Fax 06 11/78 78-4 20, www.gabler.de

ISBN 978-3-8349-0003-6   ISBN 978-3-663-09514-9 (eBook)
DOI 10.1007/978-3-663-09514-9

Intangible Assets: Sorgenkinder der Betriebswirtschaft?

Intangible Assets sind im wahrsten Sinne des Wortes ein schwer greifbares Thema. Dabei ist ihre hohe Bedeutung für die Unternehmen ohne jeden Zweifel. Dieses Sonderheft der Zeitschrift für Controlling und Management liefert Ihnen einen Einblick in Theorie und Praxis von Intangible Assets. Der Bogen spannt sich dabei von

- Fragen des Intangible Asset Managements und seine Bedeutung für das Management von Unternehmen,
- Konzepten zur Bewertung und Steuerung dieser immateriellen Werte und
- Fragen der Rechnungslegung immaterieller Vermögenswerte zu
- den Erwartungen an die Berichterstattung über Intangible Assets.

Jürgen H. Daum zeigt die Notwendigkeit eines umfassenden Denkens beim Management von immateriellen Werten. Beachtenswert sind dabei seine Ausführungen zur Organisationsgestaltung und zur ressortübergreifenden Kooperation.

Dieter Becker und Armin Steiner zeigen die Vielzahl von bestehen Konzepten zur Steuerung und Management von immateriellen Werte und die Notwendigkeit der Kombination, um aus Managementperspektive ein geeignetes Instrumentarium zu erhalten.

Andreas Creutzmann stellt ihnen bestehende Konzepte der finanziellen Bewertung von immateriellen Werten vor. Entsprechende Konzepte werden nicht nur im Rahmen der Kaufpreisallokation beim Unternehmenswert benötigt, sondern sind ein Muss, wenn eine quantitative Bewertung immaterieller Vermögenswerte im Controlling gefordert wird.

Jörn Littkemann, Michael Holtrup und Claudia Schrader thematisieren die Probleme bei der Akquisition von Unternehmen, die nicht wegen ihrer existierenden Produkte, sondern wegen ihrer Technologiekompetenz erworben werden. Ihre Ausführungen spannen sich von der Frage einer Due Diligence bis zur Bewertung hochinnovativer Unternehmen.

Ralf Dillerup, Simone Göttert und Corinna Gedeon zeigen im Rahmen einer realen Fallstudie den Einsatz einer Wissensbilanz. In dem praxisnahen Beitrag unterbreiten sie einen Vorschlag zur Identifikation und Steuerung immaterieller Werttreiber.

Thomas W. Günther informiert sie über die verschiedenen Konzepte zur Gewinnung von Wissensbilanzen. Sein Fokus ist dabei auf die interne Unternehmenssteuerung gelegt. Um ihnen eine Einschätzung der vielen diskutierten Konzepte zu erleichtern, werden die Möglichkeiten und Grenzen aufgezeigt.

Arnold Picot und Rahild Neuburger beschäftigen sich mit der Frage, ob und in welcher Weise ein Controlling von Wissen und Wissensmanagement möglich ist und welche Controlling-Instrumente hier sinnvoll eingesetzt werden können.

Alexander Gerybadze und Bernd Gaiser beschäftigen sich mit der Frage der Bewertung der Innovationskompetenz. Dabei beschränken sich die Autoren nicht nur auf F&E-Projekte, sondern diskutieren Prozesskompetenz für Innovationen in vielen Bereichen. Welche Methoden zur Bewertung im Einsatz sind wird ebenso beantwort wie die Frage nach ihren Möglichkeiten und Grenzen.

Reinhard Heyd und Martin Lutz-Ingold geben uns einen umfassenden Überblick über die Probleme der bilanziellen Abbildung von immateriellen Werten nach IFRS. Von besonderem Interesse sind dabei die bilanzpolitischen Implikationen.

Oliver Kunath geht dann mit der Kaufpreisallokation auf ein bilanzielles Spezialproblem von immateriellen Werten im Rahmen der Erstellung von Konzernabschlüssen ein.

Die empirische Auswertung von Thomas Fischer und Sabrina Becker zu den

Dirk Hachmeister

reporting-relevanten Informationen zu immaterielle Werte aus der Sicht von Jahresabschlussadressaten und -erstellern zeigt jene Bereiche, die von den Adressaten als besonders relevant angesehen werden.

Die in der Überschrift gestellte Frage nach immateriellen Werten als den Sorgenkindern der Betriebswirtschaftslehre können wir nicht eindeutig beantworten. Auf der einen Seite werden immaterielle Werte in der wissenschaftlichen und praktischen Diskussion nicht vernachlässigt, auf der anderen Seiten sehen wir die Herausforderungen, die vor uns liegen. Ich hoffe, die Beiträge geben Ihnen einen guten Überblick über Herausforderungen und vorhandenen Management-Tools im Zusammenhang mit Intangibles Assets. Ich wünsche Ihnen einen hohen Erkenntnisgewinn und möchte nicht schließen, ohne allen Autoren für ihre konstruktiven und interessanten Beiträge und meinen Mitarbeitern für die logistische Unterstützung zu danken.

Ihr Dirk Hachmeister

INHALT

INTANGIBLE ASSET MANAGEMENT

4 INTANGIBLE ASSET MANAGEMENT: WETTBEWERBSKRAFT STÄRKEN UND DEN UNTERNEHMENSWERT NACHHALTIG STEIGERN – ANSÄTZE FÜR DAS CONTROLLING
Jürgen H. Daum

20 IMMATERIELLES VERMÖGEN ERFOLGREICH MANAGEN – STATUS QUO UND ENTWICKLUNG
Dieter Becker/Armin Steiner

BEWERTUNG UND STEUERUNG

29 DER WERT VON IMMATERIELLEN VERMÖGENSGEGENSTÄNDEN ZUR STEUERUNG VON UNTERNEHMEN
Andreas Creutzmann

40 BESONDERHEITEN DER BEWERTUNG HOCHINNOVATIVER UNTERNEHMEN IM RAHMEN DES AKQUISITIONSCONTROLLINGS
Jörn Littkemann/Michael Holtrup/Claudia Schrader

58 WISSENSBILANZ UND CONTROLLING VON STRUKTURKAPITAL – FALLSTUDIE DES MITTELSTÄNDISCHEN MASCHINENBAUUNTERNEHMENS SICO GMBH & CO. KG
Ralf Dillerup/Simone Göttert/Corinna Gedeon

66 UNTERNEHMENSSTEUERUNG MIT WISSENSBILANZEN – MÖGLICHKEITEN UND GRENZEN
Thomas W. Günther

76 CONTROLLING VON WISSEN
Arnold Picot/Rahild Neuburger

86 CONTROLLING VON INTANGIBLES UND INNOVATIONSKAPITAL: INNOVATION AUDIT UND INNOVATION SCORECARD
Alexander Gerybadze/Bernd Gaiser

BILANZIERUNG

95 INTANGIBLE ASSETS IM JAHRESABSCHLUSS NACH IFRS – ANSATZ- UND BEWERTUNGSVORSCHRIFTEN SOWIE BILANZPOLITISCHE IMPLIKATIONEN
Reinhard Heyd/Martin Lutz-Ingold

107 KAUFPREISALLOKATION: BILANZIERUNG ERWORBENER IMMATERIELLER VERMÖGENSWERTE NACH IFRS 3 (2004)/IAS 38 (REV. 2004) UND ED IFRS 3 (AMEND. 2005)
Oliver Kunath

Herausgeber und Beirat:

Herausgeber:
Prof. Dr. Jürgen Weber, WHU, Otto-Beisheim-Hochschule, Lehrstuhl für Betriebswirtschaftslehre, insb. Controlling und Telekommunikation, Stiftungslehrstuhl der Deutschen Telekom AG.

Prof. Dr. Thomas Hess, LMU München, Institut für Wirtschaftsinformatik und Neue Medien.
Prof. Dr. Dirk Hachmeister, Universität Hohenheim, FG BWL insbes. Rechnungswesen und Finanzierung

Herausgeber-Beirat:
Dr. Ralf Eberenz, Beiersdorf AG, Leiter Corporate Accounting & Controlling.
Dr. Alan Hippe, Continental Aktiengesellschaft, Mitglied des Vorstandes.
Joachim Preisig, Deutsche Telekom AG, Leiter Konzerncontrolling.

BERICHTERSTATTUNG

121 WISSENSORIENTIERTE UNTERNEHMENSPUBLIZITÄT – ERGEBNISSE EINER EMPIRISCHEN STUDIE IN DEUTSCHEN BÖRSENNOTIERTEN UNTERNEHMEN
Thomas M. Fischer/Sabrina Becker

REDAKTION

1 EDITORIAL

2 INHALT

3 IMPRESSUM

www.zfcm.de

- AKTUELLES HEFT
- ARCHIV
- ONLINE FIRST
- JAHRESREGISTER
- TERMINE
- LINKS

ISBN 978-3-8349-0003-6
ISBN 978-3-663-09514-9 (eBook)
DOI 10.1007/978-3-663-09514-9

Beilagenhinweis:

Dieser Ausgabe liegen Prospekte des Verlages C.H. Beck, München und Rudolf Haufe Verlages, Freiburg, bei.

Wir bitten unsere Leserinnen und Leser um Beachtung.

Karl-Heinz Steinke, Deutsche Lufthansa AG, Leiter Konzerncontrolling & Kostenmanagement

Dr. Ulrich Vest, Springer Science + Business Media, Chief Financial Officer

Impressum

Verlag: Betriebswirtschaftlicher Verlag, Dr. Th. Gabler / GWV Fachverlage GmbH, Abraham-Lincoln-Straße 46, 65189 Wiesbaden, Postfach 1546, 65173 Wiesbaden, http://www.zfcm.de
Geschäftsführer: Andreas Kösters
Verlagsleitung: Dr. Heinz Weinheimer
Gesamtleitung Anzeigen: Thomas Werner
Gesamtleitung Vertrieb: Gabriel Göttlinger
Gesamtleitung Produktion: Bernhard Laquai
Programmleitung Wissenschaft: Claudia Splittgerber
Herausgeber: Prof. Dr. Jürgen Weber
 Prof. Dr. Thomas Hess
 Prof. Dr. Dirk Hachmeister
Herausgeber dieses Sonderheftes: Prof. Dr. Dirk Hachmeister
Schriftleitung: Dr. Bernhard Hirsch
E-Mail: bhirsch@whu.edu
Verantwortliche Redakteure:
Dipl.-Kfm. Eric Zayer
E-Mail: ezayer@whu.edu
Dipl.-Wirtsch.-Ing. Roman Müller
E-Mail: roman.mueller@whu.edu
Dipl.-Kfm. Michael Samtleben
E-Mail: samtleben@bwl.uni-muenchen.de
Redaktion:
Jutta Hauser-Fahr, Tel.: (06 11) 78 78-235
Annelie Meisenheimer,
Tel.: (06 11) 78 78-232
Abonnentenbetreuung:
VVA-Zeitschriften-Service, Controlling & Management, Postfach 777, 33310 Gütersloh
Tel.: (05241) 8019-68, Fax (05241) 8096-20
Produktmanagement: Kristiane Alesch,
Tel.: (06 11) 78 78-359
Anzeigenleitung: Christian Kannenberg,
Tel.: (06 11) 78 78-369
Es gilt die Anzeigenpreisliste 27 vom 1.10.02
Anzeigenverkauf: CBM GmbH,
Telefon (0 67 71) 80 91-0 od. -31,
Fax (0 67 71) 80 91-18
E-Mail: cbm_gmbh@t-online.de
Anzeigendisposition: Barbara Gerlach,
Telefon (06 11) 78 78-198,
Fax (06 11) 78 78-443
Produktion / Layout: Heiko Köllner,
Tel.: (06 11) 78 78-177
Bezugsmöglichkeit:
Das Heft erscheint sechsmal jährlich.
Preise: Einzelpreis € 28,– zzgl. Versand.
Jahresabonnementpreis Inland € 123,– für Studenten € 81,– (die aktuelle Immatrikulationsbescheinigung ist jeweils unaufgefordert nachzureichen); preisgebundener Jahresabonnementpreis Ausland € 129,–; Studentenpreis € 87,– (incl. Porto und ges. Mwst.). Abbestellungen sind sechs Wochen vor Ablauf des Bezugsjahres (s. letzte Abonnementrechnung) unter Angabe der Kundennummer schriftlich einzureichen; schriftliche Bestätigung erfolgt nicht. Jährlich können 1 bis 4 Sonderhefte hinzukommen. Sie werden Abonnenten mit einem Nachlass von 25 % gegen gesonderte Rechnung geliefert.

Bei Nichtgefallen können Sonderhefte innerhalb einer Frist von 3 Wochen an die Vertriebsfirma zurückgesandt werden. Zusätzliche Liefer- und Versandkosten fallen nicht an.

Druck und Verarbeitung: Wilhelm & Adam, Heusenstamm

Satz: Satzwerk · Gestaltung und DTP, Dreieich

Die Zeitschrift und alle in ihr enthaltenen einzelnen Beiträge und Abbildungen sind urheberrechtlich geschützt. Jede Verwertung außerhalb der engen Grenzen des Urheberrechtes ist ohne Zustimmung des Verlages unzulässig und strafbar. Das gilt insbesondere für Vervielfältigungen, Übersetzungen, Mikroverfilmungen und die Einspeicherung in elektronischen Systemen. Nachdruckgenehmigung kann die Redaktion erteilen. Für unverlangt eingesandte Beiträge und Rezensionsexemplare wird nicht gehaftet. Jede im Bereich eines gewerblichen Unternehmens hergestellte oder benützte Kopie dient gewerblichen Zwecken gem. § 54 (2) UrhG und verpflichtet zur Gebührenzahlung an die VG WORT, Abteilung Wissenschaft, Goethestr. 49, 80336 München, von der die einzelnen Zahlungsmodalitäten zu erfragen sind.

Alle Rechte vorbehalten. Kein Teil dieser Zeitschrift darf ohne schriftliche Genehmigung des Verlages vervielfältigt oder verbreitet werden. Unter dieses Verbot fällt insbesondere die gewerbliche Vervielfältigung per Kopie, die Aufnahme in elektronische Datenbanken und die Vervielfältigung auf CD-Rom und allen anderen elektronischen Datenträgern.

Hinweise für Autoren:
Der Autor ist mit der Veröffentlichung seines Beitrags damit einverstanden, dass sein Beitrag außer in der Zeitschrift auch durch Lizenzvergabe in anderen Zeitschriften (auch übersetzt), durch Nachdruck in Sammelbänden (z. B. zu Jubiläen der Zeitschrift oder des Verlages oder in Themenbänden), durch längere Auszüge in Büchern des Verlages auch zu Werbezwecken, durch Vervielfältigung und Verbreitung auf CD-ROM oder anderen Datenträgern, durch Speicherung auf Datenbanken, deren Weitergabe und den Abruf von solchen Datenbanken während der Dauer des Urheberrechtsschutzes an dem Beitrag im In- und Ausland vom Verlag und seinen Lizenznehmern genutzt wird.

© Springer Fachmedien Wiesbaden 2005
Ursprünglich erschienen bei Betriebswirtschaftlicher Verlag Dr. Th. Gabler / GWV Fachverlage GmbH, Wiesbaden 2005

Der Verlag ist ein Unternehmen von Springer Science+Business Media. ISSN 1614-1822

Bis 2002: krp-Kostenrechnungspraxis

INTANGIBLE ASSET MANAGEMENT

Intangible Asset Management: Wettbewerbskraft stärken und den Unternehmenswert nachhaltig steigern – Ansätze für das Controlling

Jürgen H. Daum

Intangible Asset Management – Weshalb?

Die Fähigkeit von Unternehmen, wirtschaftlichen Mehrwert in Form von Kundenwert, Shareholder Value und Stakeholder Value zu schaffen, basiert heute nicht mehr in erster Linie auf den traditionellen industriellen Produktivfaktoren (manuelle) Arbeit, Finanzkapital und Sachanlagen, sondern auf so genannten Intangible Assets (Alternativ wird in der Literatur auch der Begriff Intellectual Capital Wissenskapital verwendet.): zum Beispiel auf der Verfügbarkeit talentierter Wissensarbeiter (Humankapital), auf produktiven Beziehungen zu Geschäftspartnern und Kunden, auf dem Bekanntheitsgrad des Firmennamens, der Produkte und Marken (Beziehungskapital) und auf effektiven und effizienten Verfahren und Prozessen in Entwicklung, Fertigung, Vermarktung und Kundenservice (Strukturkapital). Intangible Assets sind heute im Wesentlichen für die Innovationskraft eines Unternehmens und für seine Fähigkeit verantwortlich, Mehrwert in einem hochdynamischen und hochkompetitiven globalen Umfeld zu schaffen und „einen Unterschied zu machen", sich also vom Wettbewerb zu differenzieren und attraktiv für Kunden, Investoren und andere Stakeholder zu sein und es zu bleiben.

Die wachsende Wertlücke zwischen Buch- und Marktwert

Intangible Assets begründen damit heute in hohem Maße die Wettbewerbsfähigkeit von Unternehmen und Volkswirtschaften als auch deren Wert bzw. deren wirtschaftliche Produktivität. Ein deutliches „Symptom" dafür ist die Tatsache, dass sich seit Jahren die Markt- und die Buchwerte von Unternehmen in fast allen Branchen auseinander entwickeln. Für die im amerikanischen Standard&Poors-500-Index gelisteten Unternehmen ist die Lücke zwischen Buch- und Marktwert

---

- Intangible Assets stellen heute Manager und Investoren vor große Herausforderungen. Deshalb wird ein Perspektivenwechsel benötigt, der Intangible Asset Management zu einem integralen Bestandteil eines neuen Management- und Unternehmenssteuerungsansatzes macht.
- Erforderlich ist eine erweiterte Ressourcensicht, Instrumente zur Analyse der wertschöpfenden Prozesse, die diese verwenden, und zur Analyse der entsprechenden Ressourcentransformationen, sowie eine erweiterte, mehrdimensionale Ergebnissicht, auf der sowohl das Strategiemanagement und das Performancemanagement aufsetzen können.
- Ein geeignetes Vorgehen, um das notwendige neue Managementdenken zu stimulieren, ist die Durchführung einer Analyse des Ist-Zustands des Wertschöpfungssystems aus einer Intangible Asset Management-Perspektive, die wertvolle Impulse für die strategische Planung und die Überarbeitung des Controllingsystems liefern kann.
- Ein aktives Intangible Asset Management erfordert aber auch ein Überdenken der Organisationsform sowie ressortübergreifende Kooperation und Kompetenzentwicklung im Unternehmen wie auch eine Neuausrichtung der Unternehmenskommunikation.

Jürgen H. Daum ist Management Adviser, Finance & Unternehmenssteuerungs-Experte und Chief Solution Architect der Business Solutions Architects Group EMEA bei der SAP, Walldorf. Für die CFOs und Controller zahlreicher europäischer Unternehmen fungiert er als Ideen- und Impulsgeber bei der Neuausrichtung der Finanzorganisation und der Unternehmenssteuerung. Er veröffentlicht regelmäßig Beiträge in Fachzeitschriften, spricht auf Konferenzen im In- und Ausland und ist Autor von „Intangible Assets oder die Kunst, Mehrwert zu schaffen" (dt.: 2002, engl.: 2003) und

seit 1980 im Durchschnitt von 20 % auf 75 % des Marktwertes angewachsen (vgl. Abb. 1).

Diesem Effekt liegt zugrunde, dass die Kapitalmärkte die Tatsache anerkennen, dass es vor allem Investitionen in Intangible Assets sind, die heute Mehrwert schaffen, also Renditen, die über den Kapitalkosten liegen. Derartige Investitionen, z. B. in die Produktinnovation, in Kunden- und Partnerbeziehungen, in Marken etc., erwirtschaften heute auch in der traditionellen Industrie, wie z. B. in der chemischen Industrie, Renditen, die weit über den Kapitalkosten und denen von Investitionen in Sachanlagen liegen (vgl. Aboody/Lev 2001, S. 18 – 21). So ist es auch nicht verwunderlich, dass Unternehmen aller Branchen heute mehr in Intangible Assets investieren als je zuvor – mit weiter steigender Tendenz. In den OECD-Ländern sind Investitionen in die Produktion von Wissenskapital, wie zum Beispiel in Forschung und Entwicklung, bereits 1999 mit dem Volumen der Investitionen in Sachanlagen gleichgezogen (vgl. OECD 1999, S. 2). Seitdem wird in diesen Volkswirtschaften mehr in Intangibles investiert als in Sachanlagen. Auch Unternehmen traditioneller Branchen verfügen deshalb heute oft über signifikante Intangible Assets, deren Wert teilweise noch über den Intangible Assets-Werten von Unternehmen typischer wissensintensiver Branchen wie etwa der Softwareindustrie liegen (vgl. Gu/Lev 2001, S. 12), ohne dass dies allerdings aus ihren Bilanzen und im internen Rechungswesen ersichtlich wird.

Und hier liegt das Problem: Denn unsere Management-, Rechnungslegungs- und Controllinginstrumente haben mit dieser Entwicklung nicht Schritt gehal-

„Beyond Budgeting" (2005).
Vor seiner Zeit bei SAP war er kaufmännischer Leiter eines mittelständischen Unternehmens.

E-Mail: jhd@juergendaum.de
Website: http://www.juergendaum.de

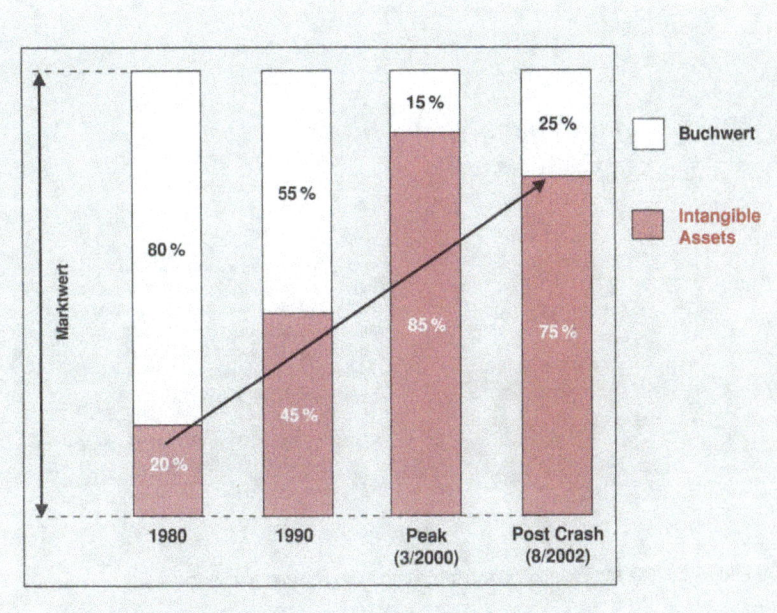

Abbildung 1: Das Anwachsen der nicht durch das Rechnungswesen belegten „unsichtbaren" Werte (Quelle: Ballow/Burgmann/Roos/Molnar 2004, S. 7)

ten. Sie stammen aus einem anderen Wirtschaftszeitalter und orientieren sich immer noch an den industriellen Wertschöpfungssystemen der Vergangenheit und deren Produktivfaktoren: (manuelle) Arbeit, Finanzkapital und Sachanlagen, wie etwa der Maschinenpark einer Fabrik. Sie liefern deshalb eine viel zu begrenzte Sicht und klammern die wichtigsten Produktivfaktoren unserer zunehmend wissens- und dienstleistungsorientierten Unternehmen und Volkswirtschaften und deren spezifischen Eigenschaften aus – eben die Intangible Assets: nichtmonetäre, nichtmaterielle Produktivfaktoren und die ihnen innewohnenden Produktivkräfte und Risiken.

Manager können den Wert Ihres Unternehmens nicht erklären und nicht effektiv managen

So stehen heute viele Manager vor einem Problem, wenn sie erklären müssen, wie sich der Wert ihres Unternehmens zusammensetzt bzw. wie dieser Wert in Zukunft erhalten oder ausgebaut werden kann.

Beispielsweise besteht die eigentliche Herausforderung für das Management eines Pharma-Multinationals nicht einfach darin, die Forschungs- und Entwicklungspipeline zu managen und dessen Wertentwicklung (in Form potenzieller zukünftiger zu erzielender Erlöse durch die neuen Produkte) dem Kapitalmarkt zu erklären – was bereits schwierig genug ist –, sondern mit dem Aufschlag auf den eigenen Unternehmenswert umzugehen, den die Finanzanalysten „Vertrauensfaktor" nennen. Mit dem Vertrauensfaktor wird durch den Kapitalmarkt die echte oder vermeintliche Fähigkeit des Unternehmens honoriert, eine noch unbekannte Zukunft aktiv im Sinne des Unternehmens zu gestalten, also noch unbekannte Marktentwicklungen und die damit einhergehenden Chancen und Herausforderungen auf wesentlich bessere Weise als

INTANGIBLE ASSET MANAGEMENT

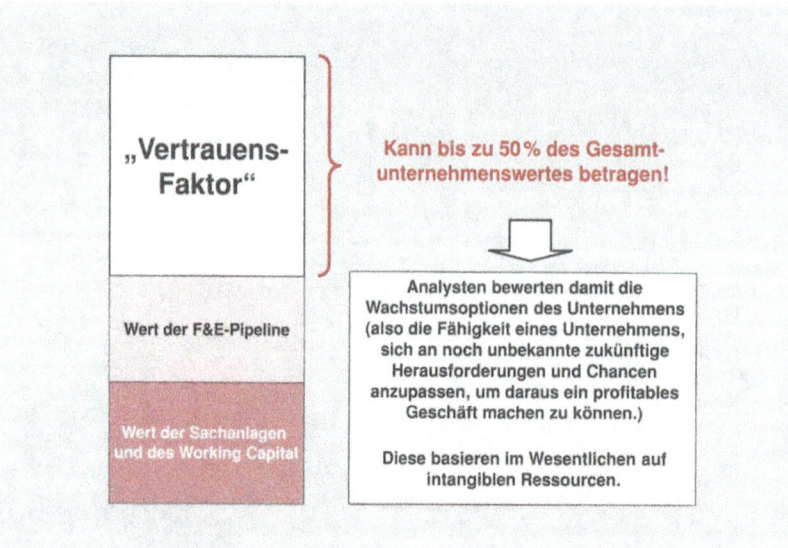

Abbildung 2: Die Managementherausforderung eines Pharma-Multinationals

der Wettbewerb dazu nutzen zu können, um Zusatz- bzw. Neugeschäft, also Wachstum, zu generieren. Und dieser Vertrauensfaktor kann bis zu 50 % des Gesamtunternehmenswertes betragen und wird „on top" auf den Wert der vorhandenen Assets, die in den Büchern stehen, plus dem durch die Analysten geschätzten Wert der Forschungs- und Entwicklungspipeline aufaddiert (vgl. Abb. 2). Wie soll das Management jedoch damit umgehen? Durch was zeigt sich dieser Wert, Vertrauensfaktor genannt, in der Realität des Tagesgeschäftes und wie kann das Management aktiv darauf Einfluss nehmen? Ohne eine systematische Analyse der vorhandenen Intangible Assets, die vor allem auch in Ihrer Kombination den Wert der Wachstumsoptionen des Unternehmens (und damit den Wert des Vertrauensfaktors) begründen, kann diese Frage nicht beantwortet werden und agiert das Management im Blindflug.

Ein weiteres Beispiel stammt aus der Konsumgüterindustrie. Das betreffende Unternehmen hatte, wie viele seiner Wettbewerber, ab Mitte der 1980er-Jahre mit einer Akquisitionsstrategie begonnen, um so die Chancen der Globalisierung zu nutzen, aber auch den Herausforderungen der weltweiten Konsolidierung der Branche zu begegnen. Aufgrund der erwähnten Wertlücke zwischen Buch- und Marktwert bei den übernommenen Unternehmen standen jedoch bei einer Übernahme und der folgenden Erstkonsolidierung der Bilanz des übernommenen Unternehmens mit der Bilanz des Übernehmers einem großen Teil des Kaufpreises keine durch das Rechnungswesen des übernommenen Unternehmens belegten Werte gegenüber. Gemäß den Rechnungslegungsregeln wurde der überschießende Teil des Kaufpreises als Gesamtsumme der Bilanzposition „Goodwill" zugeschlagen mit der Folge, dass die Goodwill-Beträge in der Konzernbilanz im Laufe der Jahre und nach einer ganzen Reihe von Akquisitionen die übrigen in der Bilanz ausgewiesenen Unternehmenswerte, im Wesentlichen Sachanlagen und Working Capital, weit überstiegen. Zusammen mit den ebenfalls angewachsenen selbstgeschaffenen Intangible Assets, vor allem im Bereich Marken, ist der Teil des Unternehmenswertes, der die einzeln in den Büchern ausgewiesenen Werte übersteigt, auf mehr als 80 % des Gesamtunternehmenswertes angewachsen (vgl. Abb. 3). Man hat zwar versucht, zumindest die im Goodwill-Betrag enthaltenen Werte dadurch „manageable" zu machen, indem man den Goodwill auf die Geschäftsbereiche heruntergebrochen und diese „Kapitalbindung" bei der Ermittlung der Rendite der Geschäftsbereiche, die mittels des so genannten Economic Value Added erfolgt, berücksichtigt hat. Jedoch ist man heute der Ansicht, dass dies nicht genügt. Man hat zwar den Geschäftsbereichen den Goodwill und damit die damit verbundenen Kapitalkosten zugerechnet, aber den Geschäftsbereichsmanagern stehen über die Gesamtperformance ihres Verantwortungsbereichs (Ergebnis im Verhältnis zum investierten Kapital) hinausgehende Informationen

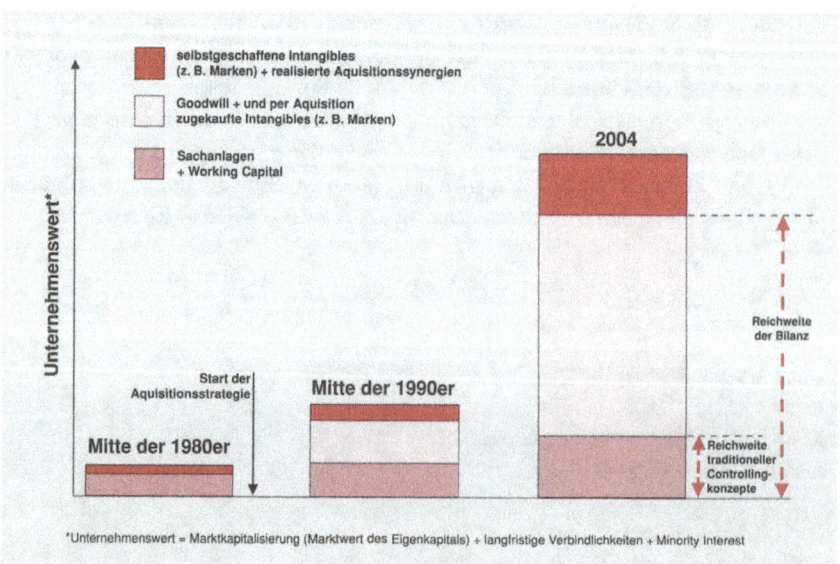

Abbildung 3: Beispiel eines Unternehmens der Konsumgüterindustrie

nicht zur Verfügung, die ihnen die gezielte und aktive Einflussnahme auf die Intangible Assets und die operativen Prozesse, in denen diese genutzt werden, erlauben würden, um das Gesamtergebnis aktiv und fundamental beeinflussen zu können. Dazu fehlen heute schlichtweg noch die entsprechenden Controllinginstrumente und Managementkonzepte.

Auch hier gilt: Ohne die Integration der Intangible Assets in die betriebswirtschaftliche Analyse und in das Managementsystem kann der Wertschöpfungsprozess im Unternehmen nicht gemanagt werden. Solange nicht transparent ist,
- über welche Potenziale und Werte das Unternehmen wirklich verfügt,
- wie diese in den wertschöpfenden Prozessen optimal genutzt werden können und
- welche Wirkungen damit Richtung Kunden, Shareholder und anderen Stakeholdern erzielt werden können, sowie
- welche Lücken für die Zukunft bestehen, die durch Investitionsmaßnahmen und „Potenzial-Entwicklungsprojekte" geschlossen werden müssen, um die Zukunft des Unternehmens zu sichern,

agieren Manager im heutigen Unternehmensumfeld weiterhin weitgehend im Blindflug und kann ihre Performance und die des Unternehmens intern wie extern nicht wirklich beurteilt werden.

Damit jedoch ein aktives Management der Intangible Assets möglich wird, muss Wirtschaft, Betriebswirtschaft und Management neu gedacht werden. Wir müssen uns lösen von den alten General Management-Theorien, die auf einem reinen „Financial Control"-Ansatz basieren, der ausschließlich die finanziellen Ressourcen und die Transformation der finanziellen Ressourcen in Sachanlagen und dann mittels der Fertigungs- und Vertriebsprozesse in Umsätze und Ergebnisse betrachtet. Denn die Wertschöpfungssysteme heutiger Unternehmen haben sich grundlegend gewandelt. Sie haben nur noch wenig mit den produktionsorientierten Unternehmen und Konzernen der 20er- und 30er-Jahren des letzten Jahrhunderts gemein, in denen die wesentlichen Grundansätze des traditionellen General Management and Financial Control-Ansatzes entwickelt wurden und die heute immer noch bewusst oder unbewusst unser Managementdenken und damit das Entscheiden und Handeln von Managern beeinflussen.

Die Ursache: Der Wandel von der Sachanlagen-intensiven Wirtschaft zur Intangible Assets-intensiven Wirtschaft

In der ersten Hälfte des 20. Jahrhunderts, als die Grundlagen der heutigen externen Rechnungslegung und der internen Steuerungsinstrumente entwickelt wurden, spielten Intangible Assets noch eine relativ geringe Rolle. Im damaligen Marktumfeld war die Nachfrage nach Produkten seitens der Endkunden in der Regel höher als das Angebot. Im Umfeld der damaligen Verkäufermärkte, in denen der Fokus der Kunden auf der Verfügbarkeit von Produkten zu einem möglichst (absolut) niedrigen Preis lag, konzentrierte sich somit das Management auf die Produktionsseite und darauf, zu möglichst niedrigen Kosten produzieren zu können – also auf die interne Effizienz. Der entscheidende Erfolgs- und Wettbewerbsfaktor für Unternehmen war folglich eine effiziente Produktion. Vor allem damit wurde Wert für Kunden und Aktionäre im damaligen Umfeld geschaffen.

Ganz anders in den heutigen Käufermärkten, wo zumindest in den Industrieländern das Angebot die Nachfrage in der Regel übertrifft. Niedrige Kosten und die Fähigkeit zur effizienten Produktion genügen hier als alleinige Erfolgsfaktoren für Unternehmen nicht mehr. Wenn Kunden die Wahl haben und die Verbraucher über genügend frei verfügbares Einkommen disponieren können, werden sie nicht nur einfach das absolut billigste Produkt wählen, sondern dasjenige, das aus der jeweiligen subjektiven Sicht die beste Preis-/Leistungsrelation, also den größten Mehr-Wert für den Käufer aufweist. Ein Kunde kauft nur dann, wenn das Produkt oder der Service für ihn oder sie verspricht, einen Mehrwert zu schaffen.

Damit hat der alleinige Fokus auf Effizienz in der Unternehmensführung ausgedient. Effizienz ist zwar auch weiterhin wichtig, um im Wettbewerb bestehen zu können. Es ist aber nur noch eine notwendige Bedingung für den Unternehmenserfolg, keine hinreichende mehr. Entscheidend ist heute, den Geschmack der Kunden zu treffen und aus deren Sicht gegenüber dem Wettbewerber einen

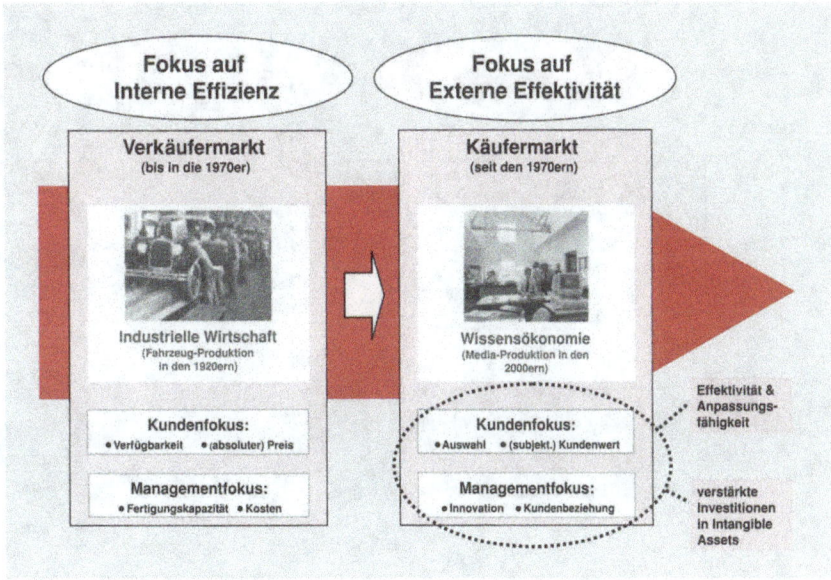

Abbildung 4: Von der industriellen Wirtschaft zur globalen Wissensökonomie

Unterschied machen zu können – also die externe Effektivität (vgl. Abb. 4). Unternehmen versuchen, effektiver zu werden und den notwendigen Unterschied gegenüber dem Wettbewerb zu machen, indem sie in laufende Innovation, also in Forschung und Entwicklung, in den Aufbau von Kundenbeziehungen und in die Kundenbindung sowie in die Weiterbildung von Mitarbeitern und z. B. in Informationstechnik investieren und sich immer wieder an neue Kundenbedürfnisse und Marktveränderungen anpassen. Und genau durch diese Investitionen und Aktivitäten werden Intangible Assets geschaffen, die die Basis für diese Effektivität aus Sicht der Kunden darstellen und die Wettbewerbsfähigkeit der Unternehmen begründen.

In diesem Zusammenhang wird übrigens auch das Phänomen der wachsenden Lücke zwischen den Buch- und Marktwerten der Unternehmen erklärbar. Denn der größte Teil der Investitionen in Intangible Assets wird im Unternehmensrechnungswesen als Aufwand behandelt und nicht in der Bilanz aktiviert. In die Bewertung eines Investors und der Kapitalmärkte fließen die dadurch geschaffenen Werte aber sehr wohl ein – beispielsweise eine attraktive Forschungs- und Entwicklungspipeline, ein großer, internationaler Kundenstamm oder eine bekannte Marke.

Benötigt wird ein Perspektivenwechsel: Intangible Asset Management als integraler Bestandteil eines neuen Management- und Unternehmenssteuerungs-Ansatzes

Die Intangible Asset Management-Perspektive begründet ein anderes, erweitertes Modell des Unternehmens als Basis für den Managementansatz und das Unternehmenssteuerungssystems, als es den traditionellen Management- und Financial Control-basierten Ansätzen zugrunde liegt. Intangible Assets-basierte Ansätze versuchen zusätzlich, das komplexe Wirkgefüge an Ressourcen und Werttransformationen aus einer Intangible Asset Management-Perspektive abzubilden, um die tatsächlichen Werttreiber und Wertschöpfungsvorgänge systematisch in den Griff zu bekommen. Dazu muss das Ressourcen- und Wertschöpfungsmodell, das den Management- und Controllinginstrumenten zugrunde liegt, in Richtung der heutigen Realität in den Unternehmen erweitert werden (vgl. Abb. 5). Denn erst so werden, zusätzlich zu den finanziellen und physischen Ressourcen, auch die Intangible Assets für Managementinterventionen systematisch zugänglich, wird das Gesamtbündel der wirklich wertschaffenden Prozesse optimierbar und kann die Enterprise Total Factor Productivity (Gesamtfaktorproduktivität eines Unternehmens auf Basis aller verfügbaren Ressourcen, inkl. der Intangible Assets; vgl. Lev/Daum 2003) kontinuierlich verbessert werden.

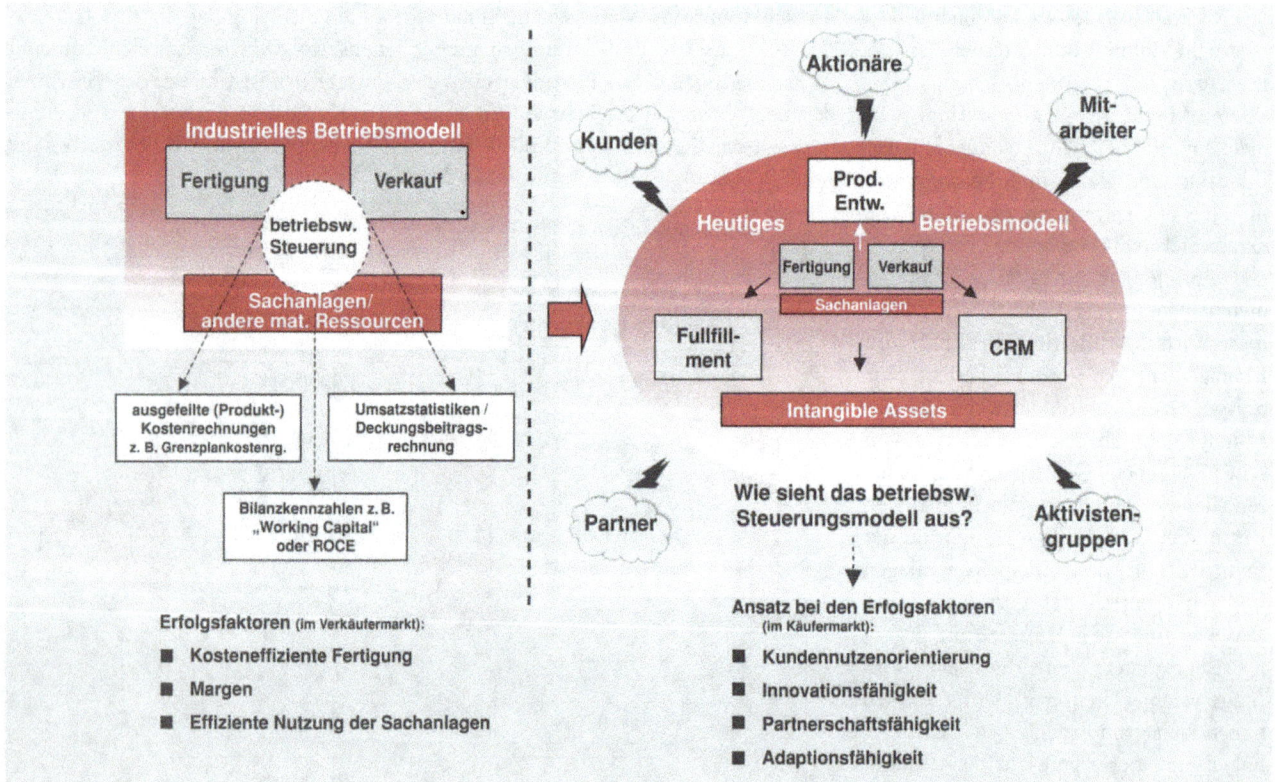

Abbildung 5: Vom traditionellen Controllingkonzept zum Intangible Asset Management, das auf die tatsächlich wertschöpfenden Prozesse heutiger Unternehmen fokussiert.

Ein Beispiel für ein Unternehmen, das sich dieser Philosophie verschrieben hatte, war General Electric (GE) unter dem früheren CEO Jack Welsh. Das Grundprinzip dabei war, teure physische Assets, also Investitionen in Sachanlagen, systematisch wo immer möglich durch die Nutzung bzw. die bessere Nutzung vorhandener „Knowledge Assets" zu ersetzen. Unter Jack Welsh schuf GE ein Managementinstrument, welches das Unternehmen in die Lage versetzt hatte, seine Abhängigkeit von physischen Assets kontinuierlich zu reduzieren und seine Intangible Assets zu erhöhen, wobei die Auswirkung auf den (finanziellen) Erfolg laufend überwacht wurde. Gemessen wurde dieser als „Total Factor Productivity", also als Output pro Einheit aller Inputs an Arbeit, Material oder Kapital/Sachanlagen. Dabei hat man sich detaillierter Daten aus dem „Six Sigma"-Qualitätsprogramm bedient. Zum Beispiel wurde verfolgt, woher Produktivitätsgewinne stammen: aus neuen Anlagen (also durch Investition von Finanzkapital in physische Assets) oder durch neue Ideen. Ziel war dabei, die Total Factor Productivity und den Output pro vorhandene Einheiten an Arbeits- (Humankapital), Material- und Sachanlagenressourcen (physische Assets bzw. gebundenes Finanzkapital) durch höhere Intelligenz, also durch Wissenskapital, kontinuierlich zu erhöhen. Während zu Beginn der größte Teil der Produktivitätsverbesserungen noch durch neue Anlagen generiert wurde, stammt heute mehr als die Hälfte aus der konzernweiten Nutzung von Knowledge Assets in Form von „Best Practices". Indem man die Best Practices, die in einem Bereich des Konzern entwickelt wurden, geschäftsbereichsübergreifend nutzbar machte, wurden Prozessverbesserungen möglich, die den Output aus bestehenden Anlagen erhöht haben, so dass keine Neuinvestitionen zur Kapazitätsausweitung bzw. Produktivitätsverbesserung erforderlich waren. So ist es beispielsweise dem Europäischen Zweig des Geschäftsbereichs „Lighting" gelungen, die Produktivität um das Achtfache zu erhöhen: erhielt man früher je 1 Dollar Investition auch 1 Dollar an Kapazität, sind es heute nur noch 12,5 Cent, die zum Schaffen von einer 1 Dollar-Kapazität benötigt werden (vgl. Stewart 2001, S. 15). Die Strategie von GE war hier, vorhandene Intangible Assets zu nutzen, um den Return on Capital von physischen Assets zu erhöhen.

Eine andere Variante ist, vorhandene Intangible Assets selbst zur Basis des Geschäfts zu machen. Auch diese Strategie hat GE verfolgt, indem man massiv in das Produktservicegeschäft eingestiegen ist. So hat GE beispielsweise begonnen, das Wartungs- und Reparaturgeschäft im Geschäftsbereich Flugzeugtriebwerke im großen Stil auszubauen. Man hat erkannt, dass sich das gleiche Know-how, das für den Bau der Triebwerke erforderlich ist, auch für die Wartung und Reparatur benötigt wird – ein Geschäft, das allerdings deutlich profitabler als der Triebwerksbau selbst ist. Hinzu kam, dass die Luftfahrtgesellschaften die Wartung und Reparatur gerne abgegeben haben, da man Kosten sparen und sich auf die eigene Kernkompetenz konzentrieren wollte. Heute macht GE mit der Wartung und der Reparatur von Flugzeugtriebwerken mehr Gewinn als mit den Triebwerken selbst.

Um eine solche Strategie erfolgreich umzusetzen und das entstehende Geschäft erfolgsorientiert steuern zu können, muss im Unternehmen die Fähigkeit entwickelt werden, dieses aus einer Intangible Asset Management-Perspektive zu betrachten statt nur auf der Basis der klassischen finanzwirtschaftlich basierten Ansätze. Denn erst eine Intangible Asset Management-Perspektive ermöglicht es, die dafür erforderlichen, aber bislang verborgenen Zusammenhänge im Wertschöpfungssystem zu erhellen.

Eine erweiterte Ressourcensicht

Erster Ansatzpunkt für eine neue Managementperspektive und für die Entwicklung von Instrumenten für die Unternehmenssteuerung, die über die traditionelle „Financial Control" hinausgehen und die Intangible Assets systematisch in die Betrachtung mit einbeziehen, ist die Erweiterung der Ressourcensicht. Unsere traditionellen Management- und Unternehmenssteuerungsinstrumente basieren allesamt auf einer sehr eingeschränkten Ressourcensicht: Betrachtet werden in der Regel nur Finanzressourcen und physische Ressourcen (Sachanlagen, Lagerbestände bzw. das Working Capital/Netto-Umlaufvermögen).

Zur Erweiterung der Ressourcensicht und für die Einbeziehung der Intangible Assets bedarf es zunächst einer Definition. Was sind Intangible Assets?

Intangible Assets sind immaterielle Ressourcen (nicht Finanzanlagen/Finanzkapital oder physische Ressourcen wie Sachanlagen oder Umlaufvermögen), die als Produktivfaktoren neben den Finanz- und physischen Ressourcen im Wertschöpfungsprozess eines Unternehmens eine tragende Rolle spielen. Diese lassen sich in folgende Hauptkategorien einteilen (vgl. Abb. 6):

- *Humankapital:* individuelles Knowhow und Fachkompetenz der Mitarbeiter, soziale Kompetenz, unternehmerische Einstellung, Innovations- und Reaktionsfähigkeit.
- *Beziehungskapital:* Kundenkapital (Marken, Kundenbeziehungen, Kundenaufträge etc.), Partnerkapital (Beziehungen zu Geschäftspartnern, Netzwerke) und die Beziehungen zu Kapitalgebern.
- *Struktur- oder Organisationskapital:* Geschäftsinfrastruktur/Prozesse, Arbeitsverfahren, Unternehmenskultur, Informationssysteme, Datenbanken, Intellectual Property (Patente, Copyrights, Markenrechte), Standortvorteile.

Zusätzlich sollte man sich mit den spezifischen (betriebswirtschaftlichen) Eigenschaften von Intangible Assets vertraut machen. Intangible Assets verhalten sich betriebswirtschaftlich anders als finanzielle oder physische Ressourcen. Hier ein Beispiel:

Während physische und finanzielle Ressourcen sich im Allgemeinen „additiv" verhalten und so genannte Engpasseigenschaften aufweisen, trifft dies auf Intangible Assets nicht zu. Denn werden finanzielle bzw. physisches Assets benutzt, kann man diese nicht oder

INTANGIBLE ASSET MANAGEMENT

weniger für andere Zwecke nutzen. Wird jedoch in finanzielle oder physische Assets investiert (mehr zur Verfügung gestellt), kann auch immer mehr genutzt werden. Zum Beispiel kann ein Flugzeug auf einer Strecke genutzt, aber nicht gleichzeitig auf mehreren genutzt werden. Stehen mehrere Flugzeuge zur Verfügung (durch entsprechende Investitionen), können mehrere Strecken gleichzeitig bedient werden.

Ein fertiges Softwareprogramm (= Intangible Asset) dagegen kann für viele Zwecke gleichzeitig genutzt werden, da es einfach und mit minimalem Aufwand kopiert werden kann. Bei der Investition in ein neues Softwareprogramm dagegen, hängt der Wert der Nutzungsmöglichkeiten nicht direkt vom Investitionsbetrag ab.

Weitere Eigenschaften, die Intangible Assets auszeichnen, sind (vgl. Daum 2002a, S. 15 – 24, und Daum 2002b, S. 245 – 249):

- Sie unterliegen oft so genannten Netzwerkeffekten, d. h. beispielsweise dass mit der Größe eines Nutzernetzwerkes der Nutzen für jeden einzelnen Nutzer exponentiell steigt.
- Sie können zu wachsenden Grenzerträgen führen (physische Assets unterliegen dagegen dem Gesetz der fallenden Grenzerträge).
- Gleichzeitig unterliegen Intangible Assets und deren Nutzen nicht der vollen Kontrolle des Unternehmens, das sie geschaffen/in sie investiert hat (vor allem bei Humankapital und Beziehungskapital).
- Investitionen in Intangible Assets sind mit einem höheren Risiko behaftet, da es, wie oben bereits erwähnt, eine wesentlich „losere" Beziehung zwischen dem investierten Betrag und dem gestifteten Nutzen gibt, als dies bei Investitionen in Sachanlagen der Fall ist.

Analyse der wertschöpfenden operativen Prozesse und der Ressourcentransformationsprozesse

Zweiter Ansatzpunkt ist die Analyse der wertschöpfenden operativen Prozesse des Unternehmens/Geschäftsbereichs. Hier geht es um die Beantwortung der Frage, wie effektiv und effizient das Unternehmen/der Geschäftsbereich die vorhandenen Ressourcen (inkl. der Intangible Assets) im Rahmen der wertschöpfenden Prozesse nutzt, um Mehrwert zu schaffen.

Hierzu ein Beispiel, das dies anhand des Vergleichs zweier Beratungsfirmen illustrieren soll, also anhand von Unternehmen, die zum größten Teil aus Intangible Assets bestehen, was diesen Sachverhalt noch drastischer deutlich macht:

Firma A folgt einem Geschäftsmodell, das auf der persönlichen Kompetenz der Berater aufbaut. Sie zeichnen sich durch einen hohen bzw. höchsten Grad an persönlicher Problemlösungskompetenz und Erfahrung aus. Kundenprobleme, die in der Regel hochkomplex und kundenindividuell sind, werden auch sehr individuell bearbeitet. Im Vordergrund steht die persönliche Beziehung des Beraters zum Kunden. Das Wertschöpfungssystem der Firma A basiert somit auf etwas Working Capital und einigen wenigen Sachanlagen, die benötigt werden, um das Geschäft aufrecht zu erhalten. Im Wesentlichen basiert es aber auf der Ressource Humankapital, das die Berater darstellen, und auf den persönlichen Kundenbeziehungen, die sie unterhalten. Mehrwert geschaffen und Geld verdient wird durch die Transformation dieser beiden Ressourcen: Die persönliche große Kompetenz der Berater erlaubt ihnen hohe Tagessätze zu verrechnen; die sehr persönlichen Kundenbeziehungen setzen sie in die Lage, immer wieder neue Aufträge der gleichen Kunden ohne großen Vertriebsaufwand zu erhalten und wahrscheinlich noch höhere Tagessätze zu verrechnen, da durch die persönliche Kenntnis des Kunden maßgeschneiderte Lösungen erarbeitet werden können, die beim Kunden viel Wert schaffen und so dessen Bereitschaft erhöhen, hohe Beratersätze zu bezahlen. Etwas von den Erlösen wird dann wieder in die Aufrechterhaltung der Beziehung zum Kunden (z. B. durch Einladungen zum Abendessen, zu einer exklusiven Veranstaltung etc.) und zur Aufrechterhaltung bzw. zum Ausbau ihrer eigenen Kompetenz (z. B. Besuch von Schulungen, Konferenzen, Durchführung von Forschungsprojekten etc.) reinvestiert. Das Wertschöpfungssystem der Firma A lässt sich somit durch die Ressource Map in Abbildung 7 vereinfachend darstellen. Wichtig ist dabei zu vermerken, dass Firma A, außer einer Methodendatenbank und der Dokumentation von Kundenprojekten der Vergangenheit, kaum auf Strukturkapital baut. Es gibt keine festen Prozesse. Jedes Kundenprojekt wird individuell bearbeitet. Der Vorteil ist, dass das Unternehmen so hochflexibel ist und

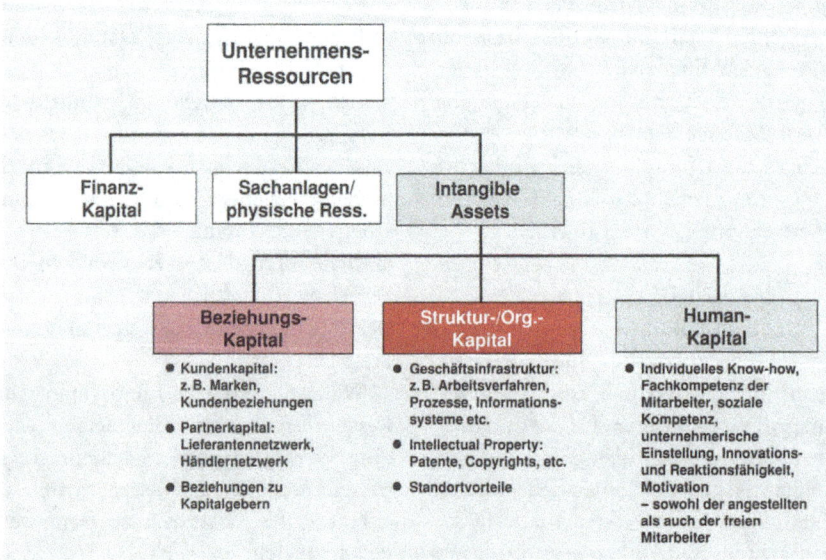

Abbildung 6: Die Ressourcen und Wertkomponenten eines Unternehmens

auf Kundenwünsche und Marktveränderungen sehr schnell reagieren kann. Der Nachteil ist, dass das Unternehmen Probleme hat zu wachsen, da die für das Geschäft erforderlichen Kompetenzen und Ressourcen nicht multiplizierbar und damit kaum skalierbar sind. Die einzige Möglichkeit besteht darin, neue Berater persönlich durch die alten Berater in Form eines Meister-Lehrling-Verhältnisses auszubilden – ein hochaufwendiges und zeitintensives Verfahren. Die mangelnde Skalierbarkeit hat aber auch einen Vorteil: für Wettbewerber ist es schwerer, ein solches Modell zu kopieren und erfolgreich zu konkurrieren. Denn der Aufbau der notwendigen Kompetenzen dauert einfach zu lang bzw. ist in einer Wettbewerbsituation evtl. sogar schlicht unmöglich. Die Gefahr der „Commoditization" ist somit bei Firma A eher gering. Firma A folgt damit dem Wertschöpfungsmodell eines so genannten „Value Shop" (vgl. Stewart 2001, S. S 69 – 70).

Firma B folgt einem anderen Geschäftsmodell. Firma B verkauft nicht das Know-how ihrer individuellen Berater, sondern fertige Lösungen als Paket, oft zu einem Paketpreis. Angewendet werden diese Paketlösungen auf bekannte Standardprobleme der Kunden, z.B. einer bestimmten Branche, die Firma B vorher in gleicher oder sehr ähnlicher Form bereits oft gelöst hat. Die entsprechenden Konzepte und Prozesse sind im Detail dokumentiert, sodass auch eher unerfahrene Berater damit beim Kunden arbeiten können. In der Kundenbeziehung spielt folglich die individuelle Beziehung der Berater zum Kunden nur eine untergeordnete Rolle. Der Kunde entscheidet sich für Firma B, nicht weil er von der Kompetenz eines einzelnen Beraters überzeugt ist, sondern weil Firma B das Image hat, in Branche X im Bereich Y bereits viele ähnliche Projekte erfolgreich bei anderen Kunden bearbeitet und abgeschlossen zu haben. Neue Beratungsaufträge kommen aber weniger auf alleinige Initiative des Kunden selbst, wie bei Firma A, herein (dort ruft der Kunde „seinen" Berater an, wenn er ein neues Problem hat), sondern Firma B muss aktiv Werbung betreiben und Beratungsprojekte aktiv „verkaufen". Sie benötigt deshalb eine Supportfunktion „Marketing". Darüber hinaus wird auch eine Funktion „Entwicklung" benötigt, die neue Erkenntnisse aus Kundenprozessen in die vorhandenen Prozesse integriert bzw. neue Prozesse etabliert, wenn neue Kundenproblembereiche bearbeitet werden müssen. Der Overhead und der Bedarf an unterstützenden Sachanlagen bei Firma B ist somit deutlich höher als bei Firma A, die nur einige Sekretärinnen benötigt. Dafür ist aber auch die Skalierbarkeit wesentlich höher: Firma B kann leichter wachsen, indem z. B. Hochschulabgänger eingestellt und direkt in einem Projekt produktiv werden und „on the job" trainiert werden. Gleichzeitig ist Firma B aber im Vergleich zu Firma A weniger flexibel, denn es dauert recht lange, bis eine neue Idee in ein standardisiertes Angebot umgesetzt werden kann. Firma B benötigt so, im Vergleich mit Firma A, auf der einen Seite (relativ) weniger wertvolles Humankapital, da Berater mit durchschnittlicher Kompetenz ausreichen. Auf der anderen Seite wird aber starkes Strukturkapital benötigt in Form von dokumentierten Prozessen, Fachkonzepten (Intellectual Property),

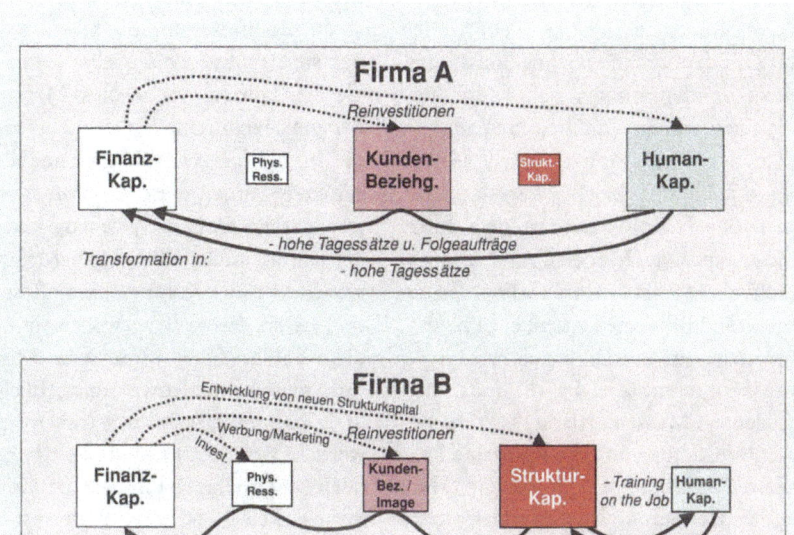

Abbildung 7: Ressource Map der Firmen A und B im Vergleich (Quelle: In Anlehnung an Roos 2004, S. 5)

Projektmanagementmethoden, Informationssystemen, exzellenten Organisationsstrukturen, Trainingsverfahren etc., durch die durchschnittliche Berater in die Lage versetzt werden, beim Kunden gute Lösungen zu realisieren. Das Kundenkapital bei Firma B wird auch nicht durch die persönliche Beziehung der Berater zum Kunden repräsentiert (die hier weniger wichtig ist), sondern durch die Marke, d. h. durch den Bekanntheitsgrad des Unternehmens und seinem Image im Markt. Die wesentlichen Ressourcen, mit denen Firma B Wert schafft, stellen also das Strukturkapital und die Marke der Firma dar. Ein kleiner Teil der Erlöse entsteht durch die Transformation des Humankapitals der Berater (durchschnittliche bis geringe Stundensätze, z.B. für standardisierte Analysen und Implementierungsunterstützung). Der größte Teil der Erlöse wird durch die Transformation des Strukturkapitals generiert, indem der Kunde den Paketpreis für die (im Wesentlichen) fertige Standardlösung bezahlt. Bei der Höhe der dafür zu erzielenden Erlöse spielt die Stärke der Marke der Firma eine entscheidende Rolle: Ein Anteil der Erlöse für die Standardlösung wird also durch die Transformation der Marke generiert.

INTANGIBLE ASSET MANAGEMENT

Firma B folgt damit nicht dem Modell Value Shop, wie Firma A – ein Modell das sich dadurch auszeichnet, dass komplexe Kundenlösungen sehr individuell mit einem hohen Anteil an Humankapital an der Wertschöpfung erstellt werden (kann auch als Modell „Werkstatt" bezeichnet werden) –, sondern dem durch Porter geprägten Modell „Value Chain". Eine Value Chain ist durch vorher festgelegte standardisierte sequentielle Prozessschritte geprägt, die Input in Output transformieren. Ziel ist die möglichst effiziente „Massenfertigung" durch die Standardisierung von Prozessen und Produkten. Der Anteil von Humankapital an der Wertschöpfung ist im Vergleich zum Value Shop-Modell geringer, der Anteil von Strukturkapital jedoch hoch.

Bei Firma A sind somit die wesentlichen Ressourcen und „Assets" die Berater selbst. Die Firma hört deshalb auf zu existieren, wenn die Berater beispielsweise bei einem Flugzeugabsturz umkommen. Bei Firma B würden in einem solchen Fall einfach neue Berater eingestellt, denen man die bewährten Dokumentationen an die Hand gibt. Hinsichtlich der inneren betriebswirtschaftlichen Logik als auch hinsichtlich der Ressourcen- bzw. Asset-Struktur gibt es also signifikante Unterschiede zwischen beiden Firmen. Betrachtet man beide Firmen jedoch aus der finanziellen Perspektive, also die Cashflows und die Bilanzen, können sie genau gleich aussehen – mit dem gleichen Umsatz, der gleichen Marge und der gleichen Bilanzstruktur. Erst durch die Intangible Asset Management-Perspektive werden diese Zusammenhänge transparent. Erst durch sie wird klar, wie ein Unternehmen tatsächlich Mehrwert schafft, welche Kompetenzen, Ressourcen, Assets die entscheidenden sind, wie diese durch welche Prozesse und Strukturkapital in Kundenwert und schließlich in Erlöse und Cashflows transformiert werden. Erst so wird auch sichtbar, wie fit ein Unternehmen für die Zukunft bzw. mit welchen Risiken es behaftet ist. Erst durch die Intangible Asset Management-Perspektive wird klar, wie effektiv und effizient ein Unternehmen tatsächlich ist, (Mehr-)Wert zu schaffen, und wie wahrscheinlich es ist, dass es diese Fähigkeit in Zukunft bewahren kann.

Ein effektives Performance Measurement/Ergebnis-Reporting

Um den Prozess der Wertgenerierung steuern zu können, sind aber letztlich auch geeignete Reportinginstrumente erforderlich, die sowohl Auskunft zum Stand aller relevanten *Ressourcen,* dem Zustand der *wertschaffenden Prozesse* (Effektivität beim Aufbau von Zukunftspotenzial, Effizienz bei der Ressourcenverwertung) als auch über die Gesamt-Effektivität geben, d. h. die über die *Ergebnisse* des Wertschöpfungssystems insgesamt aus Sicht der relevanten Stakeholder berichten. Dazu bedarf es eines geeigneten Unternehmens-/Reportingmodells, das alle drei Sichten abbilden kann (vgl. Abb. 8). Erst so kann transparent werden, wie effektiv ein Unternehmen sein investiertes Finanzkapital in nicht-monetäre Ressourcen und Potenziale umsetzt und diese wiederum zum Schaffen von Erlösen bzw. zur Reduktion von Kosten nutzt.

Dies wird vor allem bei der Ergebnisbetrachtung deutlich. Dazu wiederum ein Beispiel:

Der traditionelle Financial Control-Ansatz misst und optimiert das Ergebnis aus einer reinen Innensicht: Man stellt die Kosten im Verhältnis zu den Erlösen dar und ermittelt die so genannte Marge mit dem Ziel, diese zu optimieren. Der Mehrwert, auf den man mit dem traditionellen (Financial) Controllingsystem ausschließlich abhebt, besteht im Deckungsbeitrag bzw. dem „Ergebnis".

Dem könnte man nun die Sicht eines Kunden gegenüberstellen. Dieser sieht Mehrwert ganz anders: Er vergleicht seine subjektive Bewertung des Produktes mit dem Preis des Anbieters und die Differenz stellt den Mehrwert aus seiner oder ihrer Sicht dar.

In Anbetracht der Tatsache, dass Unternehmen heute in Käufermärkten und in einem harten Wettbewerb um die Gunst des Kunden agieren, könnte es Sinn machen, demnach auch die linke Seite der Abbildung 9 zu betrachten und die Informationen dort zu einem Optimieren des Kundenwertes aus der subjektiven Sicht des Kunden zu nutzen. Denn dieser stellt, neben der Kostenoptimierung, einen wesentlichen zweiten Stellhebel zum Maximieren des internen Mehrwertes, der Marge, dar (rechte Seite in Abbildung 9). Denn ist das Unternehmen in der Lage, den subjektiven Wert, den das Produkt für einen potenziellen Kunden hat, zu erhöhen, ist dieser bereit, zu kaufen und evtl. auch einen höheren Preis zu bezahlen. Beides würde

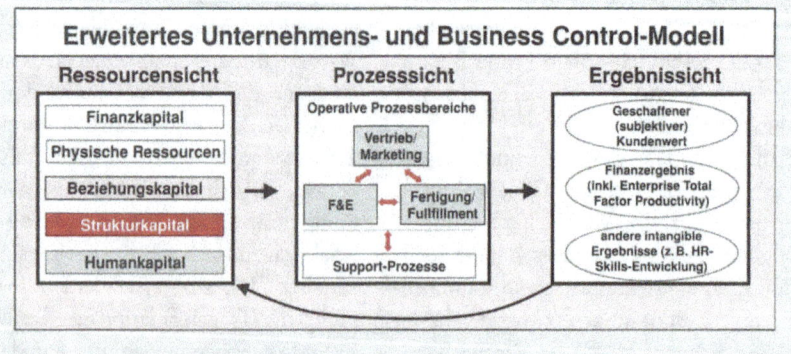

Abbildung 8: Benötigt wird ein erweitertes Unternehmensmodell, das als Basis für das Design eines geeignetes Management- und Steuerungssystems dienen kann

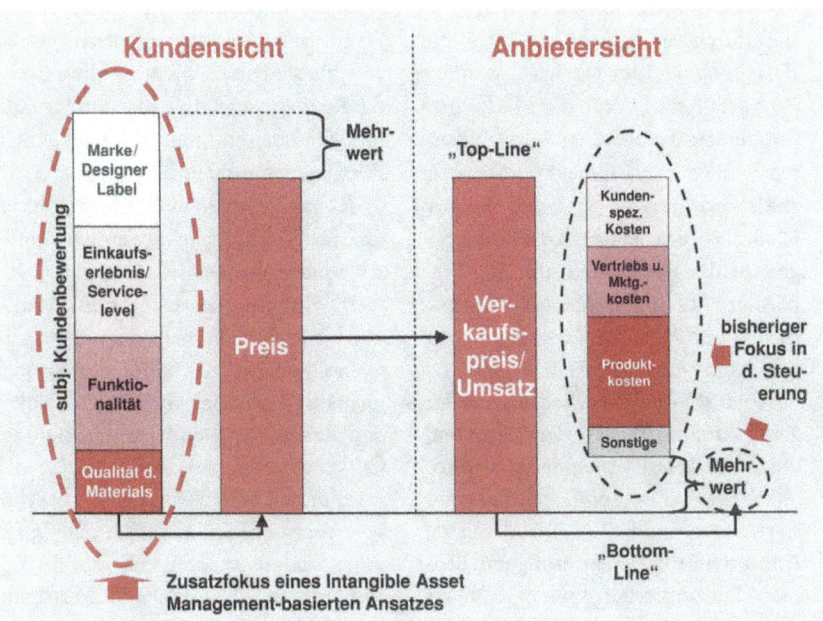

Abbildung 9: Beispiel für unterschiedliche Sichten auf den „Mehrwert"

die Top-Line, den Umsatz, anwachsen lassen und die Marge verbessern.

Damit dies gelingt, ist die Kundenbewertung systematisch im Controllingsystem neben der internen Erlös- und Kostenbewertung der Aktivitäten zu berücksichtigen. Dazu müssen die Wertkomponenten der Kundenbewertung betrachtet werden. Man wird dabei feststellen, dass diese sich zum größten Teil auf die intangiblen Ressourcen des Unternehmens und auf die wertschaffenden Prozesse beziehen, die diese verwerten – in Forschung und Entwicklung (Design und Funktionalität), Verkauf und Service (Service- und Kundenorientierung) oder Markenmanagement (Markenwahrnehmung etc.).

Soll die Gesamtbewertung aus Sicht des Kunden maximiert werden, müssen diese Prozesse und die entsprechenden Ressourcen in der Kombination, d. h. im Konzert miteinander, optimal funktionieren. Dies erfordert ein effektives und klares Design der Wertschöpfungsprozesse und deren laufende Optimierung auf den Kundenwert hin – neben der Optimierung der Kosten. Dazu müssen in die Ergebnisbetrachtung sowohl des Gesamtergebnisses des Unternehmens als auch der einzelnen Teilfunktionen beide Perspektiven Einzug halten: sowohl die klassische Kosten- und Ergebnissicht als auch die subjektive Kundenbewertung in Bezug auf das Endprodukt.

Eine Möglichkeit für das Design eines entsprechenden Performance Measurement-Konzeptes sind Vektordarstellungen (vgl. Daum/Bretscher 2004), die die Logik zwischen subjektivem Kundenwert und Effekt für das Unternehmen (Kosten, Ergebnis) immer wieder sichtbar machen bzw. zu deren Management und Optimierung einladen (vgl. Abb. 10).

Der Weg zum neuen Management- und Unternehmenssteuerungsansatz auf Basis eines Intangible Asset Management

Um eine derartige Veränderung einzuleiten, muss zunächst im Management ein Verständnis für die Notwendigkeit eines neuen Managementansatzes geschaffen werden, der über die traditionellen Ansätze hinausgeht, die die Hauptaufgabe des Managements im Unternehmen darin sehen, die internen Beziehungen zwischen beispielsweise den Geschäftsbereichen und der Zentrale als reine Finanzbeziehungen zu managen – ein Ansatz, der die heutigen Werttreiber, die Intangible Assets, systematisch ausblendet. Wirtschaft und Unternehmen müssen neu gedacht werden, um die konkre-

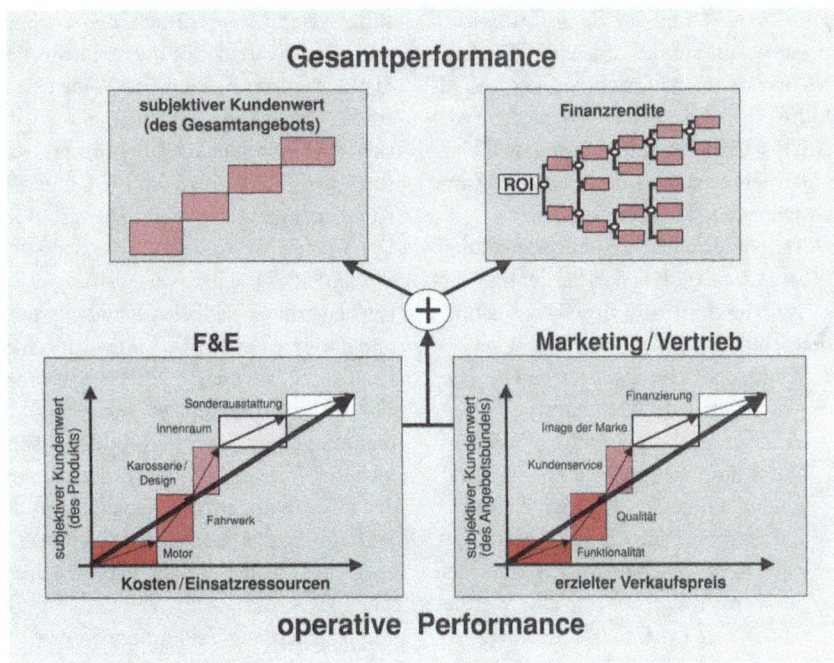

Abbildung 10: Beispielhafte Anwendung der Vektordarstellung der kombinierten Performance (Kundenwert/Ergebnis fürs Unternehmen) bei einem Automobilhersteller (Quelle: Daum 2004, S. 148)

ten Ansatzpunkte zu finden, über die die Transformation eingeleitet werden kann, damit ein aktives Management der Intangible Assets möglich wird.

Der einfachste Weg, diese Veränderung im Denken einzuleiten, ist, direkt „in medias res" zu gehen, d. h. mit einer Intangible Assets-basierten Analyse des bestehenden Wertschöpfungsmodells des Unternehmens oder des Geschäftsbereichs zu beginnen. Dies provoziert die erforderlichen Diskussionen im Managementteam und unterstützt so die Entwicklung des neuen Managementdenkens.

Analyse des Ist-Zustandes des Wertschöpfungssystems

Ziel der Analyse des Ist-Zustandes des Wertschöpfungssystems ist es, die wertschöpfenden Ressourcen (inkl. der Intangible Assets) des Unternehmens/des Geschäftsbereichs zu identifizieren und ihre Rolle im Wertschöpfungssystem offen zu legen – wo sie als Input fungieren, in welchen Prozessen sie eine Rolle spielen (und wie deren Transformation vonstatten geht) und was jeweils der Output ist.

Es soll das gesamte Wertschöpfungssystem eines Unternehmens analysiert bzw. modelliert werden, sodass alle wesentlichen Ressourcen (inkl. der Intangible Assets) und die Transformationsprozesse, die sie verbinden und durch die Mehrwert entsteht, sichtbar werden. Als hilfreich hat sich erwiesen, sich bei der Analyse des Wertschöpfungsmodells eines Unternehmens der folgenden vom Autor entwickelten Systematik zu folgen.

Der erste Schritt stellt die so genannte *Operations-Analyse* dar, bei der das operative Geschäft aus drei Dimensionen betrachtet wird:
1. Kundenbeziehungsmanagement: Hier geht es um eine Wertanalyse aus Kundensicht. Ziel ist, diejenigen (Kunden-)Wertkomponenten und die sie schaffenden Prozesse und Ressourcen im Bereich Vertrieb, Service etc., aber auch in den nachgelagerten Bereichen zu identifizieren, durch die Wettbewerbsvorteile geschaffen werden.
2. Fulfillment: Hier geht es um die Analyse der Prozesse, Ressourcen und Verfahren, durch die das Unternehmen das Leistungsversprechen (repräsentiert durch den Auftrag, die bestätigte Bestellung oder im Bereich Consumer Products/Retail durch die Marketingbotschaft) zu möglichst niedrigen Kosten erfüllen kann. Objekt der Analyse sind Fertigungs-, Service-, Supply Chain-Prozesse und auch die Beziehungen zu den Lieferanten und Servicepartnern, die am Leistungserstellungs-, Liefer- und Serviceprozess gegenüber dem Kunden beteiligt sind.
3. Forschung und Entwicklung: Hier geht es um die Analyse der Verfahren, durch die das Unternehmen seine Produkte/Services so entwickelt/konfiguriert, dass maximaler Kundenwert, Attraktivität/Differenzierung und Profitabilität entstehen können. Objekt der Analyse ist hier in der Regel einmal der Produktentwicklungsprozess von der Forschungsphase bis zur Vermarktungsphase, aber auch das Produktmanagement über den gesamten Lebenszyklus des Produktes.

Ergänzt wird die Analyse der „Operations" um eine Analyse der wichtigsten Supportfunktionen/-prozesse und der Supportinfrastruktur.

Der letzte Schritt der Operations-Analyse stellt die Analyse des Wertschöpfungssystems hinsichtlich der vorherrschenden Wertschöpfungsstruktur dar: Handelt es sich eher um eine Value Chain, ein Value Network (ein Unternehmen, das sich als Value Network organisiert, versucht dadurch Wert zu schaffen, indem es Kunden zusammenbringt bzw. verbindet. Der Wert wird durch das Verbinden selbst geschaffen – Beispiele: Versicherungen, die Risiken unterschiedlicher Kunden poolen und dadurch das Risiko für den einzelnen Kunden reduzieren; Händler, z. B. auch elektronische Exchanges wie e-Bay, die potenzielle Verkäufer und Käufer zusammen bringen, Mobilfunkunternehmen, die ihren Kunden die Möglichkeit der Verbindung durch Telefonate bieten, etc.) oder einen Value Shop? Ist die vorherrschende Struktur ein Value Network, können allerdings Teilkomponenten (z. B. Fulfillment, F&E) eine andere Struktur aufweisen, z. B. der Fulfillment-Bereich kann als Value Chain und der F&E-Bereich als Value Shop organisiert sein. Die Strukturanalyse kann insofern wertvoll sein, da sie bereits wichtige Hinweise für die Ressourcenanalyse (die drei Strukturmodelle weisen ganz unterschiedliche Ressourcenmuster auf) und für die Analyse des Renditemodells (s. unten) gibt (die drei Strukturmodelle weisen ganz unterschiedliche Kostenstrukturen auf).

Im Rahmen der Operations-Analyse werden die drei Dimensionen des operativen Geschäfts, die Supportfunktionen/-prozesse bzw. die Supportinfrastruktur und die vorherrschende Wertschöpfungsstruktur aus ganzheitlicher Sicht, d. h. zusammen betrachtet, auch in ihrer Verknüpfung. Das Ergebnis der Operations-Analyse ist somit eine strukturierte Beschreibung des aktuellen Wertschöpfungssystems des Unternehmens. Sie modelliert quasi das Wertschöpfungssystem des Unternehmens (aus diesem Grund wird dies auch oft als eine detaillierte Beschreibung des Geschäftsmodells beschrieben) und sie stellt die Grundlagen für den nächsten Schritt bereit, für die Ressourcenanalyse.

Im Rahmen der Ressourcenanalyse werden die wesentlichen Ressourcen identifiziert und die *Transformationsprozesse zwischen den verschiedenen Ressourcen* untersucht und dargestellt. Das Ergebnis beider Schritte ist dann eine *Ressource Map,* wie bereits am Beispiel der Beratungsunternehmen A und B dargestellt (vgl. Abb. 7).

Durch die Operations- und Ressourcenanalyse wird transparent, wie das Unternehmen operativ „funktioniert", um Wert für Kunden zu schaffen, und wie dabei welche Ressourcen eingesetzt werden bzw. wie die einzelnen Transformationsprozesse zwischen den Ressourcen gestaltet sind.

Schafft ein Unternehmen Kundenwert, bedeutet dies aber noch nicht automatisch, dass es auch in der Lage ist, dadurch einen finanziellen Mehrwert (= eine Rendite auf das eingesetzte Finanzkapital, die über den Kapitalkosten liegt) zu erwirtschaften. Denn Kunden müssen auch bereit sein, einen Preis zu bezahlen, der die Kosten deckt und zusätzlich eine ausreichende Marge generiert. Darüber hinaus muss das Unternehmen auch genug solch zahlender Kunden gewinnen, um auf das Volumen und die Marktanteile zu kommen, die erforderlich sind, um eine ausreichende finanzielle Rendite erwirtschaften zu können.

Hier kommt die *Perspektive der Rendite bzw. der Finanzperformance* ins Spiel, die auf der Grundlage der durch die Operations- und Ressourcenanalyse gewonnenen Erkenntnisse aufsetzt. Durch diesen Ansatz wird es möglich, die Renditefähigkeit eines Unternehmens in einer Weise zu verstehen, wie das mit den bislang üblichen Controlling- und Rechnungswesenansätzen nicht möglich war: nämlich aus einer ganzheitlichen Perspektive unter Berücksichtigung der Intangible Assets.

Eine auf solche Weise aufgesetzte *Renditeanalyse* zeigt auf Basis einer Intangible Asset Management-Perspektive, wie ein Unternehmen aus seinen Ressourcen im Rahmen der operativen Prozesse bzw. Aktivitäten finanziellen Mehrwert schafft und welches die wahren Renditetreiber, also die Stellhebel sind, über die die Rendite gesteuert bzw. optimiert werden kann. Die wesentliche Neuerung des hier beschriebenen Ansatzes ist die Verbindung von subjektivem, qualitativem, intangiblem Kundenwert (bzw. bei einem erweiterten Ansatz von subjektivem Stakeholder-Wert) mit objektiven, quantitativen, finanziellen Werten im Rahmen einer ganzheitlichen Performancebetrachtung. Erst so wird die wahre „Economic Performance", die sich ja in unseren Käufer-dominierten Märkten von heute aus beiden Elementen (Fähigkeit zum Schaffen von subjektivem Kundenwert und von Finanzrendite) zusammensetzt, transparent und steuerbar.

Bei der Analyse der Rentabilitätsfähigkeit werden folgende Bereiche miteinander in Beziehung gesetzt:
- das finanzielles Ergebnis (Rendite) und finanzielle Einflussgrößen,
- der geschaffener Kundenwert (Performance aus Kundensicht) und
- die Performance der operativen Prozesse (Operations), die beide Ergebnisse schaffen.

Durch eine detaillierte Analyse der Renditefähigkeit je Prozessbereich wird die Verbindung zwischen der operativen Prozesswelt und der Gesamtperformance je Prozessbereich geschaffen (wobei sich die Gesamtperformance aus dem geschaffenen subjektiven Kundenwert und der dabei erzielten Finanzperformance zusammensetzt). Dabei werden die „Stellschrauben" zur Optimierung der Gesamtperformance auf Detailprozessebene offen gelegt bzw. sichtbar gemacht. Durch die Betrachtung der einzelnen Prozessbereiche in Kombination erhält man ein ziemlich klares Bild der „Economic Engine", die dem Wertschöpfungssystem des Unternehmens zugrunde liegt.

Ein vereinfachtes Beispiel für ein Automobilunternehmen ist in Abbildung 10 dargestellt. Hier werden die beiden Prozessbereiche F&E und Vertrieb (Teil des „Kundenbeziehungsmanagements") zunächst getrennt analysiert und dabei die Einflussgrößen auf die jeweilige Renditefähigkeit ermittelt. Dann werden beide in Kombination betrachtet: Während im Bereich F&E z. B. der entscheidende Erfolgsfaktor (der zu optimieren ist) die Produktivität der Einsatzressourcen (F&E-Kosten, gebundene Human Ressourcen/ Experten, die für andere Bereiche nicht mehr zur Verfügung stehen, etc.) im Verhältnis zum geschaffenen subjektiven Kundenwert ist, ist es im Vertrieb und Marketing die Fähigkeit des Unternehmens, den geschaffenen Kundenwert auch in entsprechende Verkaufspreise und Verkaufszahlen umzusetzen. Dazu muss der in F&E und Produktion geschaffene Kundenwert des Produktes erfolgreich an den Kunden kommuniziert werden (sodass der Kunde den Wert vor der Kaufentscheidung erkennen kann). Von beidem hängt die Fähigkeit des Unternehmens ab, entsprechend (hohe) Preise und Volumina erzielen zu können.

Denn um zufrieden stellende Renditen erzielen zu können, bedarf es also beider Faktoren: effektive F&E-Prozesse (d. h. eine hohe F&E-Produktivität, indem hoher Kundenwert durch die spezifische „Konfiguration" des Produktes geschaffen wird bei gleichzeitig niedrigen direkten Kosten/Opportunitätskosten) und effektive Vertriebs- und Marketingprozesse (d. h. eine hohe Vertriebs- und Marketingeffektivität, indem der geschaffene

Kundenwert auch zu entsprechenden Preisen und in entsprechenden Volumina verkauft wird). Vollständig wäre dann das Bild, wenn auch noch der Bereich Fulfillment, wo es z. B. um die Optimierung der Relation von Qualität und Kosten geht, miteinbezogen wird.

Sobald das Renditemodell steht, hat man die Grundlage für die Definition eines geeigneten Performancemesssystems geschaffen, das z. B. in Form einer mehrdimensionalen und mehrstufigen Performance Scorecard bzw. in Form eines Tableau de Bord hilft, die Gesamtperformance erfolgreich zu steuern und zu optimieren.

Intangible Assets-basierte strategische Potenzialanalyse/ Strategische Planung

Im Rahmen der strategischen Planung wird die Geschäftsstrategie einem Review unterzogen mit dem Ziel, die vorhandenen Intangible Assets zur Verbesserung der Profitabilität und zur Generierung von Wachstum zu nutzen.

Die strategische Potenzialanalyse erfolgt auf zwei sich ergänzende Weisen: Erstens, welches Potenzial benötigt wird, um das Erreichen der Unternehmensziele zu sichern (Analyse der „Strategic Readiness"), und zweitens, über welche Potenziale das Unternehmen verfügt, die bislang nicht oder kaum genutzt wurden, aber für zusätzliches Wachstum bzw. zur Generierung von Rendite bzw. Kundenwert eingesetzt werden könnten (Analyse des „Hidden Value Creation Potenzial").

Die Analyse der Strategic Readiness startet mit der Definition der finanziellen Ziele (Rendite) und der Definition der Ziele aus Kundensicht (Kundenwert, der geschaffen werden muss, damit die finanziellen Ziele erreicht werden können). Dann betrachtet man die operativen Prozessbereiche im Hinblick auf Veränderungen, die notwendig werden, um die Finanz- und Kundenwertziele zu erreichen. Daraufhin werden die Supportbereiche bzw. Ressourcen und Potenziale untersucht, ob diese in der aktuellen Ausbauform in der Lage sind, die erforderlichen Veränderungen in den operativen Prozessbereichen zu ermöglichen.

Das Ergebnis ist eine so genannte Strategy Map, die die Strategie in allen für die erfolgreiche Steuerung der Strategie relevanten Aspekten beschreibt – auch im Hinblick auf die intangiblen Ressourcen/ Potenziale (bzw. Intangible Assets). Sie stellt zudem für das gesamte Unternehmen und die wichtigsten wertschöpfenden Bereiche sowohl den Grad der Strategic Readiness als auch den Status der entsprechenden Initiativen und Entwicklungsprogramme dar. Abbildung 11 zeigt das Schema einer Strategy Map in Anlehnung an das Konzept von Kaplan/Norton (vgl. Kaplan/Norton 2004). Diese Strategy Map für das Gesamtunternehmen muss dann in detaillierte Strategy Maps für jeden Bereich heruntergebrochen werden.

Ergänzt wird dies durch die Analyse des Hidden Value Creation Potenzial. Diese startet mit einer Analyse der vorhandenen Potenziale (inkl. der intangiblen Ressourcen – Intangible Assets) mit dem Ziel, Potenziale zu identifizieren, die bislang nicht vollständig genutzt wurden bzw. zusätzliches Wertschöpfungspotenzial bergen, das sich durch eine veränderte Geschäftsstrategie heben lässt.

Ein Beispiel dafür wäre der oben beschriebene Fall von GE, wo man entdeckt hat, dass sich das vorhandene Human- und Strukturkapital im Bereich Triebwerksbau auch für das Bereitstellen von Wartungsservices nutzen lässt, die sogar wesentlich profitabler und damit wertschaffender sind als das alte Kerngeschäft. Im Automobilsektor könnte man sich beispielsweise überlegen, welchen Zusatzwert man für Kunden und Aktionäre z. B. durch eine besser/andere Nutzung des Händlernetzes bzw. des Lieferantennetzes schaffen könnte, also durch eine bewusste Strategie, die bisherige traditionelle Struktur einer Value Chain in die eines Value Networks zu transformieren, die es besser erlaubt, die eigenen Intangible Assets zu multiplizieren.

Meist liegt gerade im Bereich der intangiblen Ressourcen ungenutztes Potenzial, da es Unternehmen in der Vergangenheit nicht gewohnt waren, die Intangibles, im Gegensatz zu ihrem physischen Kapital, einer regelmäßigen „Inventur" und einer Analyse ihres Nutzenpotenzials zu unterziehen. Damit mündet auch die zweite Art der strategischen Potenzialanalyse in die Erstellung einer Strategy

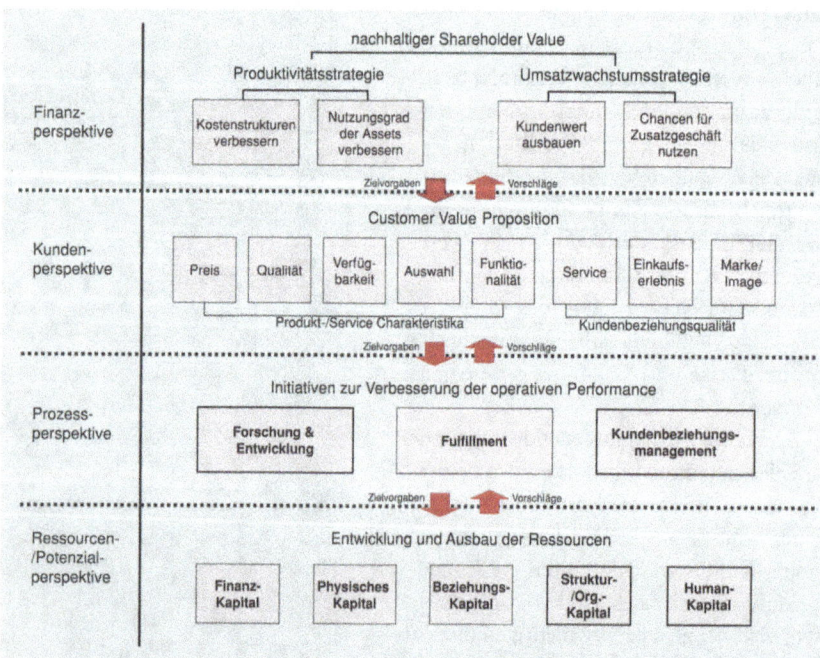

Abbildung 11: Strategy Map zur Identifizierung von Entwicklungszielen für alle Ebenen im Wertschöpfungssystem eines Unternehmens – auch bei den intangiblen Ressourcen/Potenzialen (Quelle: In Anlehnung an Kaplan/Norton 2004, S. 55)

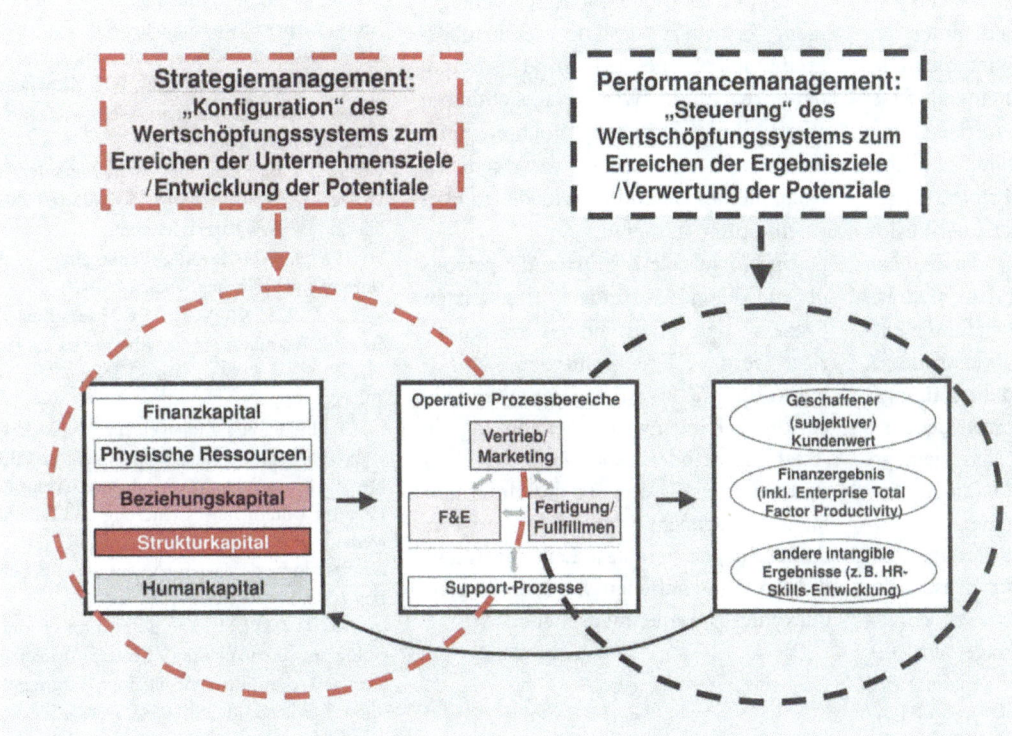

Abbildung 12: Strategie- und Performancemanagement setzen, mit unterschiedlichen Schwerpunkten, auf dem erweiterten Unternehmens-/Managementmodell auf.

Map bzw. in der Ergänzung der bereits vorhandenen.

Der strategische Planungs- bzw. Strategiemanagement- (Ziel: Potenzialaufbau) und Performancemanagementprozess ergänzen sich dabei und setzen beide auf dem oben beschriebenen „Framework" auf (vgl. Abb. 12).

Führung, Organisation, HR- und IT-Management

Eine Analyse des Wertschöpfungssystems und die anschließende strategische Planung/Optimierung der Unternehmensstrategie erfordert in der Regel auch, sich über eine geeignete Organisation Gedanken zu machen. Die entsprechenden Überlegungen setzen dabei auf dem Ergebnis der Operations-Analyse auf und beschäftigen sich zunächst mit der Frage, welche Form der Organisation (Value Shop, Value Chain, Value Network) die geeignete für welchen Funktionsbereich im Unternehmen ist (beispielsweise Value Shop im F&E-Bereich, Value Chain im Bereich Fullfillment und Value Network bei der Vermarktung).

Abhängig davon ergeben sich auch die Vorgaben für die erforderlichen Unternehmens- bzw. Abteilungswerte und die jeweilige Managementkultur. Und davon abhängig sind dann die People Management- und Personalentwicklungsstrategie bzw. die Rahmenbedingungen für das IS/IT-Management zu definieren.

Diese Aspekte sind mindestens so erfolgsentscheidend für ein erfolgreiches Intangible Asset Management wie die Neugestaltung der Controllingsysteme. Aus Platzgründen soll auf diese Aspekte an dieser Stelle jedoch nicht näher eingegangen werden.

Fazit

Für ein aktives Intangible Asset Management besteht dringend Handlungsbedarf.

Das zeigen einmal die eingangs erwähnten zwei Beispiele aus dem Managementalltag, die in ähnlicher Weise in vielen Unternehmen heute zu finden sind und die sich nur befriedigend mittels eines Intangible Asset Management-Ansatzes, wie oben beispielhaft erläutert, in den Griff bekommen lassen.

Aber auch die neuen Rechnungslegungsvorschriften nach den IFRS/IAS, die zwar derzeit nur die börsennotierten Kapitalgesellschaften offiziell betreffen, aber vermutlich auf andere Unternehmen eine Abstrahlungswirkung haben werden, verschärfen den Handlungsdruck Richtung eines aktives Intangible Asset Management. So soll durch das dadurch eingeführte „Fair Value Accounting" schon einmal prinzipiell die Aufmerksamkeit auf alle vorhandenen Werte im Unternehmen gelenkt werden. Besonders durch die für die Europäer neuen, an die entsprechenden US-GAAP-Regeln angelehnten Verfahren der Goodwill-Behandlung (Offenlegen der zugrunde liegenden Intangibles, jährlicher Werthaltigkeits-/Impairment-Test) wird die Beschäftigung mit den Intangibles, sowohl in der Rechnungslegung als auch in der Steuerung, zur Pflicht für das Management. Denn unvorhergesehene Impairments schlagen direkt ins Ergebnis durch und können so das Vertrauen der Kapitalmärkte in die Fähigkeit des Managements empfindlich schädigen, nachhaltig Wert aus seinen Investitionen zu erwirtschaften. Die neuen IFRS Regeln zwingen so nicht nur zu einer regelmäßigen Inventur der Intangible Assets, sondern auch zu einer proaktiven Steuerung, um Impairments gar nicht erst entstehen zu lassen. Dazu fehlen heute in fast allen Unternehmen noch die erforderlichen Controllinginstrumente und Managementkonzepte.

Auch die wachsende Zahl der Outsourcing-Entscheidungen bringt grundsätzlich die Frage mit sich, welche Prozesse/Funktionen das Unternehmen keinesfalls outsourcen sollte, und die in der Regel nur auf Basis einer Intangible Asset Management-Perspektive zufrieden stellend beantwortet werden kann. Ähnliches gilt übrigens auch für die Erfolgsbeurteilung einer Akquisition oder einer Fusion und für die Identifizierung der Erfolgsfaktoren einer evtl. folgenden Integrationsphase sowie grundsätzlich für die Entscheidung über eine Wachstumsstrategie.

Für das Controlling und die Planungsabteilungen von Unternehmen bedeutet dies, dass Intangible Asset Management-basierte Analysen und Maßnahmenpläne zur Entwicklung von immateriellen Potenzialen in die strategische Planung integriert werden müssen. Hierfür gilt es, Ziele, Pläne und Messinstrumente zu entwickeln. Im Performancemanagement (Ergebnissteuerung) muss die Effizienz der Verwertung von Intangible Assets laufend überwacht werden. Zudem muss das Controlling Instrumente zum Messen und zur Kontrolle „intangibler" Ergebnisse bereitstellen. Das bedeutet: Controller müssen sich weit mehr mit qualitativen Faktoren beschäftigen, wenn sie neue Methoden für die Erfolgsmessung entwickeln und implementieren. Dies setzt eine enge Zusammenarbeit mit anderen Bereichen, wie etwa Personal und Marketing, voraus.

Gleichzeitig müssen sich die Mitarbeiter in den Bereichen Personalwesen und Marketing mehr betriebswirtschaftliches Know-how aneignen. Es gilt nicht allein Personal zu verwalten oder für das Wohlbefinden einer Belegschaft zu sorgen. Vielmehr muss verstanden werden, dass das individuelles Humankapital nur „Kapital" für das gesamte Unternehmen sein kann, wenn es in kollektives Strukturkapital umgewandelt wird, das auch dann erhalten bleibt, wenn ein Mitarbeiter das Unternehmen verlässt. Nur so kann auch individuelles Humankapital multipliziert werden und Mehrwert schaffen. Dafür müssen entsprechende Verfahren und Instrumente geschaffen werden. Ähnliches gilt für das Marketing in Bezug auf die Markenpflege und das Management der Kundenbeziehungen.

Ein aktives Intangible Asset Management erfordert deshalb ressortübergreifende Kooperation und Kompetenzentwicklung. Wer die unsichtbaren Werttreiber verwalten möchte, muss Kooperationen zwischen verschiedenen Fachabteilungen und verschiedenen Hierarchiestufen initiieren.

Und nicht zuletzt müssen die gewonnenen Erkenntnisse und neu eingesetzten Prozesse der Öffentlichkeit kommuniziert werden. Erst wenn der Kapitalmarkt und die Investoren verstehen, wie ein Unternehmen vorhandene Intangible Assets nutzt oder neue generiert, kann dies bei einer Bewertung des Unternehmens berücksichtigt werden. Und erst dann schlagen sich diese Leistungen und die damit geschaffenen Werte im Aktienkurs eines Unternehmens nieder.

Literatur

ABOODY, D./LEV, B.: R&D Productivity in the Chemical Industry, New York 2001 (erhältlich über http://www.baruch-lev.com).
BALLOW, J./BURGMANN, R./ROOS, G./MOLNAR, M.: A New Paradigm for Managing Shareholder Value, Juli 2004 (Accenture Institute for High Performance Business).
DAUM, J. H./BRETSCHER, P.: Measuring Performance in a Knowledge Economy: Linking the Subjective and Objective Dimension into One System of „Vector-Based" Performance Meaurement, in: NEELY, A./KENNERLY, M./WALTER, A. (Hrsg.): Performance Measurement and Management 2004, Public and Private, Papers from the Fourth International Conference on Performance Measurement and Management PMA 2004, Cranfield, 2004, S. 1055 – 1062 (erhältlich unter http://www.juergendaum.com/news/08_05_2004.htm).
DAUM, J. H.: Intangible Assets und die wertorientierte Steuerung von Netzwerken in der Automobilindustrie, in: GLEICH, R. (Hrsg.): Network Value Added – Planung und Steuerung von Netzwerken in der Automobilindustrie, Forschungsbericht aus der Reihe General Management der Supply Management Group, St. Gallen 2004, S. 123 – 182 (erhältlich unter http://www.intangibleassets.de/articles/ia_automotive_toyota_d.pdf).
DAUM, J. H. (2002a): Werttreiber Intangible Assets: Brauchen wir ein neues Rechnungswesen und Controlling?, in: Controlling – Zeitschrift für Erfolgsorientierte Unternehmenssteuerung, 14. Jg. (2002), Heft 1, S. 15 – 24 (erhältlich unter http://www.juergendaum.com/articles/IA_Controlling_d.pdf).
DAUM, J. H. (2002b): Intangible Assets oder die Kunst, Mehrwert zu schaffen, Bonn, 2002 (siehe http://www.juergendaum.de/mybook_d.htm).
EDVINSSON, L./BRÜNNIG, G.: Aktivposten Wissenskapital. Unsichtbare Werte bilanzierbar machen, Gabler 2000.
GU, F./LEV. B.: Intangible Assets: Measurement, Drivers, Usefulness, New York 2001 (erhältlich über http://www.baruch-lev.com).
HORVÁTH, P./MÖLLER, K.: Intangibles in der Unternehmensführung, Vahlen 2004.
KAPLAN, R. S./NORTON, D. P.: Measuring the Strategic Readiness of Intangible Assets, in: Harvard Business Review, Vol. 82 Issue 2 (Februar 2004), S. 52 – 63.
LEV, B.: Intangibles: Management, Measurement and Reporting, Brookings Institution Press 2001.
LEV, B./DAUM, J. H.: Intangible Assets: Neue Ansätze für Unternehmenssteuerung und Berichtswesen, in: HORVÁTH, P./GLEICH, R. (Hrsg.): Neugestaltung der Unternehmensplanung, Stuttgart 2003, S. 33 – 50.
LEV, B./DAUM, J. H.: The dominance of intangible assets: consequences for enterprise management and corporate reporting, in: Measuring Business Excellence, 8. Jg. (2004), Heft 1, S. 6 – 17 (erhältlich unter http://www.juergendaum.com/news/11_14_2004.htm).
OECD – ORGANISATION FOR ECONOMIC CO-OPERATION AND DEVELOPMENT: Directorate Science, Technology & Industry, Science, Technology and Industry Scoreboard 1999: Benchmarking Knowledge-based Economies, Paris 1999 (erhältlich unter http://www.oecd.org//dsti/sti/statana/prod/scorebd_summ.htm).
ROOS, G.: Implementing The Intangible Asset Strategy, Vortrag auf der Konferenz „Creating Organisational Value Using Intangible Assets" der Cranfield School of Management am 06.05.2004, Cranfield/UK 2004.
STEWART, T. A.: The Wealth Of Knowledge, Currency/Doubleday 2001.
STEWART, T. A.: Intellectual Capital, New York 1997.
SVEIBY, K. E.: The New Organizational Wealth, San Francisco 1997.
ZELLNER, M./BÜSSOW, T.: Das Unsichtbare sichtbar machen, in: Harvard Business Manager, September 2004, S. 49 – 57.

Verständliche Darstellung aller Facetten des Management

Inhalt:

Entwicklung einer Basisvorstellung zu ganzheitlichem Management

Grundprinzipien, Unternehmungspolitik und die Gestaltung von Grundkonzepten

Strategisches Management

Planung, Kontrolle und Controlling

Organisation

Führung

Änderung und Wandel

Die Vitale Unternehmung

Claus Steinle
Ganzheitliches Management
Eine mehrdimensionale Sichtweise integrierter Unternehmungsführung
2005. XL, 910 S. Geb.
EUR 44,90
ISBN 3-8349-0059-1

Management ist ein komplexes Gegenstands- und Handlungsfeld, das über die klassischen Beschreibungskonzepte nicht entsprechend abgedeckt wird. „Ganzheitliches Management" präsentiert einen neuen, integrierten Ansatz, der alle Teilaspekte des Themas in systematischer Form aufgreift.

Claus Steinle entwickelt zunächst anhand einer Heuristik in Form des Management-Kubus eine Basisvorstellung des ganzheitlichen Managements. Vor diesem Hintergrund werden unternehmungsbezogene Grundprinzipien sowie die Unternehmungspolitik ausführlich diskutiert. Eine Auffächerung in die Bereiche strategisches Management, Planung, Kontrolle, Controlling, Organisation, Personalführung sowie Änderung und Wandel ermöglicht eine umfassende, ganzheitlich geprägte Sichtweise. Von der Entwicklung unternehmerischen Denkens und Handelns bis hin zu Formen, Prozessen und Ergebnissen geplanter und evolutionärer Veränderung und zur vitalen Unternehmung werden systematisch Inhalte, Zusammenhänge und handlungswirksame Empfehlungen erarbeitet. Zu jedem Thema enthält das Lehrbuch eine Fülle von Praxisbeispielen und Gestaltungsempfehlungen.

Das Buch richtet sich an Studierende und Dozenten der Wirtschaftswissenschaften, insbesondere in den Bereichen Unternehmungsführung, Organisation, Personal und Controlling, sowie an Manager und Führungskräfte in der Unternehmenspraxis.

Änderungen vorbehalten.
Erhältlich im Buchhandel oder beim Verlag.

www.gabler.de

Abraham-Lincoln-Str. 46 · 65189 Wiesbaden · Tel: 06 11.78 78-626

INTANGIBLE ASSET MANAGEMENT

Immaterielles Vermögen erfolgreich managen – Status Quo und Entwicklung

Dieter Becker/Armin Steiner

■ Einleitung

Betrachtet man die aktuelle Diskussion um die Zukunftsfähigkeit des Standorts Deutschland, besteht in allen Lagern der Politik ein wesentlicher Konsens: Das immaterielle Vermögen des Landes, wie beispielsweise innovative Produkte oder ein hervorragendes Bildungswesen, wird darüber entscheiden, ob Deutschland zukünftig im globalisierten Wettbewerb mithalten kann.

Doch nicht nur aus der Sicht eines ganzen Landes, welches z. B. über Initiativen zum Bildungssystem wesentliche Impulse setzen kann, sondern insbesondere auf der Ebene von Unternehmen, die ihre Stellung im Markt nur halten können, wenn Sie dem Wettbewerb immer einen Schritt voraus sind, müssen entsprechende Aktivitäten entfaltet werden. Ob ihnen dies gelingt, liegt ebenfalls im Besonderen an der Güte ihrer Mitarbeiter, Prozesse und Zulieferer.

Somit müssten die meisten Unternehmen diesen eher weichen Faktoren doch eine große Bedeutung beimessen.

Wie sieht aber die Realität aus? Der erste Ansatzpunkt für eine Analyse ist sicherlich die Betrachtung der Bilanzierungspraxis des immateriellen Vermögens. Denn gerade hier sollte man erwarten, dass den externen Adressaten wie den Eigentümern, Mitarbeitern und anderen Stakeholdern ein detailliertes und realistisches Bild geboten wird.

Erstaunlicherweise ist das Gegenteil der Fall: Über den deutschen Leitindex DAX-30 gesehen nimmt die Bedeutung der immateriellen Vermögensgegenstände nicht zu sondern eher ab. Dies lässt sich beispielsweise daran erkennen, dass der Anteil des immateriellen Vermögens an den Gesamtaktiva eher im Rückgang begriffen ist, der abgeschriebene Anteil hingegen stetig steigt (vgl. Abbildung 1 und 2). D. h. rein an den veröffentlichten Zahlen gemessen vernichten die deutschen Unternehmen gerade in diesem für ihre Wettbewerbsfähigkeit so entscheidenden Bereich mehr Werte als sie schaffen. Dies mag zum einen daran liegen, dass die Bilanzierungspraxis die im Unternehmen geschaffenen immateriellen Vermögensgegenstände grundsätzlich gar nicht zeigen darf, aber was ist mit den Werten die z. B. im Rahmen eines Unternehmenskaufes erworben wurden?

Was sind die Treiber für diese erstaunliche Entwicklung? Schaffen die Unternehmen wirklich keine signifikanten neuen immateriellen Werte? Oder sind die Bilanzierungsregeln zu restriktiv bzw. gibt es keine Verfahren für eine Bewertung und Steuerung von immateriellen Vermögensgegenständen? Oder werden existie-

● Die aktuellen Standortdiskussionen schärfen das Bewusstsein für die Notwendigkeit, das immaterielle Vermögen (IV) aktiv zu managen
● Die Bedeutung des IV für die Wertentwicklung von Unternehmen lässt sich aus der traditionellen Bilanzierung nach HGB nicht ablesen, die internationalen Rechnungslegungsgrundsätze erfordern jedoch zunehmend eine aktive Beschäftigung mit dem IV
● Die Existenz einer Vielzahl von Bewertungs- und Steuerungsmethoden für das Management des IV ist den meisten Unternehmen nicht transparent
● Die Kombination bestehender Verfahren bietet in der richtigen Anwendung für die Unternehmen ein geeignetes Instrumentarium („Best Of"-Verfahren)
● Am Beispiel F&E Management wird die praktische Anwendbarkeit des Verfahrens aufgezeigt

rende Verfahren von den Unternehmen nicht richtig angewendet, d. h. fristet das immaterielle Vermögen bei diesen eher ein „Mauerblümchendasein" und wird nur

Dipl. Oec. Dieter Becker
Partner KPMG Advisory
Tel.: +49 (711) 90 60 17 20
Fax.: +49 (711) 90 60 17 56
E-Mail: dieterbecker@kpmg.com
KPMG Deutsche
Treuhand-Gesellschaft AG

Dipl. Kfm. Armin Steiner
Assistant Manager KPMG Advisory
KPMG Deutsche
Treuhand-Gesellschaft AG

aus dem Blickwinkel Reduktion des gebundenen Kapitals/kein Legen von Abschreibungspotenzial für die Zukunft betrachtet? Diese Fragen sollen nachfolgend näher beleuchtet werden.

Begriffsklärung

Bevor man sich mit dem Thema weiter beschäftigt, sollte ein gemeinsames Verständnis über den Begriff des immateriellen Vermögens geschaffen werden. Neben den Definitionen der diversen Bilanzierungsstandards (z. B. nach HGB, IFRS und US-GAAP) existieren in der betriebswirtschaftlichen Theorie zahlreiche weitere Definitionen für immaterielle Vermögensgegenstände.

Eine aus Sicht der Autoren gelungene Definition ist die des Arbeitskreises „immaterielle Werte im Rechnungswesen" der Schmalenbach-Gesellschaft für Betriebswirtschaft e.V. (vgl. Arbeitskreis „Immaterielle Werte im Rechnungswesen" 2001 S. 990 f.), deren Elemente nachfolgend kurz erläutert werden:

- Das *Location Capital* umfasst in dieser Definition alle standortbezogenen Werte eines Unternehmens. Zu solchen Standortkriterien zählen Makrokriterien wie z. B. Marktfaktoren, rechtliche Faktoren und wirtschaftliche Faktoren und Mikrokriterien wie z. B. am Standort verfügbare Arbeitskräfte, Verkehrsanbindungen, Versorgungsbetriebe, Genehmigungsverfahren etc.
- Das *Human Capital* definiert die immateriellen Werte eines Unternehmens hinsichtlich seiner Personalressourcen, was wiederum deren Wissenskapital und soziale Kompetenz beinhaltet. Das Wissen als solches stellt allerdings selbst noch keinen Wert dar, vielmehr bedarf es eines Übergangs vom individuellen zum kollektiven Wissen, wozu es der Kommunikation bedarf. Wissen muss kommuniziert werden, um in sozialen Zusammenhängen überhaupt erst wirksam zu werden.
- *Process Capital* definiert sich durch aufbau- und ablauforganisatorische Strukturen, die einzelne Aktionen und Aktivitäten erst in ein geordnetes Ganzes überführen können. Standardisierung in Abläufen und Prozessen führt zu Transparenz über unternehmerisches Handeln, welches gepaart mit eindeutigen Entscheidungsstrukturen zielorientiertes Arbeiten möglich macht.
- *Customer Capital* beinhaltet im Wesentlichen die aufgebaute Kundenbasis als solche, welche sich in Kundenlisten, Abnahmeverträgen und Marktanteilen manifestiert und das dahinter liegende Beziehungsnetzwerk zu Kunden, welches überhaupt erst die Zusammenarbeit mit diesen möglich macht.
- *Supplier Capital* zielt auf die Güte des Zulieferernetzwerks und damit auf eine i. d. R. über Jahre gewachsene Zuliefererbeziehung.
- *Innovation Capital* bezeichnet Werte, welche durch Produkt-, Dienstleistungs- und Verfahrensinnovationen eines Unternehmens geschaffen werden.
- *Investor Capital* wird schließlich als immaterieller Wert im Finanzbereich bezeichnet und umfasst im Wesentlichen die Konditionen, mit denen sich ein Unternehmen am Markt Fremd- und Eigenkapital beschaffen kann.

Nach Meinung der Autoren reicht aber ein reines Nebeneinanderstellen dieser Einzelkomponenten nicht aus, da zwischen diesen zahlreiche Zusammenhänge existieren. Neben den inhaltlichen Zusammenhängen gibt es u. E. auch einen zeitlichen Zusammenhang, da erst nach der Schaffung eines geeigneten Human und Process Capital etwas wie Innovation Capital im Zeitablauf entstehen kann. Um die beiden Formen des Zusammenhangs visualisieren zu können, wurde das Bild eines Hauses gewählt. Dieses kann von der grundsätzlichen Struktur her in ein Fundament, tragende Wände und Decken

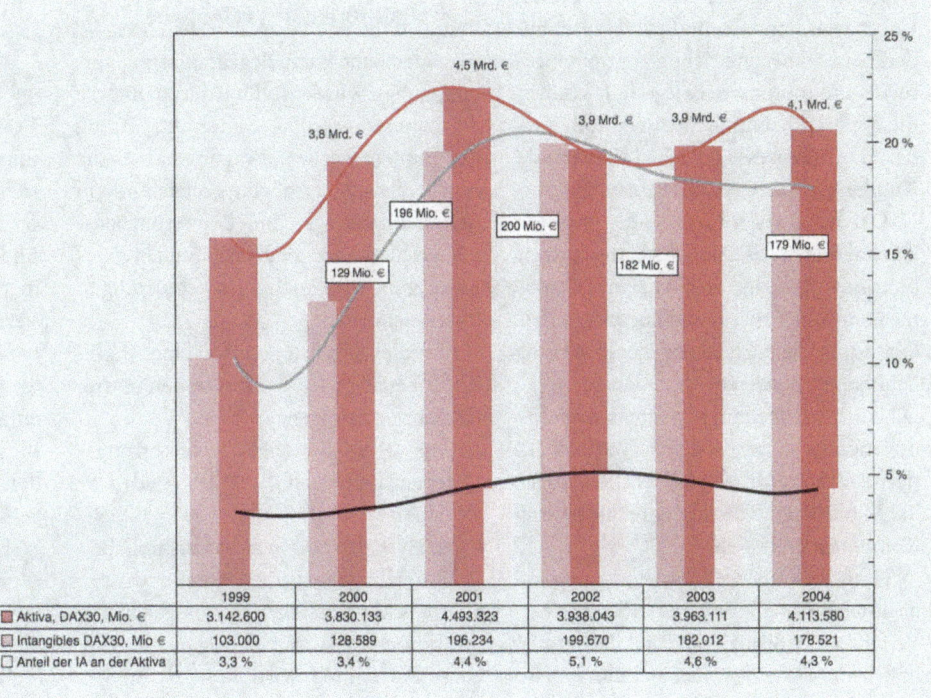

Abbildung 1: DAX 30, Entwicklung der Gesamtaktiva und der Intangible Assets

INTANGIBLE ASSET MANAGEMENT

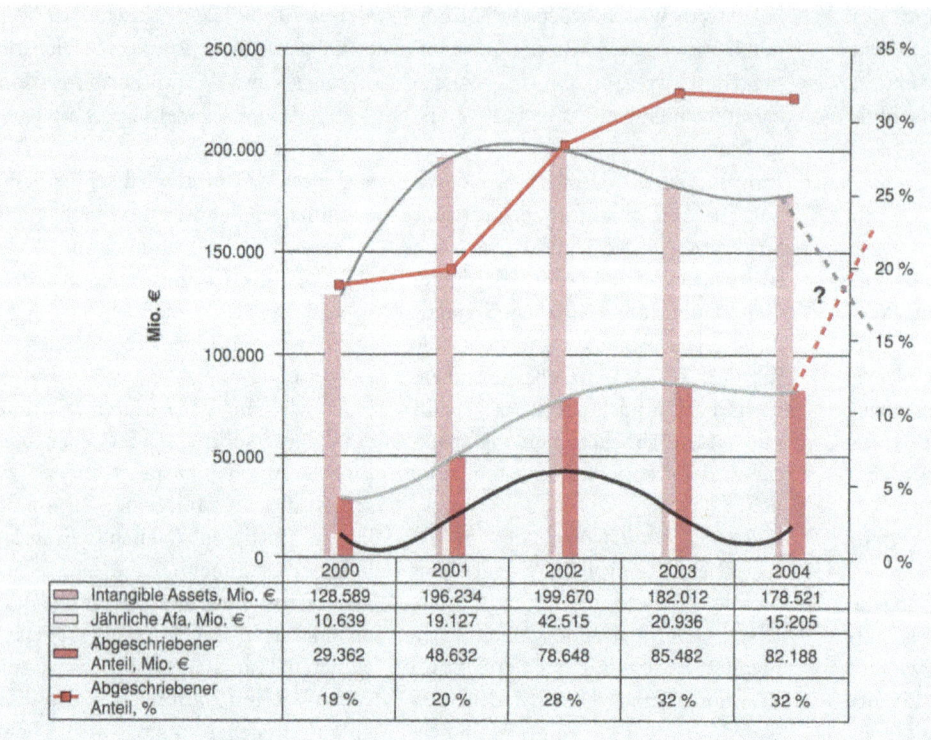

Abbildung 2: DAX30, Entwicklung der Intangible Assets und der Abschreibungen auf Intangible Assets in den Jahren 2000 bis 2004

und ein oder mehrere Dächer unterteilt werden (vgl. Abbildung 3).

Zu erkennen ist, dass das Human Capital das Fundament dieses Hauses bildet, denn ohne eine richtig zusammengesetzte und motivierte Belegschaft können die anderen Komponenten wie z. B. zielorientierte Prozesse oder funktionierende Kundenbeziehungen nicht entstehen.

Das Innovation Capital und Investor Capital bilden das Dach des Hauses, denn ohne den vorherigen Aufbau eines Customer, Supplier, Process und Location Capitals wären diese Elemente ebenfalls nicht denkbar. Es macht für Unternehmen folglich auch wenig Sinn, sich intensiv mit Innovation und Investor Capital zu beschäftigen, wenn gleichzeitig erhebliche Mängel im Management der darunter liegenden Komponenten bestehen.

Nach dieser Begriffsklärung ist nun im nächsten Schritt die Frage zu stellen, welche Verfahren der Bilanzierung und Bewertung bestehen, welche als Hilfsmittel zum Management von Immateriellen Vermögensgegenständen herangezogen werden können.

Instrumentarien für eine Bewertung und Steuerung des immateriellen Vermögens

Nachdem eine kurze Begriffsklärung vorgenommen wurde, soll wiederum auf die Ausgangsfrage der Einleitung Bezug genommen werden: Warum haben die immateriellen Vermögensgegenstände in der Bilanzierungs- und Bewertungspraxis einen derart niedrigen Stellenwert? Existieren etwa nicht die notwendigen Instrumentarien?

Um dies festzustellen, soll eine Analyse der bestehenden Konzeptionen in drei Kategorien erfolgen:
- Analyse der bestehenden Bewertungsregeln nach HGB, IFRS und US-GAAP,
- Analyse der bestehenden zusätzlichen Bewertungsinstrumentarien und
- Analyse der bestehenden managementorientierten Ansätze.

Diese Aufteilung wird bewusst so gewählt, da es u. E. in der heutigen Literatur bei den meisten Veröffentlichungen eine erhebliche Vermischung oder gar keine Trennung zwischen der *Bewertungssicht* und der *Managementsicht* gibt. Dies spiegelt nicht die aktuelle betriebswirtschaftliche Realität wider und soll im Folgenden nicht übernommen werden: U. E. gibt es einen deutlichen Unterschied zwischen einer finanziellen Bewertung und der Aktivität der Wertschätzung und Steuerung, welche dem Management innewohnt.

Bewertungen sind meistenteils mit den Maßstäben der Neutralität, Vorsicht und externen Sichtweise gefärbt, wohingegen dem Management wesentlich mehr Informationen zur Verfügung stehen und visionäre/gestaltende sowie zukunftsorientierte Aspekte im Vordergrund stehen müssen. Deshalb soll hier auch zwischen diesen beiden Kategorien unterschieden werden.

Analyse der bestehenden Bilanzierungsregeln nach HGB, IFRS und US-GAAP

Erster Ausgangspunkt für eine Evaluierung der bestehenden Methoden ist sicherlich die externe Rechnungslegung, da sie verpflichtend durchzuführen ist und das Unternehmen damit zwingt, sich in regelmäßigen Abständen mit seiner Vermögens-, Finanz- und Ertragslage zu befassen. Das Ziel dieses Abschnitts soll es sein zu evaluieren, inwieweit die einzelnen Bilanzierungsstandards dem Bilanzierenden die Möglichkeit bieten, den Wert seines immateriellen Vermögens realistisch in der Bilanz abzubilden.

Eine gute Übersicht zur Strukturierung der immateriellen Vermögenswerte für die Zwecke der Rechnungslegung bietet die Abbildung 4 nach Hornung (vgl. Hornung 2002, S.15).

Wie erkennbar, unterscheiden alle Bilanzierungsstandards in selbst erstellte

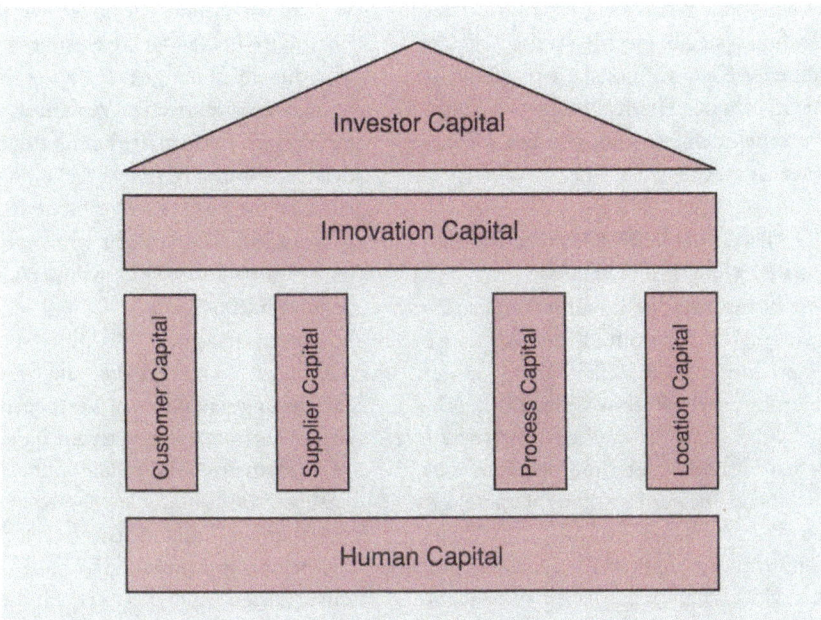

Abbildung 3: Kategorisierung der immateriellen Vermögensgegenstände am Bild eines Hauses

und entgeltlich erworbene Vermögensgegenstände. Weiterhin wird auf die Frage der Identifizierbarkeit bzw. Nachhaltigkeit abgestellt.

Kommt man zu dem rechten Teil der Abbildung, so fällt auf, dass das HGB die Bilanzierung *selbst erstellter Vermögensgegenstände* generell nicht zulässt (vgl. § 248 Abs. 2 HGB). D. h. ein Unternehmen kann sein immaterielles Vermögen nur dann ansetzen und bewerten, wenn es entgeltlich erworben wurde.

Die Bilanzierung nach IFRS und US-GAAP, die mehr dem Prinzip der Kapitalmarktorientierung als dem Gläubigerschutz verpflichtet ist, geht hier einen deutlichen Schritt weiter: Unabhängig davon ob ein immaterieller Vermögensgegenstand entgeltlich erworben oder selbst erstellt worden ist, sind die Kriterien Identifizierbarkeit, Kontrolle bzw. Beherrschung und Vorhandensein eines zukünftigen wirtschaftlichen Nutzens (vgl. IAS 38) ausschlaggebend für die Entscheidung über einen bilanziellen Ansatz.

Somit kann bereits festgestellt werden, dass in der internationalen Rechnungslegung nicht nach Entgeltlichkeit oder Unentgeltlichkeit unterschieden wird, sondern das unternehmerische Interesse der nachhaltigen Nutzenstiftung in den Vordergrund rückt. Ist diese Nutzenstiftung gegeben, so findet sie auch Eingang in die Rechnungslegung.

Eine besondere Kategorie im linken Ast der Abbildung bildet in allen Rechnungslegungsstandards der bei einem Unternehmenserwerb entstehende *Geschäfts- oder Firmenwert bzw. Goodwill*. Das Unternehmenswachstum über externe Zukäufe gewinnt im heutigen Wirtschaftsleben einen immer höheren Stellenwert. Oft übersteigen die geleisteten Kaufpreise die übernommenen Buchwerte bzw. Fair Values deutlich. Dem Goodwill als Differenzgröße kommt somit in der Bilanzierung eine immer größere Bedeutung zu (insbesondere der Goodwill aus der Kapitalkonsolidierung im Konzernabschluss). Und hier stellt sich wiederum die Frage, inwiefern die einzelnen Bilanzierungsstandards den Unternehmen die Möglichkeit geben bzw. sie dazu anhalten, sich mit den Einzelposten dieser Differenzgröße zu beschäftigen.

Im HGB besteht im Einzelabschluss nach § 255 Abs. 4 für den Goodwill ein Ansatzwahlrecht. Wird dieses in Anspruch genommen, so ist dieser entweder jährlich zu mindestens einem Viertel oder planmäßig über die voraussichtliche Nutzungsdauer abzuschreiben. Somit erkennt auch das HGB an, dass der die Buchwerte übersteigende Kaufpreis einen Wert darstellt, der bilanziert werden kann. Allerdings ist dieser weder weiter aufzusplitten noch in Form einer Einzelbewertung mit verschiedenen Nutzungsdauern zu hinterlegen.

Für die Konzernbilanz schreibt § 301 Abs. 3 HGB den Ansatz eines Goodwills verpflichtend vor, falls im Rahmen der Kapitalkonsolidierung nach der Purchase Methode ein aktiver Unterschiedsbetrag verbleibt, der nicht eindeutig den im Rahmen der Erwerbsfiktion erworbenen Vermögensgegenständen und Schulden zurechenbar ist. § 309 HGB sieht für die

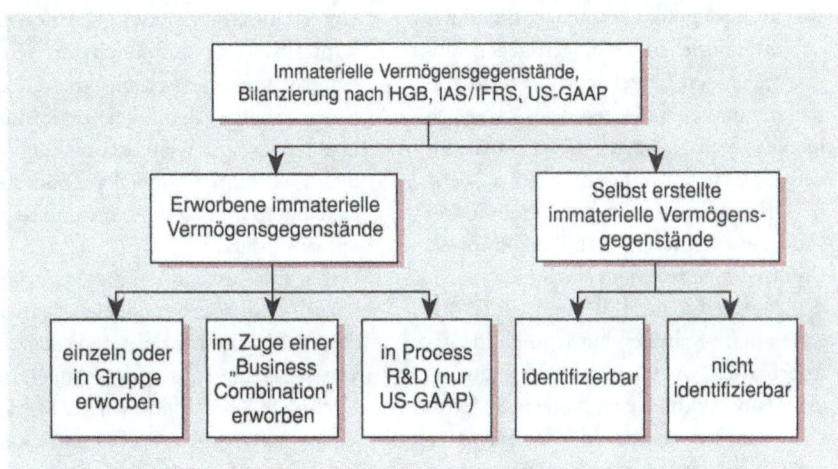

Abbildung 4: Strukturierung der immateriellen Vermögensgegenstände für die Zwecke der externen Rechnungslegung

INTANGIBLE ASSET MANAGEMENT

Folgebilanzierung zusätzlich neben den Abschreibungsmethoden des § 255 Abs. 4 die Möglichkeit der offenen Verrechnung mit den Rücklagen vor.

Im Vergleich zu diesen Regeln ist die internationale Rechnungslegung wiederum näher an den operativen Gegebenheiten orientiert: Auf der einen Seite sind z. B. nach IFRS für die anzuwendende Purchase Methode die Regelungen zur Allokation des Kaufpreises des Tochterunternehmens detaillierter, auf der anderen Seite ist der Goodwill nicht planmäßig abzuschreiben, sondern einmal jährlich einem Impairment Test zu unterziehen. Dieser Impairment Test soll zu jedem Bilanzstichtag die Frage nach Anzeichen einer Wertminderung stellen, wobei diese Wertminderung dann vorliegt, wenn der Buchwert größer ist als der erzielbare Betrag. Dieser wiederum wird ermittelt aus dem höheren von Fair Value abzüglich Veräußerungskosten und dem Nutzungswert.

Beachtenswert ist damit insgesamt, dass nicht wie im HGB ein ganzheitlicher Nutzungs- und Abschreibungsansatz unterstellt wird, sondern vielmehr eine intensive Beschäftigung mit den Einzelelementen notwendig ist.

Fazit: Prinzipiell ist festzustellen, dass in den internationalen Rechnungslegungsstandards die immateriellen Vermögensgegenstände eine wesentlich stärkere Beachtung finden als in der deutschen Rechnungslegung nach HGB. Die Unternehmen werden in der internationalen Rechnungslegung gezwungen, die hinter den immateriellen Vermögensgegenständen stehenden Einzelelemente zu identifizieren und zu bewerten. Dies kann sich im Vergleich zu nach HGB bilanzierenden Unternehmen langfristig als Wettbewerbsvorteil erweisen und kann insbesondere kleineren familiengeführten Unternehmen zu einem Nachteil werden.

Aber auch nach IFRS und US-GAAP gelten klare Kriterien hinsichtlich Identifizierbarkeit, wirtschaftlicher Verfügungsmacht und zukünftigem Nutzen. So kann z. B. das Know-how der Mitarbeiter nicht bilanziert werden, da diese unter Einhaltung der Kündigungsfristen das Unternehmen jederzeit verlassen können.

D.h. auch nach der internationalen Rechnungslegung werden weite Teile des immateriellen Vermögens richtigerweise nicht erfasst. Hierfür müssen sich die Unternehmen ein zusätzliches eigenes internes Rechenwerk anlegen.

Analyse der bestehenden zusätzlichen Bewertungsinstrumentarien

Wie bisher dargestellt wurde, finden sich bei näherer Betrachtung der Praxis im externen Rechnungswesen gerade in der internationalen Rechnungslegung durchaus Anzeichen für eine der wirtschaftlichen Situation des Unternehmens entsprechende Bewertung seiner immateriellen Vermögensgegenstände. Allerdings konnte auch gezeigt werden, dass gerade die schwer identifizierbaren bzw. nicht dauerhaft kontrollierbaren Anteile keinen Eingang finden.

Nachfolgend soll ein kurzer Überblick gegeben werden, welche neben den aus der Bilanzierung bekannten Instrumenten für die Identifizierung und Bewertung von immateriellen Vermögensgegenständen zur Verfügung stehen. Prinzipiell können diese Verfahren in zwei Kategorien eingeteilt werden:

- Bei *deduktiv-summarischen Ansätzen* werden auf Basis tatsächlicher, am Markt beobachteter und erzielbarer Preise Anhaltspunkte für den Wert des betreffenden Vermögensgegenstandes abgeleitet.

Das einfachste Beispiel hierfür ist der Market to Book Value, der auf den Unterschiedsbetrag zwischen Börsenkapitalisierung und Buchwert eines Unternehmens abzielt und diesen den immateriellen Vermögensgegenständen zuschreibt. Weiterentwicklungen dieses Verfahrens sind der Tobin's q, Calculated Intangible Value und Realoptionsansatz.

Durch die Anwendung dieser Verfahren wird ein höchstmögliches Maß an Objektivität gewährleistet, da sich die Wertschätzungen aus den Angebots-Nachfrage-Konstellationen der Marktteilnehmer ergeben. Problematisch ist bei diesen Methoden, dass aufgrund zusätzlicher rechtlicher sowie moralischer Bedingungen für einen Großteil von immateriellen Vermögenswerten überhaupt keine Märkte existieren. Vor diesem Hintergrund sind solche marktwertorientierten Verfahren in ihrer reinen Form in der Praxis zumindestens beim Herunterbrechen auf einzelne immaterielle Vermögensgegenstände meist gar nicht anwendbar (vgl. Nestler 2003, S. 73; Schäfer/Lindenmayer 2004, S. 59).

- Im Gegensatz zu den deduktiv-summarischen Verfahren, die eine Wertzurechnung zu einzelnen Vermögenswerten nicht vorsehen, setzen *induktiv-analytische Methoden* auf die eigenständige Bewertung einzelner immaterieller Vermögenswerte.

Hierbei werden insbesondere das Kostenverfahren (am Beispiel Human Capital Bewertung zu Wiederbesetzungskosten einer Arbeitsstelle wie z. B. Rekrutierung, Training usw.), Einkommensverfahren (am Beispiel Human Capital Bewertung zu den zukünftig zu erwartenden abgezinsten Netto-Zahlungsströmen aus dem Einsatz eines einzelnen Mitarbeiters) oder das Marktverfahren (am Beispiel Human Capital Bewertung zu den gängigen Marktpreisen für den „Erwerb" eines Mitarbeiters) angewendet.

Analyse der bestehenden managementorientierten Ansätze

Die beiden bisher genannten Rubriken stellen die *monetäre Bewertung* der Intangible Values in den Vordergrund. Es gibt aber u. E. ebenfalls Verfahren, welche diesen finanziellen Bewertungsrahmen sprengen wollen und den *Managementaspekt* wesentlich mehr betonen. Bei solchen Verfahren wird der Schwerpunkt weniger auf die Bewertung im Sinne der rein technischen Wertermittlung gelegt, sondern vielmehr der Frage der Wertschätzung bzw. des Wert(e)managements nachgegangen. Beispiele hierfür sind der Intangible Assets Monitor von Karl Erik Sveiby (vgl. Sveiby 1998, S. 207 und S. 225), der Intellectual Capital Navigator von Thomas A. Stewart (vgl. Stewart 1997) und die Balanced Scorecard von Kaplan und Norton (vgl. Kaplan/Norton 1996, S. 10).

Gerade die Balanced Scorecard (BSC) hat in der betrieblichen Praxis eine starke Verbreitung erfahren. Sie beinhaltet neben monetären Messgrößen auch nicht-monetäre Ergebnis- sowie Treibergrößen. Dabei sind sämtliche Messgrößen aus der spezifischen Strategie der Unternehmung abzuleiten. Die Ergebnisgrößen (z. B. Profitabilität, Marktanteile, Kundenzufriedenheit usw.) werden so um geschäfts- und strategiespezifische Leistungstreiber ergänzt. Den Leistungstreibern kommt dabei die Funktion von Frühwarnindikatoren im Rahmen des strategischen Planungsprozesses zu. Durch die kausale Verknüpfung mit den Ergebnisgrößen sowie zur übergeordneten Finanzperspektive bekommen die operativen Leistungstreiber den Charakter von Vorsteuergrößen des zukünftigen Erfolgs. Um die Übersichtlichkeit und die Handhabbarkeit des Systems zu gewährleisten, sollte sich die Zahl der Indikatoren auf ca. 25 beschränken. Dabei ist stets auf Ausgewogenheit zwischen Frühindikatoren und Ergebnisgrößen einerseits und finanziellen und nicht-finanziellen Größen andererseits zu achten.

Dieses Verfahren ist zwar nicht ausschließlich für die Erfassung intellektuellen Kapitals entwickelt worden, es erweist sich aber dann als nützlich, wenn immaterielle Potenziale besondere strategische Relevanz besitzen. In diesem Fall müssen Perspektiven, Ziele, Indikatoren und Maßnahmen auf das intellektuelle Kapital ausgerichtet werden. Eine dementsprechend gestaltete Scorecard erhellt somit bedeutsame Sachverhalte der Unternehmung, deren Beziehung zueinander und zur übergeordneten Finanzperspektive.

Zeitvergleiche der Messgrößen sind für eine erfolgreiche BSC von besonderer Bedeutung. Einerseits ermöglicht dies die Messung der Performance hinsichtlich der gesetzten Ziele, andererseits können die ergriffenen Maßnahmen auf ihre Wirkung überprüft werden. Zusätzlich können die unterstellten Kausalzusammenhänge zwischen Frühindikatoren und Ergebnisgrößen sowie zwischen den Perspektiven auf ihre Gültigkeit und Sensitivität kontrolliert werden. Ebenso kann die verfolgte Strategie auf ihre Wirksamkeit beleuchtet werden, indem die Finanzperspektive eine explizite Berücksichtigung findet. Das Zusammenspiel aus Abweichungsanalyse und Anpassungsmaßnahmen führt letztlich zu einem permanenten dynamischen Managementprozess, der durch Feedback-Schleifen gekennzeichnet ist.

Im strategischen Managementprozess dient die BSC als zentrales Kommunikationsinstrument, das interdisziplinäre Diskussionen anregt und zur Konsensbildung hinsichtlich der Bedeutung strategischer Ziele beiträgt. Insofern ist die interne Kommunikation der Strategie anhand der Indikatoren und Ziele eine zwingende Voraussetzung für ein hohes Commitment und einen erfolgreichen Einsatz der BSC.

Da die BSC als ein Mittel zur Strategieimplementierung auf operativer Ebene konzipiert wurde, ist sie nicht direkt für eine externe Informationsvermittlung geeignet. Aufgrund des Interesses des Kapitalmarktes an der zukünftigen Entwicklung eines Unternehmens sollten sich jedoch Glaubwürdigkeit, Umsetzung und Erfolg einer Geschäftsstrategie nachvollziehen lassen, kann jedoch bei externer Veröffentlichung dem Wettbewerber durchaus interessante Einsichten geben. Die BSC könnte daher als Basis für ein wertorientiertes Reporting dienen.

Der Aufwand zur Erstellung einer BSC ist erheblich, da enorme Vorarbeiten zu leisten sind. Die Vision bzw. Strategie sowie deren Konkretisierung in Leistungszielen sind zu klären und mit den aufbau- und ablauforganisatorischen Vorstellungen sowie mit den externen Erwartungen der Kunden in einem iterativen Prozess abzustimmen. Zusätzlich veranlasst die Entwicklung einer BSC das Management dazu, sich intensiv mit dem eigenen Geschäftsmodell auseinanderzusetzen. Das resultierende Feedback führt schließlich zu einem geschärften Bewusstsein des Managements hinsichtlich bedeutsamer Wertschöpfungsfaktoren.

Die BSC stellt zwar explizit eine Verbindung zur Finanzperspektive her, eine Transformation der Leistungsgrößen zu einem zuverlässigen monetären Wert, mittels eines deterministischen rechenbaren Modells, ist aber auch hier nicht möglich.

Der Vorteil der BSC besteht darin, dass sie ein kohärentes System darstellt, welches eine systematische Messung verschiedenster Größen ermöglicht und in den Managementprozess integriert. Schlussendlich hängt die Bedeutung einer Scorecard für den zukünftigen Geschäftserfolg aber davon ab, inwiefern sie die verfolgte Unternehmensstrategie tatsächlich widerspiegelt und die zugrunde liegenden Annahmen der Realität entsprechen.

Wichtig ist nochmals anzumerken, dass die managementgeprägten Bewertungsansätze an Praktikabilität verlieren, sobald ein Unternehmen den Wert der vorhandenen Intangible Values ermitteln will. Dies ist die Indikation dafür, dass die BSC einen sehr wesentlichen Teil des Managens abdeckt und durch einen finanziellen Bewertungsteil ergänzt werden sollte.

> **Zwischenfazit: Wie gut unterstützen die bisher dargestellten Verfahren die Unternehmung bei der Bewertung und Steuerung von immateriellen Vermögensgegenständen?**

Viele Elemente der bisher dargestellten Verfahren aus den drei Rubriken sind aus der isolierten Sicht heraus sehr sinnvoll und können dem Management sehr wichtige Hinweise geben. Es ist aber zu erkennen, dass diese Verfahren immer nur einer grundlegenden Methode folgen. Entweder sie fokussieren sich sehr auf die Erfordernisse der externen Rechnungslegung, oder sie fokussieren sich ausschließlich auf die interne Bewertungssicht, oder aber sie konzentrieren sich auf die Managementebene und vernachlässigen die externe und interne Bewertungssicht.

Deshalb soll nachfolgend ein Konzept dargestellt werden, wie man diese Verfahren zu einem sinnvollen Ganzen kombinieren könnte.

INTANGIBLE ASSET MANAGEMENT

„Best Of": Unternehmensindividuelle Kombination der existierenden Konzepte

Man könnte nun argumentieren, dass ein vollkommen neues Verfahren notwendig sei, um die immateriellen Vermögensgegenstände zu bewerten und im Managementkreislauf würdig zu berücksichtigen. Dies soll aber im Folgenden nicht geschehen:

Bisher wurden die bestehenden Instrumente beschrieben und als Zwischenfazit gezogen, dass diese für ihr Einzelziel betrachtet zwar sehr nützlich sind, aber kein Verfahren alleine ein umfassendes Verständnis und Steuerung der immateriellen Vermögensgegenstände leisten kann.

U. E. sollte deshalb jedes Unternehmen sich aus dieser „Toolbox" bedienen und ausgehend von seiner individuellen Situation die Verfahren zu einem sinnvollen Ganzen kombinieren.

Folgende generelle Punkte, die bisher diskutiert wurden, sind bei einer derartigen Konzeption insbesondere zu beachten:

- Die Komponenten *des intangible value houses stehen in einem Zusammenhang,* eine isolierte Bewertung und Steuerung der immateriellen Vermögensgegenstände macht deshalb keinen Sinn.
- Unternehmen, die (auch) nach *internationalen Standards bilanzieren,* müssen sich intensiv mit ihrem immateriellen Vermögen beschäftigen und haben somit bereits wertvolle Anhaltspunkte für dessen Größe und Zusammensetzung. Die jährlich durchzuführenden Impairment Tests stellen eine dauerhafte Beschäftigung mit der finanziellen Werthaltigkeit des immateriellen Vermögens sicher.
- *Deduktiv analytische Bewertungsverfahren* helfen dem Unternehmen auf der Gesamtebene, sich über die Differenz zwischen den bilanzierten Buchwerten und dem tatsächlichen Marktwert Gedanken zu machen.
- *Induktiv analytische Bewertungsverfahren* liefern dem Management drei Ansätze zur Bewertung ihres immateriellen Vermögens: Kostenorientierung, Einkommensorientierung und Marktorientierung. Gerade im Rahmen einer Due Dilligence im Rahmen eines Unternehmenserwerbs finden diese Verfahren regelmäßige Anwendung. Leider bedient sich das operative Controlling dieser viel zu wenig, um dauerhaft die für das Unternehmen wichtigen Vermögensgegenstände zu bewerten, denn nur was bewertet ist kann auch gesteuert und damit „wertgeschätzt" werden.
- Die *managementorientierten Verfahren, insbesondere die Balanced Scorecard,* regen das Management an, in Ursache-Wirkungs-Beziehungen zu denken und zeigen durch die Integration von nicht monetären Steuerungsgrößen die Verbindungen zwischen den einzelnen immateriellen Vermögensgegenständen und dem wirtschaftlichen Erfolg eines Unternehmens auf.

D. h. wenn das Management wirklich den Wert seiner immateriellen Vermögensgegenstände verstehen und aktiv steuern möchte, sollte es stark vereinfacht folgende Schritte durchlaufen:

1) Der Startpunkt ist eine gesamthaft strategische Sicht durch den Vergleich des Buchwerts mit dem Marktwert des Unternehmens mittels deduktiv-summarischer Verfahren.
2) Im zweiten Schritt sollten die Einzelkomponenten des immateriellen Vermögens identifiziert werden. Hierbei kann beispielsweise auf Ergebnisse der externen Rechnungslegung aufgebaut werden.
3) Die Wichtigkeit und Verbindungen zwischen den identifizierten Einzelkomponenten sind zu erheben.
4) Die Einzelkomponenten sind unter Zuhilfenahme von Methoden der externen Rechnungslegung (Identifizierbarkeit, Kontrollierbarkeit, zukünftiger wirtschaftlicher Nutzen) als auch induktiv-analytischer Verfahren finanziell zu bewerten. Denn nur was bewertbar ist kann auch aktiv gesteuert werden.

Nachdem die einzelnen Komponenten identifiziert und bewertet sind, stellt sich die Frage nach dem *aktiven Management:*

5) Da sich Unternehmen gerade bei Zusammenschlüssen oder auch bei schnell wachsendem Geschäft gar nicht oder auf jeden Fall zu wenig mit ihrer Unternehmenskultur beschäftigen, soll hier nochmals besonders darauf hingewiesen werden, dass in einem separaten Bewertungsschritt auch die Unternehmenskultur beurteilt werden muss. Die häufigsten Ursachen für Misserfolge bei Fusionen und Übernahmen sind keinesfalls das Fehlen einzelner (Erfolgs-)Faktoren, sondern in den meisten Fällen ein Unterschätzen kultureller Unterschiede, mangelnde Unternehmenskommunikation (u. a. mit dem Schwerpunkt „Konfliktmanagement") und schlecht organisierte Informations- sowie Wissensströme. Diese Ursachen haben ihre Wurzeln im Human Capital und können nur dann erfolgreich behandelt werden, wenn man sich im Unternehmen mit dem Thema Human Capital ernsthaft auseinander setzt.
6) Aufbau von strategischen Leitlinien für das Management, um zu verstehen, dass nach der Bewertungsphase die „Wertschätzungsphase" kommt. Diese Phase beinhaltet den Aufbau eines strukturierten Managementwerkzeuges wie z. B. der Balanced Scorecard, inkl. eines strukturierten Zielfestlegungs- und -vereinbarungsprozesses.

Bei dem Durchlaufen dieses Prozesses ist es u. E. sinnvoll, die identifizierten Einzelkomponenten graphisch in einer Matrix mit den Dimensionen „Bedeutung für das Unternehmen" und „Güte des Zusammenwirkens der Einzelkomponenten/Güte der Unternehmenskultur" darzustellen. Hierbei kann beispielsweise visualisiert werden, wie das Unternehmen sich derzeitig sieht und welche Lücken es für die Zukunft schließen möchte.

Beispiel Forschung und Entwicklung

Das im vorherigen Abschnitt aufgezeigte Vorgehen soll am Beispiel des Bereichs Forschung & Entwicklung konkretisiert werden.

Hat ein Unternehmen in den ersten beiden Schritten erkannt, dass das Innovation Capital und damit der Bereich Forschung und Entwicklung ein sehr wichtiger ist, so stellt sich zuerst die Frage nach den Verbindungen zu den anderen Elementen des Intangible Value Houses.

In einer aktuellen KPMG-Studie (vgl. KPMG 2004, S. 2) wurden folgende sechs erfolgskritische Bausteine des Forschung und Entwicklungs-Prozesses als wesentlich erachtet und analysiert:
(1) Entwicklung relevanter Technologien,
(2) Marktorientierung und Marktumfeldentwicklung,
(3) Beherrschung der F&E-Prozesse und F&E-Strukturen (F&E-Ablauf- und Aufbauorganisation),
(4) Motivation der HR,
(5) Unternehmenskultur und
(6) das Wissen, das in den Köpfen der Mitarbeiter steckt.

Übertragen auf die Logik des Intangible Value Houses bedeutet dies, dass ein erfolgreicher F&E Bereich ohne ein sehr gutes Human und Process Capital nicht denkbar ist und deshalb auf die Güte dieser beiden Faktoren besonders geachtet werden muss.

Hat man dies erkannt, so kann man sich im vierten Schritt auf die finanzielle Bewertung der Einzelfaktoren der Forschung und Entwicklung konzentrieren. Bilanziert das Unternehmen nach den Regeln der internationalen Rechnungslegung, so können für die Messung des Outputs zumindestens die Werte der Entwicklung verwendet werden. Aber auch die Bewertung einzelner Mitarbeiter kann interessante Ergebnisse bringen: Findet diese z. B. über die (Wiederbeschaffungs-)Kostenmethode statt, so wird es für viele Unternehmen das erste Mal transparent werden, wie viel sie der Verlust eines wichtigen Mitarbeiters kosten würde. Dies kann direkte Auswirkungen z. B. auf Entscheidungen hinsichtlich Mitarbeitermotivation/-incentivierung oder das Setzen von neuen Schwerpunkten in der HR-Politik haben.

Die Beschäftigung mit der Unternehmenskultur ist gerade im wissensgetriebenen F&E-Bereich von entscheidender Bedeutung, denn nur wenn die Rahmenbedingungen hinsichtlich einer reibungs-

Mit Lösungsansätzen und EDV-technologischer Basis

Frank Keuper / Dirk Roesing / Marc Schomann (Hrsg.)
Integriertes Risiko- und Ertragsmanagement
Kunden- und Unternehmenswert zwischen Risiko und Ertrag
2005. XIV, 545 S. Geb. EUR 79,90
ISBN 3-409-12646-5

Risikomanagement und Ertrags- oder Valuemanagement können nicht isoliert betrachtet werden. Renommierte Autoren präsentieren die gegenwärtige und zukünftige Bedeutung eines integrierten Credit Risk-, Customer Value-, Fraud- und Ordermanagement. Sie stellen integrierte Lösungsansätze vor und beziehen die EDV-technologische Basis mit ein. Case Studies wie z.B. der SAP und der SHS Informationssysteme AG sorgen für Aktualität.

Die Herausgeber:
PD Dr. Frank Keuper ist Privatdozent am Institut für Industriebetriebslehre, an der Universität Hamburg. Weiterhin ist er Dozent an der Hamburg Media School, an der Steinbeis-Hochschule Berlin, an der Akademie Deutscher Genossenschaften in Montabaur sowie an der Wirtschaftsakademie Hamburg. Dirk Roesing ist Vorstandsvorsitzender der SHS Informationssysteme AG. Dr. Marc Schomann ist Partner bei Esprit Consulting AG, Bereich Strategie, Controlling und Risikomanagement.

www.gabler.de

Änderungen vorbehalten. Erhältlich im Buchhandel oder beim Verlag.
Abraham-Lincoln-Str. 46 · 65189 Wiesbaden · Tel: 06 11.78 78-626

losen Kommunikation/Wissensaustausch, Einräumen kreativer Freiräume, Motivation zu Visionen etc. gegeben sind, wird sich die Leistungsfähigkeit dieses Bereichs voll entfalten können.

Im letzten Schritt muss das Management dann für die oben genannten erfolgskritischen Bausteine ein strukturiertes Managementwerkzeug aufbauen, das ausgehend von der Unternehmensstrategie und der Organisation/Prozesse die F&E-Ziele festlegt, Mess- und Steuerungsgrößen für die Erreichung dieser Ziele definiert, deren Einhaltung kontrolliert und eine Integration in die Anreizsysteme der Mitarbeiter sicherstellt.

Am Beispiel der F&E konnte somit gut gezeigt werden, dass keinesfalls ein neues Instrumentarium zur Steuerung der F&E notwendig ist. Vielmehr können sowohl vorhandene Bewertungsgrundlagen der externen Rechnungslegung wie auch der internen Bewertungssicht herangezogen werden und anschließend mit konkreten Leistungszielen in eine BSC überführt werden. Dabei kann die BSC die verschiedenen Dimensionen der Steuerungssichten gut abdecken, insbesondere die Themen Mitarbeiter/ Wissen, die Prozesse im Unternehmen und die Schnittstellen zu den Lieferanten, die Sicht des Vertriebes, welche sich mit den Anforderungen der Kunden decken muss und schließlich die finanzielle Sicht, welche die externe und interne Bewertungssicht spiegelt. Hätten die Unternehmen den strategisch ausgerichteten Biltroller, so wäre die Verknüpfung dieser Verfahren in den meisten Unternehmen schon lange Standard.

■ Fazit

Ohne Frage wird die Bewertung und Steuerung von immateriellen Vermögensgegenständen für die Unternehmen immer bedeutender. Wie in dem Artikel gezeigt werden konnte, bestehen sowohl in der internationalen Rechnungslegung, der internen Bewertungspraxis als auch den managementorientierten Konzeptionen vielfältige und interessante Ansätze.

Keines der Verfahren stellt aber alleinig sicher, dass das immaterielle Vermögen in seinen vielfältigen Verknüpfungen untereinander sowohl komplett bewertet als auch aktiv gesteuert werden kann.

Deshalb sollten die Unternehmen im Sinne eines „best-of"-Verfahrens ausgehend von ihrer individuellen Situation die bestehenden Elemente zu einem auf sie angepassten Bewertungs- und Steuerungskonzept kombinieren.

Nur mit dieser Vorgehensweise kann sichergestellt werden, dass nach dem Gewinnen einer vollständigen Transparenz über den Wert der einzelnen Vermögensgegenstände auch eine sinnvolle Managementkonzeption für den kontinuierlichen Werterhalt als auch Ausbau des immateriellen Vermögens implementiert werden kann.

Gleichzeitig konnte deutlich herausgearbeitet werden, dass nicht noch ein zusätzliches Verfahren notwendig ist, sondern vielmehr die interne Organisation so ausgerichtet werden muss, dass das vorhandene Know-how in strategischem und operativem Controlling mit dem Wissen der internationalen externen Rechnungslegung zusammengeführt wird. Dies sollte durch die internationale Rechnungslegung umso leichter fallen, wenn man bedenkt, wie sehr sich diese inzwischen an die interne Managementsicht anlehnt.

Literatur

Arbeitskreis „Immaterielle Werte im Rechnungswesen" der Schmalenbach-Gesellschaft für Betriebswirtschaft e.V., in: Der Betrieb, 54. Jg. (2001), Heft 19, S. 989 – 995.
BECKER, D.: Intangible Assets in der Unternehmenssteuerung, Wiesbaden 2005 (vorauss. 11/2005).
BRUNNER, J., BECKER, D., BÜHLER, M., HILDEBRANDT, J., ZAICH, R.: Value Based Performance Management, Wiesbaden 1999.
HORNUNG, K.: Immaterielle Vermögenswerte als Herausforderung der Zeit, in: KÜTING/WEBER (Hrsg.): Vom Financial Accounting zum Business Reporting, Stuttgart 2002, S. 13 – 41.
KAPLAN, R. S., NORTON, D. P.: The Balanced Scorecard. Translating Strategy into Action, Boston 1996.
KPMG: „Forschung und Entwicklung managen – Erfolgsfaktoren in der Automobilindustrie" und „Forschung und Entwicklung managen – Erfolgsfaktoren im Maschinen- und Anlagenbau", Studie in Zusammenarbeit von KPMG, der RWTH Aachen und dem Fraunhofer Institut für Produktionstechnologie, 2004.
NESTLER, A.: Die Bewertung von immateriellen Vermögensgegenständen, in: Betriebswirtschaftliche Mandantenbetreuung, 2. Jg. (2003), Heft 3, S. 71 – 75.
REILLY, ROBERT F., SCHWEIHS, ROBERT P.: Valuing Intangible Assets, New York 1999.
SCHÄFER, H., LINDENMAYER, PH.: Externe Rechnungslegung und Bewertung von Humankapital – Stand der betriebswirtschaftlichen Diskussion, Arbeitspapier für die Hans Böckler Stiftung, Universität Stuttgart 2004.
STEWART, T. A.: Intellectual Capital – the new wealth of organizations, New York 1997.
SVEIBY, K. E.: Wissenskapital – das unentdeckte Vermögen: immaterielle Unternehmenswerte aufspüren, messen und steigern, Landsberg/Lech 1998.

Der Wert von immateriellen Vermögensgegenständen zur Steuerung von Unternehmen

Andreas Creutzmann

Entwicklungen im Controlling

In der Vergangenheit basierte das Controlling vieler Unternehmen meist auf finanziellen Kennzahlen zur Steuerung des Unternehmens. In den neunziger Jahren fand hier, nicht zuletzt durch die Verbreitung des ressourcenorientierten Strategieansatzes (Resource Based Approach) sowie die Einführung der *Balanced Scorecard* (BSC) durch Kaplan/Norton, ein Paradigmenwechsel statt. Neben der finanziellen Perspektive rückten die Kunden-, Prozess- und Mitarbeiterperspektive in den Fokus vieler Controller. Nicht allein die Erweiterung der Sichtweise des Controllers auf andere Perspektiven im Unternehmen führte zu einer hohen Verbreitung der BSC weltweit, sondern auch die Verbindung von strategischen Aspekten der Planung mit konkreten Einzelaktivitäten machten das Controlling-Instrument so erfolgreich. Typische Kennzahlen bei der Implementierung einer BSC für die Kundenperspektive sind u. a.:

- Anzahl neuer Kunden in einer Periode,
- Umsatz je Kunde,
- Marktanteile sowie
- Kundenzufriedenheitsindizes.

Eine bislang wenig verbreitete Kennzahl als Indikator zur Messung erfolgreicher Unternehmensstrategien ist die Ermittlung des Kundenwertes (Customer Value) respektive die Steigerung des Kundenwertes in einem bestimmten Betrachtungszeitraum. Dies ist deshalb verwunderlich, weil die Diskussion um die Steigerung des Unternehmenswertes bzw. die Steigerung des Shareholder Values ein Dauerbrenner auf dem Gebiet der *wertorientierten Unternehmensführung* (Value Based Management) ist.

Das Value Based Management wiederum gehört seit einiger Zeit genauso zu den Aufgaben eines Controllers wie die Unterstützung bei der Purchase Price Allocation bei Transaktionen kapitalmarktorientierter Unternehmen, die internationale Rechnungslegungsregeln anzuwenden haben. Da die Kaufpreise der akquirierten Unternehmen in hohem Maße für den Erwerb von immateriellen Vermögensgegenständen *(Intangible Assets)* und *Intellectual Property* (IP) gezahlt werden, kommen viele Controller nicht umhin, sich mit der Wertermittlung von immateriellen Vermögenswerten auseinander zu setzen. In regelmäßig wiederkehrenden Impair-

---

> ● Die Bewertung von immateriellen Vermögensgegenständen wird in Zukunft zum Tätigkeitsgebiet vieler Controller gehören
> ● Dies ist u. a. auf die Einführung von wertorientierten Unternehmensführungssystemen sowie Balanced Scorecard Systemen zurückzuführen
> ● Intellectual Property (IP) ist eine eigene Kategorie von immateriellen Vermögensgegenständen, die einen besonderen Rechtsschutz durch Gesetze genießen
> ● Der Wert der immateriellen Vermögensgegenstände börsennotierter Unternehmen im Verhältnis zu den in den Bilanzen aktivierten Vermögensgegenständen beträgt oft mehr als 50 %
> ● Die Bewertung immaterieller Vermögensgegenstände kann auf Basis des Cost Approaches, des Market Approaches oder des Income Approaches erfolgen
> ● Der Wert eines immateriellen Vermögensgegenstandes bemisst sich in Analogie zur Unternehmensbewertung beim Income Approach ebenfalls aus seiner Eigenschaft finanzielle Überschüsse aus der Nutzung des immateriellen Vermögenswertes zu ziehen

---

WP StB Dipl.-Kfm. Andreas Creutzmann Vorstandsvorsitzender GC Corporate Finance AG Wirtschaftsprüfungsgesellschaft, Frankfurt, und IACVA-Germany e.V. sowie geschäftsführender Gesellschafter Creutzmann & Co. GmbH Wirtschaftsprüfungsgesellschaft Steuerberatungsgesellschaft, Landau in der Pfalz. Arbeitsbereichsleiter Unternehmensbewertung und Value Based Management an der FH Calw. GC Corporate Finance AG Wirtschaftsprüfungsgesellschaft, Schumannstr. 34b, 60325 Frankfurt, E-Mail: andreas.creutzmann@gccf.de

ment Tests müssen häufig Mitarbeiter aus dem Controlling die Werthaltigkeit der erworbenen immateriellen Vermögensgegenstände untersuchen.

Die Auseinandersetzung mit der Bewertung von immateriellen Vermögenswerten betrifft nicht nur ein in einem Konzern beschäftigten Controller, sondern auch den Controller in einem mittelständischen Unternehmen, sofern es zur Strategie des Unternehmens gehören sollte, beispielsweise den Kundenwert zu steigern. Eine Messung der Wertsteigerung eines Kunden setzt eine Wertermittlung des Kundenwertes voraus und erfordert somit Kenntnisse über die Bewertungsmethoden zur Bewertung des immateriellen Vermögenswertes „Kundenwert".

Der folgende Beitrag beschäftigt sich zunächst allgemein mit Charakteristika und Merkmalen von immateriellen Vermögensgegenständen. Dabei werden auch wichtige Begriffe definiert und gegeneinander abgegrenzt. Im Anschluss daran wird die Bedeutung der Intangible Assets am Unternehmenswert erläutert sowie der Zusammenhang zwischen Intangible Assets und der Unternehmenswertermittlung am Beispiel des Einflusses des Kundenwertes auf den Unternehmenswert aufgezeigt. Danach werden die gängigen Bewertungsmethoden *(Cost Approach, Market Approach, Income Approach)* zur Wertermittlung von immateriellen Vermögensgegenständen grob skizziert und gegeneinander abgegrenzt. Anhand eines sehr einfachen Beispieles wird die Wertermittlung eines Kundenstamms auf der Basis des Income Approachs dargestellt. Im Anschluss daran werden Probleme bei der Wertermittlung eines Kundenstamms in der Praxis aufgezeigt. Abschließend werden wesentliche Ergebnisse zusammengefasst.

Charakteristische Eigenschaften von Intangible Assets

Ein immaterieller Vermögenswert (Intangible Asset) ist sowohl nach der Definition des DRS 12 als auch nach IAS 38 ein identifizierbarer, nicht monetärer Vermögenswert ohne physische Substanz. Im Rahmen der Rechnungslegung wurden von den Standardsettern DRSC und IASC charakteristische Eigenschaften von immateriellen Vermögenswerten entwickelt. Dazu gehören im Einzelnen folgende typischen Merkmale eines immateriellen Vermögensgegenstandes:

- *Identifizierbarkeit*
- *Beherrschung (Verfügungsmacht)*
- *Künftiger wirtschaftlicher Nutzen*

Ein immaterieller Vermögenswert muss identifizierbar sein, um ihn vom Geschäfts- oder Firmenwert (Goodwill) unterscheiden zu können. Ein immaterieller Vermögenswert erfüllt das Kriterium der *Identifizierbarkeit,* wenn er

- separierbar ist oder
- aus vertraglichen oder anderen gesetzlichen Rechten entsteht, unabhängig davon, ob diese Rechte vom Unternehmen oder von anderen Rechten und Verpflichtungen übertragbar oder separierbar sind.

Die Separierbarkeit eines immateriellen Vermögenswertes ist dann gegeben, wenn er vom Unternehmen getrennt und somit verkauft, übertragen, lizenziert, vermietet oder getauscht werden kann.

Das Kriterium der *Beherrschbarkeit* ist dann erfüllt, wenn ein Unternehmen die Verfügungsmacht hat, sich den künftigen wirtschaftlichen Nutzen aus dem immateriellen Vermögenswert zu verschaffen, und es den Zugriff Dritter auf diesen Nutzen beschränken kann. Der *künftige wirtschaftliche Nutzen* aus einem immateriellen Vermögensgegenstand ist dann gegeben, wenn das Unternehmen in Folge dessen Erlöse aus dem Verkauf von Produkten oder der Erbringung von Dienstleistungen, Kosteneinsparungen oder andere Vorteile realisiert.

Folgende *wichtige immaterielle Vermögenswerte* stehen vor dem Hintergrund der Steuerung eines Unternehmens im Fokus eines Controllers:

- Kunde, Kundenstamm bzw. Kundenlisten
- Kunden- bzw. Lieferverträge
- Marken
- Franchiseverträge
- Warenzeichen
- Gebrauchsmuster
- Urheberrechte (z. B. Copyrights)
- Lizenzen
- Patente
- Konzessionen
- Prozess- bzw. Verfahrens-Know-how
- Rezepte

Oft synonym im Zusammenhang mit der Bewertung von Intangible Assets wird der Begriff *Intellectual Property* (IP) verwendet. Bei näherer Betrachtung handelt es sich bei der Bewertung von IP jedoch um eine besondere Gruppierung von immateriellen Vermögenswerten. Immaterielle Vermögenswerte, die der Gruppe des Intellectual Property zuzurechnen sind, genießen einen besonderen Rechtsschutz durch Gesetze und/oder Verordnungen. Dazu gehören u. a. Patente, Warenzeichen, Urheberrechte, Konzessionen. Die Gesetzgeber wollen durch besonderen Schutz dieser immateriellen Vermögenswerte die nicht autorisierte Verwertung durch Dritte verhindern.

Zusammenhang zwischen Unternehmenswert und Wert von Intangible Assets

Sowohl die Bilanzen von internationalen Konzernen als auch die Bilanzen von Einzelunternehmen weisen in der Regel folgende Assetkategorien aus:

- Monetary Assets
- Sachanlagevermögen
- Immateriellen Vermögensgegenständen

Die *Monetary Assets* eines Unternehmens umfassen sowohl die Cash Bestände und die kurzfristig gehaltenen Finanzanlagen (Festgeld, Wertpapiere, etc.) als auch den Saldo der kurzfristig liquidierbaren Vermögensgegenstände abzüglich der kurzfristig fälligen Verbindlichkeiten (Net Working Capital). Das *Sachanlagevermögen* besteht aus den Grundstücken und Gebäuden, den technischen Anlagen und Maschinen sowie der Betriebs- und Geschäftsausstattung. Die *immateriellen Vermögensgegenstände* und das Intellectual Property erscheinen, sofern nicht entgeltlich erworben, üblicherweise nicht in den Bilanzen der Unternehmen und sind zum Beispiel bei einem Start-up Unternehmen regelmäßig zunächst auch noch

BEWERTUNG UND STEUERUNG

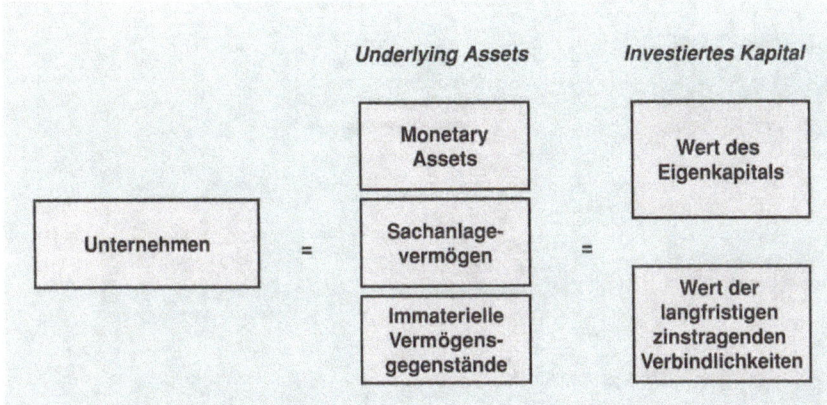

Abbildung 1: Asset-Kategorien

nicht vorhanden. Dies wird deutlich, wenn man den obigen drei Asset-Kategorien den Wert des investierten Kapitals gegenüberstellt. Die Abbildung 1 zeigt den Zusammenhang.

Das investierte Kapital setzt sich aus dem (Markt-)Wert des Eigenkapitals und dem Wert der langfristigen zinstragenden Verbindlichkeiten zusammen. Je länger ein Unternehmen am Markt ist, desto mehr wird es selbst geschaffene Werte bei den immateriellen Vermögensgegenständen wie beispielsweise einen Markenwert oder den Wert eines Kundenstamms generieren können. Die Summe aller Erträge, die ein Unternehmen ohne bereits vorhandenes IP erwirtschaftet, ergibt sich aus der Nutzung der vorhandenen Monetary Assets und dem Sachanlagevermögen. Die Summe und die Qualität der einem Unternehmen zur Verfügung stehenden Assets bestimmt die Höhe und die Nachhaltigkeit der Erträge, die das Unternehmen erwirtschaften kann. Aufgrund der vorhandenen Wettbewerbsintensität in vielen Branchen können die meisten Unternehmen nur branchenübliche EBIT-Margen und Kapitalrenditen realisieren. Ein Unternehmen, das überdurchschnittlich hohe EBIT-Margen bzw. Kapitalrenditen realisieren kann, muss im Vergleich zu seinen Wettbewerbern etwas Besonderes haben. Diese Überrenditen resultieren regelmäßig aus immateriellen Vermögensgegenständen oder noch häufiger aus IP wie beispielsweise Patente und Lizenzen.

Analysiert man Unternehmen, die bekannterweise in hohem Maße von ihren immateriellen Vermögensgegenständen profitieren, wird dies besonders deutlich. Der Marktwert des Gesamtunternehmens (investiertes Kapital) ergibt sich aus dem Marktwert des Eigenkapitals zuzüglich dem Marktwert des zinstragenden Fremdkapitals. Vergleicht man den so ermittelten Gesamtunternehmenswert mit den „Underlying Assets" eines Unternehmens in der Bilanz zu einem bestimmten Stichtag, kann man bei Vernachlässigung gegebenenfalls vorhandener stiller Reserven bei den materiellen Vermögensgegenständen vereinfacht die Höhe des Marktwertes der immateriellen Vermögensgegenstände ermitteln. Inwieweit in der so ermittelten Residualgröße ein Goodwill des Unternehmens vorhanden ist, soll dabei nicht näher untersucht werden. Die Abbildung 2 zeigt den Anteil der Intangible Assets am investierten Kapital ausgewählter DAX-Unternehmen.

Bei den in der Grafik unter den *Sonstige Assets* zugeordneten Werten handelt es sich um langfristig gehaltene Finanzanlagen, Rechnungsabgrenzungsposten, Latente Steuern und andere Posten, die nicht den Monetary Assets, dem Sachanlagevermögen oder den immateriellen Vermögenswerten zuzuordnen sind.

Die Grafik zeigt deutlich den hohen relativen Wertanteil der immateriellen Vermögenswerte am investierten Kapital dieser Unternehmen. Damit wird deutlich, dass eine wirksame Unternehmenssteuerung respektive ein erfolgreiches Controlling nicht umhin kommen werden, sich mit den Werten von Intangible Assets eines Unternehmens auseinander zu setzen. Unterstellt man des Weiteren, dass es inzwischen als eine wesentliche Aufgabe einer guten Investor Relations gilt, das Aktionärsvermögen (= Shareholder Value) eines Aktionärs zu steigern, dann ist die Kenntnis des Zusammenhangs zwischen dem Wertbeitrag von Intangible

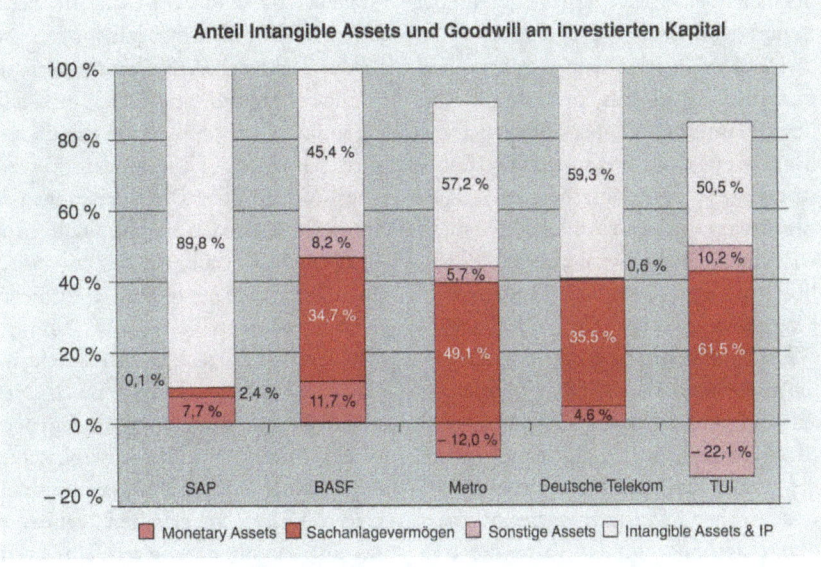

Abbildung 2: Anteil von Intangible Assets und Goodwill am investierten Kapital

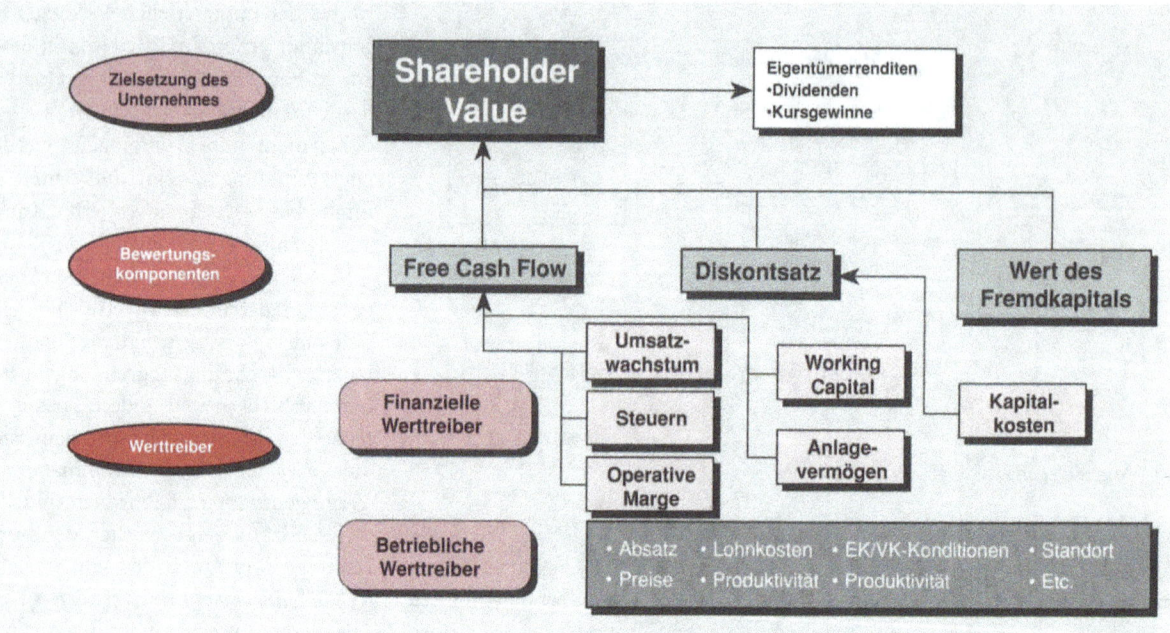

Abbildung 3: Ableitung Shareholder Value

Assets zum Marktwert des Eigenkapitals wichtig.

Bevor der Zusammenhang zwischen dem Wertbeitrag von Intangible Assets auf den Unternehmenswert dargestellt wird, ist es zweckmäßig die Ermittlung und die Einflussfaktoren auf den Shareholder Value zunächst kurz zu umreißen. Die Abbildung 3 soll vereinfacht ausgehend von den Werttreibern und den Bewertungskomponenten eines Unternehmens die Ableitung des Shareholder Values darstellen.

Der Shareholder Value ergibt sich in diesem Beispiel aus dem Marktwert des Gesamtunternehmens abzüglich des Marktwertes des Fremdkapitals (Entity Approach) des Unternehmens. Der Marktwert des Gesamtunternehmens wird durch Diskontierung der Free Cashflows mit dem Gesamtkapitalkostensatz (Weighted Average Cost of Capital-WACC) ermittelt. Die Eigenkapitalkosten als Bestandteil des WACC werden regelmäßig auf Basis des CAPM (Capital Asset Pricing Modell) hergeleitet. Sowohl die Bewertungskomponenten als auch die wesentlichen Werttreiber beeinflussen direkt den Shareholder Value des Aktionärs.

Unter der Prämisse, dass sich die Wertsteigerung der immateriellen Vermögenswerte auch in einer Steigerung des Unternehmenswertes niederschlägt, gilt es aus unternehmerischer Sicht hierfür mögliche Ansatzpunkte zu suchen.

Im Folgenden wird vereinfacht der Einfluss des Customer Equity (Wert eines Kundenstamms) auf den Shareholder Value am Beispiel des *Wertbeitrages des Kundenstamms im POS-Geschäft* dargestellt. Unter dem POS-Geschäft werden dabei die Geschäftsbeziehungen zwischen technischen Netzbetreibern und Handelsunternehmen oder Tankstellen (= Kunden) verstanden, die sich dadurch auszeichnen, dass Endkunden (Verbraucher) Waren oder Dienstleistungen mit ihren EC-Karten oder Kreditkarten am POS (Point-of-Sale) des Händlers oder einer Tankstelle bezahlen. Der technische Netzbetreiber wickelt dabei für seine Kunden den kartengestützten elektronischen Zahlungsverkehr ab. Da die Netzbetreiber häufig von ihren Kunden, neben einer Grundgebühr für die Bereitstellung der Datenleitungen, transaktionsabhängige Vergütungen erhalten, gehört die Anzahl der abgewickelten Transaktionen zu den wesentlichen Werttreibern

und Bestimmungsfaktoren des Customer Equity eines technischen Netzbetreibers. Die Abbildung 4 zeigt den Zusammenhang zwischen dem Customer Equity und dem Shareholder Value eines Netzbetreibers.

Unter der restriktiven nicht realitätskonformen Annahme, dass der Customer Equity der einzige immaterielle Vermögenswert eines technischen Netzbetreibers ist, wäre demnach die Steigerung des Customer Equity die zentrale Aufgabe der Unternehmensleitung, da dadurch direkt der Shareholder Value des Unternehmens respektive der Marktwert des Eigenkapitals gesteigert würde. Somit wäre das Controlling des Wertes eines Kunden oder das Controlling des Wertes des Kundenstamms, verstanden als die Summe aller Kundenwerte, die zentrale Aufgabe des Controllers. Dies wiederum setzt die Kenntnis der Werttreiber des Customer Equity sowie ein umfassendes Prozessverständnis des Controllers auf dem Gebiet des Kundenmanagements voraus. Der auf diese Weise ermittelte Customer Equity zielt auf den Wertbeitrag eines vorhandenen Kunden auf den Shareholder Value ab. Selbstverständlich kann durch die Akquisition neuer Kun-

BEWERTUNG UND STEUERUNG

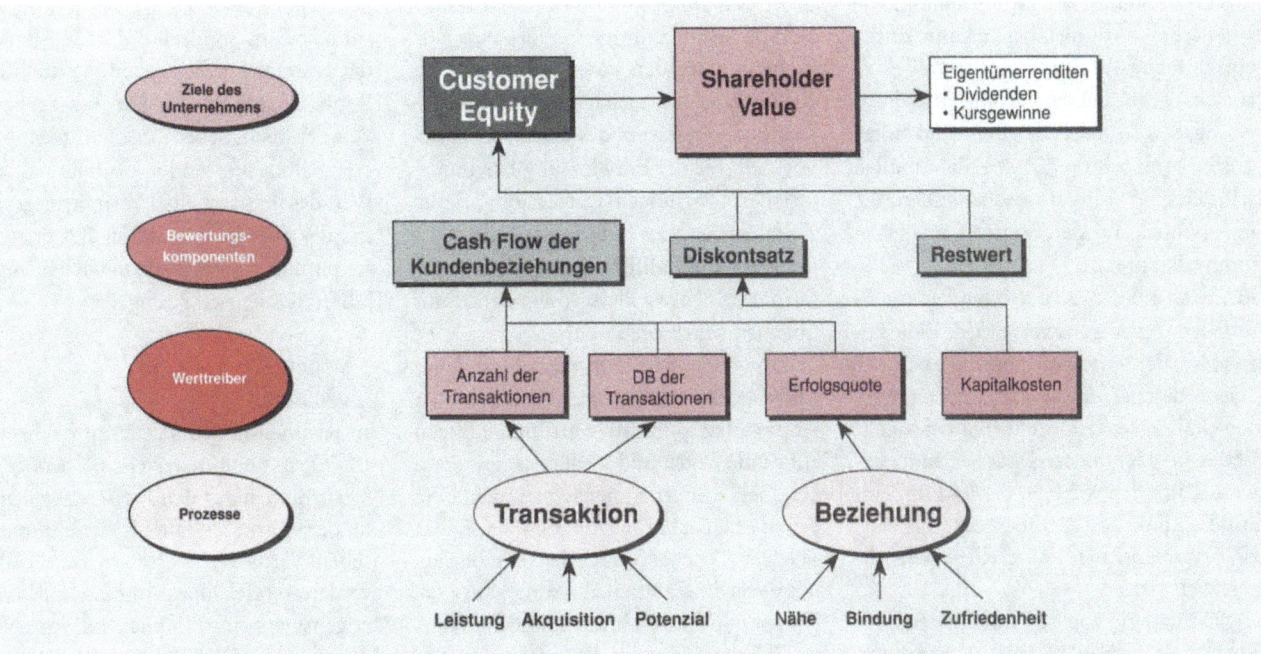

Abbildung 4: Zusammenhang Customer Equity und Shareholder Value

den der Shareholder Value eines Aktionärs ebenfalls gesteigert werden.

Dieses Beispiel antizipiert bereits eine zentrale Bewertungsmethode für Intangible Assets, den Income Approach. Im nächsten Schritt werden daher die verschiedenen Bewertungsmethoden zur Wertermittlung immaterieller Vermögenswerte dargestellt.

Bewertungsmethoden

In der Praxis werden immaterielle Vermögenswerte auf Basis des Cost Approaches, des Market Approaches und des Income Approaches bewertet (Abbildung 5).

Cost Approach

Ökonomisches Handeln unterstellt, würde ein Investor für einen immateriellen Vermögenswert nicht mehr aufwenden als es Kosten verursachen würde diesen immateriellen Vermögenswert zu reproduzieren oder ihn wieder zu beschaffen. Der Cost Approach unterscheidet demnach grundsätzlich zwei Bewertungsansätze:

a) *Bewertung auf der Basis der Reproduktionskosten*
b) *Bewertung auf der Basis der Wiederbeschaffungskosten*

Die Bewertung auf Basis der *Reproduktionskosten* ermittelt die Kosten, die anfallen würden, um eine Nachbildung des immateriellen Vermögenswertes herzustellen. Eine Bewertung auf Basis der *Wiederbeschaffungskosten* erfolgt hingegen mit dem Ziel, die Kosten zu ermitteln, die anfallen würden, um einen immateriellen Vermögenswert zu erwerben, der die gleiche Funktionalität wie ein vergleichbarer Vermögenswert aufweist.

Die Unterscheidung zwischen einer Bewertung auf Basis von Reproduktions-

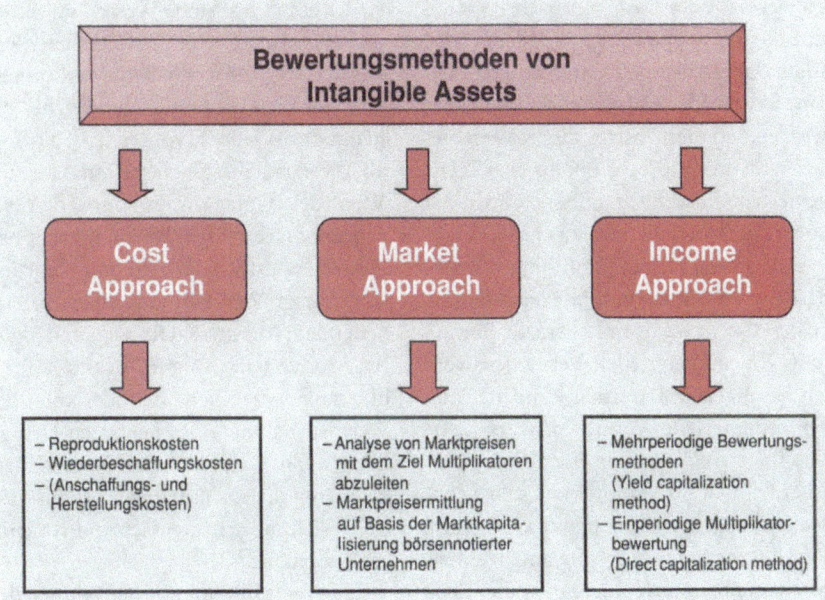

Abbildung 5: Bewertungsmethoden

kosten oder einer Bewertung anhand von Wiederbeschaffungskosten kann durch ein einfaches praktisches *Beispiel* illustriert werden. Die Bewertung einer Softwarelizenz auf Basis der Reproduktionskosten ermittelt die Kosten, die anfallen würden eine Software nachzubilden, die im Hinblick auf den Source Code, Programmiersprache, Patches, etc. völlig identisch mit dem zu bewertenden immateriellen Vermögenswert wäre. Eine Bewertung der Softwarelizenz auf Basis der Wiederbeschaffungskosten würde hingegen die Kosten ermitteln, die bei einem Erwerb eines immateriellen Vermögenswertes anfallen würden, der im Hinblick auf die Funktionalität identisch mit dem zu bewertenden immateriellen Vermögenswert ist.

Unabhängig von der Wahl der Bewertungsbasis werden beim Cost Approach regelmäßig folgende 5 Kostenarten näher untersucht (vgl. Reilly/Schweihs: Valuing intangible assets, 1998, S. 124):

- Materialaufwand
- Personalkosten
- Overhead-Kosten
- Profit aus dem Entwicklungsaufwand
- kalkulatorischer Unternehmerlohn

Die ersten drei Positionen sind ohne weitere Erklärungen nachvollziehbar, obwohl eine eindeutige und verursachungsgerechte Erfassung der Kosten in der Praxis nicht immer einfach sein wird. Der Profit aus dem Entwicklungsaufwand könnte beispielsweise abgeleitet werden, indem man einen bestimmten Prozentsatz im Verhältnis zu den Kosten für Materialaufwand, Personalkosten oder Overheadkosten setzt. Es könnte auch ein fester Aufschlagsatz sein. Die zusätzliche Berücksichtigung eines kalkulatorischen Unternehmerlohns für die unternehmerische Initiative des Entwicklers wird beim Cost Approach jedoch häufig übersehen. Einleuchtend ist jedoch, dass der Entwickler eines immateriellen Vermögenswertes angemessen für seine Tätigkeit entlohnt werden will. Dabei handelt es sich bei der Wertermittlung um die Berücksichtigung von Opportunitätskosten, die dem Entwickler des immateriellen Vermögenswertes entstehen, weil er sich mit Beginn der Entwicklungsarbeit auf ein bestimmtes Projekt festgelegt hat und dadurch andere Projekte nicht durchführen kann. Die Höhe der Kosten bestimmt sich nach dem Stundensatz oder Tagessatz des Entwicklers sowie dem für die Entwicklung des immateriellen Vermögenswertes benötigten Zeitaufwand. Der Stundensatz hängt dabei von der Qualifikation und der Reputation des Entwicklers sowie den dafür üblichen Marktpreisen ab.

Obwohl der Bewertung immaterieller Vermögenswerte auf der Basis des Cost Approaches Substanzwertüberlegungen zugrunde liegen und diese beispielsweise bei der Unternehmenswertung keine praktische Bedeutung mehr haben, eignet sich der Cost Approach bei der Bewertung von immateriellen Vermögenswerten zumindest im Hinblick auf die Plausibilitätsprüfung der Bewertungsergebnisse. In der Praxis kommt es vor, dass zum Beispiel selbst entwickelte Softwarelizenzen im Rahmen einer Sacheinlage in Unternehmen eingelegt werden. Sofern es für diese Software bislang keine Vergleichsprodukte gibt, weil es sich um eine Innovation handelt, fehlt es sowohl an einem Marktpreis für die Bewertung der Sacheinlage als auch an hinreichenden Informationen über den Absatzerfolg des Softwareproduktes. Hier können bei der Bewertung der Software auf der Basis des Cost Approaches wichtige Erkenntnisse gewonnen werden. Dabei sollten allerdings nicht nur die Entwicklungskosten der Software herangezogen werden, sondern auch die Kosten geschätzt werden, die ein potenzieller Wettbewerber aufwenden müsste, um diese Software als Replik nach zu entwickeln.

Abschließend sei darauf hingewiesen, dass die *Anschaffungs- und Herstellungskosten* nur in wenigen Fällen zur Bewertung von immateriellen Vermögenswerten herangezogen werden können. Falls der immaterielle Vermögenswert (z. B. eine Softwarelizenz) von einem Softwareunternehmen zur Veräußerung selbst entwickelt wurde, wäre es denkbar – sofern das Unternehmen über eine aussagefähige Kostenrechnung verfügt – die Entwicklungskosten als Bewertungsmaßstab für den Wert des immateriellen Vermögensgegenstandes heranzuziehen. Sie entsprächen im Sonderfall des Zeitpunktes der erstmaligen Fertigstellung auch den Reproduktionskosten. Die Aussagefähigkeit der historischen Anschaffungs- bzw. Herstellungskosten im Hinblick auf den Wert des immateriellen Vermögensgegenstandes zu einem späteren Bewertungszeitpunkt, ist jedoch schon nach wenigen Jahren tendenziell gering.

Market Approach

Im Rahmen des Market Approach wird der Wert von immateriellen Vermögensgegenständen aus den Preisen abgeleitet, die der Markt als fair für diese immateriellen Vermögenswerte einstuft. Dabei werden vergleichbare immaterielle Vermögenswerte im Hinblick auf ihre Verkaufspreise oder Lizenzgebühren untersucht und dem Bewertungsobjekt gegenübergestellt.

Obwohl die Begriffe Wert und Preis in der Praxis oft synonym verwendet werden, handelt es sich dabei um zwei verschiedene Wertkategorien, die nur in wenigen Fällen identisch sein werden. *Preise* für ein Unternehmen oder für einen Anteil an dem Unternehmen (z. B. eine Aktie) oder einen immateriellen Vermögenswert resultieren aus dem Angebot und der Nachfrage auf Märkten und stellen somit realisierte Werte dar. Marktpreise sind das Resultat erfolgreicher Verhandlungen zwischen den Marktakteuren. Der Preis für Güter egal welcher Art hängt dabei jedoch von vielen Faktoren ab, die sich häufig nicht rational an dem *Wert* des Gutes orientieren, den ein neutraler Dritter dem Wirtschaftsgut beimessen würde, sondern die aufgrund subjektiver Wahrnehmungen, erwarteter Synergien, Markterwartungen und anderer Motive dazu führen, dass der Preis hier dann wesentlich über oder unter der Wertbeurteilung eines neutralen Dritten liegen kann. Ein praktisches *Beispiel* hierfür waren die gezahlten Marktpreise für UMTS-Lizenzen in Deutschland vor einigen Jahren.

Eine zentrale Aufgabe im Rahmen des Market Approach besteht daher darin, die als Vergleichsmaßstab heranzuziehenden Marktpreise auf ihre Fair Value Eigenschaften zu untersuchen. Nach IAS 16 ist der Fair Value der Betrag, zu dem ein Vermögenswert zwischen sachverständigen, vertragswilligen und voneinander unabhängigen Geschäftspartnern getauscht werden könnte. Ein Markt auf dem ausschließlich *immaterielle Vermögensgegenstände* gehandelt werden, vergleichbar mit den Kapitalmärkten, existiert jedoch in Deutschland zumeist nicht. Der Market Approach zur Ableitung des Wertes immaterieller Vermögenswerte auf Basis vergleichbarer Transaktionen anderer immaterieller Vermögenswerte ist zumindest in Deutschland daher nur eingeschränkt anwendbar. Es mangelt in der Praxis an zuverlässigen Daten, die der Controller im Rahmen seiner Wertermittlungen verwenden könnte. Da immaterielle Vermögenswerte ohne dies oft einzigartig sind, fehlt es hier häufig noch mehr als bei der Unternehmensbewertung an einem geeigneten Vergleichsmaßstab.

Wie eingangs jedoch bereits für einige Unternehmen dargestellt, kann man ausgehend von der Marktkapitalisierung börsennotierter Unternehmen den Marktwert der Intangible Assets nebst Goodwill als Residualgröße ermitteln. Dadurch können zumindest für börsennotierte Unternehmen Anhaltspunkte über den Wert aller Intangible Assets inklusive eines möglicherweise vorhandenen Goodwills gewonnen werden. Nicht gelöst ist dabei jedoch die Wertverteilung (Allokation) des so ermittelten Wertes auf die einzelnen immateriellen Vermögensgegenstände sowie den Goodwill. Hierzu bedarf es weiterer Informationen.

Darüber hinaus können die auf dieser Basis ermittelten Werte für Intangible Assets nicht ohne Modifikationen auf immaterielle Vermögenswerte nicht börsennotierter Unternehmen übertragen werden. Dies gilt im Übrigen auch für die direkte Wertermittlung auf der Basis von Marktpreisen anderer Intangible Assets, weil diese eben häufig nicht unmittelbar vergleichbar sind. Hier gibt es die gleichen Probleme wie bei der Zusammenstellung einer Peer Group im Rahmen von Unternehmensbewertungen und es muss den Unterschieden zwischen Bewertungsobjekt und vergleichbarer anderer Intangible Assets durch Zu- und Abschläge bei den Multiplikatoren Rechnung getragen werden.

Dennoch empfiehlt es sich zumindest bei börsennotierten Unternehmen sämtliche Wertüberlegungen für immaterielle Vermögenswerte auf Basis des Market Approachs, der den Marktwert der Intangible Assets als Residualgröße ermittelt, zu plausibilisieren. Unerlässlich für die Fair Value-Ermittlung für immaterielle Vermögensgegenstände ist daher die Anwendung des Income Approach, der im Anschluss beschrieben wird.

Income Approach

Der Wert eines Unternehmens bestimmt sich unter der Voraussetzung ausschließlich finanzieller Ziele durch den Barwert der mit dem Eigentum an dem Unternehmen verbundenen Nettozuflüsse an die Unternehmenseigner. Zur Ermittlung dieses Barwerts wird ein Kapitalisierungszinssatz verwendet, der die Rendite aus einer zur Investition in das zu bewertende Unternehmen adäquaten Alternativanlage repräsentiert. Demnach wird der Wert des Unternehmens allein aus seiner Eigenschaft abgeleitet, finanzielle Überschüsse für die Unternehmenseigner zu erwirtschaften. Dieser Bewertungsansatz liegt dem bereits dargestellten Shareholder Value Approach zugrunde.

Der Wert von *Intangible Assets* bemisst sich in Analogie zur Unternehmensbewertung ebenfalls aus ihrer Eigenschaft finanzielle Überschüsse aus der Nutzung von ihnen zu ziehen. Der künftige wirtschaftliche Nutzen aus einem immateriellen Vermögensgegenstand ist dann gegeben, wenn das Unternehmen dadurch Erlöse aus dem Verkauf von Produkten oder der Erbringung von Dienstleistungen sowie Kosteneinsparungen oder andere Vorteile realisieren kann.

Der Income Approach ist der am meisten verbreitete Ansatz zur Wertermittlung immaterieller Vermögenswerte. Im Rahmen der Wertermittlung gilt es folgende Fragen zu beantworten:

- *In welcher Höhe werden finanzielle Überschüsse aus der Nutzung des immateriellen Vermögenswertes erwartet bzw. welcher wirtschaftliche Nutzen kann aus ihm gezogen werden?*
- *Wie lange werden finanzielle Überschüsse aus der Nutzung des immateriellen Vermögenswertes erwartet (Nutzungsdauer)?*
- *Welches Risiko besteht im Zusammenhang mit der erwarteten Nutzung (Diskontierungssatz)?*

Die Abbildung 6 zeigt vereinfacht die drei wesentlichen Komponenten des Income Approaches.

Im Rahmen des Income Approach lassen sich *mehrperiodige* und *einperiodige Bewertungsmethoden* unterscheiden. Die Bewertung auf Basis von *mehrperiodigen Bewertungsmethoden* ermittelt den Wert des immateriellen Vermögensgegenstandes als Barwert nicht konstanter finanzi-

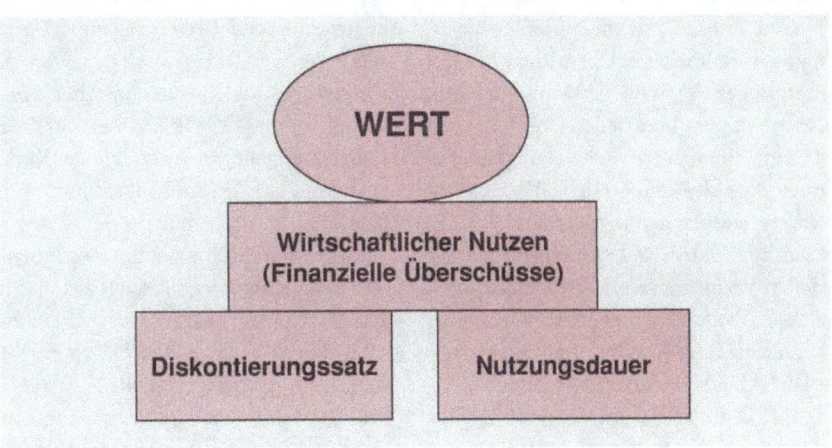

Abbildung 6: Komponenten des Income Approaches

eller Überschüsse über einen bestimmten Zeitraum. Die Bewertung des immateriellen Vermögenswertes erfolgt in folgenden Schritten:
1. Festlegen wie die finanziellen Überschüsse ermittelt werden
2. Schätzung der erwarteten Nutzungsdauer
3. Schätzung der finanziellen Überschüsse in den einzelnen Perioden
4. Ableitung eines geeigneten (risikoangepassten) Diskontierungssatz
5. Ermittlung des Barwertes der finanziellen Überschüsse

Annahmen:	Jahr 1	Jahr 2	Jahr 3	Jahr 4
Anzahl der Kunden	2.000	2.000	2.000	2.000
Anzahl der durchschnittlichen Transaktionen je Kunde pro	10.000	10.500	11.000	11.500
Durchschnittserlös je Transaktion eines Kunden	0,10 €	0,10 €	0,10 €	0,10 €
Durchschnittliche Bruttomarge je Kunde in % vom	40,0 %	40,0 %	40,0 %	40,0 %
Anteil der direkten Kosten je Kunde in % vom	15,0 %	15,0 %	15,0 %	15,0 %
Effektiver Ertragsteuersatz	40,0 %	40,0 %	40,0 %	40,0 %
Summe aller finanziellen Überschüsse des Kundenstammes	2.000.000,00 €	2.100.000,00 €	2.200.000,00 €	2.300.000,00 €
Bruttomarge (40 %)	800.000,00 €	840.000,00 €	880.000,00 €	920.000,00 €
Direkt zurechenbare operative Kosten des Kundenstamms (15 %)	– 300.000,00 €	– 315.000,00 €	– 330.000,00 €	– 345.000,00 €
Finanzieller Überschuss vor Ertragsteuern	500.000,00 €	525.000,00 €	550.000,00 €	575.000,00 €
Ertragsteuern	– 200.000,00 €	– 210.000,00 €	– 220.000,00 €	– 230.000,00 €
Finanzieller Überschuss des Kundenstamms	300.000,00 €	315.000,00 €	330.000,00 €	345.000,00 €
Barwertfaktoren	0,8696	0,7561	0,6575	0,5718
Barwert der finanziellen Überschüsse des Kundenstamms	260.869,57 €	238.185,26 €	216.980,36 €	197.254,87 €
Summe der Barwerte	913.290,05 €			

Abbildung 7: Vereinfachtes Beispiel der Wertermittlung eines Kundenstamms

Im Gegensatz zu den mehrperiodigen Bewertungsmethoden erfolgt die Bewertung der immateriellen Vermögensgegenstände auf der Basis *einperiodiger Bewertungsmethoden* anhand der Multiplikation eines konstanten Cashflows mit einem bestimmten Kapitalisierungsfaktor. Bei richtiger Anwendung der einperiodigen Bewertungsmethoden müssen jedoch auch hier Annahmen über die erwartete Nutzungsdauer der immateriellen Vermögenswerte getroffen werden. Außerdem muss es sich bei dem zu kapitalisierenden Zahlungsstrom um einen nachhaltigen finanziellen Überschuss des immateriellen Vermögenswertes handeln. Nachhaltiger finanzieller Überschuss in diesem Sinne setzt nicht zwingend voraus, dass der immaterielle Vermögenswert unendlich genutzt werden kann. Es kann sich dabei auch um einen immateriellen Vermögenswert handeln, bei dem eine endliche Nutzung unterstellt wird. Die Ermittlung eines nachhaltigen finanziellen Überschuss bedeutet jedoch in jedem Fall, dass der Controller sich mit der erwarteten Nutzungsdauer des Bewertungsobjektes auseinandersetzen muss und im Ergebnis einen für die Bewertung des immateriellen Vermögenswertes geeigneten Zahlungsstrom herleiten muss.

Vereinfachtes Beispiel der Bewertung eines Kundenstamms

Im Folgenden soll vereinfacht die Bewertung eines Kundenstamms auf der Basis des Income Approaches anhand eines mehrperiodigen Bewertungsmodells gezeigt werden. Dabei wird der Wert des Kundenstamms eines technischen Netzbetreibers im POS-Geschäft ermittelt. Es wird unterstellt, dass der Erlös je Kunde ausschließlich transaktionsabhängig ist bzw. keine Grundgebühr vereinbart wurde. Die durchschnittliche Restlaufzeit aller Kundenverträge beträgt vier Jahre. Der Diskontierungssatz sei in Höhe von 15 % ebenso wie der effektive Ertragsteuersatz in Höhe von 40 % vorgegeben. Die Anzahl der Kunden sei konstant. Die durchschnittlichen Transaktionen je Kunde steigen annahmegemäß während der durchschnittlichen Restlaufzeit der Verträge an. Es wird unterstellt, dass der Kunde am Ende der Vertragslaufzeit keine Vertragsverlängerung vornimmt. Die Wertermittlung des Kundenstamms kann der Abbildung 7 entnommen werden.

In diesem sehr vereinfachten Beispiel der Bewertung eines Kundenstamms eines technischen Netzbetreibers beträgt der Barwert aller finanziellen Überschüsse T€ 913. In der Praxis gilt es jedoch bei der Bewertung von immateriellen Vermögenswerten eine Vielzahl von praktischen Problemen zu lösen, die in diesem vereinfachten Beispiel annahmegemäß gegeben sind.

Praktische Probleme bei der Wertermittlung auf Basis des Income Approaches

Die Ermittlung der finanziellen Überschüsse eines Kundenstamms gestaltet sich in der Praxis deshalb schwieriger als in dem vereinfachten Beispiel dargestellt,

weil es eine Vielzahl von Wert beeinflussenden Faktoren gibt, die es vorab genau zu analysieren gilt. Im Wesentlichen handelt es sich dabei um folgende Einflussfaktoren:
- erwartete Anzahl der durchschnittlichen Transaktionen je Kunde
- sachgerechte Ableitung der durchschnittlichen Transaktionserlöse je Kunde
- sachgerechte Ermittlung der durchschnittlichen Vertriebskosten respektive Ableitung der Bruttomarge des Kundenstamms
- sachgerechte Zuordnung der weiteren direkt dem Kundenstamm zurechenbaren Kosten
- Ermittlung der durchschnittlichen Restlaufzeit der Kundenverträge
- Annahmen über die Vertragsverlängerung am Ende der Vertragslaufzeit
- Annahmen über die zu tätigenden Nettoinvestitionen (= Bruttoinvestitionen abzüglich Abschreibungen) zur Erzielung der finanziellen Überschüsse des Kundenstamms
- Annahmen über die Veränderung des dem Kundenstamm zuzurechnenden Net Working Capitals
- Ermittlung des Diskontierungssatzes

Diese Aufzählung erhebt nicht den Anspruch auf Vollständigkeit. Sie soll jedoch zeigen, dass der Controller bei der erstmaligen Bewertung eines immateriellen Vermögenswertes eine Vielzahl von Problemen zu lösen hat. Neben einer aussagefähigen Kostenrechnung, die es zumindest ermöglichen sollte die den immateriellen Vermögenswerten zuzurechnenden finanziellen Überschüsse in der Vergangenheit zu analysieren, um Anhaltspunkte über die zukünftige Entwicklung zu haben, gilt es, wie gezeigt, weitere Einflussfaktoren genau zu analysieren.

Besondere Aufmerksamkeit muss dabei der Ermittlung des Diskontierungsfaktors beigemessen werden. Börsennotierte Unternehmen haben inzwischen häufig eine wertorientierte Unternehmensführung (Value Based Management) implementiert. Integraler Bestandteil einer wertorientierten Unternehmensführung ist die sachgerechte Herleitung

State-of-the-Art der Unternehmensbewertung

Manfred Jürgen Matschke/
Gerrit Brösel
Unternehmensbewertung
Funktionen – Methoden – Grundsätze
2005. XXXII, 713 S.
Geb. EUR 44,90
ISBN 3-8349-0012-5

Umfassend, kompetent und aktuell präsentiert dieses neue Lehrbuch den State-of-the-Art der funktionalen Unternehmensbewertung. Alle wichtigen Bewertungsmethoden werden auf ihre Eignung geprüft und der relevanten Funktion der Unternehmensbewertung zugeordnet.

Nach einer Einführung in die theoretischen Grundlagen werden Haupt- und Nebenfunktionen der Unternehmensbewertung ausführlich und systematisch dargestellt. Um die Transparenz der Unternehmenswertermittlung zu erhöhen, wird der Bewertungsprozess in drei Schritte zerlegt: Datenbeschaffung, Datentransformation in den gesuchten Wert und Verwendung des Wertes. In diesem Zusammenhang werden alle wesentlichen Bewertungsverfahren und ihre Einsatzbereiche vorgestellt. Unternehmensbewertung wird dabei nicht nur aus Käufer- sondern explizit auch aus Verkäufersicht analysiert. Abschließend leiten die Autoren Grundsätze funktionsgemäßer Unternehmensbewertung ab. Didaktisch unterstützt wird der Wissenstransfer durch klar formulierte Lernziele sowie ausgewählte Kontrollaufgaben. Aufgrund des systematischen Konzepts eignet sich das Buch auch sehr gut zum Selbststudium.

www.gabler.de

Änderungen vorbehalten. Erhältlich im Buchhandel oder beim Verlag.
Abraham-Lincoln-Str. 46 · 65189 Wiesbaden · Tel: 06 11.78 78-626

der Kapitalkosten des Unternehmens. Fraglich ist jedoch, ob die im Rahmen des Value Based Management ermittelten Kapitalkosten für das Gesamtunternehmen, einzelne Geschäftsbereiche oder Segmente so einfach für die Bewertung der immateriellen Vermögenswerte herangezogen werden können.

Auf den ersten Blick erscheint es logisch zu unterstellen, dass auch die Nutzung der immateriellen Vermögenswerte Renditen erwirtschaften sollte, die im Sinne eines positiven Shareholder Values oberhalb der Kapitalkosten liegen. Die Kapitalkosten eines Unternehmens oder eines Geschäftsbereiches werden in der Praxis meist auf Basis des CAPM (Capital Asset Pricing Modell) sowie aus einer Peer Group abzuleitender Betafaktoren ermittelt. Inwieweit jedoch das CAPM und Betafaktoren börsennotierter Unternehmen zur Ermittlung der Diskontierungsfaktoren für die Bewertung immaterieller Vermögenswerte herangezogen werden können, ist kritisch zu hinterfragen.

Der kritischste Punkt in dem einfachen Beispiel der Bewertung eines Kundenstamms liegt jedoch in der Annahme, dass der Kunde am Ende der Vertragslaufzeit seinen Vertrag nicht verlängern wird. Dieser Punkt ist deshalb so kritisch, weil er häufig nicht der Realität entsprechen wird. Bei der Bewertung eines Kundenstamms in der Praxis gilt es deshalb Annahmen über die Wahrscheinlichkeit einer Vertragsverlängerung bzw. über die Veränderung des Kundenbestands am Ende der Vertragslaufzeit zu treffen. Mithin gilt es die sog. „Retention Rate" des Kundenstamms zu ermitteln und es muss ihr Wertbeitrag bei der Bewertung des Kundenstamms berücksichtigt werden (vgl. Blattberg/Getz/Thomas, 2001, S. 135). Es ergeben sich dann bei der Bewertung eines Kundenstamms ähnliche Probleme wie bei der Unternehmensbewertung im Rahmen der Ermittlung des Terminal Values. Wird bei der Unternehmensbewertung in der Regel eine unendliche Lebensdauer unterstellt, so ergeben sich – zumindest bei einem Kundenstamm, der aus natürlichen Personen und nicht juristischen Personen besteht – in der Praxis weitere Probleme, da ein unendliches Leben einer natürlichen Person nicht angenommen werden kann. Eine praktische Lösung bietet hier die Ermittlung des Customer Lifetime Value (vgl. Rust/Zeithaml/Lemon, 2000, S. 37).

Zusammenfassung der Ergebnisse

Bei der Bewertung von immateriellen Vermögenswerten zur Steuerung von Unternehmen ist es wichtig, zunächst die charakteristischen Eigenschaften von immateriellen Vermögenswerten zu kennen. Der Marktwert der immateriellen Vermögenswerte einschließlich Goodwill ausgewählter börsennotierter Unternehmen liegt häufig bei mehr als 50 % gemessen am investierten Kapital des Unternehmens.

Der hohe Anteil der immateriellen Vermögenswerte am Unternehmenswert gilt auch für nicht börsennotierte Unternehmen. Sowohl beim Einsatz einer Balanced Scorecard als auch im Rahmen einer wertorientierten Unternehmensführung werden sich Controller mit dem Wert von Intangible Assets auseinander zu setzen haben. Für die Bewertung immaterieller Vermögenswerte stehen dem Controller grundsätzlich drei Bewertungsmethoden zur Verfügung. Der Income Approach ist dabei dem Cost Approach überlegen und sollte bei der Bewertung immaterieller Vermögenswerte eingesetzt werden. Für die Bewertung auf der Basis des Market Approach werden den Controllern häufig die bewertungsrelevanten Daten nicht zur Verfügung stehen. Bei der praktischen Anwendung des Income Approaches ergibt sich eine Vielzahl von Problemen, die in diesem Beitrag nur rudimentär behandelt werden konnte. Der Bewertung von immateriellen Vermögenswerten wird in der deutschen Bewertungsliteratur bislang nur eine geringe Bedeutung beigemessen. Sie wird meist im Zusammenhang mit der Kaufpreisallokation im Rahmen der internationalen Rechnungslegung behandelt. Umfassende Standardwerke zur Bewertung immaterieller Vermögensgegenstände bzw. des IP eines Unternehmens, die keinen Bezug zur internationalen Rechnungslegung aufweisen, gibt es in deutscher Sprache bisher noch nicht. Interessant bleibt die Entwicklung hinsichtlich der Standardisierung von Bewertungsverfahren. Erste Ansätze hierzu sind beispielsweise von dem DIN Deutsches Institut für Normung e. V. hinsichtlich der Markenbewertung zu erwarten (vgl. hierzu Pressemitteilung des DIN Deutsches Institut für Normung e. V. vom 19.01.2005, abrufbar unter www2.din.de).

Literatur

BLATTBERG, R. C./GETZ, G./THOMAS, J. S.: Customer Equity; building and managing relationships as valuable assets, Boston 2001.

GÜNTER, B./HELM, S.: Kundenwert: Grundlagen – Innovative Konzepte – Praktische Umsetzungen, Wiesbaden 2001.

MARD, M. J./HITCHNER, J. R./HYDEN, S. D./ZYLA, M. L.: Valuation for Financial Reporting: Intangible Assets, Goodwill and Impairment Analysis SFAS 141 and 142, New York 2002.

REILLY, R. F./SCHWEIHS, R. P.: Valuing Intangible Assets, New York et al. 1998.

RUST, R. T./ZEITHAML, V. A./LEMON, K. N.: Driving Customer Equity: How Customer Lifetime Value Is Reshaping Corporate Strategy, New York et al. 2000.

SMIDT, W./MARZIAN, S. H.: Brennpunkt Kundenwert: Mit dem Customer Equity Kundenpotenziale erhellen, Berlin/Heidelberg 2001.

SMITH, G. V./PARR, R. L.: Valuation of Intellectual Property and Intangible Assets, 3rd ed, New York et al. 2000.

SMITH, G. V./PARR, R. L.: Intellectual Property: Valuation, Exploitation, and Infringement Damages, New York et al. 2005.

Deutsches Lehrbuch zum Thema

Inhalt:

Grundlagen des Strategischen Managements

Strategisches Management auf der Ebene einzelner Geschäftsfelder

Strategisches Management auf Gesamtunternehmensebene

Harald Hungenberg
Strategisches Management in Unternehmen
Ziele – Prozesse – Verfahren
3., überarb. u. erw. Aufl. 2004.
XXII, 556 S. Br. EUR 41,90
ISBN 3-409-33063-1

Strategische Entscheidungen prägen die langfristige Entwicklung eines Unternehmens. Sie werden gerade in der heutigen Zeit eines intensiver werdenden Wettbewerbs immer wichtiger.

Das Lehrbuch „Strategisches Management in Unternehmen" setzt sich umfassend und praxisorientiert mit strategischen Entscheidungen auseinander und gibt einen Überblick über die Theorien, Konzepte und Instrumente des strategischen Managements auf Geschäftsfeld- und Unternehmensebene. Es zeigt, wie Erfolg versprechende Strategien formuliert und umgesetzt werden können. Die übersichtliche Struktur des Buchs erleichtert den Zugang zum Thema, und viele praktische Beispiele und Erläuterungen fördern das Verständnis.

Die dritte Auflage ist überarbeitet und um wichtige Teilaspekte ergänzt. Sie stellt neue Instrumente der strategischen Analyse vor, behandelt ausführlich verschiedene Geschäftsfeld- und Unternehmensstrategien und vertieft die Wertorientierung als wichtigen Hintergrund der Strategiediskussion.

Der Autor:

Prof. Dr. Harald Hungenberg ist Inhaber des Lehrstuhls für Allgemeine Betriebswirtschaftslehre, insbesondere Unternehmensführung, an der Universität Erlangen-Nürnberg.

www.gabler.de

Änderungen vorbehalten.
Erhältlich im Buchhandel oder beim Verlag.

Abraham-Lincoln-Str. 46 · 65189 Wiesbaden · Tel: 06 11.78 78-626

BEWERTUNG UND STEUERUNG

Besonderheiten der Bewertung hochinnovativer Unternehmen im Rahmen des Akquisitionscontrollings

Jörn Littkemann / Michael Holtrup / Claudia Schrader

Innovationen als Besonderheit im Akquisitionscontrolling

Einführung

Im Rahmen des Beteiligungscontrollings gehört die Akquisition von Unternehmen und Unternehmensteilen und die damit verbundene Bewertung dieser Einheiten bereits nahezu zum Alltagsgeschäft (vgl. Madrian/Schulte 2004, S. 309). Eine Besonderheit stellen bei der Akquisition und Unternehmensbewertung noch immer die immateriellen Vermögensgegenstände (Intangibles) dar. Diese können oder dürfen teilweise vom externen Rechnungswesen nicht erfasst werden und auch im internen Rechnungswesen bzw. auf der Managementebene ist eine adäquate Messung und Bewertung immateriellen Vermögens nicht immer gegeben (vgl. Bassen/Popović/Popović 2004, S. 241). Innovationen bzw. die Fähigkeit zur Innovation können einen erheblichen Teil des immateriellen Unternehmensvermögens ausmachen. In einigen, häufig jungen Unternehmen stellt der Anteil der laufenden Innovationen bzw. das Potenzial zur Innovation darüber hinaus regelmäßig auch den Großteil des gesamten Unternehmensvermögens dar. Aufgrund der Probleme, die ohnehin bei der Messung und Bewertung von Innovationen auftreten (vgl. Holtrup/Littkemann 2005, S. 254 ff.), kann die adäquate Bewertung von innovativen Unternehmen als mit besonderen Schwierigkeiten verbundene Herausforderung für das Akquisitionscontrolling angesehen werden. Dieses gilt in gesteigertem Maß für hochinnovative Unternehmen, die sich dadurch auszeichnen, dass sie hochinnovative Produkte entwickeln und diese eigenhändig in den Markt einführen. Ziel dieses Beitrags ist es, die besonderen Merkmale hochinnovativer Unternehmen herauszustellen und Möglichkeiten aufzuzeigen, diese innerhalb einer Due Diligence im Akquisitionsprozess zu berücksichtigen, um einen realistischen Unternehmenswert zu ermitteln. Im Folgenden sollen hierbei zuerst die zum Verständnis notwendigen zentralen Begriffe kurz erläutert werden, bevor näher auf die Besonderheiten bei der Akquisition hochinnovativer Unternehmen insbesondere in den Bereichen der Commercial Due Diligence, der Human Resource Due Diligence und der Financial Due Diligence eingegangen wird. Abschließend werden Möglichkeiten zur Bewertung hochinnovativer Unternehmen diskutiert.

Begriffliche Grundlagen

Akquisition und Akquisitionscontrolling

Grundsätzlich bezeichnet Akquisition den Erwerb oder die Beschaffung einer Sache. Im wirtschaftlichen Zusammenhang steht der Begriff für zahlreiche Möglichkeiten, die Eigentums- und Kontrollverhältnisse in einem Unternehmen zu gestalten und zu verändern (vgl. Rödl

- Innovationen und Innovationspotenzial stellen schwer fassbares Vermögen einer Unternehmung dar.
- In einigen hochinnovativen Unternehmen besteht ein Großteil des Gesamtvermögens aus dieser Art von Intangibles.
- Bei der Akquisition eines solchen Unternehmens sollte das Akquisitionscontrolling in der Lage sein, Innovationen zu bewerten und Innovationspotenzial aufzudecken, um einen Unternehmenswert ableiten zu können.
- Aufgrund der Charakteristika der hochinnovativen Unternehmen bestehen erhebliche Schwierigkeiten bei der richtigen Einschätzung des Unternehmenswertes.
- Eine auf das hochinnovative Unternehmen ausgerichtete Due Diligence und der Einsatz von adäquaten Instrumenten können helfen, die Schwierigkeiten zu verringern.

Prof. Dr. Jörn Littkemann,
Inhaber des Lehrstuhls für BWL, insbes. Unternehmensrechnung und Controlling,
FernUniversität in Hagen,
Universitätsstraße 41/ESG,
D-58084 Hagen,
E-Mail: lehrstuhl.littkemann@fernuni-hagen.de

2002, S. 4; auch Picot 2002, S. 19). In der einfachsten Definition bezeichnet Akquisition schlicht den Kauf eines anderen Unternehmens. Eine Akquisition stellt im Regelfall eine externe Wachstumsstrategie des akquirierenden Unternehmens dar (vgl. Dieckhaus 1993, S. 104). In diesem Beitrag soll eine Übernahme in Form einer Beteiligung mit mindestens einfacher Mehrheit an einem Unternehmen angenommen werden. Diese Form der Übernahme ermöglicht, wesentliche Entscheidungen im akquirierten Unternehmen zu beeinflussen und die Geschäftspolitik zu gestalten. Unter Controlling wird im Allgemeinen die zielgerichtete Planung und Kontrolle (im Sinne einer koordinierten Steuerung) der typischen Betriebs- und Geschäftsprozesse im Unternehmen verstanden (vgl. Littkemann 2004, S. 8). Übertragen auf das Akquisitionscontrolling bedeutet dies, dass es zentrale Aufgabe des Controllings ist, die bei einer Akquisition erforderlichen Prozesse planerisch zu begleiten und den Prozessablauf im Hinblick auf einen zielgerichteten Fortgang zu überwachen. Hierzu ist es unter anderem notwendig, die relevanten Daten zu beschaffen, zu analysieren und aufzubereiten, um der Unternehmensführung bei der Entscheidung über die Übernahme eines Unternehmens unterstützend zur Seite zu stehen. Dabei erstreckt sich das Akquisitionscontrolling auf den gesamten in Abbildung 1 dargestellten Akquisitionsprozess sowie auf die zugehörigen Teilprozesse. Der Akquisitionsprozess teilt sich in zeitlicher Hinsicht in drei interdependente Phasen: Die strategische Analyse- und Konzeptionsphase, die Transaktionsphase und ggf. die Integrationsphase (vgl. Littkemann/Madrian/Schulte 2004, S. 205; Picot 2002, S. 17).

Innerhalb des Akquisitionsprozesses übernimmt das Akquisitionscontrolling strategische und operative Aufgaben (vgl. hierzu und folgend Coenenberg/Biberacher 2003, S. 332 f.). Das strategische Akquisitionscontrolling überprüft die Akquisitionszielsetzung und Akquisitionsmotive im Rahmen der von der Unternehmensführung vorgegebenen Unternehmensstrategie auf Rationalität. Ziel ist es, nur solche Akquisitionen zu tätigen, die im Einklang mit der von der Unternehmensführung festgelegten Unternehmensstrategie stehen. Im Zusammenhang mit dem Erwerb hochinnovativer Unternehmen liegt es nahe, dass eine Strategie des Know-how-Transfers, d. h. der Über-

Abbildung 1: Die idealtypischen Phasen einer Akquisition (Quelle: in Anlehnung an Jansen 2001, S. 164)

Dipl.-Kfm. Michael Holtrup,
wissenschaftlicher Mitarbeiter des Lehrstuhls für Unternehmensrechnung und Controlling, FernUniversität in Hagen, Universitätsstr. 41/ESG, D-58084 Hagen

Bankkauffrau Claudia Schrader,
Mitarbeiterin einer Regionalbank in Oldenburg

tragung von Wissens- und Erfahrungsvorsprüngen des Akquisitionsobjektes, eine dominierende Rolle spielt. Pellens/Tomaszewski/Weber (2000, S. 1826) konnten in diesem Zusammenhang zeigen, dass Know-how-Transfer eine wichtige Strategie bei der Übernahme von Unternehmen darstellt. Im Folgenden soll daher unterstellt werden, dass das akquirierende Unternehmen diese Strategie verfolgt und sich damit Zugang zu neuen Märkten und Technologien verschaffen möchte. Zu den wichtigsten Aufgaben des Akquisitionscontrollings gehört ferner die Beurteilung der Auswirkungen der Akquisition auf das akquirierende Unternehmen, damit letztlich die Akquisition eine Wertsteigerung generiert (vgl. Madrian/Schulte 2004, S. 310). Die Frage, ob das Zielobjekt zu einer Wertsteigerung für das akquirierende Unternehmen beitragen kann, sollte während der Transaktionsphase beantwortet werden. Zu den Aufgaben in der Transaktionsphase, die diese Frage beantworten können, gehören die Kernbereiche des Akquisitionsprozesses, die Due Diligence und die Unternehmensbewertung (vgl. die grau unterlegten Prozessphasen in Abbildung 1). Hier übernimmt das operative Akquisitionscontrolling die Verantwortung für die Durchführung der Due Diligence und die Unternehmensbewertung und hat somit maßgeblichen Einfluss auf die Akquisitionsentscheidung.

Innovation und Innovationsmanagement

Dem Innovationsmanagement obliegt das Management aller Aktivitäten eines Innovationsprozesses. Im Folgenden soll hier die Betrachtung auf technologische Innovationen und daraus resultierende Produktinnovationen beschränkt werden. Der Innovationsprozess umfasst bei dieser Einschränkung in seiner umfassendsten Ausprägung die Schritte von der Idee einer Technologie bis hin zur Markteinführung eines sich dieser Technologie bedienenden Produkts. Die Innovation endet nach der Markteinführung, wenn die laufende Verwertung der Innovation beginnt. Erst mit der laufenden Verwertung am Markt, z. B. in Form eines neuen Produktes, entsteht ein für die Abrechnungssysteme der Routineorganisation greifbares Wirtschaftsgut. Die Frage nach der Neuartigkeit einer Innovation kann jedoch nur innerhalb der subjektiven Dimension beantwortet werden. Dabei ist es wichtig, dass die Innovation bewusst wahrgenommen wird. Innovationen können von unterschiedlichen Subjekten wahrgenommen werden. Hauschildt (2004, S. 22 ff.) unterteilt hier die Wahrnehmung der Innovation von einzelnen Personen, über Branchen bis hin zur Weltneuheit. In der Literatur wird in der Regel dann von innovativen Produkten gesprochen, wenn sie innerhalb eines Unternehmens erstmalig entwickelt und am Markt eingeführt werden (vgl. Dietz 1989, S. 44; Pleschak/Sabisch 1996, S. 5.). Die Frage nach der inhaltlichen Dimension der Neuerung stellt auf Änderungsraten sowie Innovationsgrade ab. Mit der Änderungsrate werden die Innovationsart und der Innovationstyp bestimmt. Mit dem Innovationsgrad wird versucht, den Innovationsgehalt oder die Neuartigkeit mess- und bewertbar zu machen (vgl. Hauschildt 2004, S. 8 ff.; Dietz 1989, S. 46 ff.). Eine Möglichkeit, Innovationsgrade zu messen, stellt die Unterscheidung nach inkrementellen sowie radikalen Innovationen in Bezug auf die eingesetzte Technologie und den Markttyp dar (vgl. Abbildung 2).

Dabei handelt es sich bei inkrementellen Innovationen um Innovationen auf bestehenden Märkten mit bekannten Anwendungsfeldern unter Einsatz von in der Regel bekannten Technologien. Die Neuartigkeit ergibt sich hierbei aus der Verwendung einer veränderten, wesentlich besseren Ziel-Mittel-Relation. Dagegen handelt es sich bei radikalen Innovationen um solche, die sich durch einen hohen Neuheitsgrad ausweisen und für die ganz neue Märkte entstehen. Die Einteilung von Technologien in Schrittmacher-, Schlüssel- und Basistechnologien kann anhand folgender Kriterien erfolgen (vgl. Hartmann 1997, S. 170):

- Schrittmachertechnologie: frühes Entwicklungsstadium, gravierende Auswirkungen auf die Wettbewerbsfähig-

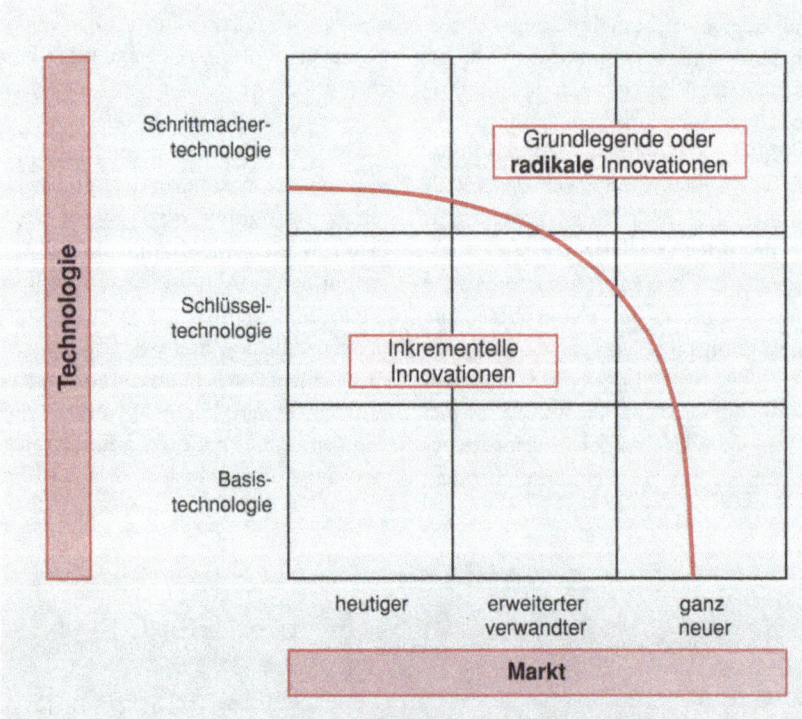

Abbildung 2: Unterscheidung inkrementeller und radikaler Innovation (Quelle: Pleschak/Sabisch 1996, S. 3)

keit sowie großes Wettbewerbspotenzial erkennbar, nur vom „First Mover" bzw. der „First Mover Gruppe" beherrscht und beginnende Integration in Produkte und Verfahren;
- Schlüsseltechnologie: deutlicher Einfluss auf die Wettbewerbsfähigkeit, erfolgskritische Technologie, Eignung zur Differenzierung, von wenigen bzw. einigen Wettbewerbern beherrscht und bereits deutlich ansteigende Intensität bei der Integration in Produkte und Verfahren;
- Basistechnologie: allgemeiner Einsatz in Produkten und Verfahren und von allen Mitbewerbern beherrscht.

Um innovative Produkte von hochinnovativen Produkten unterscheiden zu können, müssen bestimmte Einschränkungen gemacht werden. Innerhalb der subjektiven Dimension bietet sich der industrieökonomische Begriff der Innovation an. Demnach werden alle Produkte als innovativ bezeichnet, die innerhalb eines Unternehmens erstmalig entwickelt und gleichzeitig innerhalb einer Branche erstmalig eingeführt werden (vgl. Hauschildt 2004, S. 24). Dieses Kriterium soll hier eingeschränkt gelten. Ein Produkt soll als hochinnovativ angesehen werden, wenn es von einem Unternehmen der „First Mover Gruppe" auf den Markt gebracht wird. Hochinnovative Unternehmen zeichnen sich insbesondere dadurch aus, dass sie die hochinnovativen Produkte nicht nur entwickeln, sondern sie zudem eigenhändig in den Markt einführen. Dabei handelte es sich in jüngerer Zeit häufig um Unternehmen der so genannten „New Economy". Diese arbeiten überwiegend in den Bereichen Internet, Telekommunikation, Informations- und Biotechnologie (vgl. Wullenkord 2000, S. 523 f.; Olbrich 2000, S. 462). Bei den in den hochinnovativen Produkten verwendeten Technologien handelt es sich hauptsächlich um Schrittmacher- und Schlüsseltechnologien. Die beschriebenen Unternehmen stellen das typische Beispiel für Unternehmen dar, deren Wert nicht durch greifbares Vermögen gekennzeichnet ist, sondern durch ein Potenzial, das erst in der Zukunft fassbares Vermögen generiert. Der „Kurs-Hype" und der anschließende Niedergang des Börsenwertes vieler Unternehmen im Segment des „Neuen Marktes" zeigt, wie schwierig eine adäquate Bewertung solcher Unternehmen ist.

Charakteristika hochinnovativer Unternehmen

Die Akquisition hochinnovativer Unternehmen zeichnet sich durch deren besondere Merkmale aus, die das o. g. Potenzial bestimmen. Diese müssen daher auch bei einer Due Diligence und Unternehmensbewertung Berücksichtigung finden. Die wichtigsten Charakteristika hochinnovativer Unternehmen sollen im Folgenden kurz skizziert werden:

Umweltdynamik

Unternehmen agieren in Märkten. Durch andauernden schnelleren technischen und wirtschaftlichen Fortschritt, die Internationalisierung der Märkte sowie Veränderungen im Konsumverhalten sind Unternehmen fortlaufend gezwungen, sich diesen Veränderungen anzupassen, um weiterhin erfolgreich am Markt agieren zu können. Hochinnovative Unternehmen zeichnen sich zumeist durch eine inhärente Dynamik aus. Sie versuchen, die künftige Entwicklung der Unternehmensumwelt vor anderen Mitbewerbern zu antizipieren und mit Kreativität und Flexibilität passende Lösungen zu entwickeln. Dadurch, dass sie ständig aktiv Neuerungen suchen, können sie immer wieder innovative Lösungen präsentieren und gestalten so ihre Umwelt aktiv mit (vgl. Hayn 2002, S. 490). Die Einführung neuer Produkte unter Verwendung neuer (Schrittmacher-) Technologien am Markt zwingt auch die Mitbewerber zum Handeln. Dadurch kommt es zu einem verschärften Wettbewerb innerhalb der Branche, da die Mitbewerber versuchen werden, den Status quo zu halten und ihre Produkte an die Branchenneuheit anzupassen (vgl. Razgaitis 1999, S. 24). Wettbewerbsvorteile durch eine Innovation werden so im Zeitablauf egalisiert. Damit muss das hochinnovative Unternehmen eine inhärente Dynamik aufweisen, um laufend zu innovieren und sich so dauerhaft Wettbewerbsvorteile zu sichern (vgl. Hayn 2003, S. 19 f.). Ohne diese Dynamik geht der Status als hochinnovatives Unternehmen im Zeitablauf verloren.

Überproportionales Wachstum

Erfolgreiche hochinnovative Unternehmen weisen in der Regel überproportionale Wachstumsraten auf (vgl. bspw. Wullenkord 2000, S. 524). Unklar bleibt in der Regel jedoch, ab wann ein überproportionales Wachstum vorliegt und anhand welcher Kriterien dieses bestimmt werden kann. Im Rahmen einer jüngst durchgeführten Untersuchung der Wachstumsraten von technologieorientierten Unternehmensgründungen ziehen Steinle/Schumann (2003, S. 30) die Kennzahl „durchschnittliche jährliche Wachstumsrate der fest angestellten Mitarbeiter inklusive Gründerperson(en)" zur Messung heran. Der Umkehrschluss, dass überproportionales Wachstum automatisch auf die Innovativität eines Unternehmens hinweist, darf indessen nicht gezogen werden. Es wirkt eine Vielzahl von Faktoren auf das Wachstum eines Unternehmens ein, sodass nicht notwendigerweise der Faktor Innovativität für das Unternehmenswachstum verantwortlich ist. Ebenso wenig kann man allerdings auch nur von *einer* bestimmten Wachstumsgröße sprechen, um überproportionales Wachstum bei hochinnovativen Unternehmen messbar zu machen (vgl. Hayn 2003, S. 21). Ob Unternehmenswachstum als überproportional klassifiziert werden kann, hängt folglich vom unternehmensindividuellen Bezugsrahmen ab. Hier bietet sich ein Vergleich mit dem Wachstum der Branche an. In der Regel wird kaum ein Unternehmen durchgängig überproportionales Wachstum aufweisen. Phasen des Wachstums werden sich mit Konsolidierungsphasen und Phasen der Schrumpfung abwechseln (vgl. Albach 1993, Sp. 4420). Hier sollen der Durchschnitt und das Potenzial im Vordergrund stehen. Das bedeutet, dass von überproportionalem Wachstum gesprochen werden kann, wenn das Unternehmen im Durchschnitt höheres Wachstum aufweist als die Branche. Wei-

BEWERTUNG UND STEUERUNG

terhin muss auch zukünftiges Wachstumspotenzial Berücksichtigung finden. Hochinnovative Unternehmensneugründungen können zu Beginn ihrer Tätigkeit kein langfristiges überproportionales Wachstum aufweisen. Sie können allerdings aufgrund ihrer Innovativität ein erhebliches Wachstumspotenzial besitzen, das erst zu späteren Zeitpunkten zum Zug kommt. Würde dieses nicht berücksichtigt, würde sich kein realistisches Bild der bewerteten Unternehmen ergeben. Problematisch ist allerdings, dass bei radikalen Innovationen oftmals noch gar keine Branche existiert, anhand derer man das Unternehmen vergleichen könnte.

Managementfaktor

Die ständige Neuausrichtung des Unternehmens am Markt erfordert eine flexible, dynamische, innovative und kreative Unternehmensleitung. Nur so können langfristig hochinnovative Produkte entwickelt und in den Markt eingeführt sowie überproportionale Wachstumsraten erzielt werden. Zwischen dem Unternehmenserfolg und der Unternehmensführung besteht nicht selten ein enger stark positiver Zusammenhang (vgl. Hayn 2003, S. 31). Technologische Innovationen werden darüber hinaus oft als Domäne kleiner, durch Gründergeist getriebener Unternehmen beschrieben (vgl. Edwards 1994, S. 38). Bei diesen besteht das wesentliche Vermögen häufig aus dem Wissen einiger weniger Mitarbeiter, die darüber hinaus oft zu den Gründern zählen. Sie verfügen über einzigartige unternehmensspezifische Fähigkeiten und Kompetenzen, die zum Wert des Unternehmens sowie zur Sicherung der Wettbewerbsposition beitragen (vgl. Stuß 2003, S. 85). Diese wertstiftenden Faktoren gehen verloren und lassen sich in der Regel auch nicht kurzfristig ersetzen, sofern diese Mitarbeiter im Rahmen der Übernahme aus dem akquirierten Unternehmen ausscheiden (vgl. Gerpott 1993, S. 1275).

Risiken hochinnovativer Unternehmen

Der Erfolg, den sich die Unternehmensführung aus einer Akquisition verspricht, liegt in der Zukunft. Die Übernahme eines Unternehmens stellt eine Investitionsentscheidung unter Risiko bzw. Unsicherheit dar. Diese Risikobzw. Unsicherheitssituation wird bei der Übernahme hochinnovativer Unternehmen regelmäßig durch die den Innovationen inhärente Unwägbarkeiten verstärkt oder gar bestimmt. Für die Akquisition hochinnovativer Unternehmen ist daher zu vermuten, dass die Unsicherheit über die Ergebnisse einer Akquisition noch deutlich größer ist, als bei Unternehmen mit festen Märkten und Produkten. Ungewissheit über die Zukunft ist allerdings kein Phänomen, das nur bei unternehmerischen Handlungen hinsichtlich hochinnovativer Unternehmen auftritt. Dennoch gibt es einige Risiken, die unter dem Aspekt der Übernahme hochinnovativer Unternehmen besondere Berücksichtigung finden müssen. Im Einzelnen sind dies insbesondere das technische Erfolgsrisiko, das zeitliche Planungsrisiko, das Aufwandsrisiko und das Marktrisiko (vgl. Müller 2001, S. 47.).

Technisches Erfolgsrisiko
Am Anfang einer Innovation steht im Regelfall eine Idee. Das technische Erfolgsrisiko bezieht sich zunächst darauf, dass es dem hochinnovativen Unternehmen gelingt, für diese Idee eine technische Lösung zu finden (vgl. hierzu und folgend Specht/Beckmann/Amelingmeyer 2002, S. 26 f.). Hierbei gilt: Je höher der technische Schwierigkeitsgrad und je komplexer eine geplante Innovation ist, desto höher ist das Risiko, sie nicht verwirklichen zu können (vgl. Brose 1982, S. 75). Das technische Risiko steigt mit der Art der verwendeten Technologie. Aufgrund der erst beginnenden Integration von Schrittmachertechnologien in Produkten ist das technische Risiko hier größer als bei der Verwendung von Basistechnologien. Zusätzlich besteht das Risiko, dass die Innovation fertigungstechnisch nicht umgesetzt werden kann. Nicht jede Idee lässt sich unter Berücksichtigung von Fertigungskosten und -zeit erfolgreich für den Markt produzieren (vgl. Razgaitis 1999, S. 23; Schmelzer 2001, S. 177).

Zeitliches Planungsrisiko
Das zeitliche Planungsrisiko besteht in der Frage, ob eine Innovation innerhalb der geplanten Zeit soweit realisiert werden kann, dass sie Marktreife erreicht. Dabei ist die rechtzeitige Markteinführung bei immer kürzer werdenden Produktlebenszyklen von großer Bedeutung. Beispielhaft sei hier die Elektrotechnik- und Computerbranche erwähnt, in der sich die Gewinnphase teilweise bis auf ca. ein Jahr verkürzt hat (vgl. Bullinger 1990, S. 20 f.). Aus der frühzeitigen Markteinführung des Produktes, insbesondere aus der Markteinführung vor den Mitbewerbern, kann ein Unternehmen zusätzliche Vorteile generieren. Es hat die Möglichkeit, höhere Preise und größere Absatzmengen zu erzielen und erreicht eine schnellere Amortisation des eingesetzten Kapitals. Die Ressourcenbindung für die Entwicklung ist geringer, die Nutzungsintensität der Ressourcen höher. Entsprechend wird schneller Freiraum für neue Innovationen geschaffen. Damit wird die benötigte Entwicklungszeit zu einem entscheidenden Faktor für den Erfolg der jeweiligen Innovation und generell für das hochinnovative Unternehmen am Markt (vgl. Pleschak/Sabisch 1996, S. 149).

Aufwandsrisiko
Das Aufwandsrisiko umschreibt die Gefahr, dass die Innovation mit den geplanten Mitteln nicht umgesetzt werden kann. Gerade hochinnovative Produkte, die mit wachsenden Anforderungen an Neuheitsgrad und technischer Komplexität konfrontiert sind, benötigen oft eine längere Entwicklungszeit und verursachen damit auch höhere Kosten (vgl. Waldmann 1989, S. 158). Das Aufwandsrisiko umfasst auch die Gefahr, dass das hochinnovative Produkt nur zu höheren Kosten in die Fertigung für den Markt umgesetzt werden kann und somit die Entwicklungskosten nicht planmäßig amortisiert werden.

Marktrisiko
Mit der Einführung der Branchenneuheit in den Markt zeigt sich, ob die Innovation erfolgreich ist. Der Anteil der erfolg-

reich am Markt eingeführten Innovationen ist dabei in Bezug auf die grundlegenden Ideen jedoch nur äußerst gering (vgl. hierzu und folgend Razgaitis 1999, S. 25). Als mögliche Unsicherheiten können hier beispielsweise das Verhalten der Wettbewerber, rechtliche Bestimmungen, Imageprobleme sowie Fehleinschätzung des Kundenverhaltens genannt werden. Vielfach besteht Unsicherheit über das Verhalten der Mitbewerber. Das hat zur Folge, dass das hochinnovative Unternehmen damit rechnen muss, dass Mitbewerber ähnliche Innovationen entwickeln. Diese können unter Umständen Vorteile gegenüber der eigenen Entwicklung aufweisen oder aber früher in den Markt eingeführt werden (vgl. Brose 1982, S. 75 f.). Unter das Risiko der rechtlichen Bestimmungen fällt des Weiteren die Gefahr, dass eine Innovation nicht zur Markteinführung zugelassen wird oder aber dass die Mitbewerber gleiche Ideen entwickeln und kurz vor der eigenen Markteinführung bspw. durch Patente geschützt haben. Gerade bei der Einführung hochinnovativer Investitionsgüter hat zudem das Image des Unternehmens und seiner Produkte eine große Bedeutung (vgl. hierzu und folgend Pleschak/Sabisch 1996, S. 248 ff.). Einem unbekannten oder mit negativem Image belasteten Unternehmen wird die Umsetzung der Innovation häufig nicht zugetraut. Das kann dazu führen, dass Marktpartner auf eine Zusammenarbeit verzichten. Bei der Markteinführung hochinnovativer Produkte ist es schließlich von entscheidender Bedeutung, dass der Vorteil bzw. der Nutzen der Innovation vom Kunden bewusst empfunden wird. Nur so ist gewährleistet, dass das neue Produkt vom ersten Tag der Markteinführung an „zu Geld gemacht wird". Letztlich bleibt das wirtschaftliche Ziel jeder Innovation, die Kosten ihrer Entwicklung zu decken und darüber hinaus einen angemessenen Ergebnisbeitrag zu erzielen (vgl. Holtrup/Littkemann 2005, S. 254). Dieses Ziel ist nur durch den Verkauf an interessierte Kunden zu erreichen. Durch die frühzeitige Kundenorientierung kann das hochinnovative Unternehmen bereits vor der Markteinführung das Risiko einer falschen Prognose des Kundenverhaltens gegenüber der Innovation und somit das monetäre Risiko reduzieren.

Due Diligence bei hochinnovativen Unternehmen

Grundlegende Vorgehensweise

Unternehmensakquisitionen gehören zu den risikoreichsten und komplexesten unternehmerischen Entscheidungen (vgl. Blex/Marchal 1990, S. 86). Im Schnitt haben fast zwei Drittel aller Unternehmenszusammenschlüsse und Akquisitionen nicht die erhoffte Wertsteigerung für das akquirierende Unternehmen erbracht (vgl. Wesner 2002, S. 479). Dabei ist anzunehmen, dass die Quote für die Akquisition hochinnovativer Untenehmen aufgrund der ihnen inhärenten zusätzlichen Risiken noch höher ausfallen dürfte. Eine adäquat durchgeführte Due Diligence kann jedoch dazu beitragen, die Misserfolgsquote zu senken (vgl. Berens/Strauch 2002a, S. 511). Der Begriff Due Diligence bedeutet wörtlich übersetzt „mit der gebührenden Sorgfalt" oder „im Verkehr erforderliche Sorgfalt" (vgl. Unzeitig/Kulhavy 2004, S. 340; Berens/Strauch 2002b, S. 5). Im Rahmen eines Due Diligence Review wird das Zielobjekt durch den Käufer und/oder dessen extern beauftragten Sachverständigen daraufhin geprüft, ob es den Gewährleistungen des Verkäufers sowie den Erwartungen des Käufers entspricht (vgl. Helbling 2002, S. 159). Oft stellt die Due Diligence jedoch eher einen Review

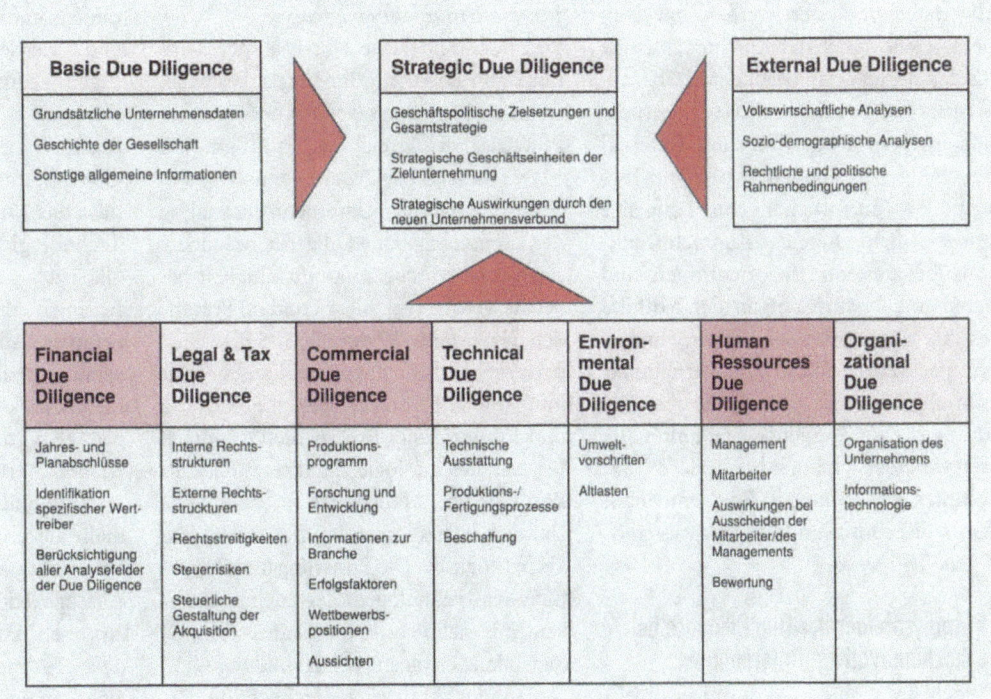

Abbildung 3: Analysefelder der Due Diligence (Quelle: In Anlehnung an Pack 2002, S. 275; o. V. 2002, S. 590)

(Durchsicht) als eine Prüfung dar (vgl. Helbling 2002, S. 159). Es geht darum, potenzielle Risiken aufzudecken um diese in eine spätere Kaufpreisfindung einfließen zu lassen (vgl. Unzeitig/Kulhavy 2004, S. 342; Harrer/Erbacher 1999, S. 254). Dabei muss das Unternehmen in seinen Funktionen durchleuchtet werden (vgl. Kittner 1997, S. 2286). Dazu kann die Due Diligence in verschiedene, interdependente Analysefelder eingeteilt werden (vgl. Abbildung 3).

Die Due Diligence stellt auch bei der Übernahme hochinnovativer Unternehmen einen wesentlichen Kernbereich des Akquisitionsprozesses dar. Die Ergebnisse der Due Diligence bilden die Grundlage für die Unternehmensbewertung und damit für die Kaufpreisfindung. Die besonderen Merkmale hochinnovativer Unternehmen müssen im Rahmen der Due Diligence kritisch beleuchtet werden. Es müssen Instrumente angewendet werden, welche diese Merkmale, soweit möglich, mit berücksichtigen. Nur so ist es möglich, dass die Innovativität mit einem angemessenen Wert bei der Unternehmensbeurteilung berücksichtigt wird. Im Folgenden sollen zunächst einige Teilbereiche der Due Diligence kurz im Allgemeinen erläutert werden, um dann die Bereiche näher zu betrachten, die sich aus den dargelegten besonderen Charakteristika bei hochinnovativen Unternehmen ergeben. Bei der Basic und External Due Diligence handelt es sich um Bereiche des eigentlichen Due Diligence Reviews. Beide Bereiche sammeln funktionsübergreifende Informationen und Daten und bedürfen nicht der Mithilfe des zu akquirierenden Unternehmens (vgl. Pack 2002, S. 275). Im Mittelpunkt steht die Strategic Due Diligence. Die Strategic Due Diligence beinhaltet die Analysefelder Financial, Legal & Tax, Commercial, Technical, Environmental, Human Resource und Organizational & IT Due Diligence.

Analysefelder der Due Diligence bei hochinnovativen Unternehmen

Je nach Branche des Akquisitionsobjektes werden die einzelnen Analysefelder unterschiedlich stark betrachtet (vgl. Madrian/Schulte 2004, S. 316; Green II/Carroll 2000, S. 7). Hier sollen die Commercial, Human Resource und Financial Due Diligence näher beleuchtet werden, da die oben beschriebenen Charakteristika hochinnovativer Unternehmen diese Teilbereiche am meisten tangieren.

Commercial Due Diligence

Die Commercial Due Diligence beschäftigt sich mit der Analyse der gegenwärtigen Wettbewerbsposition sowie der Zukunftsträchtigkeit des Marktes oder der Branche des zu akquirierenden Unternehmens (vgl. Unzeitig/Kulhavy 2004, S. 354 f.). Sie teilt sich in eine interne und eine externe Unternehmensanalyse auf (vgl. hierzu und folgend Sebastian/Niederdrenk/Tesch 2002, S. 393 f.). Innerhalb der internen Unternehmensanalyse wird auf der einen Seite das Unternehmen bezüglich seiner marketingrelevanten Bereiche, Marketingplanung und -strategie, untersucht und auf der anderen Seite sämtliche im Unternehmen verfügbaren Informationen über seine Marktperformance ermittelt. Ein besonderes Augenmerk wird auf die Analyse des Produktprogramms gelegt (vgl. Pack 2002, S. 281).

Interne Unternehmensanalyse

Das hochinnovative Unternehmen wird nur dann langfristig im Markt bestehen, wenn es ihm gelingt, sein technologisches Potenzial erfolgreich in Produkte am Markt umzusetzen. Daher muss im Bereich der internen Unternehmensanalyse der Commercial Due Diligence besonders die technologische Zukunftsfähigkeit beurteilt werden (vgl. hierzu und im Folgenden Hartmann 1998a, S. 305 ff.). Ausschlaggebend für die technologische Zukunftsfähigkeit ist der Bereich Forschung und Entwicklung. Er legt die Grundlage für neue Technologien und setzt diese in Produkte um. Maßgeblich für das Potenzial der Technologien ist die verwendete Technologieart. Die Erfassung und Bewertung der Technologien des hochinnovativen Unternehmens kann in einer Technologiebilanz erfolgen (vgl. Abbildung 4).

Aus der Aktivseite der Technologiebilanz geht die Technologieverwendung hervor. Die Passivseite zeigt die Herkunft der Technologien, unterteilt nach Eigen- und Fremdentwicklung, an. Die Bewertung der einzelnen Technologien wird anhand der Technologieattraktivität vorgenommen. Die Technologieattraktivität lässt sich definieren als die Summe aller technisch-wirtschaftlichen Vorteile, die durch eine Technologie potenziell zu realisieren sind. Die Bewertung der Technologieattraktivität orientiert sich grob an der Einteilung nach Schrittmacher-, Schlüssel- und Basistechnologie, wobei der Schrittmachertechnologie als attraktivster Technologie der Wert „drei" zugeordnet wird, während die Schlüsseltechnologie den Wert „zwei" und die Basistechnologie den Wert „eins" erhalten. Die Produkte und Prozesse der Aktivseite können nunmehr mehrere Technologien von der Passivseite enthalten. Enthält ein Produkt bspw. zwei Schrittmachertechnologien, so erhält es den Wert „sechs".

Aus der Technologiebilanz können eine Reihe von Fragen beantwortet werden: Zunächst zeigt ein Technologieüberschuss an, dass das Unternehmen seine Technologien in einer Mehrzahl seiner am Markt oder in der Konzeption befindlichen Produkte verwendet. Je größer der Technologieüberschuss, desto effizienter werden die vorhandenen Technologien genutzt. Das bedeutet, das hochinnovative Unternehmen kann seine Technologien umsetzen. Ein Technologiefehlbetrag hingegen weist darauf hin, dass das Unternehmen die vorhandenen Technologien nicht ausreichend in aktuelle bzw. zukünftige Produkte umsetzt. In einem dynamischen Markt können (künftig) sinkende Umsätze die Folge sein. Ineffizient sind ebenfalls Kosten für die Entwicklung oder den Kauf von Technologien, die nicht im erforderlichen Maß in marktfähige Produkte einfließen. Im Zeitablauf erfüllt das Zielobjekt nicht mehr die Kriterien eines hochinnovativen Unternehmens. Mit Vorsicht ist diese Aussage jedoch bei jungen Unternehmen zu sehen. Hier ist es durchaus möglich, dass Technologien lediglich aufgrund eines time-lags noch nicht in Produkte umgesetzt werden konnten und nur dadurch ein Technologiefehlbetrag zustande kommt. Wie innovativ die vorhandenen Technologien sind, kann zudem anhand der Anteile von Schrittmacher-, Schlüssel- und Basistechnologien auf der Passivseite abgelesen werden. Bei einem hohen Quantum an Schrittmachertechnologien arbeitet das Unternehmen in technischer Hinsicht sehr zukunftsweisend. Die hauptsächliche Verwendung von Schrittmacher- und Schlüsseltechnologien in den Produkten lassen Wettbewerbsvorteile und -potenziale erkennen, sodass bei guter Vermarktung überproportionale Wachstumsraten erzielt werden können. Die Innovativität kann wirtschaftlich umgesetzt werden. Weiterhin lässt sich aus der Technologiebilanz erkennen, inwieweit das Unternehmen an Produkten arbeitet, die zukünftig den Markterfolg sichern sollen. Dazu wird der „Produkt-Vorsteuerungsgrad" ermittelt. Dieser gibt das Verhältnis von Technologieattraktivität der Produkte in der Beobachtungs- und Entstehungsphase zu jener der Produkte in der Marktphase an und misst damit die F&E-Arbeitsintensität an neuen Produktgenerationen. Ein Wert über „eins" zeigt an, dass das Unternehmen versucht, zukünftige Entwicklungen zu antizipieren und ständig neue Produktlösungen zu präsentieren. Ständig neue Produkte in der Entstehungs- und Beobachtungsphase zu haben verringert das Zeitrisiko und vermindert damit die Folgen einer verspäteten Markteinführung einer Innovation. Dies trägt dazu bei, sowohl eine kurze Amortisationsdauer der Entwicklungskosten zu realisieren als auch das Aufwandsrisiko zu verringern. Wenn ferner eine Technologie zur Nutzung in Produkten zur Verfügung steht, ist zunächst nur die Frage nach der technischen Umsetzbarkeit beantwortet. Die „Technologische Rentabilität" kann dagegen beantworten, wie viele Technologien erfolgreich in zukünftige und bereits marktfähige Produkte umgesetzt werden können. Dazu wird der Quotient aus der Summe der Produkt- und Prozesswerte der Aktivseite und der Summe der Eigen- und Fremdtechnologiewerte der Passivseite gebildet. Je höher das Ergebnis dieser Rechnung, desto anwenderorientierter nutzt das Unternehmen seine Technologien. Das heißt, das Unternehmen hat die Möglichkeit, die Kosten der Technologieentwicklung über den Produktumsatz zu amortisieren. Durch die frühzeitige Markteinführung der marktfähigen Produkte können wiederum Wettbewerbsvorteile, verbunden mit überproportionalen Wachstumsraten und eigeninitiierten Umweltveränderungen, geschaffen werden. Die „Technologische Elastizität" ermittelt sich aus dem Quotient von Technologieattraktivität der Produkte und der Technologieattraktivität der Prozesse. Hieraus kann man

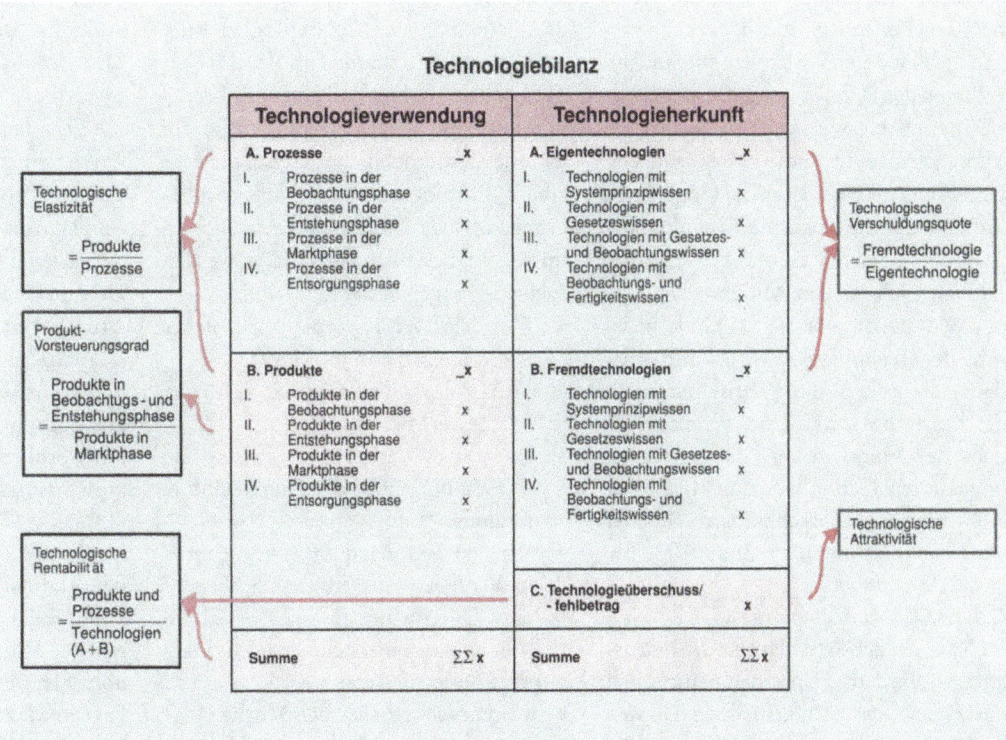

Abbildung 4: Technologiebilanz (Quelle: Hartmann 1998b, S. 1020)

erkennen, ob das Unternehmen seinen technologischen Schwerpunkt eher auf den Bereich der Prozessinnovationen oder den Bereich der Produktinnovationen legt. Weiterhin kann aus der Technologiebilanz die „Technologische Verschuldungsquote" abgelesen werden, indem der Quotient aus Fremdtechnologien zu Eigentechnologien gebildet wird. Dieser Wert ist ein Maß für die Abhängigkeit des Unternehmens von fremdem Know-how. Stammt eine Vielzahl der Technologien aus der Eigenentwicklung des Unternehmens, kann auf eine inhärente Dynamik des Unternehmens geschlossen werden. Ein hochinnovatives Unternehmen sollte nach Möglichkeit anhand eines hohen Anteils selbst entwickelter Technologien gekennzeichnet sein, d. h. eine geringe technologische Verschuldungsquote aufweisen. Aus dem Vergleich von Plan- und Ist-Technologiebilanzen lassen sich schließlich die Einhaltung des Zeitplanes bei der Entwicklung von Produkten („Technologische Verzugsrate") oder aber abgebrochene Entwicklungsprojekte („Technologische

BEWERTUNG UND STEUERUNG

Versagerrate") erkennen. Diese Vorgehensweise erfordert jedoch, dass entsprechende Plandaten vorhanden sind und im Rahmen des Due-Diligence-Prozesses zur Verfügung gestellt werden. Sofern ein Vergleich der Technologiebilanzen von Unternehmen einer Branche möglich ist, können „Technologische Benchmarks" Auskunft über die Technologiesituation im Vergleich zu den Mitbewerbern geben. Zusätzlich gibt die „Veränderungsrate der Technologien" Auskunft über den technischen Fortschritt innerhalb des hochinnovativen Unternehmens, indem der Quotient aus den erstmalig bilanzierten Technologien und den nicht mehr bilanzierten Technologien gebildet wird (vgl. Hartmann 1998b, S. 1022 f.).

Externe Unternehmensanalyse
Im Rahmen der externen Unternehmensanalyse wird das Unternehmensumfeld untersucht. Diese Untersuchung teilt sich in zwei Prüfungen auf, nämlich in die Analyse der kritischen Erfolgsfaktoren sowie die Feasibility-(Machbarkeits-)Prüfung (vgl. hierzu und folgend Sebastian/Niederdrenk/Tesch 2002, S. 398 ff.). Bei der Analyse der kritischen Erfolgsfaktoren sind folgende Fragen zu beantworten:
- Welche Erfolgsfaktoren sind generell im Geschäft ausschlaggebend?
- Wie hoch ist die durchschnittliche Branchen-Umsatzrendite und Marge?
- Welche generellen Standards existieren in der Branche?
- Lebt die Branche hauptsächlich von Kundenbeziehungen?
- Welche zukünftigen Markttrends sind langfristig zu berücksichtigen?

Unter der Prämisse, dass ein Hauptmotiv der Übernahme in einem Know-How-Transfer liegt, ist das übernehmende Unternehmen i. d. R. in der gleichen, zumindest aber in einer ähnlichen Branche wie das Akquisitionsobjekt tätig. Das Wissen über die relevanten Erfolgsfaktoren müsste daher zu einem großen Teil bereits vorhanden sein. Gleiches gilt für die Beurteilung der Marktentwicklung. Prognosen über die Entwicklung von Marktvolumina und Preisen, Bevölkerungsentwicklung und verfügbaren Einkommen (vgl. Brauner/Grillo 2002, S. 283) sowie neuen Technologien oder Standards (vgl. Scholz/Uthoff 2002, S. 569) sollten im Idealfall ebenfalls bereits vorhanden sein. Der zweite Bereich der externen Unternehmensanalyse, die Feasibility-Prüfung, soll Aufschluss darüber geben, ob das Unternehmen langfristig im Markt bestehen kann. Hier werden folgende Fragen gestellt:
- Wie viele Wettbewerber mit welcher Position existieren im Markt?
- Besitzt das Unternehmen deutliche Wettbewerbsvorteile?
- Wo gibt es Verbesserungspotenziale im Erfüllungsgrad der Kundenanforderungen?
- Welche Position hat das Unternehmen im Vergleich zu Best Pratice-/Benchmark-Unternehmen?
- Wie ist das Unternehmens-/Produktportfolio positioniert?
- Wie entwickelt sich der Markt langfristig, welches Marktpotenzial kann langfristig abgeleitet werden?

Die Feasibility-Prüfung stellt eine Ergänzung zur Analyse der kritischen Erfolgsfaktoren dar. Zentraler Analysepunkt ist, ob das Unternehmen langfristig im Markt wettbewerbsfähig ist. Dazu muss es mindestens einen dauerhaften Wettbewerbsvorteil in einem vom Kunden als wichtig erachtetem und empfundenem Leistungsmerkmal vorweisen können (vgl. Simon 1988, S. 465). Diese Wettbewerbsvorteile müssen identifiziert werden, um die Wettbewerbsfähigkeit des Unternehmens im Vergleich zu der von Mitbewerbern zu beurteilen. Die hierzu benötigten Informationen kann man unter Umständen von bereits vorhandenen Pilot- und Referenzkunden des Akquisitionsobjektes erhalten. Die hier ermittelten Ergebnisse können anschließend in einer Wettbewerbsvorteilsmatrix zusammengefasst werden, aus der deutlich wird, wo das Unternehmen im Wettbewerb steht. Hier können ggf. auch sofort Verbesserungspotenziale abgeleitet werden.

Human Resource Due Diligence

Die Human Resource Due Diligence umfasst zunächst die harten, quantifizierbaren Faktoren (vgl. hierzu und folgend Aldering/von Hutten 2002, S. 411 ff.). Dazu zählen z. B. die Personalstruktur (Anzahl, Alter, Qualifikation, Funktion), die Personalkosten (Lohn- und Gehaltsaufwendung, Abfindungen, Tarifverträge), die Personalvorsorge (Pensionskassen, Direktversicherungen) und auch die Arbeitszeiten (tarifliche Wochenarbeitzeit, Urlaub, Überstunden) (vgl. o. V. 2002, S. 616 f.). Daneben werden die weichen, qualitativen Faktoren wie die Beurteilung der Unternehmensleitung (Fähigkeiten zur Lösung wirtschaftlicher und technischer Probleme, soziale Fähigkeiten, Verantwortungsbewusstsein) (vgl. Natusch 2002, S. 543), die Motivation der Mitarbeiter sowie die Einstellung gegenüber der Akquisition (vgl. Unzeitig/Kulhavy 2004, S. 356) untersucht. Primär analysiert die Human Resource Due Diligence normalerweise den Bereich der harten Faktoren, während weiche Faktoren oftmals vernachlässigt werden. Gerade bei hochinnovativen Unternehmen stellt das firmen- und branchenspezifische Knowhow der Mitarbeiter und des Managements jedoch häufig das wesentliche Kapital des Unternehmens dar (vgl. Pack 2002, S. 285). Ein Austausch dieser Mitarbeiter bedeutet einen Verlust von wertvollem Humankapital, welches kurzfristig oder überhaupt nicht zu ersetzen ist (vgl. Gerpott 1993, S. 1289). In jungen innovativen Unternehmen sind die Gründer vielfach die für die Innovativität wichtigsten Personen. Verkaufen diese ihr Unternehmen, so ist es wahrscheinlich, dass sie als innovative „Mitarbeiter" nicht mehr zur Verfügung stehen.

Die Human Resource Due Diligence bei einem hochinnovativen Unternehmen muss somit verstärkt die weichen Faktoren in die Analyse einbeziehen, um letztlich beurteilen zu können, wie stark der Zusammenhang zwischen den Faktoren Unternehmenserfolg und den einzelnen Mitarbeitern bzw. der jeweiligen Führungskraft im Management ist. Bei einem positiven Prüfergebnis ist die jeweilige Person möglichst weiterhin an das Unternehmen zu binden. Um jedoch festzustellen, welche Mitarbeiter für das (zukünftige) Innovationspotenzial wichtig sind, müssen deren Eigenschaften ergründet werden. Eine Möglichkeit, Mitarbeiter und Management zu beurteilen, stellt das Modell der Competencies dar (vgl. Abbildung 5). Unter Competencies versteht man u. a. individuelle Fähigkeiten, Fertigkeiten, Wissen, Ziele und Verhaltensweisen. Es ist prinzipiell möglich, auch Teams anhand von Gruppen-Competencies zu beurteilen.

Je nach Unternehmensstrategie, -leitsätzen und -zielen in Verbindung mit den Stärken und Schwächen des Unternehmens werden Anforderungskriterien an Mitarbeiter und Management erstellt. Für das hochinnovative Unternehmen ergeben sich dabei im Vergleich zum Normalfall abgewandelte oder andere Anforderungen und damit abgewandelte oder andere Kompetenzschwerpunkte. So zeichnet sich das hochinnovative Unternehmen durch eine stetige Neuausrichtung an die Anforderungen des Marktes aus. Das bedeutet, im Unternehmen wird fortwährend an der Entwicklung neuer Innovationen und der Umsetzung dieser in marktfähige Produkte gearbeitet. Als notwendige Competencies für ein Mitglied des Managements können beispielhaft abgeleitet werden:

- Er/Sie erkennt und akzeptiert die Veränderungsprozesse des Marktes und entwickelt daraus eine Vorstellung für ein neues Produkt.
- Er/Sie hat technisches Verständnis für die Innovation und deren Umsetzung.
- Er/Sie ist sowohl bereit für die Umsetzung einer Innovation Risiken einzugehen als auch dazu, den Innovationsprozess zu beenden, um Verluste zu minimieren.
- Er/Sie lässt einem Entwicklungsteam Freiräume für innovatives und u. U. auch nicht konformes Verhalten, lässt einen Missbrauch des Freiraums aber nicht zu.
- Er/Sie kann Vorteile auch komplexer Innovationen einfach erklären und Kunden von deren Nutzen überzeugen.

Je nach Größe des zu akquirierenden Unternehmens sowie des zur Verfügung stehenden Zeitrahmens muss im Vorfeld eine Auswahl der zu beurteilenden Personen erfolgen. Für hochinnovative Unter-

Abbildung 5: Darstellung von Competencies (Quelle: Aldering/von Hutten 2002, S. 418)

nehmen sind in jedem Fall die Gruppen zu betrachten, bei denen ein großer Beitrag für die Innovativität vermutet werden kann. Beispielhaft sollen hier das Management sowie Ingenieure und Mitarbeiter aus der F&E-Abteilung genannt werden. Aber auch bei innovativen Unternehmen wird ein Großteil der Mitarbeiter dagegen lediglich pauschal beurteilt werden können. Für die pauschale Beurteilung lassen sich hier Erkenntnisse aus der Organisation des Personalwesens, z. B. aus Personalentwicklungsmaßnahmen oder dem Verbesserungsvorschlagswesen ableiten (vgl. Natusch 2002, S. 544; Pack 2002, S. 289). Auch im Rahmen der Übernahme eines hochinnovativen Unternehmens stehen natürlich zusätzlich die klassischen Möglichkeiten der Beurteilung der Mitarbeiter und des Managements zur Verfügung. Zu nennen sind z. B. Präsentationen, Audits oder Einzel-Assessments. Eine Analyse der Human Resources unterstützt durch das Modell der Competencies kann somit helfen, die für den zukünftigen Erfolg des hochinnovativen Unternehmens maßgeblichen Personen zu identifizieren. Im Anschluss daran müssen Überlegungen darüber angestellt wer-

den, ob bzw. wie dieser Mitarbeiterkreis im Unternehmen zu halten ist. Ggf. muss geprüft werden, ob bzw. unter welchen Kosten ein nicht zu haltender Mitarbeiter ersetzt werden kann. Sind entscheidende Personen nicht zu ersetzen oder zu halten, muss ggf. auch über den Abbruch des Akquisitionsprozesses nachgedacht werden.

Financial Due Diligence

Die Financial Due Diligence beinhaltet die Analyse der Vermögens-, Finanz- und Ertragslage eines Unternehmens (Natusch 2002, S. 547). Die Analyse umfasst neben der Vergangenheit und Gegenwart auch die aufgestellte Unternehmensplanung. Eine Soll-/Ist-Analyse kann zeigen, inwieweit die in der Vergangenheit aufgestellten Planungen mit den tatsächlich erzielten Ergebnissen übereinstimmen (vgl. Unzeitig/Kulhavy 2004, S. 354). Hierbei werden erfolgs- und bestandsorientierte Kennzahlen sowie die unterschiedlichen Bilanzierungs- und Bewertungsmethoden überprüft (vgl. Sebastian/Niederdrenk/Tesch 2002, S. 392). Aufgrund des überproportionalen Wachstums, der Markteinführung hochinnovativer Produkte sowie der ggf. erst kurzen Existenz ist die Financial Due Diligence bei hochinnovativen Unternehmen hauptsächlich zukunftsgerichtet. Die existierenden Planungen sind, sofern möglich, anhand der bereits vorliegenden Erkenntnisse der Vergangenheit auf ihre Plausibilität hin zu überprüfen und ggf. zu vervollständigen (vgl. hierzu und folgend Tiedt 2000, S. 611 ff.). So sollten Umsatz, Kosten, Investitionen und Liquidität geplant sowie die zugrunde gelegten Werttreiber auf Stimmigkeit überprüft werden (vgl. Scholz/Uthoff 2002, S. 570). Unter Werttreibern versteht man dabei alle Faktoren, die den Wert eines Geschäftes ausmachen. Je nach Branche oder Situation existieren zusätzlich spezifische Werttreiber. Die Identifikation dieser Werttreiber ist maßgeblich für die richtige Prognose der zukünftigen Entwicklung des hochinnovativen Unternehmens. In die Planungen müssen dabei alle zugrunde gelegten Werttreiber einfließen. Hinzu kommen die Ergebnisse der anderen Teilbereiche der Due Diligence. Diese müssen in monetäre Größen überführt und ebenfalls in die Planung integriert werden. Besonders hervorzuheben sind die Erkenntnisse der Commercial Due Diligence, da die zukünftige Entwicklung des zu akquirierenden Unternehmens maßgeblich vom Erfolg innerhalb des relevanten Marktes abhängt. Die zukünftige Entwicklung des hochinnovativen Unternehmens ist in Abhängigkeit von der prognostizierten Entwicklung des relevanten Marktes einzuschätzen.

Im Rahmen der Umsatzplanung müssen verschiedene Fragen beantwortet werden. Zunächst müssen Angaben über die Anzahl der zu verkaufenden Produkte und deren Preise sowie die Preisentwicklung gemacht werden. Hierbei sind die neu in den Markt einzuführenden Produkte zu berücksichtigen. Welche Produkte dies sind sowie die Plausibilität des Zeitpunktes der Markteinführung lassen sich anhand der Technologiebilanz überprüfen. Anschließend ist zu prognostizieren, in welcher Höhe sich die neuen Produkte in der Umsatzplanung auswirken. Für diese Prognose sollten Pilot- und Referenzkunden des hochinnovativen Unternehmens mit in die Planungen einbezogen werden. Die Zusammenarbeit mit diesen Kunden kann helfen, die Umsatzplanung zu plausibilisieren. Die zu planenden Kosten ergeben sich aus der Umsatzplanung und den dort veranschlagten Kapazitäten sowie den wesentlichen Produktionsfaktoren. Besonderes Augenmerk liegt hier auf der Planung der Kosten für die Markteinführung von Innovationen sowie den Kosten für Human Resources. Innerhalb der Kostenplanung ist zu überprüfen, ob die angesetzten Personalaufwendungen ausreichen, um den geplanten Umsatz mit der vorgesehenen Zahl an Mitarbeitern zu erreichen. Weiterhin sind die Auswirkungen auf die Kostenplanung bezüglich der Einstellung weiterer qualifizierter Mitarbeiter zu überprüfen, da im Rahmen des Unternehmenswachstums vermutlich zusätzliches Personal zur Erfüllung der Umsatzplanung benötigt wird. Die monetären Konsequenzen aus dem möglichen Abgang wichtiger Mitarbeiter müssen ebenfalls beachtet werden. Ebenso ist die Frage nach Art und Zeitpunkt geplanter Investitionen und den dafür benötigten Mitteln zu beantworten. Denkbar sind zusätzliche Kosten für den Aufbau neuer Unternehmensstandorte oder die Modernisierung von Forschungslaboren. Im Rahmen der Liquiditätsplanung ist zu überlegen, inwieweit die jederzeitige Zahlungsfähigkeit des Unternehmens zu sichern ist. Können bestimmte Ausgaben (noch) nicht durch Einnahmen aus dem Verkauf am Markt befindlicher Produkte finanziert werden, muss ggf. Liquidität in das innovative Unternehmen transferiert werden.

Ebenfalls sind die Auswirkungen der Werttreiber auf die Planungen auf Plausibilität zu überprüfen. Mittels der Szenariotechnik können verschiedene Möglichkeiten für die künftige Entwicklung des hochinnovativen Unternehmens in Abhängigkeit von der Ausprägung der Werttreiber erstellt werden. Die Szenariotechnik dient grundlegend dazu, verschiedene in der Zukunft mögliche Zustände der Realität zu prognostizieren (vgl. allgemein zur Szenariotechnik bspw. Reibnitz 1991). Denkbar wäre die Darstellung von drei Szenarien mit Entwicklungsverläufen wie geplant, schlechtester Fall und bestmöglicher Fall. Im Folgenden sollen einige Aspekte genannt werden, die insbesondere bei der Beurteilung hochinnovativer Unternehmen zu Schwierigkeiten führen können:

- Identifikation der Werttreiber: Welche Faktoren einen bestimmenden Einfluss auf die Entwicklung der Innovation haben, ist nicht immer bekannt, da es bei radikalen Innovationen keine oder nur bedingt vergleichbaren Fälle gibt, aus denen man auf diese schließen könnte. Im Extremfall wirken bisher unbekannte Werttreiber, die erstmalig für die betrachtete Innovation von Relevanz sind.
- Ausprägung relevanter Werttreiber: Sind die Werttreiber bekannt, können im Regelfall auch die möglichen Ausprägungen festgestellt werden. Schwierigkeiten sind allerdings bei der Ermittlung der Wahrscheinlichkeiten für die Verteilung der Ausprägungen möglich. Insbesondere bei erstmalig auftretenden Faktoren, soweit erkannt, kann eine solche Vorhersage aufgrund der Erstmaligkeit ggf. unmöglich sein.
- Wirkung auf den Entwicklungsverlauf: Ein Zusammenhang zwischen einer bestimmten Ausprägung eines Werttreibers und der Reaktion des Entwicklungspfades kann nicht immer vorhergesagt werden. Es liegt dann ein klassischer Wirkungsdefekt vor.

Das vordergründige Problem der Szenariotechnik im Zusammenhang mit hochinnovativen Unternehmen liegt darin begründet, dass aufgrund der Unwägbarkeiten der Innovationen auch die zukünftigen Zustände des Unternehmens nur schwer vorhersagbar sind. Selbst bei einer möglichen Prognose zukünftiger Zustände für das akquirierte Unternehmen kann im Regelfall keine Wahrscheinlichkeit für die Entwicklung in die eine oder andere Richtung angenommen werden. Die einzelnen Szenarien sind lediglich anhand der angenommenen Werttreiber plausibel zu erklären. Für die Bewertung des Unternehmens ist die Entwicklungsbandbreite ohne eine Zuordnung von Wahrscheinlichkeiten daher nur in untergeordnetem Maße nutzbar. Das bei innovativen Unternehmen als besonders gravierend empfundene Prognoseproblem (vgl. Schwetzler 2001, S. 62) kann durch den Einsatz der Instrumente in einer Due Diligence zwar abgeschwächt, aber nicht beseitigt werden. Da die Due Diligence Grundlage der Unternehmensbewertung ist, muss die Prognoseungenauigkeit bei der nachfolgend beschriebenen Unternehmenswertermittlung immer bedacht werden.

Unternehmensbewertung bei hochinnovativen Unternehmen

Grundlegende Vorgehensweise

Die Unternehmensbewertung stellt den zweiten Kernbereich bei der Übernahme eines Unternehmens dar. Sie leistet einen wichtigen Beitrag zur Kaufpreisfindung (vgl. Jansen 2001, S. 188). Inwieweit der ermittelte Unternehmenswert mit dem ausgehandelten Kaufpreis übereinstimmt, hängt von unterschiedlichen Faktoren ab. Dazu gehören z. B. die Einschätzung der Realisierung von Synergiepotenzialen und Umweltentwicklungen oder aber die geschätzten Integrationskosten (vgl. Littkemann/Madrian/Schulte 2004, S. 209). Bei der Ermittlung des Unternehmenswertes wird innerhalb der klassischen Bewertungsverfahren, z. B. dem Discounted-Cashflow-Verfahren (DCF), die Entwicklungsprognose eines Unternehmens in der Zukunft auf Grundlage einer Vergangenheitsanalyse erstellt (vgl. Schwetzler 2001, S. 63; Siepe 2002, S. 56). Hier ergeben sich zwei zentrale Problembereiche:

- Ein Teil hochinnovativer Unternehmen existiert erst seit kurzer Zeit. Die zur Bewertung des hochinnovativen Unternehmens relevanten Daten reichen aufgrund der kurzen Historie nicht aus, um eine Prognose über die zukünftige Entwicklungsmöglichkeit zu erstellen (vgl. Hornich 2002, S. 247). Sie enthalten darüber hinaus Positionen, die mit dem Gründungs- und Ingangsetzungsprozess zu tun haben (vgl. Hayn 2003, S. 23). Das aus den Daten gewonnene Bild wird dadurch zusätzlich beeinträchtigt.

- Die inhärente Dynamik bewirkt, dass das hochinnovative Unternehmen selber Anstoß zu Veränderung seiner Umwelt gibt. Bei einer strukturell geänderten Umwelt besteht aber kaum die Möglichkeit, aus vergangenen Innovationsprojekten sichere Daten für die Zukunft abzuleiten. Die vergangene und gegenwärtige Unternehmensentwicklung sagt daher nur wenig über die zukünftige Entwicklung aus (vgl. Hayn 2003, S. 24; Siepe 2002, S. 129).

Das bereits erwähnte Discounted-Cashflow-Verfahren stellt gegenwärtig das am häufigsten verwendete Verfahren zur Unternehmensbewertung dar (vgl. Pellens/Tomaszewski/Weber 2000, S. 1827; Sturm 2003, S. 213). Bei der DCF-Methode werden die zu erwartenden Cashflows des Unternehmens prognostiziert. Diese werden anschließend mit einem risikojustierten Zinssatz diskontiert. Die Addition der diskontierten Cashflows ergibt, nach Abzug des Fremdkapitals (Entity-Methode), den Unternehmenswert (vgl. Hayn 2003, S. 191). Eine Erweiterung des DCF-Verfahrens bei der Übernahme hochinnovativer Unternehmen ermöglicht die von Hauschildt (2004, S. 528 ff.) entwickelte Innovationsergebnisrechnung. Sie gestattet eine Strukturierung der Zahlungsreihen nach Innovationsprojekten. So ist der Beitrag des einzelnen Projektes zum Gesamt-Cashflow ermittelbar. Allerdings werden im Rahmen des DCF-Verfahrens keine Wertkomponenten erfasst, welche die Flexibilität aus zukünftigen Handlungsmöglichkeiten widerspiegeln (vgl. Krag/Kasperzak 2000, S. 116). Bei der Bewertung mittels der DCF-Methode wird demnach unterstellt, dass auf die am Bewertungszeitpunkt prognostizierten Entwicklungen nicht mehr reagiert werden kann, sofern sich Änderungen der ursprünglichen Entscheidungsgrundlage ergeben (vgl. Schwall 2001, S. 185). Das bedeutet, dass der Wert einer strategischen Handlungsoption, die es erlaubt, unerwünschten Entwicklungen entgegenzuwirken, unberücksichtigt bleibt (vgl. Löhr/Rams 2000, S. 1984). Gerade bei der Bewertung hochinnovativer Unternehmen ist die Berücksichtigung von Handlungsspielräumen allerdings unerlässlich. Hochinnovative Unternehmen charakterisiert eine inhärente Dynamik sowie überproportionales Wachstum. Das Unternehmen ist gezwungen, ständig nach Innovationen zu suchen und diese in den Markt einzuführen. Es ist eine flexible Reaktion auf sich verändernde Umweltbedingungen notwendig. Eine ausschließliche Bewertung mit dem DCF-Verfahren würde immer dann zu Unterbewertungen führen, wenn dem Unternehmen in der Zukunft entsprechende Flexibilitäten zur Verfügung stehen (vgl. Schwall 2001, S. 186). Daher wird vorgeschlagen, den ermittelten Wert aus dem DCF-Verfahren um den Wert zukünftiger Handlungsmöglichkeiten zu erweitern (vgl. Schäfer/Schässburger 2003, S. 292; Nowak 2003, S. 123). Eine Möglichkeit, unternehmerische Handlungsspielräume in die Unternehmensbewertung einzubeziehen, stellt der Realoptionsansatz dar (vgl. Rudolf/Witt 2002, S. 1252; Pritsch/Weber 2003, S. 144).

Instrumente zur Bewertung hochinnovativer Unternehmen
Bewertungsansätze mittels Innovationsergebnisrechnung

Die Innovationsergebnisrechnung ist ein von Hauschildt entwickeltes Konzept (vgl. hierzu und folgend Hauschildt 2004, S. 528 ff.; Keim/Littkemann 2005, S. 140 f.), das in vergleichsweise einfacher Form die Bewertung eines Innovationsprojektes zulässt. In Anlehnung an das betriebliche Rechnungswesen werden realisierte sowie prognostizierte Einnahmen den realisierten und prognostizierten Ausgaben in Form eines Kontos gegenübergestellt. Aus der Differenz von Soll- und Habenseite wird als Saldo der Innovationsüberschuss in Form eines buchhalterischen Wertes errechnet (vgl. Abbildung 6).

Der Einsatz einer solchen Abrechnungsmethode erfordert eine klare Abgrenzung der Innovationen von anderen Prozessen im Unternehmen. Nur so kann sichergestellt werden, dass die durch die Innovation initiierten Einnahmen und Ausgaben verursachungsgerecht dem Innovationsprojekt zugerechnet werden.

BEWERTUNG UND STEUERUNG

Sind Einnahmen und Ausgaben nicht eindeutig einer Innovation zuordnbar, so sollten die Größen möglichst nach einem adäquaten Verfahren anteilig geschlüsselt werden oder es ist ein Konto zu eröffnen, das alle Einnahmen und Ausgaben erfasst, die keiner Innovation zurechenbar sind. Zu Beginn einer Innovation enthält das Innovationsergebnisrechnungskonto lediglich prognostizierte Größen bzw. Planzahlen, die im Verlaufe der Innovation zunehmend durch realisierte Größen ersetzt oder ergänzt werden. Typischerweise wird hierbei ein Großteil der Ausgaben vor den Einnahmen realisiert. Zum Zeitpunkt der Bewertung des Unternehmens dürften im Regelfall sowohl bereits realisierte als auch noch geplante Größen vorliegen.

Realisierte Ausgaben	Realisierte Einnahmen
laufende Zahlungen – für Personal – für Material – für Energie – für Information und Kommunikation – für Rechte – für Finanzierung Zahlungen für langfristige nutzbare Gebrauchsgüter	Lizenzeinnahmen Anteilige Einnahmen über den Absatz der Produkte
	Erwartete Einnahmen
Erwartete Ausgaben	
Erwarteter, teilweise realisierter Innovationsüberschuss	

Abbildung 6: Darstellung der Innovationsergebnisrechnung (Quelle: In Anlehnung an Hauschildt 2004, S. 530 ff.)

Erwartete Ausgaben	Erwartete Einnahmen
Kaufpreis	
	Synergieeffekte (bspw. aus Technologietransfer)
Erwarteter Akquisitionsgewinn	

Abbildung 7: Innovationsergebnisrechnung in der Unternehmensbewertung (Quelle: In Anlehnung an Hauschildt 2004, S. 530 ff.)

Für die Unternehmensbewertung bietet sich die Innovationsergebnisrechnung insbesondere dann an, wenn der Wert des begutachteten Unternehmens nahezu ausschließlich durch *eine* Innovation begründet ist. Der Einsatz ist aber ebenfalls bei Unternehmen mit mehreren Innovationen möglich, soweit sich die monetären Größen zu einem großen Teil einer der Innovationen zurechnen lassen. Gehen wir zuerst von einem Unternehmen aus, dessen Wert nur durch eine Innovation begründet wird. Bei einem solchen Unternehmen sind alle Zahlungsgrößen der Innovation zurechenbar, d. h. es ist kein zusätzliches Konto für die nicht der Innovation zurechenbaren Größen erforderlich. Für den Käufer sind die bisher realisierten Einnahmen und Ausgaben für die Entwicklung der Innovation unter finanziellen Gesichtspunkten irrelevant. Diese Größen sind hier durch den voraussichtlichen bzw. maximal zu zahlenden Kaufpreis zu ersetzen (vgl. Abbildung 7). Selbstverständlich behalten die bis zum Kaufzeitpunkt realisierten Größen unter informatorischen Aspekten für den Käufer nach wie vor ihren Wert. So können die bisher geleisteten Ausgaben bzw. erhaltenen Einnahmen im Rahmen der Due Diligence Hinweise auf die Effizienz einer Innovationsentwicklung geben. Zusätzlich sind erst durch den Kauf initiierte Größen zu berücksichtigen. So können beispielsweise Synergieeffekte durch einen Technologietransfer auf der Haben- und Kosten für den Transfer auf der Soll-Seite verbucht werden. Betrachtet man statt Einnahmen und Ausgaben die erwarteten Zahlungsgrößen, d. h. Ein- und Auszahlungen der einzelnen Innovationsprojekte, so können diese im Rahmen der Unternehmensbewertung abdiskontiert werden. Die Innovationsergebnisrechnung ist so in ein klassisches DCF-Verfahren überführbar.

Bei einem Unternehmen mit *mehreren* laufenden Innovationen kann der Kaufpreis der Einzelinnovation nicht gegenübergestellt werden. Für jede Innovation ist ihr Wert aus der Differenz der Größen auf Soll- und Haben-Seite einzeln zu ermitteln. Um den erwarteten Akquisitionsgewinn zu erhalten, sind die Werte der einzelnen Innovationen zu kumulieren und dem Kaufpreis gegenüberzustellen. Zahlungsgrößen, die keinem Innovationsprojekt zugeordnet oder möglichst verursachungsgerecht zugerechnet werden können, sind dabei gesondert, bspw. in einem eigenen Konto zu erfassen. Der Vorteil der Betrachtung von Konten ist in der Zuordnung von Zahlungsströmen zu einzelnen Projekten zu sehen. Es ist einfacher nachvollziehbar, welchen Beitrag ein einzelnes Projekt zum Unternehmenswert beisteuert. Die Nutzung des Ansatzes der Innovationsergebnisrechnung sollte aufgrund seiner relativen Einfachheit immer in Erwägung gezogen werden, wenn eine schnelle Beantwortung der Frage nach dem Nutzen der Akquisition erforderlich ist bzw. kein entsprechendes Know-how zur Beurteilung mittels des Realoptionsansatzes zu Verfügung steht. Das Prognoseproblem, d. h. die richtige Vorhersage künftiger Zahlungsgrößen, kann die Innovationsergebnisrechnung jedoch ebenfalls nicht lösen.

Reale Optionen als Bewertungsansätze
Grundlagen

Das Verfahren zur Unternehmensbewertung mit Realoptionen leitet sich aus dem Verfahren zur Bewertung von Finanzoptionen ab (vgl. Hayn 2003, S. 456). Aufgrund der umfassenden Darstellung in der Literatur soll hier nur kurz auf die Grundlagen des Realoptionsansatzes eingegangen werden (vgl. bspw. Crasselt/Tomaszewski 2002, S. 131 ff.). In Analogie zu Finanzoptionen stellen reale Optionen das Recht, nicht aber die Pflicht, dar, seitens des Managements innerhalb einer bestimmten Frist Entscheidungen über ökonomische Handlungsmöglichkeiten im Zusammenhang mit realen Vermögensgegenständen zu treffen (vgl. Schwall 2001, S. 194; Schäfer 1999, S. 388). Dabei geht es bei Realoptionen um die Analyse und Bewertung von als Optionen darstellbaren Arten von Handlungsflexibilität bei unternehmerischen Entscheidungen. Handlungsflexibilität beschreibt in diesem Zusammenhang die möglichen Handlungsalternativen in Abhängigkeit von heute noch ungewissen Entwicklungen (vgl. Ernst/Haug/Schmidt 2004, S. 397). Demnach hat das Management die Möglichkeit, die Entscheidung über die Ausübung einer Option in Abhängigkeit von zukünftigen Entwicklungen zu treffen (vgl. Ernst/Haug/Schmidt 2004, S. 398). Typische Formen von Realoptionen sind in Abbildung 8 dargestellt.

Die Erweiterung der DCF-Methode um den Wert der Realoption ist dann sinnvoll, wenn die Kriterien Unsicherheit, Irreversibilität und Flexibilität gegeben sind (vgl. Baecker/Hommel/Lehmann 2003, S. 17). Irreversibilität liegt dann vor, wenn der Investitionsbetrag bei Abbruch der Investitionsentscheidung nicht oder nur teilweise zurückgewonnen werden kann (vgl. hierzu und folgend Baecker/Hommel 2002a, S. 46). Es liegt ein typischer Fall von „Sunk Costs" vor. Das akquirierende Unternehmen hat entschieden, sich über die Akquisition eines hochinnovativen Unternehmens Zugang zu neuen Märkten und Technologien zu verschaffen. Die daraus resultierende Option auf z. B. Wachstum und/oder Knowhow kann nur in Anspruch genommen werden, wenn zuvor ein Investitionsbetrag, in diesem Fall der Kaufpreis, gezahlt wurde. Die Irreversibilität dieser Investitionsentscheidung birgt das Risiko, die aufgewendeten Kosten nicht zu amortisieren. Dadurch entsteht Unsicherheit, da der eingesetzte Investitionsbetrag nicht ohne weiteres zurückverlangt werden

Arten von realen Optionen	Erläuterung	Anwendungsbereiche
Option to defer Lernoption	Optionen, bei denen die Investition nicht zeitlich fixiert ist und somit der Startzeitpunkt optimiert werden kann.	Förderung natürlicher Ressourcen; Immobilien; Landwirtschaft
Time-to-build option (staged investment)	Option, die es erlaubt, ein Projekt zu stoppen.	Alle F & E intensive Industrien, besonders im pharmazeutischen Bereich; Großanlagenbau
Option to alter operating scale (z. B. to expand, to contract, to shut down and restart	Option, auf das Marktumfeld reagieren zu können.	Gewerbliche Immobilien; Branchen mit saisonalen Schwankungen; Bergbau
Option to abandon (Verkaufsoption, Versicherung)	Option, ein Projekt durch einen Verkauf völlig auf Null zurückzufahren.	Neuprodukteinführungen in unsichere Märkte; kapitalintensive Industrien
Option to switch (z. B. Outputs oder Inputs)	Option, auf Marktveränderungen mittels Input- und/oder Output-Shifts reagieren zu können.	Kleinserienfertigung; Produkte, die Nachfrageschwankungen unterliegen; Elektrizitätswerke
Growth option (Wachstumsoption)	Eine Produktentwicklung, Akquisition, etc. eröffnet neue, zukünftige Wachstumsmöglichkeiten.	F & E; High Tech Industrien; Industrien mit vielen Produktgenerationen (z. B. Computer, pharmazeutischer Bereich); M & A
Multiple interacting option	Kombinationen von Realoptionen.	Häufigste Option in der Praxis

Abbildung 8: Klassifikation von realen Optionen (Quelle: In Anlehnung an Trigeorgis 2000, S. 2 f.; Schulmerich 2003, S. 65 ff.)

kann und der wirtschaftliche Erfolg der Investition nicht mit Sicherheit vorsehbar ist. Damit erfüllt die Investitionsentscheidung der Übernahme eines hochinnovativen Unternehmens die Kriterien der Irreversibilität und Unsicherheit. Weiterhin muss noch das Kriterium der Flexibilität erfüllt sein: Ein hochinnovatives Unternehmen zeichnet sich wie dargelegt u. a. dadurch aus, dass es frühzeitig neue Marktentwicklungen antizipiert und diese in ein Produkt am Markt umsetzt. Zum Zeitpunkt der Entscheidung zugunsten einer Produktentwicklung sind die Angaben zu Entwicklungszeit und -kosten, Technologien, Vertriebswegen, Markteintritt, Markterfolg, etc. ungewiss. Im Zeitablauf werden dem Management immer mehr Informationen bekannt, sodass sich die Unsicherheit graduell auflöst. Das Management kann aufgrund der neu erhaltenen Informationen also solche Optionen wahrnehmen, die das jeweilige Entwicklungsprojekt maximiert sowie seine Verluste minimiert. Eine Flexibilität im Sinne der Ausnutzung von Handlungsalternativen ist hier somit ebenfalls gegeben. Je größer die Unsicherheit und Irreversibilität sind, desto größer wird der Wert der Flexibilität, d. h. der Realoptionswert (vgl. Schwall 2001, S. 223). Das bedeutet, der Realoptionsansatz zur Unternehmenswertermittlung kann bei hochinnovativen Unternehmen eine sinnvolle Erweiterung zur DCF-Methode darstellen.

Identifikation realer Optionen bei hochinnovativen Unternehmen
Zur Ermittlung des Realoptionswertes müssen die im Unternehmen vorhande-

nen realen Optionen zunächst identifiziert werden (vgl. Pritsch/Weber 2003, S. 156). An einigen Beispielen kann gezeigt werden, dass sich bei der Übernahme hochinnovativer Unternehmen reale Optionen finden lassen:

- Growth Option: Die Übernahme des hochinnovativen Unternehmens stellt für das akquirierende Unternehmen eine Wachstumsoption dar. Mit der Übernahme erwirbt es zusätzliche Fähigkeiten und Kompetenzen, die es ihm ermöglichen, auf Umweltveränderungen flexibel zu reagieren sowie die erworbenen Kenntnisse gewinnbringend in die eigene Unternehmensstrategie einzusetzen. Die Übernahme des hochinnovativen Unternehmens wird damit zur Option auf zukünftige Cashflows (vgl. Baecker/Hommel 2002a, S. 63). Eine weitere Option stellt die Entscheidung zur Investition in die Grundlagenforschung von technologieorientierten Unternehmen dar. Die Grundlagenforschung ist regelmäßig die technologische Voraussetzung für spätere Investitionen und stellt damit eine Wachstumsoption auf spätere Folgeinvestitionen dar (vgl. Schwetzler 2001, S. 86).
- Time-to-build-Option: Das hochinnovative Unternehmen zeichnet sich durch eine frühzeitige und flexible Reaktion auf veränderte Marktanforderungen mittels Innovationen aus. Die Zeit von der Idee bis zur Marktreife kann mehrere Jahre betragen. Das Entwicklungsprojekt wird in mehrere Entwicklungsstufen (Meilensteine) eingeteilt. Bei Erreichen jedes Meilensteins wird über den Abbruch oder die Fortsetzung des Projektes entschieden (vgl. Specht/Beckmann/Amelingmeyer 2002, S. 24). Daraus ergibt sich zunächst einmal eine Option auf Fortführung des Projektes (Kaufoption auf die nächste Entwicklungsstufe). Weiterhin ergibt sich die Option to Abandon, also die Option auf Abbruch des Projektes (vgl. Baecker/Hommel 2002b, S. 510). Eine Entscheidung, das Projekt weiterzuführen, beinhaltet gleichzeitig auch die Option, das Projekt beim Erreichen des nächsten Meilensteins abzubrechen (Call auf Put) oder weiterzuführen (Call auf Call) (vgl. Schwetzler 2001, S. 86). Diese Optionen stehen nach der Akquisition auch dem Käufer des innovativen Unternehmens zur Verfügung.

Möglichkeiten und Grenzen bei der Realoptionsbewertung

Realoptionsverfahren stellen die Flexibilität von zukünftigen Entscheidungen sichtbar dar und ordnen ihnen einen finanziellen Wert zu (vgl. Schwetzler 2001, S. 93). Allerdings ist die eindeutige Bestimmung des Realoptionswertes in Anlehnung an die Methoden der Finanzoptionsbewertung deutlich komplexer und nicht uneingeschränkt möglich (vgl. Baecker/Hommel 2002a, S. 53). Im Falle von hochinnovativen Unternehmen handelt es sich um unterschiedliche Problembereiche. Im Folgenden sollen einige dieser Problembereiche kurz vorgestellt werden.

- Laufzeit der Option: Da es sich bei den meisten der realen Optionen um sog. „amerikanische Optionen" handelt, besteht die Möglichkeit die Option während ihrer gesamten Laufzeit bis zum Verfallszeitpunkt auszuüben. Dieser Zeitpunkt kann jedoch im Innovationsfalle häufig nicht explizit bestimmt werden. Handelt es sich um die Option, mit einem neuen Produkt als erster am Markt aufzutreten, so endet die Laufzeit der Option mit dem Zeitpunkt der Markteinführung. Der Zeitpunkt der Markteinführung und somit der Verfallstermin der Option wird überwiegend durch die Umweltentwicklung bestimmt. Sind bereits zu viele Mitbewerber mit dem gleichen innovativen Produkt am Markt, kann sich der Markteintritt für das hochinnovative Unternehmen als unattraktiv erweisen. Um den „richtigen" Markteintrittszeitpunkt zu ermitteln und damit die Optionslaufzeit zu bestimmen, muss auf die Analyse weiterer Faktoren wie Wettbewerbs- und Technologieentwicklung zurückgegriffen werden. Anders stellt es sich bei der Option auf Projektfortführung sowie Abbruch dar. Hier ist der Verfallstermin mit dem Erreichen eines Meilensteins verbunden. Sofern es für das Erreichen des Meilensteins einen vereinbarten Termin gibt, kann in diesem Fall die Laufzeit exakt bestimmt werden (vgl. Schäfer 1999, S. 405; Leithner/Liebler 2003, S. 230).
- Identifikation und Abbildung des Underlying: Um den Unternehmenswert um den Wert der Handlungsflexibilitäten zu erweitern, müssen die in einem Unternehmen vorhandenen Optionen ausfindig gemacht werden. Grundsätzlich handelt es sich bei diesen Optionen um Kombinationen der Grundarten. Die unterschiedlichen Unsicherheitsfaktoren innerhalb der Grundarten und deren Interaktionseffekte müssen in der Berechnung des Realoptionswertes berücksichtigt werden. Wenn es sich z. B. um eine Wachstumsoption auf die Nutzung von Ergebnissen aus der Grundlagenforschung handelt, kann diese in Kombination mit einer „Time-to-build-Option" auftreten und gleichzeitig noch eine „Option to Abandon" enthalten. Die Handlungsalternativen der zukünftig anstehenden Entscheidungen lässt diese Berechnung sehr komplex und damit schwer verständlich werden. Das Underlying stellt den Bruttokapitalwert der Investition bei sofortiger Realisierung dar. Vielfach entsteht das Underlying erst mit Durchführung der Option. Bei der Übernahme eines hochinnovativen Unternehmens stellt sich für das akquirierende Unternehmen erst nach der Ausübung der strategischen Wachstumsoption heraus, ob die Option „im Geld" ist.
- Beeinflussbarkeit der Werttreiber: Während die Rechte aus der Finanzoption dem Inhaber der Option exklusiv zur Verfügung stehen, können Realoptionen auch von mehreren Wirtschaftssubjekten wahrgenommen werden. Realoptionen haben also keinen exklusiven Charakter. Der Wert der Realoption kann somit durch Handlungen des Inhabers der Realoption sowie auch durch Dritte beeinflusst werden (Endogenitätsproblem)

(vgl. Löhr/Rams 2000, S. 1985): Das akquirierende Unternehmen erhofft sich mit der Übernahme des hochinnovativen Unternehmens Zugang zu neuen Märkten zu verschaffen. Der Wert dieser Wachstumsoption hängt maßgeblich vom Verhalten der Mitbewerber ab. Besitzen diese die gleiche Realoption, so stellt sich die Frage nach dem optimalen Ausübungszeitpunkt und damit nach der Laufzeit der Option (vgl. Nowak 2003, S. 132 f.). Während der Wert einer Finanzoption bei gegebener Volatilität mit Verlängerung der Laufzeit steigt (vgl. Schwetzler 2001, S. 92), kann bei Realoptionen eine frühe Ausübung aufgrund der Möglichkeit, die Vorzüge eines „Early-Mover" auszunutzen, vorteilhafter sein (vgl. Löhr/Rams 2000, S. 1985).

Beurteilung des Realoptionsansatzes
Während in den traditionellen Bewertungsverfahren zukünftige Umweltentwicklungen als wertminderndes Risiko eingehen, versteht man Unsicherheit und Flexibilität im Realoptionsansatz als eine Chance, die genutzt werden kann um den Unternehmenswert zu maximieren (vgl. Nowak 2003, S. 124). Die Erweiterung des aus dem DCF-Verfahren ermittelten Unternehmenswertes um diese Chance kann nicht nur helfen, bezahlte Kaufpreise bei Akquisitionen zu erklären (vgl. Löhr/Rams 2000, S. 1989), sondern sie kann auch der Grund für den Kauf eines Unternehmens sein, obwohl der nach dem klassischen DCF-Verfahren ermittelte Unternehmenswert unterhalb des geforderten Kaufpreises liegt. Allerdings führt die Bewertung von Unternehmen mit dem Realoptionsansatz nur dann zu einem eindeutigen Wert, wenn alle Ausprägungen der preisbestimmenden Faktoren vorliegen (vgl. Hayn 2003, S. 471). Dieses ist bei hochinnovativen Unternehmen regelmäßig nicht der Fall. Die Anwendung der Realoptionsbewertung sieht sich damit mit den gleichen Problemen wie das DCF-Verfahrens konfrontiert: Um letztlich einen Wert für das Underlying ermitteln zu können, muss eine Prognose über die zukünftig zu erwartenden Cashflows erstellt werden. Nicht zu vergessen ist die hier zusätzlich erforderliche Prognose der Volatilität. Die Realoptionsbewertung stellt damit kein Verfahren zur Verfügung, welches das außerordentlich schwierige Prognoseproblem aufgrund der bei hochinnovativen Unternehmen vorhandenen Charakteristika in einem mathematischen Modell, ohne Angabe von detaillierten Prognosen über die künftige Unternehmensentwicklung (vgl. Schwetzler 2001, S. 94), lösen kann.

Fazit

Die Probleme, die sich bei der Beurteilung und Bewertung von Unternehmen im Akquisitionsprozess ergeben, potenzieren sich bei der Bewertung hochinnovativer Unternehmen. Dieses liegt zum einen darin begründet, dass Innovationen schwer fassbare Werte darstellen, deren substantieller Wert sich erst im Verlauf der Innovationsevolution herauskristallisiert und im Falle der Produktinnovation nur nach einer erfolgreichen Markteinführung hinreichend festgestellt werden kann. Damit zusammenhängend gibt es auf der anderen Seite keine Instrumente, die den Wert einer Innovation und damit den Wert eines innovativen Unternehmens exakt bestimmen können. Aufgrund der hohen Unsicherheit bei der Innovationsentwicklung kann ex ante bestenfalls eine Größenordnung für den tatsächlichen Wert ermittelt werden. Aber selbst diese Vorhersage ist nur eingeschränkt zutreffend. Typische Fehleinschätzungen wichtiger Werttreiber führen zu Fehleinschätzungen des Innovationsverlaufs und damit zu einer Fehleinschätzung des Innovations- und Unternehmenswertes. Das Thomas Watson, Gründer der International Business Machines Corp. (IBM), zugeschriebene Zitat „I think there is a world market for maybe five computers" verdeutlicht diesen Sachverhalt auf humoristische Art. Eine Unternehmensbewertung der IBM Corp. hätte seinerzeit aufgrund der falschen Einschätzung des Entwicklungsverlaufs wahrscheinlich nicht zu einem adäquaten Unternehmenswert geführt. Das kann aber nicht bedeuten, dass man nicht den Versuch unternimmt, realistische Werte zu erhalten bzw. aufgrund der erhöhten Unsicherheit ganz auf den Kauf eines hochinnovativen Unternehmens verzichtet. Die Ermittlung der wichtigsten Charakteristika eines hochinnovativen Unternehmens kann dazu beitragen, Entwicklungen und Potenziale richtig einzuschätzen. Die in einer Due Diligence ermittelten Informationen können Unsicherheit zwar nicht beseitigen, aber in jedem Falle verringern. Das mittels Innovationsergebnisrechnung oder Realoptionsansatz erweiterte DCF-Verfahren ermöglicht, insbes. in Zusammenhang mit einer Szenarioanalyse, die Ermittlung zumindest einer Bandbreite von Zahlenwerten, auf deren Grundlage über einen Kaufpreis verhandelt werden kann (vgl. Harrer/Erbacher 1999, S. 257). Die Risiken, aber auch die Chancen sind für einen Käufer bei der Akquisition eines hochinnovativen Unternehmens deutlich erhöht. Die Risiken können durch eine gute Due Diligence jedoch erkannt und durch entsprechende Maßnahmen auch gemindert werden. Das verbleibende Risiko mag im Vergleich zu einer normalen Akquisition immer noch größer sein, wird aber durch die erhöhten Chancen abgegolten. Letztlich muss das Risiko wie bei jeder anderen wirtschaftlichen Entscheidung daher bewusst vom Käufer getragen werden.

Literatur

ALBACH, H.: Unternehmenswachstum, -stagnation und -schrumpfung, in: WITTMANN, W./KERN, W./KÖHLER, R./KÜPPER, H. U./V. WYSOCKI, K. (Hrsg.), Handwörterbuch der Betriebswirtschaft, 5. Auflage, Stuttgart 1993, Sp. 4417 – 4436.

ALDERING, C./VON HUTTEN, C.: Due Diligence und Human Resources, in: BERENS, W./BRAUNER, H. U./STRAUCH, J. (Hrsg.), Due Diligence bei Unternehmensakquisitionen, 3. Auflage, Stuttgart 2002, S. 409 – 426.

BAECKER, P. N./HOMMEL, U.: Flexible Wachstumsstrategien: Optionsbasierte Konzepte für internes und externes Wachstum, in: GLAUM, M./HOMMEL, U./THOMASCHEWSKI, D. (Hrsg.), Wachstumsstrategien internationaler Unternehmungen: Internes vs. externes Unternehmenswachstum, Stuttgart 2002a, S. 41 – 77.

BAECKER, P. N./HOMMEL, U.: Realoptionen bei der Bewertung von Biotechnologie-Unternehmen, in: Mergers & Acquisitions, (2002b), Heft 10, S. 507 – 515.

BAECKER, P. N./HOMMEL, U./LEHMANN, H.: Marktorientierte Investitionsrechnung bei Unsicherheit, Flexibilität und Irreversibilität: Eine Systematik der Bewertungsverfahren, in: HOMMEL, U./SCHOLICH, M./BAECKER, P. (Hrsg.), Reale Optionen: Konzepte, Praxis und Perspektiven strategischer Unternehmensfinanzierung, Berlin/Heidelberg 2003, S. 15 – 35.

BASSEN, A./POPOVIĆ, T./POPOVIĆ, D.: Reporting von Intangibles im Rahmen eines marktwertorientierten Beteiligungsontrollings, in: LITTKEMANN, J./ZÜNDORF, H. (Hrsg.), Beteiligungscontrolling: Ein Handbuch für die Unternehmens- und Beratungspraxis, Herne/Berlin 2004, S. 239 – 257.

BERENS, W./STRAUCH, J.: Due Diligence bei Unternehmensakquisitionen – Eine empirische Untersuchung, in: Die Wirtschaftsprüfung, 51. Jg. (2002a), Heft 10, S. 511 – 525.

BERENS, W./STRAUCH, J.: Herkunft und Inhalt des Begriffes Due Diligence, in: BERENS, W./BRAUNER, H. U./STRAUCH, J. (Hrsg.), Due Diligence bei Unternehmensakquisitionen, 3. Auflage, Stuttgart 2002b, S. 3 – 23.

BLEX, W./MARCHAL, G.: Risiken im Akquisitionsprozess – Ein Überblick, in: Betriebswirtschaftliche Forschung und Praxis, 54. Jg. (1990), Heft 2, S. 85 – 103.

BRAUNER, H. U./GRILLO, U.: Due Diligence aus strategischer Sicht, in: BERENS, W./BRAUNER, H. U./STRAUCH, J. (Hrsg.), Due Diligence bei Unternehmensakquisitionen, 3. Auflage, Stuttgart 2002, S. 271 – 294.

BROSE, P.: Planung, Bewertung und Kontrolle technologischer Innovationen, in: Technological economics, Bd. 9, Diss. 1982, Berlin 1982.

BULLINGER, H.-J.: IAO-Studie: F & E – heute, Industrielle Forschung und Entwicklung in der Bundesrepublik Deutschland, München 1990.

COENENBERG, A. G./BIBERACHER, J.: Akquisitionscontrolling – Grundfragen und Lösungskonzeptionen, in: HOLTBRÜGGE, D. (Hrsg.), Management Multinationaler Unternehmungen, Festschrift zum 60. Geburtstag von MARTIN K. WELGE, Heidelberg 2003, S. 327 – 344.

CRASSELT, N./TOMASZEWSKI, C.: Realoptionen: Systematisierung und typische Anwendungsfelder, in: Mergers & Acquisitions, (2002), Heft 3, S. 131 – 137.

DIECKHAUS, O.-T.: Management und Controlling im Beteiligungslebenszyklus, in: SZYPERSKI, N. (Hrsg.), Reihe: Planung, Information und Unternehmensführung, Bd. 45, Diss. 1993, Bergisch Gladbach, Köln 1993.

DIETZ, J.-W.: Gründung innovativer Unternehmen, in: Neue betriebswirtschaftliche Forschung, Bd. 56, Diss. 1988, Wiesbaden 1989.

EDWARDS, W. J.: Planning Models for M & A Analysis, in: MILTON, L./ROCK, R./SIKORA, M. (Hrsg.), The mergers & acquisitions handbook, 2. Auflage, o. O. 1994, S. 35 – 49.

ERNST, D./HAUG, M./SCHMIDT, W.: Realoptionen: Spezialfragen für eine praxisorientierte Anwendung, in: RICHTER, F./TIMMRECK, C. (Hrsg.), Unternehmensbewertung: Moderne Instrumente und Lösungsansätze, Stuttgart 2004, S. 397 – 419.

GERPOTT, T. J.: Ausscheiden von Top-Managern nach Akquisitionen: Segen oder Fluch? Empirische Befunde zu Zusammenhängen zwischen der Ausscheidensquote von Top-Managern und der Erfolgsentwicklung akquirierter Unternehmen, in: Zeitschrift für Betriebswirtschaft, 63. Jg. (1993), Heft 12, S. 1271 – 1295.

GREEN II, R. P./CARROLL, J. J.: Investigating entrepreneurial opportunities: A practical guide for due diligence, o. O. 2000.

HARRER, H./ERBACHER, P.: Die Bedeutung der Due Diligence-Prüfung im Rahmen einer Unternehmensübernahme oder eines Unternehmenskaufs, in: VON ROSEN, R./SEIFERT, W. G. (Hrsg.), Die Übernahme börsennotierter Unternehmen, Schriften zum Kapitalmarkt, Bd. 2, o. O. 1999, S. 253 – 267.

HARTMANN, M.: Technologie-Bilanzierung: Instrument einer zukunftsorientierten Unternehmensbeurteilung, in: PFEIFFER, W. (Hrsg.), Innovative Unternehmensführung: Planung, Durchführung und Kontrolle von Innovationen, Bd. 26, Göttingen 1997.

HARTMANN, M.: Due Diligence bei High-Tech-Unternehmen, in: Datenverarbeitung, Steuer, Wirtschaft, Recht, (1998a), Heft 11, S. 305 – 308.

HARTMANN, M.: Theorie und Praxis technologischer Unternehmensbeurteilung, in: Zeitschrift für Betriebswirtschaft, 68 Jg. (1998b), Heft 9, S. 1009 – 1027.

HAUSCHILDT, J.: Innovationsmanagement, 3. Auflage, München 2004.

HAYN, M.: Bewertung junger Unternehmen, in: PEEMÖLLER, V. (Hrsg.), Praxishandbuch der Unternehmensbewertung, 2. Auflage, Herne/Berlin 2002, S. 489 – 520.

HAYN, M.: Bewertung junger Unternehmen, in: KÜTING, K./WEBER, C.-P. (Hrsg.), Rechnungs- und Prüfungswesen, 3. Auflage, Diss. 1998, Herne/Berlin 2003.

HELBING, C.: Due-Diligence-Review, in: PEEMÖLLER, V. (Hrsg.), Praxishandbuch der Unternehmensbewertung, 2. Auflage, Herne/Berlin 2002, S. 157 – 165.

HOLTRUP, M./LITTKEMANN, J.: Probleme der Erfolgsevaluierung von Innovationsprojekten, in: LITTKEMANN, J. (Hrsg.), Innovationscontrolling, München 2005, S. 253 – 284.

HORNICH, W.: New Economy, in: KRANEBITTER, G. (Hrsg.), Due diligence: Risikoanalyse im Zuge von Unternehmenstransaktionen, München 2002, S. 245 – 256.

JANSEN, S.: Mergers & Acquisitions – Unternehmensakquisitionen und -kooperationen, 4. Auflage, Wiesbaden 2001.

KEIM, G./LITTKEMANN J.: Methoden des Projektmanagements und -controlling, in: LITTKEMANN, J. (Hrsg.), Innovationscontrolling, München 2005, S. 57 – 151.

KITTNER, M.: „Human Resources" in der Unternehmensbewertung, in: Der Betrieb, 50. Jg. (1997), Heft 46, S. 2285 – 2290.

KRAG, J./KASPERZAK, R.: Grundzüge der Unternehmensbewertung, München 2000.

LEITHNER, S./LIEBLER, H.: Die Bedeutung von Realoptionen im M & A-Geschäft, in: HOMMEL, U./SCHOLICH, M./BAECKER, P. (Hrsg.), Reale Optionen: Konzepte, Praxis und Perspektiven strategischer Unternehmensfinanzierung, Berlin/Heidelberg 2003, S. 219 – 241.

LITTKEMANN, J.: Einführung in das Beteiligungscontrolling, in: LITTKEMANN, J./ZÜNDORF, H. (Hrsg.), Beteiligungscontrolling: Ein Handbuch für die Unternehmens- und Beratungspraxis, Herne/Berlin 2004, S. 1 – 20.

LITTKEMANN, J./MADRIAN, J./SCHULTE, K.: Erfolgreiches Akquisitionscontrolling in der Praxis, in: Unternehmensbewertung & Management, (2004), Heft 6, S. 205 – 212.

LÖHR, D./RAMS, A.: Unternehmensbewertung mit Realoptionen – Berücksichtigung strategisch-dynamischer Flexibilität, in: Betriebs-Berater, 55. Jg. (2000), Heft 39, S. 1983 – 1989.

MADRIAN, J./SCHULTE, K.: M & A – Valuation im Akquisitionsprozess, in: LITTKEMANN, J./ZÜNDORF, H. (Hrsg.), Beteiligungscontrolling: Ein Handbuch für die Unternehmens- und Beratungspraxis, Herne/Berlin 2004, S. 307 – 336.

MÜLLER, M.: Risikomanagement durch Modularisierung und Produktplattformen, in: GASSMANN, O./KOBE, C./VOIT, E. (Hrsg.), High-Risk-Projekte – Quantensprünge in der Entwicklung erfolgreich managen, Berlin/Heidelberg 2001, S. 45 – 68.

NATUSCH, I.: Due Diligence aus Sicht einer Beteiligungsgesellschaft, in: BERENS, W./BRAUNER, H. U./STRAUCH, J. (Hrsg.), Due Diligence bei Unternehmensakquisitionen, 3. Auflage, Stuttgart 2002, S. 535 – 554.

NOWAK, K.: Marktorientierte Unternehmensbewertung: Discounted Cash Flow, Realoption, Economic Value Added und der Direct Comparison Approach, in: BÖCKING, H.-J./HOMMEL, M. (Hrsg.), Schriftenreihe Rechnungswesen und Unternehmensüberwachung, 2. Auflage, Diss. 2000, Wiesbaden 2003.

O. V.: Checklisten zur Due Diligence, in: BERENS, W./BRAUNER, H. U./STRAUCH, J. (Hrsg.), Due Diligence bei Unternehmensakquisitionen, 3. Auflage, Stuttgart 2002, S. 587 – 620.

OLBRICH, M.: Zur Bedeutung des Börsenkurses für die Bewertung von Unternehmungen und Unternehmungsanteilen, in: Betriebswirtschaftliche

Forschung und Praxis, 52 Jg. (2000), Heft 5, S. 454–465.

PACK, H.: Due Diligence, in: PICOT, G. (Hrsg.), Handbuch Mergers & Acquisitions: Planung, Durchführung und Integration, 2. Auflage, Stuttgart 2002, S. 267–299.

PELLENS, B./TOMASZEWSKI, C./WEBER, N.: Wertorientierte Unternehmensführung in Deutschland – Eine empirische Untersuchung der DAX 100-Unternehmen, in: Der Betrieb, 53. Jg. (2000), S. 1825–1833.

PICOT, G.: Wirtschaftliche und wirtschaftsrechtliche Parameter bei der Planung der Mergers & Acquisitions, in: PICOT, G. (Hrsg.), Handbuch Mergers & Acquisitions: Planung, Durchführung und Integration, 2. Auflage, Stuttgart 2002, S. 3–37.

PLESCHAK, F./SABISCH, H.: Innovationsmanagement, Stuttgart 1996.

PRITSCH, G./WEBER, J.: Die Bedeutung des Realoptionsansatzes aus Controlling-Sicht, in: HOMMEL, U./SCHOLICH, M./BAECKER, P.: Reale Optionen: Konzepte, Praxis und Perspektiven strategischer Unternehmensfinanzierung, Berlin/Heidelberg 2003, S. 143–172.

RAZGAITIS, R.: Early-stage technologies: valuation and pricing, o. O. 1999.

REIBNITZ, U.: Szenario-Technik – Instrumente für die unternehmerische und persönliche Erfolgsplanung, Wiesbaden 1991.

RÖDL, M.: Strategische Unternehmensbewertung im Rahmen des Akquisitionsprozesses, in: MÖLLER, H./PEEMÖLLER, V./RICHTER, M. (Hrsg.), Schriftenreihe zum Finanz-, Prüfungs- und Rechnungswesen, Bd. 29, Diss. 2001, München 2002.

RUDOLF, M./WITT, P.: Wachstumsunternehmen: Historie, Branchen und Bewertung, in: Das Wirtschaftsstudium, 31. Jg. (2002), Heft 10, S. 1248–1256.

SCHÄFER, H.: Unternehmensinvestitionen: Grundzüge in Theorie und Management, Heidelberg 1999.

SCHÄFER, H./SCHÄSSBURGER, B.: Bewertung eines Start-up-Unternehmens mit Hilfe des Realoptionsansatzes, in: HOMMEL, U./SCHOLICH, M./BAECKER, P. (Hrsg.), Reale Optionen: Konzepte, Praxis und Perspektiven strategischer Unternehmensfinanzierung, Berlin/Heidelberg 2003, S. 283–315.

SCHMELZER, H. J.: Methoden der Risikoanalyse und -überwachung in Entwicklungsprojekten, in: GASSMANN, O./KOBE, C./VOIT, E. (Hrsg.), High-Risk-Projekte – Quantensprünge in der Entwicklung erfolgreich managen, Berlin/Heidelberg 2001, S. 169–190.

SCHOLZ, O./UTHOFF, C.: Due Diligence bei E-Commerce-Unternehmen, in: BERENS, W./BRAUNER, H. U./STRAUCH, J. (Hrsg.), Due Diligence bei Unternehmensakquisitionen, 3. Auflage, Stuttgart 2002, S. 555–574.

SCHULMERICH, M.: Einsatz und Pricing von Realoptionen, in: HOMMEL, U./SCHOLICH, M./BAECKER, P. (Hrsg.), Reale Optionen: Konzepte, Praxis und Perspektiven strategischer Unternehmensfinanzierung, Berlin/Heidelberg 2003, S. 63–96.

SCHWALL, B.: Die Bewertung junger, innovativer Unternehmen auf Basis des Discounted Cash Flow, in: Europäische Hochschulschriften: Reihe 5, Volks- und Betriebswirtschaft, Bd. 2794, Diss. 2001, Frankfurt am Main 2001.

SCHWETZLER, B.: Bewertung von Wachstumsunternehmen, in: ACHLEITNER, A.-K./BASSEN, A. (Hrsg.), Investor relations am Neuen Markt, Stuttgart 2001, S. 61–96.

SEBASTIAN, K. H./NIEDERDRENK, R./TESCH, A.: Market Due Diligence (MDD) – Die Sorgfältigkeitsprüfung aus der Sicht des Marktes, in: BERENS, W./BRAUNER, H. U./STRAUCH, J. (Hrsg.), Due Diligence bei Unternehmensakquisitionen, 3. Auflage, Stuttgart 2002, S. 389–408.

SIEPE, G.: Unternehmensbewertung, in: Institut der Wirtschaftsprüfer in Deutschland e. V. (Hrsg.), Wirtschaftsprüfer-Handbuch 2002, Handbuch für Rechnungslegung, Prüfung und Beratung, Bd. II, Abschnitt A, 12. Auflage, Düsseldorf 2002, S. 1–149.

SIMON, H.: Management strategischer Wettbewerbsvorteile, in: Zeitschrift für Betriebswirtschaft, 58. Jg. (1988), Heft 4, S. 461–480.

SPECHT, G./BECKMANN, C./AMELINGMEYER, J.: F & E Management: Kompetenz im Innovationsmanagement, 2. Auflage, Stuttgart 2002.

STEINLE, C./SCHUMANN, K.: Kooperation, Innovation und Erfolg technologieorientierter Gründungen – Konzept und Ergebnisse einer repräsentativen Studie, in: STEINLE, C./SCHUMANN, K. (Hrsg.), Gründung von Technologieunternehmen: Merkmale – Erfolg – empirische Ergebnisse, Wiesbaden 2003, S. 1–66.

STURM, S.: Bewertung von geschichtslosen Unternehmen, in: BÖRSIG, C./COENENBERG, A. G. (Hrsg.), Bewertung von Unternehmen: Strategie – Markt – Risiko, Kongress-Dokumentation, 56. Deutscher Betriebswirtschafter-Tag 2002, Stuttgart 2003, S. 207–234.

STUß, N.: Führungswechsel im Management – Eine empirische Analyse innovativer Wachstumsunternehmen, in: SCHULTE, K. W. (Hrsg.), Schriftenreihe der European Business School, Schloß Reichartshausen, Bd. 42, Diss. 2002, Wiesbaden 2003.

TIEDT, S.: Financial Due Diligence in der Technologie-Branche, in: Finanz Betrieb, 2. Jg. (2000), Heft 10, S. 608–614.

TRIGEORGIS, L.: Real Options: Managerial Flexibility and Strategy in Resource Allocation, 5. Auflage, o. O. 2000.

UNZEITIG, E./KULHAVY, H.: Due Diligence im Überblick, in: LITTKEMANN, J./ZÜNDORF, H. (Hrsg.), Beteiligungscontrolling: Ein Handbuch für die Unternehmens- und Beratungspraxis, Herne/Berlin 2004, S. 337–356.

WALDMANN, O.: Strategische Technologieplanung und -bewertung im High-Tech-Bereich, in: BULLINGER, H. J. (Hrsg.), Forum für Management in Forschung, Entwicklung und Technologie, Tagungsunterlagen 1989, München 1989, S. 157–168.

WESNER, P.: Risiken und Erfolgsfaktoren von Transaktionen, in: Betriebswirtschaftliche Forschung und Praxis, 54. Jg. (2002), Heft 5, S. 478–488.

WULLENKORD, A.: New Economy Valuation – Moderne Bewertungsverfahren für Hightech-Unternehmen, in: Finanz Betrieb, 2. Jg. (2000), Heft 7–8, S. 522–527.

Anzeige

Lutz Schmidt / Jochen Sigloch / Klaus Henselmann

Internationale Steuerlehre

Steuerplanung bei grenzüberschreitenden Transaktionen
2005. XVIII, 579 S. Br. EUR 34,90   ISBN 3-409-11973-6

Änderungen vorbehalten. Erhältlich im Buchhandel oder beim Verlag.
Abraham-Lincoln-Str. 46, 65189 Wiesbaden, Tel.: 06 11.78 78-626, www.gabler.de

BEWERTUNG UND STEUERUNG

Wissensbilanz und Controlling von Strukturkapital – Fallstudie des mittelständischen Maschinenbauunternehmens SiCo GmbH & Co. KG

Ralf Dillerup / Simone Göttert / Corinna Gedeon

Identifikation und Steuerung immaterieller Werttreiber sind im heutigen Wettbewerbsumfeld entscheidende Erfolgsfaktoren. Ansätze zielen auf die Erstellung von Wissensbilanzen insbesondere bei Großunternehmen ab, der Steuerungsaspekt wird jedoch meist vernachlässigt. Aus diesem Grund entwickelt das Institut für Strategie und Controlling (ISC) der Hochschule Heilbronn in Zusammenarbeit mit mittelständischen Maschinenbauunternehmen und dem Verband Deutscher Maschinen- und Anlagenbau (VDMA) ein integriertes Steuerungs- und Bewertungsverfahren. Die Messung intellektuellen Kapitals basiert auf der Erfassung von standardisierten und individuellen Kennzahlen. Anhand einer Fallstudie wird aufgezeigt, wie mit Hilfe von Kennzahlen eine Trendanalyse zur Steuerung und eine Wissensbilanz zur externen Berichterstattung konzipiert werden kann. Zusätzliche individuelle Anpassungen ermöglichen einen Plan-Ist-Vergleich und einen Branchenvergleich. Die Monetarisierung der immateriellen Werttreiber rundet das Konzept ab.

Immaterielle Vermögenswerte als Erfolgsfaktoren

Das Auseinanderdriften von *Markt- und Buchwert* spiegelt die Bedeutung immaterieller Werttreiber wider (vgl. Alwert/Heisig/Mertins 2005, S. 4 und Abbildung 1). Zum Jahresende 2004 überstieg beispielsweise der Marktwert den Buchwert bei Procter & Gamble um das Fünffache. Zudem verdoppelte sich in der Zeit von 1981 bis 2002 die Relation zwischen Marktwert und Buchwert der im Standard & Poors-500-Index gelisteten Unternehmen (vgl. Zellner/Büssow 2004, S. 50). Laut einer in 2003 durchgeführten Studie von PricewaterhouseCoopers und der TU Dresden schätzen Unternehmen *Mitarbeiter-Know-how*, *Innovationen* und *Prozesse* als kritische Erfolgsfaktoren ein (vgl. PwC 2003, S. 15 ff.). Obwohl keine standardisierten Verfahren zur Ermittlung einer Rendite existieren, investieren US-amerikanische Unternehmen jährlich etwa eine Billion Dollar in diese Intangible Assets (vgl. Lev/Daum 2003, S. 33).

Abbildung 1 zeigt die Unterschiede von Markt- und Buchwerten ausgewählter

- Immaterielle Vermögenswerte sind kritische Erfolgsfaktoren. Sie lassen sich bislang jedoch nur mit erheblichem Aufwand erfassen.
- Strukturkapital hat eine Sonderstellung, da es Eigentum des Unternehmens ist und immaterielles Vermögen zusammenführt.
- Kennzahlen bilden intellektuelles Kapital ab und unterstützen die interne Steuerung sowie die Erstellung einer Wissensbilanz.
- Der Mittelstand benötigt individualisierbare und branchenspezifische Steuerungs- und Bewertungsverfahren mit geringem Aufwand.
- Durch Gewichtungen kann die unterschiedliche Relevanz branchen- und unternehmensspezifischer Werttreiber berücksichtigt werden.
- Steuerungsgrößen sind Grundlage für die Quantifizierung des intellektuellen Kapitals.

Prof. Dr. Ralf Dillerup
Hochschule Heilbronn
Institut für Strategie und Controlling
E-Mail: dillerup@hs-heilbronn.de
Tel. 07131/504-472

Dipl.-Betriebswirtin (FH) Simone Göttert
Hochschule Heilbronn
Institut für Strategie und Controlling
E-Mail: goettert@hs-heilbronn.de

börsennotierter Unternehmen. Die hohe Differenz ist bei Procter & Gamble auf Markenstärke, bei 3M auf Innovationskraft und bei SAP auf Prozess- und Kunden-Know-how zurückzuführen.

Dimensionen intellektuellen Kapitals

Eine zweckmäßige Struktur des immateriellen Vermögens (vgl. Abbildung 2) setzt sich aus Human-, Beziehungs- und Strukturkapital zusammen (vgl. Alwert/Heisig/Mertins 2005, S. 6). Edvinsson definiert intellektuelles Kapital als komprimiertes, auf Beziehungen basierendes strukturiertes Wissen sowie Fertigkeiten, die über Entwicklungs- und Ertragspotenzial verfügen (vgl. Edvinsson in Daum 2002, S. 152).

- *Humankapital* umfasst Wissen, individuelle Fähigkeiten und Kompetenzen der Mitarbeiter. Es repräsentiert latent vorhandenes und genutztes körperliches und geistiges Potenzial von Mitarbeitern (vgl. Edvinsson/Brünig 2000, S. 28).
- *Beziehungskapital* ist das Netzwerk sozialer Beziehungen, welches ein Unternehmen bei der Leistungserbringung unterstützt. Dies sind insbesondere Kunden- und Lieferantenbeziehungen, aber auch Partnerschaften und Kooperationen.
- *Strukturkapital* besteht aus der internen Organisationsstruktur und dem Image des Unternehmens (vgl. Stoi 2003, S. 175). Die wesentlichen Werttreiber sind Innovationen, Prozesse sowie Markenimage.

Strukturkapital nimmt eine Sonderstellung ein. Im Gegensatz zum Human- und Beziehungskapital ist es Eigentum des Unternehmens (vgl. Steward 1998, S.

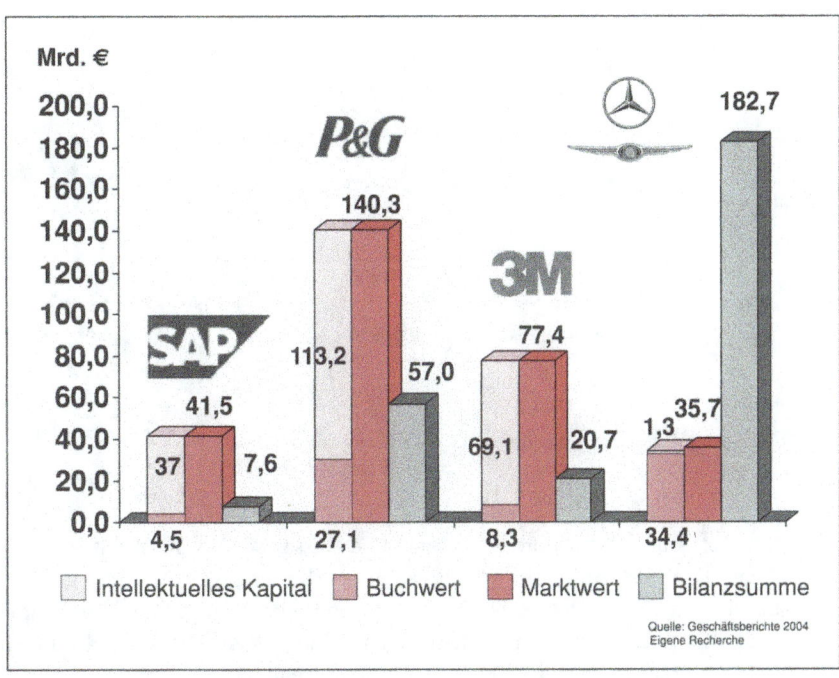

Abbildung 1: Bedeutung immaterieller Werte anhand ausgewählter Markt-Buchwert-Relationen

114). Vorhandenes Wissen und Erfahrungen werden im Unternehmen in Technologien, Prozessbeschreibungen und Netzwerken strukturiert und gebündelt. Ziel ist es, vor allem das Humankapital mit den strukturierten, leicht zugänglichen und intelligenten Arbeitsprozessen produktiver zu machen. „Sogar die Klügsten der Welt benötigen ein System, das die Früchte ihres Gedankenguts vereint, anhäuft, weiterentwickelt oder weiterverbreitet." (Steward 1998, S. 114).

Saint Onge fasst die wechselseitige Beziehung von Human- und Strukturkapital wie folgt zusammen: Humankapital baut Strukturkapital auf. Dies bedeutet, dass die Qualität des Strukturkapitals maßgeblich vom Humankapital abhängt (vgl. Edvinsson/Brünig 2000, S. 29). Damit kommt Strukturkapital eine Enabler-Funktion zu.

In der Literatur existieren verschiedene Ansätze zur Steuerung und Bewertung intellektuellen Kapitals. Zur Identifikation der Intangibles kann zwischen direkten Bewertungsverfahren, Marktkapitalisierungsverfahren, ROA-basierten Bewertungsverfahren und Scorecard-Verfahren unterschieden werden (vgl. Stoi 2003, S. 179). Unternehmen haben die Notwendigkeit zur Identifikation und Steuerung immaterieller Ressourcen erkannt. Existierende Ansätze eignen sich jedoch eher für große Unternehmen und sind mit hohem Erstellungsaufwand verbunden. Der Mittelstand benötigt ein branchenspezifisches Verfahren, das leicht individualisierbar und mit geringem Aufwand umsetzbar ist.

Forschungsprojekt „Immaterielle Vermögenswerte"

Das Forschungsprojekt des Instituts für Strategie und Controlling (ISC) „Immaterielle Vermögenswerte" beschäftigt sich mit der Erstellung eines Konzepts zur *Steuerung und Bewertung immaterieller Vermögenswerte für kleine und mittelständische Unternehmen des Maschinenbaus*.

**Dipl.-Betriebswirtin (FH)
Corinna Gedeon**
I3G Institut der Hochschule Heilbronn
E-Mail: gedeon@hs-heilbronn.de

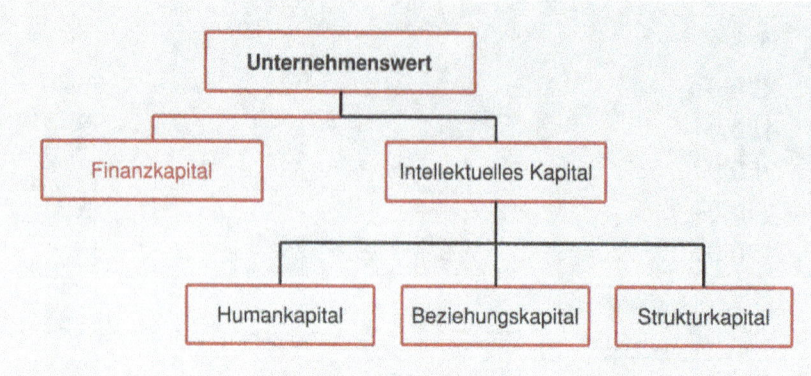

Abbildung 2: Bereiche des intellektuellen Kapitals

Das Konzept baut auf der Scorecard-Methodik auf. Es erfasst die für den Maschinenbau relevanten Werttreiber intellektuellen Kapitals mittels Kennzahlen. Diese Kennzahlen werden gemäß ihrer Relevanz gewichtet und in Clustern gebündelt.

Der *Aufbau* richtet sich nach der oben erwähnten Strukturierung des intellektuellen Kapitals. Die Bereiche werden in Dimensionen differenziert. Strukturkapital untergliedert sich beispielsweise in Prozesse, Innovationen und Markenimage. Jede Dimension besteht aus Komponenten, welche mittels aussagekräftiger und erhebbarer Kennzahlen repräsentiert werden. Abbildung 3 zeigt den beschriebenen Aufbau am Beispiel des Strukturkapitals.

Das ISC-Konzept verfügt über drei *Funktions-Ebenen:* „Standard", „Advanced" und „Premium". Die Transparenz und Aussagekraft wächst mit jeder Ebene – erfordert jedoch gleichzeitig einen höheren Dateninput. Eine Übersicht der Funktionen zeigt Abbildung 4 und wird nachfolgend näher erläutert.

- *Standard-Funktionalität:* Standardkennzahlen sind für alle Bereiche des intellektuellen Kapitals definiert. Sie dienen dem *Zeitvergleich,* der *Trendanalyse* sowie dem *internen Benchmark.* Dadurch kann das Management die wichtigsten Werttreiber überwachen. Zudem kann das Unternehmen Standardkennzahlen für die Erstellung einer externen *Wissensbilanz* heranziehen. Um eine vollständige Transparenz zu erhalten, haben Unternehmen die Möglichkeit, die Standardkennzahlen um individuelle Kennzahlen zu ergänzen.

- *Advanced-Funktionalität:* Für die Advanced-Ebene ist zusätzlicher Dateninput erforderlich. Die Bestimmung und Gegenüberstellung von Planwerten zu definierten Kennzahlen unterscheidet die Advanced-Ebene vom Standard. Mittels dieses *Plan-Ist-Vergleichs* ist eine vorausschauende und nachhaltige Steuerung möglich. Zielabweichungen bei den Werttreibern können frühzeitig festgestellt und durch das Management rechtzeitig angegangen werden.

Ergänzend kann ein *externer Branchenvergleich* Stärken und Schwächen aufdecken und dem Unternehmen wertvolle Impulse für zukünftige Investitionsentscheidungen geben. Für die Durchführung des Benchmarks ist die Erhebung aller Standardkennzahlen zwingend erforderlich. Der Kooperationspartner Verband Deutscher Maschinen- und Anlagenbau (VDMA) stellt eine Vielzahl von Benchmark-Größen zur Verfügung.

Mittels einer Ampel-Darstellung gewinnt das Management einen konzentrierten Überblick über die Zielerreichung sämtlicher Standard- und Advanced-Funktionalitäten. Abbildung 5 verdeutlicht eine Management-Sicht am Beispiel des Strukturkapitals. Der erste Block visualisiert den unterjährigen Zeitvergleich. Weiterhin sind ein Plan-Ist-Vergleich sowie ein externer Benchmark aufgezeigt. Ampelfarben (hier: grau, hellrot, rot) repräsentieren den Erfolg der Zielerreichung. Die Pfeile kennzeichnen den Trend der Dimensionen.

- *Premium-Funktionalität: Indexwerte* unterstützen die Kommunikation der erhobenen Kennzahlen. Sie werden der unterschiedlichen Relevanz gerecht, indem eine *Gewichtung* jeder Kennzahl vorgenommen wird. Die Aggregation der gewichteten Kennzahlen führt schließlich zu einem Gesamtindex auf Komponenten-, Dimensionen- und Bereichsebene, wobei wiederum gewichtet wird. In Absprache mit den Kooperationsunternehmen und dem VDMA wurde eine Standardgewichtung festgelegt. Diese ist für den Bran-

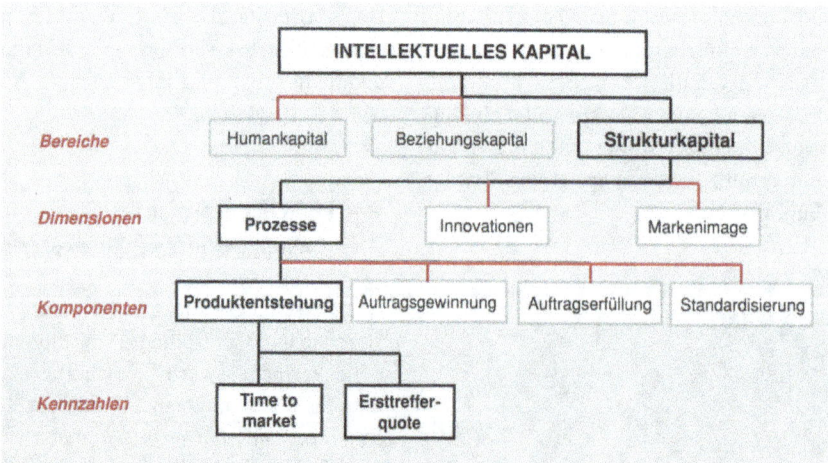

Abbildung 3: Gliederung ISC-Konzept am Beispiel des Strukturkapitals

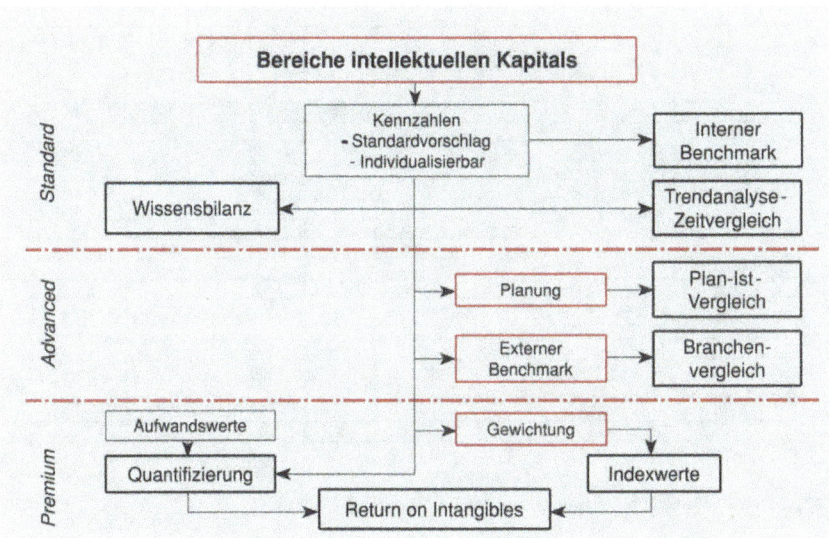

Abbildung 4: Funktionen des ISC-Konzepts

chenvergleich unerlässlich. Ein Unternehmen hat jedoch die Möglichkeit, diese Vorgaben für interne Auswertungen spezifisch anzupassen.

Für die *Quantifizierung* der einzelnen Dimensionen werden die erhobenen Kennzahlen in monetäre Werte transferiert. Sie stellen das zukünftige Ertragspotenzial des intellektuellen Kapitals dar. In einer Barwertlogik errechnet sich bei einer Gegenüberstellung von *Aufwand* und Ertragspotenzial schließlich ein *Return on Intangibles*.

Die verschiedenen Funktionen werden anhand eines mittelständischen Unternehmens des Maschinenbaus am Beispiel des Strukturkapitals veranschaulicht.

Fallstudie SiCo GmbH & Co. KG

Für Veröffentlichungszwecke verwendet das Institut für Strategie und Controlling (ISC) keine Zahlen der Kooperationspartner, sondern zieht das fiktive Unternehmen *SiCo GmbH & Co. KG* heran. Die SiCo GmbH & Co. KG ist mit der Herstellung und dem Vertrieb von Maschinen für die Automobil- und Automobilzuliefererindustrie beschäftigt. Die Maschinen basieren auf einem Grundmodul, welches kundenspezifisch angepasst wird. SiCo-Produkte haben eine Lebensdauer von etwa fünf Jahren. Die

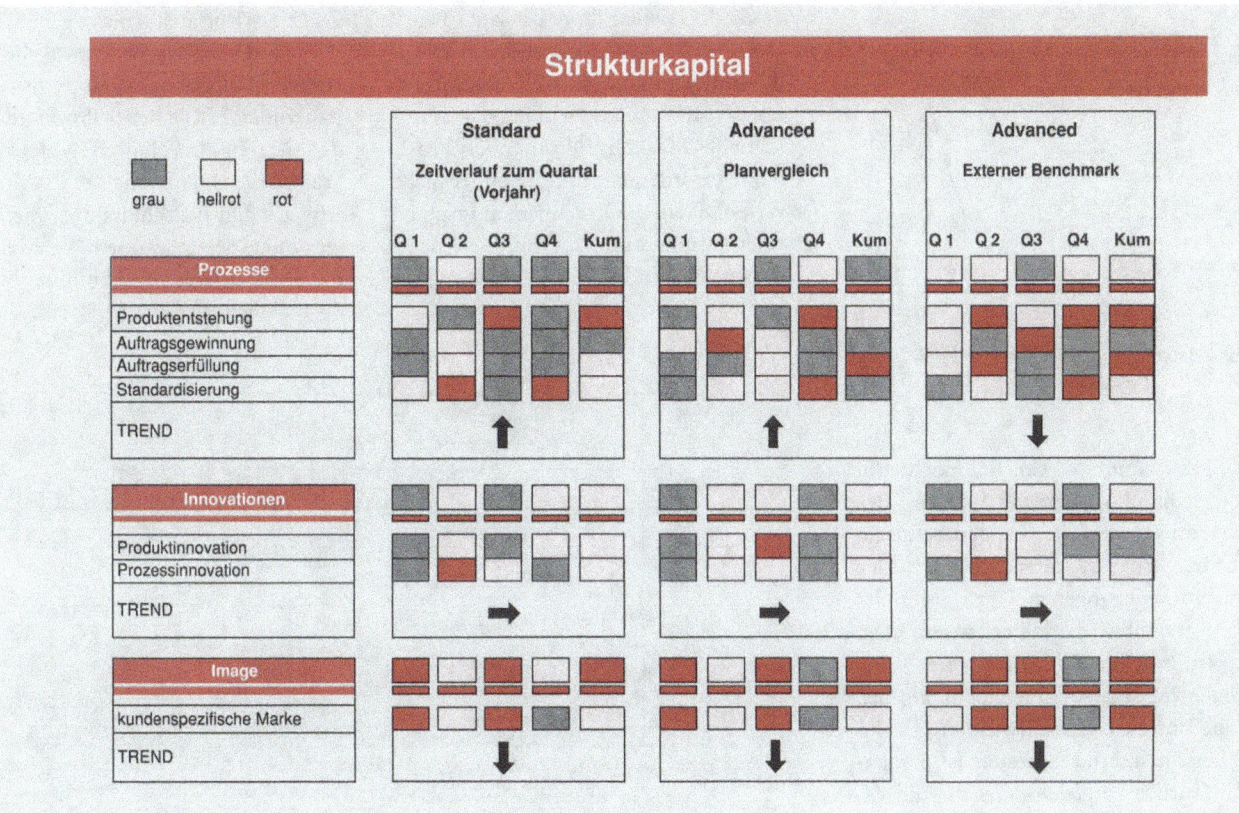

Abbildung 5: Standard- und Advanced-Funktionalität am Beispiel von Strukturkapital

BEWERTUNG UND STEUERUNG

Kunden schätzen die qualitativ hochwertigen Produkte und belohnen das Unternehmen mit hoher Loyalität. Deshalb legt das Unternehmen großen Wert auf die Beziehung, insbesondere zu seinen Stammkunden. Die SiCo GmbH & Co. KG konnte ihren Marktanteil im Jahr 2004 auf 30 % ausbauen. Mit einer durchschnittlichen Produktentwicklungszeit (time to market) von 24 Monaten bringt das Unternehmen jährlich 2 Produktinnovationen auf den Markt. Daraus resultiert ein Umsatzanteil der in den letzten drei Jahren neu eingeführten Produkte von etwa 75 %. Nachstehende Abbildung zeigt die wichtigsten Kennzahlen der SiCo GmbH & Co. KG im Überblick:

Dimensionen	Standard-Kennzahlen	Einheit	2004	2003	Veränderung (in %)
Prozesse					
	time to market	Monate	24	26	7,69
	Ersttrefferquote	%	60	55	9,09
	Angebotstrefferquote	%	85	85	0,00
	Auftragsgewinnung	TStück	50	52	– 3,85
	Auslastungsgrad	%	88	90	– 2,22
	Lieferfähigkeitsgrad	%	95	94	1,06
	Gewährleistungsaufwand in % v. Umsatz	%	2	2	0,00
	Standardisierungsgrad	%	30	28	7,14
Innovationen					
	Anzahl Produktinnovationen	Anzahl	2	2	0,00
	Umsatzanteil der in den letzten 3 Jahren eingeführten Produkte	%	75	78	– 3,85
	Anzahl Prozessinnovationen	Anzahl	4	3	33,33
	Rationalisierung pro Prozessinnovation	T€	150	170	– 11,76
Image					
	Bekanntheitsgrad	%	95	94	1,06
	Umsatzveränderung (pro Marke)	%	10	10	0,00

Abbildung 7: Ausschnitt Wissensbilanz der SiCo GmbH & Co. KG

Die SiCo GmbH & Co. KG möchte für 2004 eine *Wissensbilanz* erstellen. Beispielhaft werden die Standardkennzahlen des Strukturkapitals vom aktuellen und vorangegangenen Jahr dargestellt. Diese freiwillige Berichterstattung dient der frühzeitigen Einbindung der Stakeholder, vor allem der Fremdkapitalgeber, in die Unternehmensentwicklung.

Für die interne Steuerung ist es sinnvoll, jährlich *Vergleichsdaten* zu erheben.

Das Controlling der SiCo GmbH & Co. KG hatte sich im Bereich Strukturkapital für das Jahr 2004 die in Abbildung 8 aufgeführten Ziele gesetzt.

Beispielhaft werden die Kennzahlen „time to market" und der „Umsatzanteil der in den letzten 3 Jahren eingeführten Produkte" näher erklärt:

- *Time to market* umfasst die Zeitspanne von der Produktentwicklung bis zum Produktionsstart. Die SiCo GmbH & Co. KG sichert ihren Umsatz sowie ihren Wettbewerbsvorteil durch Produktinnovationen. Für die Abschöpfung von Pioniergewinnen ist eine schnelle Markteinführung der Produkte erforderlich. Im Zahlenbeispiel verfehlte das Unternehmen, aufgrund einer Verzögerung im Rahmen des Prozesses, im Jahr 2004 die angestrebten 20 Monate um vier Monate (20 %).

- Der *Umsatzanteil der in den letzten 3 Jahren eingeführten Produkte* repräsentiert den Markterfolg der Produktinnovationen. Trotz der Zielabweichung bezüglich der Produktentwicklungszeit (time to market) übertraf die SiCo GmbH & Co. KG ihr geplantes Ziel eines Umsatzanteils von 70 % um 7,14 %. Dies spiegelt sowohl die gestiegene Nachfrage als auch den andauernden Erfolg neuer Produkte aus den letzten drei Jahren wider. Die graphische Darstellung der Plan- und Istwerte gibt Aufschluss über die Abweichung der relevanten Werttreiber des Strukturkapitals (Abbildung 9).

Abbildung 6: Kennzahlenübersicht der SiCo GmbH & Co. KG

Dimensionen	Standard-Kennzahlen	Einheit	Plan 2004	Ist 2004	Abweichung in %
Prozesse					
	time to market	Monate	20	24	– 20,00
	Ersttrefferquote	%	70	60	– 14,29
	Angebotstrefferquote	%	90	85	– 5,56
	Auftragsgewinnung	TStück	55	50	– 9,09
	Auslastungsgrad	%	95	88	– 7,37
	Lieferfähigkeitsgrad	%	98	95	– 3,06
	Gewährleistungsaufwand in % v. Umsatz	%	1,5	2	– 33,33
	Standardisierungsgrad	%	50	30	– 40,00
Innovationen					
	Anzahl Produktinnovationen	Anzahl	2	2	0,00
	Umsatzanteil der in den letzten 3 Jahren eingeführten Produkte	%	70	75	7,14
	Anzahl Prozessinnovationen	Anzahl	4	4	0,00
	Rationalisierung pro Prozessinnovation	T€	130	150	15,38
Image					
	Bekanntheitsgrad	%	95	95	0,00
	Umsatzveränderung (pro Marke)	%	12	10	– 16,67

Abbildung 8: Plan-Ist-Vergleich der SiCo GmbH & Co. KG

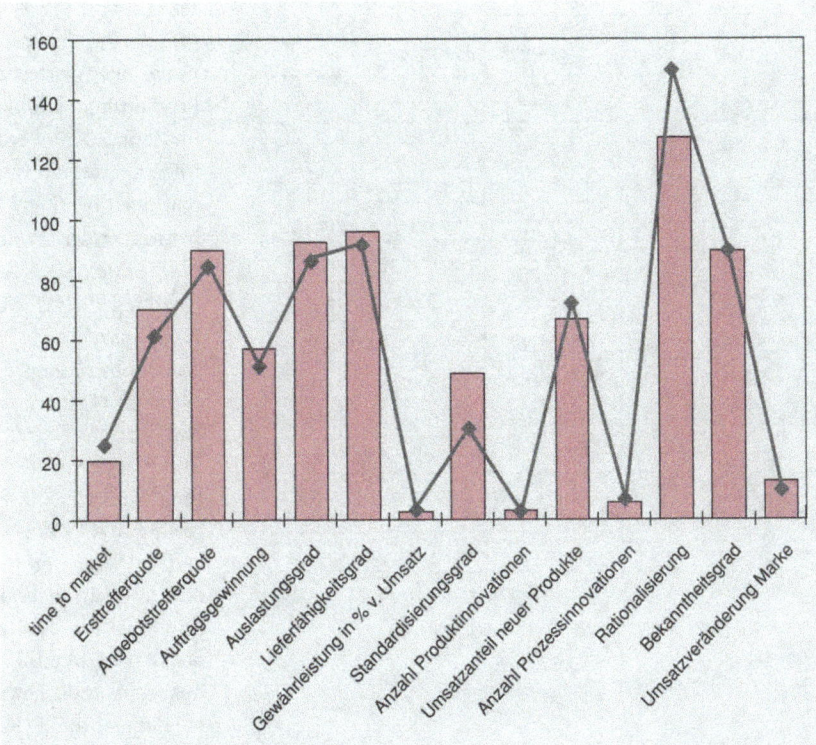

Abbildung 9: Strukturkapital-Abweichungen der SiCo GmbH & Co. KG

Kennzahlen. Diese errechnet sich durch Division der Istwerte durch die Planwerte. Bei den Kennzahlen „time to market" und „Gewährleistungsaufwand in % vom Umsatz", deren Steigerung eine Verschlechterung bedeutet, errechnet sich der Indexwert jedoch umgekehrt (Planwerte/Istwerte). Mittels einer Punktezahl, ausgehend von einer Skala von 0 – 10, wird der Zielerreichungsgrad auf eine aggregierbare Größe gebracht (vgl. Abbildung 11). Eine Zielerreichung von 100 % bedeutet eine Punktezahl von „10". Um eine Saldierung negativer mit positiven Abweichungen zu vermeiden, werden Zielerreichungen von über 100 % mit maximal 10 Punkten berücksichtigt. Der Indexwert der Kennzahl „Standardisierung" errechnet sich durch Division des Ist-Wertes von 30 % durch den Planwert von 50 %. In Punkten ausgedrückt bedeutet dies einen Zielerreichungsgrad von 6,0. Der Indexwert errechnet sich schließlich aus dem Produkt von Zielerreichungsgrad und der jeweiligen Ge-

Analog dieser Darstellungsform besteht die Möglichkeit zum *Branchenvergleich*. Abbildung 10 zeigt einen Auszug der vorgenommenen Gewichtungen. Am Beispiel der Komponente „Produktentstehungsprozess" wird die Gewichtungssystematik erläutert. Die Kennzahlen „time to market" und „Ersttrefferquote" bilden die Komponente „Produktentstehungsprozess" und ergeben zusammen 100 %. Zieht die SiCo zusätzlich individuelle Kennzahlen hinzu, sind die Gewichtungen entsprechend auf 100 % anzupassen. Die Komponente „Produktentstehungsprozess" ist mit 15 % in der Dimension „Prozesse" gewichtet. Die weiteren drei Komponenten dieser Dimension „Auftragsgewinnungsprozess", „Auftragserfüllungsprozess" und „Prozessstandardisierung" sind mit 15 %, 30 % sowie 40 % gewichtet. Die Dimension „Prozesse" bildet 40 % des Strukturkapitals ab, die verbleibenden 60 % setzen sich aus den „Innovationen" (40 %) und dem „Markenimage" (20 %) zusammen.

Ausgangspunkt für die Bildung der Indexwerte ist die Zielerreichung einzelner

Dimensionen	Komponenten	Kennzahlen	Einheit	Klassifikation	Wert 2004	Gewichtung
Prozesse						40
	Produktentstehung					15
		time to market	Monate	Standard	24	50
		Ersttrefferquote	%	Standard	60	50
				Individuell	0	
				Individuell	0	
	Auftragsgewinnung					15
		Angebotstrefferquote	%	Standard	65	70
		Auftragsgewinnung	TStück	Standard	50	30
				Individuell	0	
				Individuell	0	
	Auftragserfüllung					30
		Auslastungsgrad	%	Standard	88	30
		Lieferfähigkeitsgrad	%	Standard	95	40
		Gewährleistungsaufwand in % v. Umsatz	%	Standard	2	30
				Individuell	0	
				Individuell	0	
	Standardisierung					40
		Standardisierungsgrad	%	Standard	30	100
				Individuell	0	
				Individuell	0	
Innovationen						40
	Produktinnovation					70
		Anzahl eingeführter Produktinnovationen	Anz.	Standard	2	60
		Umsatzanteil der in den letzten 3 Jahren eingeführten Produkte	%	Standard	75	40
				Individuell	0	
				Individuell	0	
	Prozessinnovation					30
		Anzahl Prozessinnovationen	Anz.	Standard	4	50
		Rationalisierung	T€	Standard	150	50
				Individuell	0	
				Individuell	0	
Image						20
	Image					100
		Bekanntheitsgrad	%	Standard	95	30
		Umsatzveränderung (pro Marke)	%	Standard	10	70
				Individuell	0	
				Individuell	0	

Abbildung 10: Gewichtung der Strukturkapital-Kennzahlen

BEWERTUNG UND STEUERUNG

Dimensionen	Komponente	Standard-Kennzahlen	Einheit	Plan 2004	Ist 2004	Zielerreichung in %	Punktwert	Gewichtung in %	Indexwert
STRUKTURKAPITAL									8,82
Prozesse								40	3,05
	Produktentstehung							15	1,24
		time to market	Monate	20	24	80,00	8,0	50	4,00
		Erstrefferquote	%	70	60	85,71	8,5	50	4,25
	Auftragsgewinnung							15	1,40
		Angebotstrefferquote	%	90	85	94,44	9,4	70	6,61
		Auftragsgewinnung	TStück	55	50	90,91	9,1	30	2,73
	Auftragserfüllung							30	2,60
		Auslastungsgrad	%	95	88	92,63	9,3	30	2,78
		Lieferfähigkeitsgrad	%	98	95	96,94	9,7	40	3,88
		Gewährleistungsaufwand in % v. Umsatz	%	1,5	2	66,67	6,7	30	2,00
	Standardisierung							40	2,40
		Standardisierungsgrad (allg.)	%	50	30	60,00	6	100	6,00
Innovationen								40	4,00
	Produktinnovation							70	7,00
		Anzahl Produktinnovationen	Anzahl	2	2	100,00	10	60	6,00
		Umsatzanteil der in den letzten 3 Jahren eingeführten Produkte	%	70	75	107,14	10	40	4,00
	Prozessinnovation							30	3,00
		Anzahl Prozessinnovationen	Anzahl	4	4	100,00	10	50	5,00
		Rationalisierung pro Prozessinnovation	T€	130	150	115,38	10	50	5,00
Image								20	1,77
	Image							100	8,83
		Bekanntheitsgrad	%	95	95	100,00	10	30	3,00
		Umsatzveränderung (pro Marke)	%	12	10	83,33	8,3	70	5,83

Abbildung 11: Berechnung von Indexwerten für Strukturkapital

wichtung. In der Fallstudie ergibt sich der Index des „Standardisierungsgrads" infolge einer Multiplikation des Punktwertes von 6,0 mit der Gewichtung von 100 %. Ergebnis ist der Indexwert von 6,0 Punkten. Analog werden die Ergebnisse auf Komponenten- und Dimensionsebene aggregiert. Daraus bestimmt sich ein Indexwert des Strukturkapitals von 8,82 Punkten. Diese dimensionslose Zahl fasst die unterschiedlichen Einheiten, Komponenten und Dimensionen in einer Gesamtaussage zusammen und vereinfacht die Kommunikation der Steuerungsgrößen.

Um die Wirtschaftlichkeit transparenter zu machen und dadurch die Aufmerksamkeit des Managements zu erhöhen, erfolgt eine Monetarisierung des intellektuellen Kapitals. Die Komponenten intellektuellen Kapitals fließen als Treiber des Unternehmenswertes in die Quantifizierung mit ein. Am Beispiel der Komponente „Produktinnovation" wird die *Quantifizierung* vorgestellt. In dem innovationsgetriebenen Unternehmen SiCo GmbH & Co. KG hängt der Wettbewerbsvorteil maßgeblich vom Erfolg der Produktinnovationen ab.

Die Monetarisierung setzt an den Innovationsumsätzen und den zugehörigen Aufwandswerten an. Zu einem Großteil sind diese auf Personalaufwendungen der Forschungs- und Entwicklungsabteilung zurückzuführen. Um Mehrfachzählungen des Umsatzes bei der Berechnung einzelner Komponenten zu vermeiden, wird er auf diese aufgeteilt. Die Aufsplittung des Gesamtumsatzes erfolgt analog der Komponentengewichtungen. Die Innovationsgewinne werden über die Lebensdauer der betrachteten Produktinnovationen prognostiziert und mit einem risikoadäquaten Zinssatz diskontiert. Die SiCo GmbH & Co. KG legt einen gewichteten Kapitalkostensatz von 8,5 % zugrunde. Für die Berechnung des Wertes der Produktinnovationen im Jahr 2004 werden folgende weitere Informationen benötigt: Lebensdauer der Produkte (5 Jahre), F&E-Aufwendungen (10,5 Mio. €), Umsatz aus Produktinnovationen (42 Mio. €) (150 Mio. € Umsatzerlöse *0,28 Komponentengewichtung) und Gewinnsteigerung p. a. (3 %).

Der Wert der Produktinnovation ergibt sich aus der Summe der barwertigen Produktinnovationsgewinne der Jahre 2004 – 2008 und beträgt 131,1 Mio. €. Dies bedeutet, dass die SiCo GmbH & Co. KG mit zukünftigen (Netto-)Gewinnen aus Produktinnovationen von 131,1 Mio. € rechnet.

■ Fazit

Das vorgestellte Konzept zum Controlling von Strukturkapital und zur Erstellung einer Wissensbilanz veranschaulicht einen Ausschnitt des Projektes „Immaterielle Vermögenswerte" am Institut für Strategie und Controlling der Hochschule Heilbronn. Das Gesamtkonzept beinhaltet die weiteren Bereiche des intellektuellen Kapitals, das Human- und Beziehungskapital. Es ist darauf ausgelegt, mit vertretbarem Aufwand Transparenz in die immateriellen Werttreiber zu bringen und deren Steuerung zu ermöglichen. Eine einfache Datenerhebung ist für die Wahrung der Kosten-Nutzen-Relation erforderlich, schränkt allerdings die Güte der Kennzahlen ein. Das ISC-Konzept bietet eine leicht individualisierbare Branchenlösung für mittelständische Maschinenbauunternehmen, wobei die Unternehmen mit einer höheren Datenqualität und Individualisierung auch einen höheren Aufwand in Kauf nehmen

	2004	2005	2006	2007	2008	Summe
Gewinn in Mio. €	31,5	32,5	33,4	34,4	35,5	
Gewinn (Barwert)	29	27,6	26,1	24,8	23,6	131,1

Abbildung 12: Quantifizierung Produktinnovation

müssen. Das Projekt wurde in Zusammenarbeit mit den Kooperationspartnern praktisch erprobt und unterstützt die Unternehmen bei der Steuerung ihrer immateriellen Wertreiber.

Literatur

ALWERT, K./HEISIG, P./MERTINS, K.: Wissensbilanzen – Intellektuelles Kapital erfolgreich nutzen und entwickeln, in: Wissensbilanzen – Intellektuelles Kapital erfolgreich nutzen und entwickeln, ALWERT, K./HEISIG, P./MERTINS, K. (Hrsg.), Berlin 2005.

DAUM, J.: Intangible Assets oder die Kunst, Mehrwert zu schaffen, Bonn 2002.

EDVINSSON, L./BRÜNIG, G.: Aktivposten Wissenskapital. Unsichtbare Werte bilanzierbar machen, Wiesbaden 2000.

LEV, B./DAUM, J.: Intangible Assets: Neue Ansätze für Unternehmenssteuerung und Berichtswesen, in: Neugestaltung der Unternehmensplanung, HORVATH, P./GLEICH, R. (Hrsg.), Stuttgart 2003, S. 33 – 49.

PwC Deutsche Revision AG (Hrsg.): Immaterielle Werte und andere weiche Faktoren in der Unternehmensberichterstattung – eine Bestandaufnahme, Frankfurt am Main 2003.

STEWARD, T.: Der vierte Produktionsfaktor. Wachstum und Wettbewerbsvorteile durch Wissensmanagement, München 1998.

STOI, R.: Controlling von Intangibles. Identifikation und Steuerung der immateriellen Werttreiber, in: Controlling, 15. Jg. (2003), Heft 3/4, S. 175 – 183.

ZELLNER, M./BÜSSOW, T.: Das Unsichtbare sichtbar machen, in: Harvard Business Manager, 26. Jg. (2004), Heft 9, S. 49 – 57.

Das Übungsbuch zur internationalen Rechnungslegung

Walther Busse von Colbe/
Dieter Ordelheide
Konzernabschlüsse
Übungsaufgaben zur Bilanzierung nach IAS/IFRS und HGB
Unter Mitarbeit von Günther Gebhardt/
Bernhard Pellens/Carsten Theile
10., vollst. überarb. Aufl. 2005.
VIII, 275 S. Br. EUR 34,90
ISBN 3-409-36757-8

Ab 2005 müssen kapitalmarktorientierte Mutterunternehmen auf Grund der EU-Verordnung von 2002 ihre Konzernabschlüsse nach den Standards des IASB aufstellen; andere Unternehmen dürfen es gemäß § 315 a HGB.

Das Übungsbuch „Konzernabschlüsse" ist daher in der zehnten Auflage stärker auf die IAS/IFRS ausgerichtet. Insbesondere liegen den Aufgaben und Lösungen die durch das Improvementprojekt revidierten IAS 21 „The Effects of Changes in Foreign Exchange Rates", IAS 27 „Consolidated and Separate Financial Statements", IAS 28 „Investment in Associates" und IAS 36 „Impairment of Assets" sowie der neue IFRS 3 „Business Combinations" zu Grunde. Absehbare Weiterentwicklungen der IAS/IFRS (z.B. die Full-Goodwill-Methode) wurden bereits berücksichtigt. Auch die Regelungen des HGB mit ihren jüngsten Änderungen sind in die Aufgaben und Lösungen integriert, weil nicht notierte, insbesondere mittelständische Unternehmen, zumindest vorerst ihre Konzernabschlüsse weiterhin nach dem HGB aufstellen werden. Alle Übungsaufgaben sowie die ausführlichen Musterlösungen einiger Aufgaben entsprechen dem aktuellsten Stand.

www.gabler.de

Änderungen vorbehalten. Erhältlich im Buchhandel oder beim Verlag.

Abraham-Lincoln-Str. 46 · 65189 Wiesbaden · Tel: 06 11.78 78-626

BEWERTUNG UND STEUERUNG

Unternehmenssteuerung mit Wissensbilanzen – Möglichkeiten und Grenzen

Thomas W. Günther

Zur Notwendigkeit von „Wissensbilanzen"

Im letzten Jahrzehnt ist die Forderung nach einer Ergänzung der finanzwirtschaftlich dominierten Unternehmenssteuerung lauter geworden. Die Auslöser hierfür sind vielfältig und die Argumente werden aus unterschiedlichen Perspektiven hervorgebracht:

- In den führenden wesentlichen Volkswirtschaften kommt dem sekundären Sektor der weiterverarbeitenden Industrie ein rückläufiger Anteil am Bruttosozialprodukt zu, nachdem bereits nach dem zweiten Weltkrieg der Primärsektor (Landwirtschaft und Rohstoffgewinnung) zurückgeführt wurde. Die *höhere Bedeutung des tertiären Bereiches* der Dienstleistungen in einer Informations- und Wissensgesellschaft führt jedoch zu einer Akzentverschiebung der zur Wertschöpfung erforderlichen Ressourcen. Physische greifbare Ressourcen verlieren zugunsten von so genannten immateriellen Ressourcen ihre Bedeutung. Deren Steuerung stellt die Unternehmen vor neue Herausforderungen, da das klassische Methodenrepertoire nach wie vor auf tangible Ressourcen (materielle und finanzielle Ressourcen) ausgerichtet ist.

- Als Konsequenz hiervon werden die über Jahrhunderte seit Luca Pacioli weiter entwickelten (Finanz-)Jahresabschlüsse in Frage gestellt. Ausgehend vom anglo-amerikanischen Ziel des financial reporting, der „decision usefulness", fordert bereits der Bericht der sog. Jenkins-Kommission des AICPA 1994 die Weiterentwicklung des „Financial Accounting" zum „*Business Reporting*" (AICPA 1994). Diese im deutschsprachigen Raum als „*Value Reporting*" bezeichnete Bewegung führt zu Entwürfen einer umfassenderen Unternehmensberichterstattung (z. B. AK Externe Unternehmensrechnung 2002, S. 2337 ff., Labhardt 1999, S. 222 ff., Ruhwedel/Schultze 2002, S. 60 ff. oder Saitz/Wolbert 2002, S. 321 ff.). Ein Teilaspekt des Value Reporting ist auch die Forderung nach einer erweiterten Berichterstattung über immaterielle Ressourcen, die durch die derzeit beschränkte Aktivierbarkeit selbsterstellter immaterieller Ressourcen in der externen Rechnungslegung bedingt ist (vgl. für HGB-Abschlüsse z. B. das Aktivierungsverbot nach § 248 Abs. 2 HGB). Dies führt zur Forderung nach einem eigenständigen Berichterstattungsteil, der als Intellectual Capital Statement (z. B. AK Immaterielle Werte im Rech-

- Der Beitrag gibt einen Überblick über verschiedene Ansätze zur Gewinnung von Wissensbilanzen.
- Dabei stehen diejenigen Ansätze im Vordergrund, die primär für die Unternehmenssteuerung eingesetzt werden können.
- Ansätze zur Nutzung und Weiterentwicklung der Steuerung von immateriellen Werten mit der Hilfe von Wissensbilanzen werden aufgezeigt.
- Abschließend werden Möglichkeiten und Grenzen der Unternehmenssteuerung mit Wissensbilanzen kritisch beleuchtet.

nungswesen 2005, S. 82 ff., Danish Ministry of Science, Technology and Innovation 2003), Intellectual Property Statement (z. B. Maul/Menninger 2000) oder auch Wissensbilanz (z. B. Austrian Research Centers 2000, Maul 2000, Leitner 2003, BMWA 2004) bezeichnet wird. Sveiby fordert eine Verlängerung der Bilanz um immaterielle Ressourcen (Sveiby 1997, S. 11). Günther & Günther diskutieren zusätzlich den Einbezug ökologischer

Prof. Dr. Thomas W. Günther, Lehrstuhl für betriebliches Rechnungswesen/Controlling, Technische Universität Dresden, Mommsenstraße 13, D-01062 Dresden (Germany),

E-Mail: Lehrstuhl.Controlling@mailbox.tu-dresden.de,
Web-Site speziell zu Intangibles:
http://www.tu-dresden.de/intangibles/

Ressourcen (Günther/ Günther 2003). Gleichzeitig zeigen vielfältige Kapitalmarktstudien (z. B. Aboody/Lev 1998 und Deng/Lev/Narin 1999) die Wertrelevanz einzelner Informationen über immaterielle Werte (wie z. B. F&E-Aufwendungen oder Patente).

- Parallel und teilweise ohne fachlichen Austausch hierzu entwickelt sich die Disziplin des *Wissensmanagement* als primär organisational und personal geprägter Ansatz, der in Wissensbilanzen ein Instrument zur Entwicklung von Wissensressourcen im Unternehmen sieht (z. B. der Ansatz des AK Wissensbilanzen in BMWA 2004).
- Speziell in wissens- und forschungsintensiven *Non-Profit-Organisationen* entsteht das Problem, dass deren Leistungsstand und Entwicklungspotenzial mit finanzwirtschaftlichen Kenngrößen schwer darstellbar ist. Hier entwickeln sich Wissensbilanzen als spezielle Performance Measurement-Ansätze, um mittels umfassender Indikator-Ansätze deren Leistung messen zu können (z. B. führend der Ansatz des Austrian Research Centers 2000 und die Verpflichtung zur Erstellung von Wissensbilanzen gemäß § 13 Abs. 6 des österreichischen Universitätsgesetzes 2002).
- Doch auch in Unternehmen stellen immaterielle Ressourcen noch Entwicklungsdefizite in *Performance Measurement-Systemen* dar, die auf die beschränkte Validität und Reliabilität der Indikatoren und die Furcht vor der Aufdeckung wettbewerbsrelevanter Daten zurückgeführt werden können (vgl. z. B. die empirischen Befunde bei Günther/Grüning 2002, S. 7 ff. und bei Günther/Beyer/Menninger 2005, S. 101 ff.).

Die aufgeführten Gründe unterstreichen die Bedeutung, die der Messung und Steuerung von immateriellen Ressourcen zukommt. Im Rahmen dieses Beitrages sollen dabei insbesondere die Möglichkeiten und Grenzen zur Unternehmenssteuerung und weniger der Beitrag zum Business bzw. Value Reporting herausgearbeitet werden.

Unter *„Wissensbilanzen"* werden nachfolgend *ressourcenumfassende Multi-Indikatorsysteme* verstanden, die mittels von Kennzahlen als proxy-Variablen für den Wert von immateriellen Ressourcen ein umfassendes Bild über den erreichten Stand und die Entwicklung der immateriellen Ressourcen liefern sollen. Sie versuchen nicht nur eine immaterielle Ressource, sondern zeitgleich mehrere immaterielle Ressourcen darzustellen *(ressourcenumfassend)*, so z. B. zeitgleich das Humankapital, Strukturkapital und Kundenkapital in Abgrenzung zu Ansätzen, die sich nur einer Ressource widmen (wie z. B. Markenbewertungsverfahren oder Technologiebilanzen). Sie fußen auf mehreren Indikatoren, die entweder lose oder in einem sachlogischen Zusammenhang nebeneinander gestellt werden *(Multi-Indikatorsysteme)*. In der Abgrenzung zu Mono-Indikatorsystemen wird keine Aggregation zu einer Spitzenkennzahl (wie z. B. beim IC-Index™ nach Roos et al. 1997, S. 79 ff.) angestrebt, sondern mehrere Indikatoren nebeneinander dargestellt. Da i. d. R. die Ausrichtung an der Vision und Strategie des Unternehmens als sachlogischer Zusammenhang gewählt wird, ähnelt die Vorgehensweise in der Methodik und in der Ableitung denen von Performance Measurement-Systemen. Der deutsche Begriff der „Wissensbilanzen" erweckt fälschlicherweise den Bezug zum Jahresabschluss mit der Bilanz als Gegenüberstellung von Vermögen und Kapital. Dieser dopische Zusammenhang wird jedoch in den Wissensbilanz-Ansätzen nicht verfolgt. Prägnanter ist m. E. der englischsprachige Begriff des *„Intellectual Capital Statements"*, der etwas holprig mit „Darstellung des intellektuellen Vermögens" übersetzt werden könnte.

Diskutierte Wissensbilanzkonzepte

In Wissenschaft und Praxis wurden in den letzten Jahren eine Reihe von Wissensbilanz-Ansätzen entwickelt. Die Ansätze lassen sich in Konzepte, die primär der Unternehmensberichterstattung dienen, und in Konzepte, die primär die Unternehmenssteuerung unterstützen, klassifizieren. Letztere stehen im speziellen Fokus dieses Beitrages.

1. *Ansätze primär zur Unternehmensberichterstattung*
- *PwC Reporting Framework* zur Identifikation und Bewertung von intangible assets im Auftrag des Dutch Ministry of Economics (Backhuijs et al. 1999)
- *Intellectual Property Statement* (nach Maul/Menninger 2000, S. 529 ff.)
- *Value Chain Scoreboard* (nach Lev 2001, S. 110 ff.)
- Modell der *Wissensbilanzierung für österreichische Universitäten* (Leitner et al. 2001 und Leitner 2003)
- Framework zur Berichterstattung über immaterielle Werte der *Italian Association of Financial Analysts (AIAF)* 2002 in Zusammenarbeit mit der Universität Ferrara (Prof. Stefano Zambon)
- Framework zur Berichterstattung über immaterielle Werte der norwegischen Vereinigung der Finanzanalysten *(Norske Finansanaltikeres Forening (NFF))* 2003 in Zusammenarbeit mit der Norwegian School of Management, Oslo (Prof. Hanno Roberts))
- *3R-Modell* (nach Ordóñez de Pablos 2004, S. 3 ff.)
- *Intellectual Capital Statement* (des AK Immaterielle Werte im Rechnungswesen 2005, S. 65 ff.).

2. *Ansätze primär zur Unternehmenssteuerung:*
- *Skandia Navigator* (nach Edvinsson/Malone 1997, S. 65 ff.)
- *Intellectual Capital Navigator* (nach Stewart 1997, S. 245 ff.)
- *Intangible Assets Monitor* (nach Sveiby 1997, S. 11)
- Guidelines for Managing and Reporting on Intangibles des *Meritum Projekt* (Meritum Project 2000)
- *Danish Guidelines* for Intellectual Capital Statements (Danish Agency for Trade and Industry 2000 und Danish Ministry of Science, Technology and Innovation 2003a)
- Wissensbilanz-Modell des *Austrian Research Centers (ARC)* (z. B. ARC 2000)
- Wissensbilanz-Modell des *AK Wissensbilanz* (BMWA 2004)

BEWERTUNG UND STEUERUNG

Da der Schwerpunkt dieses Beitrages auf der *Unternehmenssteuerung* liegt, sollen nachfolgend drei Modelle beispielhaft vorgestellt werden. Mit dem Skandia Navigator wurde der „Klassiker" und der Ausgangspunkt der Diskussion der Wissensbilanzen neben den beiden jüngeren Ansätzen, der Danish Guidelines und des Ansatzes des AK Wissensbilanzen ausgewählt.

Skandia Navigator

Der sog. *Skandia Navigator* war einer der ersten Ansätze, immaterielle Ressourcen systematisch zu messen. Entwickelt wurde der Ansatz beim schwedischen Dienstleistungsunternehmen Skandia, initiiert und vorangetrieben vor allem von Leif Edvinsson. Skandia veröffentlichte in den Jahren 1994 bis 1998 den Skandia Navigator als Supplement zu seinem Jahresabschluss. Nach Edvinsson/Malone setzt sich der Marktwert aus dem Financial Capital und dem Intellectual Capital zusammen. Letzteres kann wiederum in Human- und Strukturkapital unterteilt werden. Das Strukturkapital wird durch das Customer Capital und das Organizational Capital bestimmt. Das Organizational Capital wiederum kann in Innovation und Process Capital zerlegt werden (Edvinsson/Malone 1997, S. 52). Den Ursprung des Modells von Skandia bildet die Idee, dass Unternehmen nachhaltig Wert schaffen, indem Sie Visionen verfolgen und daraus resultierende Strategien systematisch umsetzen. Aus der Strategie lassen sich Erfolgsfaktoren ableiten, die in die in Abbildung 1 dargestellten Fokusbereiche aufgeteilt werden können. Edvinsson/Malone greifen zur Erklärung auf die Metapher eines Hauses zurück. Der Finanzfokus stellt das Hausdach dar, der die Vergangenheit des Unternehmens betrachtet und traditionelle Kennzahlen, wie z. B. Jahresabschlussgrößen, enthält. Die Wände des Hauses bilden der Kunden- und Prozessfokus, die beide die Gegenwart veranschaulichen. Der Erneuerungs- und Entwicklungsfokus bildet das Fundament des Hauses. Seine Indikatoren messen, wie gut sich ein Unternehmen durch z. B. Mitarbeitertraining oder Produktentwicklung auf die Zukunft vorbereitet, und wie effektiv es z. B. durch die Aufgabe schrumpfender Märkte die obsolete Vergangenheit zurücklässt. Schließlich bildet der Humanfokus das Zentrum des Hauses, das das Herz, die Seele und Intelligenz der Organisation verkörpert und mit allen anderen Fokusarealen interagiert.

Auf der Basis Ihrer Erfahrungen mit Skandia entwickeln Edvinsson/Malone einen universellen Navigator und bieten einen Fundus von Indikatoren an, mit denen immaterielle Ressourcen gemessen werden können (Edvinsson/Malone 1997, S. 151 – 155). In darauf aufbauenden Ansätzen wird versucht, die Kennzahlen zu Spitzenkennzahlen durch Aggregation zu verdichten (z. B. der *IC-Index*™ nach Roos et al. 1997, S. 79 ff.). Dass auch Wissensbilanzen nicht unternehmerische Schieflagen verhindern können, zeigt die Tatsache, dass Skandia vor einigen Jahren in erhebliche finanzielle Probleme geriet und 1998 letztmalig der Skandia Navigator veröffentlicht wurde.

Neben seiner Pionierfunktion als eines der ersten Indikatorensysteme zur Messung von immateriellen Ressourcen ist vor allem die Intention zu unterstreichen, die Entwicklung immaterieller Ressourcen nach außen transparent werden zu lassen. Interessant ist der bewusste Einbezug von traditionellen finanziellen Kriterien, da letztendlich sich auch die Schaffung immaterieller Ressourcen in finanziellem Erfolg auswirken muss. Die von Edvinsson/Malone vorgeschlagenen Indikatoren bergen jedoch den Mangel, dass sie primär aus pragmatischen Gesichtspunkten entstanden sind und daher eine theoretische oder empirische Basis fehlt. Ursache-Wirkungs-Zusammenhänge wie in der Balanced Scorecard werden zwar postuliert und teilweise verbal erläutert, jedoch nicht systematisch in das Konzept integriert. So bleibt z. B. fraglich, ob die Frauenquote beim Indikator „number of employees" im Focusareal „Human Focus" im Skandia Navigator 1996 der American Skandia eine aussagekräftige Größe ist, um Humankapital messen zu können. Die damit intendierte Ursache-Wirkungs-Kette bleibt m. E. ebenfalls unklar. Die fehlende Validität und Reliabilität der Indikatoren ist jedoch eine generelle Kritik, die sich Wissensbilanzen aufgrund ihres im Vergleich zu materiellen oder finanziellen Größen schwieriger greifbaren Messgegenstandes generell gefallen lassen müssen.

Der Skandia Navigator dient nicht nur der externen Berichterstattung, sondern der Bereitstellung von Informationen über immaterielle Ressourcen generell. Eine systematische Verknüpfung mit der internen Unternehmenssteuerung i. S. eines Controlling von immateriellen Ressourcen tritt jedoch in der Bedeutung hinter der Informationsbereitstellung zurück.

Wissensbilanzkonzept der AG Wissensbilanzen

Im Rahmen seiner Initiative „Fit für den Wissenswettbewerb" führte das *BMWA*

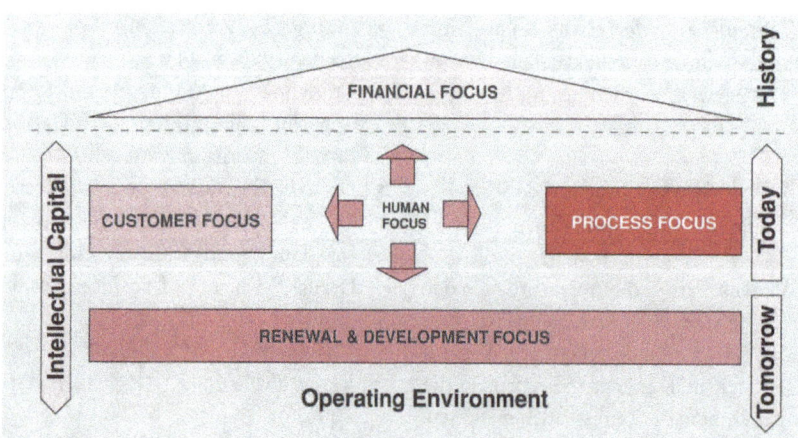

Abbildung 1: Skandia Navigator (in Anlehnung an Edvinsson/Malone 1997, S. 68)

ein finanziell gefördertes Pilotprojekt durch, in dem von 14 mittelständischen Unternehmen Wissensbilanzen erstellt wurden. Da es Intention der BMWA-Initiative ist, die Idee der Wissensbilanz weiter voranzutreiben, wurde ein Leitfaden zur Wissensbilanzierung erstellt, der das Modell des *Arbeitskreises „Wissensbilanz" (AK-BW)* darstellt (BMWA 2004). Der Arbeitskreis „Wissensbilanz" selbst ist ein Zusammenschluss interessierter Praktiker, Berater und Wissenschaftler, die sich bereits seit mehreren Jahren mit den Themenfeldern Wissensmanagement und Messung von Intellectual Capital beschäftigen.

Das Wissensbilanzmodell des Arbeitskreises „Wissensbilanz" soll einerseits eine Hilfestellung zur Entscheidungsfindung sein, da es verschiedene erfolgsrelevante Aspekte veranschaulicht und andererseits als ein Werkzeug zur Bestandsaufnahme des im Unternehmen verwendeten Intellektuellen Kapitals dienen. Der Ansatz ist damit primär auf die Unternehmenssteuerung und erst sekundär auf die externe Unternehmensberichterstattung ausgerichtet. Dies zeigt sich auch darin, dass zwei der 14 Pilotunternehmen (die Bürgel GmbH und die aap Implantate AG) ihre erstellten Wissensbilanzen bisher nicht veröffentlicht haben.

Ausgangspunkt der Erstellung einer Wissensbilanz ist wiederum die Vision und die Strategie des Unternehmens im Abgleich mit den Risiken und Chancen des Unternehmensumfeldes. Aus der Strategie und Vision des Unternehmens werden Maßnahmen abgeleitet, wie sich das Unternehmen entsprechend der „Dimensionen des Intellektuellen Kapitals, nämlich Human-, Struktur- und Beziehungskapital" positionieren will. Dies geschieht im Austausch mit sonstigen materiellen und finanziellen Ressourcen, die jedoch in der Wissensbilanz nicht betrachtet werden. Damit ist eine Integration z. B. mit Performance Measurement-Systemen wie der Balanced Scorecard nicht intendiert. Neben den drei Dimensionen werden die Beziehungen zwischen diesen sog. „Wissensprozessen" mit den Geschäftsprozessen des Unternehmens betrachtet. Letztlich sollen die Stellschrauben für den Geschäftserfolg dargestellt werden (Abbildung 2).

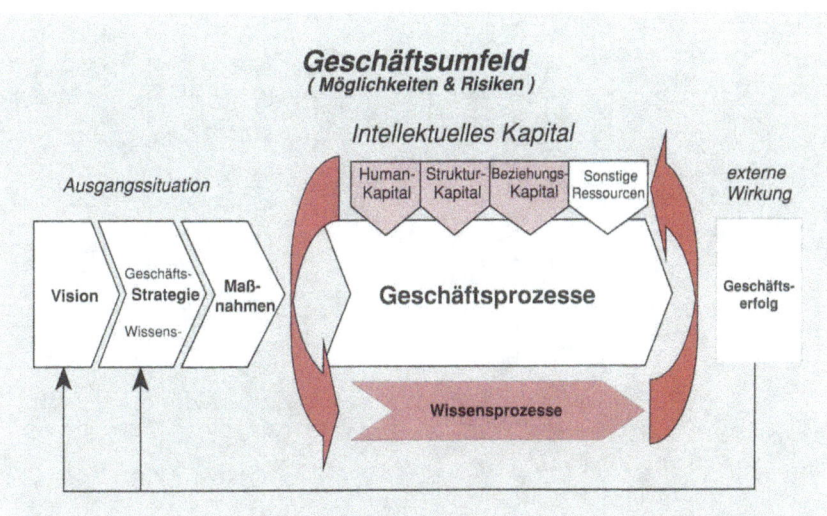

Abbildung 2: Wissensbilanz-Modell des Arbeitskreises „Wissensbilanz" (BMWA 2004, S. 15)

Zur Entwicklung einer Wissensbilanz kann ein *Sechs-Phasen-Prozess* herangezogen werden:

1) Beschreibung der Ausgangssituation (Chancen und Risiken im Geschäftsumfeld, Strategie des Unternehmens).
2) Erfassung des Intellektuellen Kapitals (Analyse der Leistungsprozesse, Erfassung der Einflussfaktoren auf Human-, Struktur- und Beziehungskapital).
3) Bewertung des Intellektuellen Kapitals (in den Dimensionen Quantität, Qualität und Systematik der Verfolgung der Einflussgrößen; Visualisierung als Bewertungs-Portfolio/Wissenslandkarte des Unternehmens).
4) Erarbeitung der Indikatoren für das Intellektuelle Kapital (getrennt nach den IC-Kategorien Human-, Struktur- und Beziehungskapital; Zeitvergleich mit Vorperioden; Bewertung und Einschätzung der Zielerreichung).
5) Interne und externe Kommunikation der Wissensbilanz.
6) Steuerung des Intellektuellen Kapitals (Analyse von Ursache-Wirkungsbeziehungen in einem Wirkungsnetz).

Ein festes Indikatorenraster ist in dem Wissensbilanz-Modell nicht vorgegeben; Beispiele aus anderen Wissensbilanzen können, so die Autoren, genutzt werden, sind jedoch unternehmensspezifisch anzupassen. Weitere Vorgaben, wie z. B. die Zerlegung in Input-, Prozess- oder Outputgrößen erfolgen in dem BMWA-Leitfaden nicht. Etwas Verunsicherung stiften die m. E. nicht konsistent benutzten Begriffe. So werden z. B. nach der Betrachtung der Leistungsprozesse Einflussfaktoren auf die IC-Kategorien abgeleitet. In der von Gomez/Probst abgeleiteten Einflussmatrix (vgl. Gomez/Probst 1991, S. 32) tauchen dann jedoch wieder als ein Beispiel für Einflussfaktoren die Leistungsprozesse auf, aus denen eigentlich die Einflussfaktoren für die drei betrachteten immateriellen Ressourcen abgeleitet werden sollten. Unklar bleibt auch, wie die Steuerung erfolgen soll. Eine Verknüpfung z. B. mit dem Budgetierungs- oder Anreizsystem wird im Leitfaden nicht erläutert. In den vom BMWA im Rahmen des Pilotprojektes durchgeführten Workshops blieben entsprechende Fragen weitgehend untangiert bzw. der individuellen Ausgestaltung durch die Unternehmen überlassen. Ein Blick in die erstellten Wissensbilanzen nährt auch Zweifel, ob die von den Pilotunternehmen ausgewählten Indikatoren valide und zuverlässige Größen für das Intellektuelle Kapital der Unternehmen sind (z. B. die Anzahl der Lehrlinge oder Mitarbeiter als Indikator für das Humankapital in den Wissensbilanzen von Schneider/Konrad oder SSL Maschinenbau).

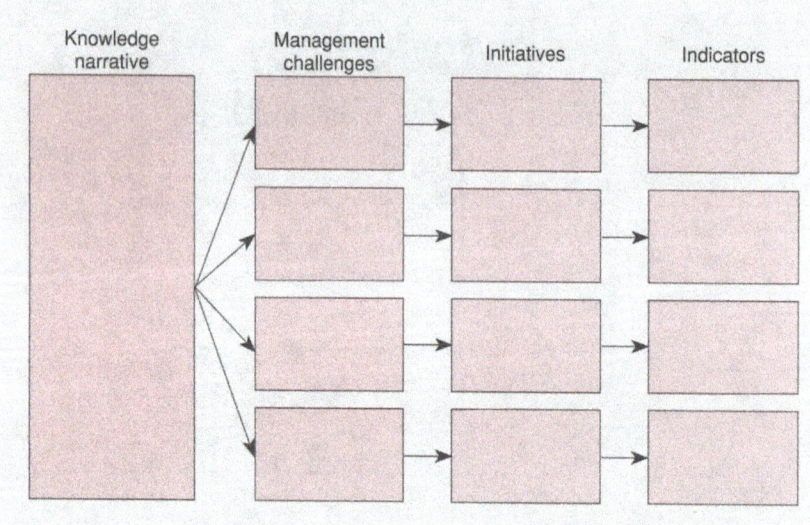

Abbildung 3: Modell der Wissensbilanz nach den Danish Guidelines (Danish Ministry of Science, Technology and Innovation 2003a, S. 13)

Die Qualität der erstellten Pilotbilanzen erscheint sehr unterschiedlich.

Methodisch interessant ist jedoch die Ergänzung um das *Wirkungsnetz*, das Ursache-Wirkungs-Beziehungen darzustellen vermag, sowie das *Bewertungs-Portfolio*, auch *Wissenslandkarte* genannt. Hier wäre jedoch eine Verknüpfung über die Indikatoren des Intellectual Capital hinaus mit finanziellen oder prozessualen Kennzahlen z. B. im Sinne der Strategy Map nach Kaplan/Norton sinnvoll. Es bleibt unklar, ob diese Vorgehensweise beabsichtigt bzw. bewusst ausgeschlossen wird. Da Unternehmen ohnehin auch Strategieimplementierung über die Balanced Scorecard betreiben, wäre eine Verknüpfung i. S. einer Reduktion von Doppelarbeit sinnvoll.

Der Ansatz ist in seiner Gesamtheit eher ein Ausfluss des Wissensmanagements und der Organisationsentwicklung als ein Controlling-Ansatz. Die ursprünglich beabsichtigte Verankerung mit Elementen des internen Steuerungssystems wie z. B. der Budgetierung oder des Reportings kommt dadurch etwas zu kurz. Die von den Autoren beabsichtigte Entscheidungsunterstützung wird nicht dargestellt, obwohl sie analog zur Balanced Scorecard über die Verknüpfung von Indikatoren mit Maßnahmen hergestellt werden könnte.

Die Dänischen Guidelines for Intellectual Capital Statements

Die *Guidelines for Intellectual Capital Statements* sind das Ergebnis eines dänischen Pilotprojektes, in dem 17 dänische Unternehmen bereits mit dem Jahre 1998 beginnend IC Statements entwickelten (Danish Agency for Trade and Industry 2000 und Danish Ministry of Science, Technology and Innovation 2003a). Die Guidelines wurden von der Danish Agency for Trade and Industry koordiniert; die Erarbeitung erfolgte gemeinsam durch Berater von Arthur Andersen und von Hochschullehrern der Copenhagen Business School (Prof. Jan Mouritsen) sowie The Aarhus School of Business (Prof. Per Nikolaj D. Bukh).

Auch im Ansatz der Danish Guidelines wird ein *Phasen-Prozess* zur Entwicklung des IC Statements vorgeschlagen:
1) Knowledge Narrative (Identifikation des Kundennutzens (use value) und der internen Wertschöpfungsbedingungen (Conditions of production))
2) Management Challenges (Ableitung der Zielsetzungen für das Management zur Erreichung der Wissensziele und der Schaffung von Kundennutzen)
3) Initiatives (Ableitung einer konsistenten Strategie und von Maßnahmen des Unternehmens zum Wissensmanagement)
4) Indicators (Indikatoren zur Messung der Erreichung von Wissenszielen; Zerlegung der Indikatoren in die IC-Kategorien Employees, Customers, Processes und Technology)
5) External Statement (Vorschlag für einen strukturierten Aufbau des IC Statements)

Für das *veröffentlichte IC Statement* wird folgende Struktur angedacht. Beginnend mit einer Übersicht zur Struktur und zu Beziehungen zwischen einzelnen Elementen des IC Statements folgt ein „Director's Knowledge Report" in Anlehnung an die Management Discussion & Analysis (MD&A), der die ersten drei Stufen in obigem Prozessschema erläutert. Anschließend folgt eine Darstellung des Unternehmens (Größe, Produkte, Organisation etc.). Nachfolgend werden die vier IC-Kategorien mit Ihren Indikatoren dargestellt. Diese können auch, wie in den jüngeren ARC-Wissensbilanzen, nach den Managementzielen sortiert sein. Abschließend folgt der Auditor's report, falls die IC Statements vom Wirtschaftsprüfer bestätigt wurden und eine Darstellung der „accounting policy".

Der ältere Guideline enthält im ersten Anhang eine ausführliche Darstellung von *Fallstudien* anhand der Unternehmen Carl Bro, Systematic und ATP, im neuen Leitfaden werden die IC Statements von Maxon Telecom und Odense Customs and Tax Region präsentiert. Besonders hervorzuheben ist die umfangreiche Sammlung von Indikatoren für die vier IC-Kategorien Employees, Customers, Processes und Technology im zweiten Anhang des älteren Guidelines. Die Indikatoren werden dabei nach Resource Mix (Inputgrößen), Upgrade oder Activities (Prozessgrößen) und Impacts oder Effects (Outputgrößen) differenziert.

In dem dänischen Ansatz wird auch aufgezeigt, wie erstellte IC Statements für interne und externe Zwecke analysiert werden können. Hierzu kann z. B. auf das nachfolgend dargestellte *Analysemodell* zurückgegriffen werden (Abbildung 4). Dieses strukturiert die in dem IC Statement bereit gestellten Kennzahlen zunächst nach den vier IC-Kategorien (Employees, Customers, Processes und Technologies) und zugleich nach dem Charakter der Kennzahlen in „Resources" (Input) (Welche (Wissens-)Ressourcen hat ein Unternehmen?), „Activities" (Prozess) (Welche Aktivitäten werden unternommen, um die Wissensressourcen weiter zu entwickeln?) und „Effects" (Output) (Welche Ergebnisse wurden hiermit erreicht?).

Der dänische Ansatz betont die externe Berichterstattung, wenngleich sich auch interessante Ansatzpunkte für die interne Steuerung finden lassen. Dies zeigt sich auch in der Akzeptanz des Ansatzes in der Praxis. Das dänische Ministerium verweist auf über 100 Unternehmen, die nach diesen Regeln vorgehen, das Ministerium listet selbst jedoch nur 41 Organisationen auf (www.videnskabsministeriet.dk/cgi-bin/docshow.cgi?doc_id=119650&doctype=831& left menu =NYHEDER, Download 15.10.2004), die diese Berichte auch veröffentlichen. Aufgrund der beschränkten Größe der Unternehmen liegen nur 7 davon in Englisch auswertbar vor. Die interne Steuerung scheint die externe Berichterstattung zu dominieren. Bemerkenswert am Ansatz der Danish Guidelines ist der umfangreiche Fundus an Indikatoren, der mitgeliefert wird und für Unternehmen, die erst anfangen, sich mit Wissensbilanzen zu beschäftigen, eine wertvolle Einstiegsgrundlage bietet. Interessant ist auch die bewusste Betonung des logischen Zusammenhangs zwischen Kundennutzen, Managementzielen, Maßnahmen und Indikatoren, die mit der Vorgehensweise von Performance Measurement-Ansätzen einhergeht. Das Intellectual Capital Statement wird dadurch zu einer speziellen Balanced Scorecard. Die bewusste verbale Darstellung von Unternehmensstrategien und hieraus abgeleiteter Management challenges, Initiatives und Indicators erleichtert den Zugang zur Gewinnung von Wissensbilanzen und hilft, die Verankerung in der Strategie plastisch zu veranschaulichen. Auch bei diesem Ansatz ist ein Defizit in der Verbindung mit der klassischen Controllingsicht bei der internen Steuerung festzustellen.

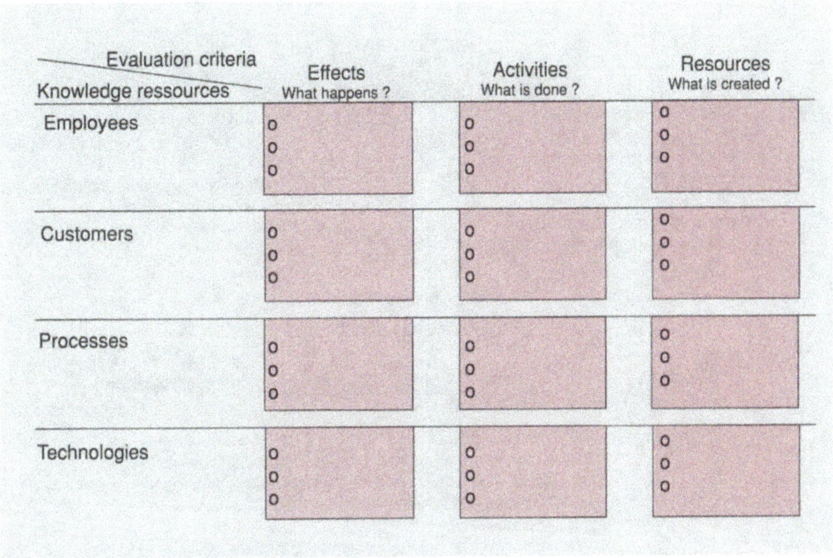

Abbildung 4: Analysemodell der Danish Guidelines (Danish Ministry of Science, Technology and Innovation 2003b, S. 7)

Unternehmenssteuerung mit Wissensbilanzen

Wie die drei vorgestellten Ansätze zeigen, können Wissensbilanzen ihre Wirkung nur entfalten, wenn sie dem Management bei der Unternehmenssteuerung behilflich sind. Es ist sicherlich unstrittig, dass immaterielle Ressourcen in der Unternehmenssteuerung bisher stiefmütterlich behandelt werden. Überträgt man den generellen, kybernetischen Controlling-Kreislauf auf immaterielle Ressourcen, zeigen sich folgende *Fragestellungen für das Management* (Abbildung 5):

Wissensbilanzen sind in der Lage die meisten dieser Fragen zumindest partiell zu beantworten. Der Schwerpunkt der bisherige Entwicklung von Wissensbilanzen liegt insbesondere in der ersten Phase der Identifikation und Bewertung und damit der Information über den Istzustand des Unternehmens. Wissensbilanzen setzen hierzu auf mehrdimensionale Indikatorensysteme, wie sie auch für Performance Measurement-Ansätze genutzt werden. Die Verknüpfung von Wissensbilanzen mit Elementen der traditionellen Unternehmenssteuerung ist jedoch auch konzeptionell noch dürftig. Mangels Erfahrungen in der Nutzung von Wissensbilanzen in der Unternehmenspraxis liegen Best Practices zu den Phasen Entwicklung und Nutzung hierzu noch nicht vor. Folgende *Ansatzpunkte zur Unternehmenssteuerung* mit Wissensbilanzen bestehen und sind konzeptionell noch auszubauen:

- *Budgetierung:*
Zur Entwicklung von immateriellen Ressourcen (wie z. B. zur Führungskräfte- und Personalentwicklung oder zur Steigerung der Innovationskraft) sind Budgets festzulegen. Die Dimensionierung dieser Budgets orientiert sich derzeit noch an vergangenen Inputgrößen. Prinzipiell stellt sich jedoch die Frage, welche finanziellen und personellen Mittel zu Erreichung eines bestimmten Outputs eingesetzt werden müssen. Diese Frage spielt insbesondere in Non-Profit-Organisationen und bei Querschnittsbereichen in Unternehmen (z. B. Zentrale Personalabteilung, F&E etc.), bei denen Sachziele über den finanziellen Formalzielen stehen, eine große Rolle. Daher ist nicht verwunderlich, dass z. B. Wissensbilanzen in nennenswertem Umfang bereits in Forschungs- und Bildungseinrich-

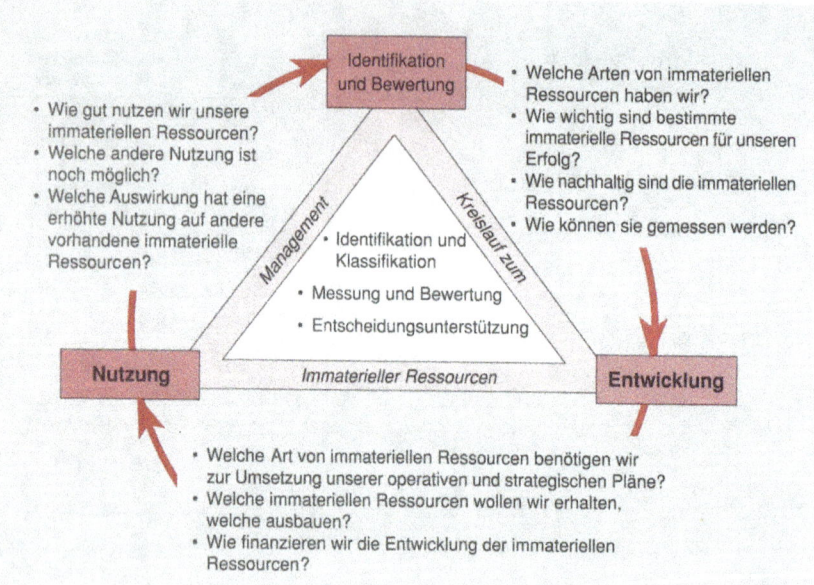

Abbildung 5: Management-Kreislauf für immaterielle Ressourcen (Günther/Kirchner-Khairy/Zurwehme 2004, S. 162)

tungen zu finden sind bzw. hier (z. B. Austrian Research Centers 2000) entwickelt wurden. Methodisch ergeben sich jedoch ähnliche Probleme wie bei der Ableitung sog. strategischer Budgets oder wie beim Übergang von der traditionellen Budgetierung zur Idee des Beyond Budgeting, sodass hier die Konzepte analog übertragen werden könnten.

• *Internes Reporting:*
Die Indikatoren der Wissensbilanz können in das interne Reporting integriert und mit Soll- oder Zielwerten versehen werden. Hier kann auf vorhandene Methoden aus der Anwendung von Performance Measurement-Systemen (z. B. Ampel-Darstellungen, Cockpit- oder Radar-Charts etc.) zurückgegriffen werden. Wissensbilanzen machen jedoch deutlich, dass neben dem monetären Reporting gezielt ein Reporting über wesentliche immaterielle Werte aufzubauen ist. Hier ist der Umsetzungsstand in der Unternehmenspraxis jedoch noch unzureichend (vgl. z. B. die festgestellte Informationslücke in der Studie von Günther/Beyer/Menninger 2005).

• *Zielvereinbarung und Anreizsysteme:*
Die Erreichung von Zielwerten für Indikatoren kann auch in vorhandene Systeme der Zielvereinbarung und der monetären Vergütung integriert werden. Unternehmen arbeiten auch jetzt schon bei Führungskräften und Teams mit individuell festgelegten Zielkriterien, sodass Indikatoren zur Schaffung von immateriellen Ressourcen, sofern sie valide, reliabel und nachvollziehbar sind, hier integriert werden können. Aus der in einer Wissensbilanz enthaltenen relativ großen Zahl sind jedoch dann die von der jeweiligen Führungskraft steuerbaren Indikatoren auszuwählen.

• *Entscheidungsunterstützung:*
Wissensbilanzen sind kein Selbstzweck, sondern sollen das Management in die Lage versetzen, das Unternehmen besser steuern zu können. Da die Indikatoren jedoch i. d. R. nicht-monetärer Natur sind, lassen sie sich nur schwer in traditionelle monetär geprägte Entscheidungskalküle (z. B. Deckungsbeitragsanalysen, Break-Even-Analysen, Kostenvergleiche etc.) integrieren. Es verbleiben z. B. Alternativenbewertungen auf der methodischen Basis von Nutzwert- (Scoring) oder AHP-Modellen. Darüber hinaus sind in den Unternehmen Erfahrungen aufzubauen, wie mehrere, nebeneinander stehende Indikatoren, die noch dazu als weniger objektiv als finanzielle Steuergrößen gelten, interpretiert und zur Steuerung genutzt werden können.

Nachfolgend soll daher beispielhaft unter Rückgriff auf das Analysemodell der Danish Guidelines (Abbildung 4) aufgezeigt werden, welche *alternativen Fragen* auf der Basis von Wissensbilanzen aufgeworfen und beantwortet werden können:

1) Zeigt die Wissensbilanz weiße Flecken in den Maßnahmen des Unternehmens? Werden einzelne Ressourcen vom Unternehmen nicht bearbeitet bzw. spielen Sie für die Strategie oder das Geschäftssystem des Unternehmens keine Rolle? *(Strategiekonsistenz)*

2) Ist die Messung der immateriellen Ressourcen ausreichend und umfassend oder werden z. B. nur Inputgrößen (wie z. B. Mitarbeiterausstattung, F&E-Aufwand) und nicht die Outputgrößen erfasst? *(Messkonsistenz)*

3) Wurden intern gesetzte Ziele für die Indikatoren erreicht? Aus welchen Gründen wurden Sie nicht erreicht? Konnte die (immaterielle) Ressourcenausstattung des Unternehmens verbessert werden? *(Zielerreichungskontrolle i. S. Soll/Ist-Vergleich, Abweichungsanalyse evtl. Zielrevision)*

4) Zeigen sich z. B. trotz Maßnahmen oder Investitionen in immaterielle Ressourcen keine Wirkungen (Outputs) und was sind mögliche Ursachen hierfür? *(Maßnahmenkontrolle)*

5) Wie entwickelt sich das Unternehmen im Zeitablauf? *(Zeitvergleich i. S. Ist-Ist-Vergleich)*

6) Gibt es zumindest partiell externe Vergleichwerte? Wie sieht das Unternehmen im Vergleich hierzu aus? *(Benchmarking)*

Möglichkeiten und Grenzen von Wissensbilanzen

Wissensbilanzen stellen eine interessante Alternative dar, immaterielle Ressourcen, die in den Unternehmen unbestreitbar eine herausragende Rolle für die Wertschöpfung übernehmen, zu messen und damit auch zu steuern. Dennoch liegen

Licht und Schatten bei diesem relativ neuen Konzept noch dicht zusammen:

Genereller Nutzen von Wissensbilanzen:

- Wissensbilanzen stellen eine Rückbesinnung auf die einem Unternehmen zur Verfügung stehenden Ressourcen und deren Nutzung dar. Sie sind daher dem ressourcenorientierten Ansatz der Unternehmenssteuerung zuzuordnen. Sie werfen die Frage auf, welche Ressourcen zur Erzielung von Markterfolgen *(market based view)* notwendig sind bzw. worin die Quellen für Markterfolge bestehen.
- Die entwickelten Ansätze sind durch mindestens drei unterschiedliche Quellen geprägt. Zum ersten dienen Sie der Umsetzung des Wissensmanagements und der Darstellung der Generierung und Nutzung von Wissen in Unternehmen. Zum zweiten werden Sie als Instrument zu einer erweiterten externen Berichterstattung in Ergänzung zum Jahresabschluss propagiert und drittens stellen Sie ein Instrumentarium zum Management und Controlling von immateriellen Ressourcen i. S. einer (internen) Unternehmenssteuerung dar. Es wäre begrüßenswert, wenn diese unterschiedlichen Sichten und Schwerpunktsetzungen zu einem *einheitlichen Ansatz* integriert werden könnten.
- Für die Nutzung von Wissensbilanzen für die interne Steuerung bleibt nach wie vor ungeklärt, wie die *Indikatoren der Wissensbilanz*, z. B. im Bereich des Human- oder Innovationskapitals, zur Ressourcenallokation, Budgetierung oder Zielerreichungsmessung genutzt werden können. Die vorhandenen Ansätze setzen primär auf die Dokumentation bzw. Information und nur unzureichend auf die Steuerung von Organisationen.
- Werden Wissensbilanzen zu einer umfassenden Steuerung von immateriellen Werten weiterentwickelt, stellt sich die Frage, wie die *Schnittstellen zu angrenzenden „Managementsystemen"* wie z. B. dem Qualitätsmanagementsystem, dem Umweltmanagementsystem oder dem Performance Measurement-System (z. B. eine Balanced Scorecard) ausgestaltet werden können. Die genannten Management-Systeme verarbeiten teilweise identische Indikatoren und Messobjekte, verfolgen jedoch unterschiedliche Zielsetzungen. Auch hier wäre ein integriertes Managementsystem, das sowohl die spezifischen Zielsetzungen von Umweltschutz, Qualitätsmanagement oder grundlegend der Leistungsmessung befriedigt, wünschenswert.
- Gleichzeitig sehen sich Unternehmen einer zunehmenden *Flut von geforderten Berichten* sowohl im Innen- aber vor allem im Außenverhältnis ausgesetzt (Umweltberichterstattung, Wissensbilanzen oder IC Statements, Corporate Social Responsibility Reports, Sustainability Reports nach GRI etc.). Auch in der externen Berichterstattung wäre eine stärkere Integration der unterschiedlichen Berichte wünschenswert.
- Trotz dieser durchaus analytisch plausiblen Gründe für die Erstellung von Wissensbilanzen ist die *Umsetzung in der Unternehmenspraxis derzeit noch spärlich*. Durch staatlich geförderte Pilotprojekte in Dänemark durch die Danish Agency for Trade and Industry und später das Danish Ministry of Science, Technology and Innovation und in Deutschland durch das Bundesministerium für Wirtschaft und Arbeit (BMWA) stieg die Zahl der erstellten und der veröffentlichten Wissensbilanzen. Es ist jedoch eine große Diskrepanz zwischen der Zahl der öffentlich z. B. auf den Web-Sites des dänischen und deutschen Ministeriums und der Zahl der tatsächlich in deutscher oder englischer Sprache zugänglichen Wissensbilanzen festzustellen. Auf der Website des dänischen Wissenschaftsministeriums befindet sich z. B. eine Liste von 41 Unternehmen mit Wissensbilanzen (www.vidensk absministeriet.dk/cgi-bin/doc-show. cgi?doc_id=119650&doc_type=831 &leftmenu=NYHEDER, Download 15.10.2004.), die jedoch zum Teil nur in Dänisch veröffentlicht sind bzw. zum Teil weder auf der Homepage der Firmen noch von diesen direkt zu bekommen sind. Auch von dem deutschen Wissensbilanz-Projekt des BMWA sind zwei der 14 erstellten Wissensbilanzen nicht veröffentlicht. Nach unseren eigenen Recherchen sind derzeit öffentlich Wissensbilanzen „nur" von 42 Unternehmen und Organisationen weltweit verfügbar. Die relative geringe Zahl deutet auf erhebliche Widerstände bei der Erstellung von Wissensbilanzen hin, die vielfältiger Natur sein können. Nach der Studie von Günther/Beyer/Menninger werden diese Hindernisse vor allem in der eingeschränkter Messbarkeit und Objektivierbarkeit sowie in der Furcht vor Nachteilen im Wettbewerb gesehen (Günther/Beyer/Menninger 2005, S. 128).

Ausgestaltung der Indikatorensysteme:

- Der Vergleich der Wissensbilanzkonzepte zeigt bisher noch *kein einheitliches Konzept* bzgl. der Strukturierung der IC-Kategorien, der Auswahl der Indikatoren und bezüglich deren Definition und Messung. Viele Ansätze scheinen rein erfahrungsgetrieben entwickelt worden zu sein; der Versuch einer empirischen Validierung der Kennzahlen ist nur bei der Value Chain Scorecard nach Lev (Lev 2001, S. 110 ff.) in Teilen unternommen worden.
- Da die Indikatoren die Träger der Information sind, stellt sich bei kritischer Durchsicht der vorhandenen Wissensbilanzen die Frage, ob die generellen Kriterien einer Messung, die *Validität* (Wird das gemessen, was gemessen werden soll?), *Reliabilität* (Führt eine erneute Messung zum selben Ergebnis?), *Objektivität* (Führt die Messung durch eine andere Person zum selben Ergebnis?) und *Wirtschaftlichkeit* (Steht der Aufwand der Messung in Relation zum Informationsnutzen?) gewährleistet ist. Es ist jedoch zu beachten, dass immaterielle Ressourcen eine andere Natur als materielle und finanzielle Ressourcen aufweisen und damit auch schwieriger zu messen sind. Die Erwartung der Nutzer an die Messbarkeit ist z. B. im

Bereich des Humankapitals sicherlich höher als das tatsächlich Mögliche. Der Nutzer wird sich zwangsläufig an eine andere Datenqualität gewöhnen müssen.
- Zudem kann in den meisten Fällen ein *kausaler Zusammenhang* von Ressourcen-Input und Markt-Output bei derzeitigem Entwicklungsstand nicht nachgewiesen werden (Welcher Zusammenhang besteht z. B. zwischen dem Indikator Altersstruktur der Belegschaft und der Schaffung von Humankapital? Ist junges oder eher älteres Personal wünschenswert?). Soll der Ansatz der Wissensbilanz nicht scheitern, ist hier die Wissenschaft gefragt, vermutete Kausalitäten zu klären (vgl. z. B. erste Ergebnisse zum Human Capital bei Günther/Neumann 2005). Dies erfordert jedoch eine interdisziplinäre Zusammenarbeit bislang historisch getrennt arbeitender Bereiche. Der Controller wird sich zukünftig mit Ergebnissen der Marktforschung als auch der Arbeitspsychologie auseinander setzen müssen, um Kundenkapital bzw. Humankapital adäquat messen zu können.
- Bei der *Interpretation und Steuerung mittels Indikatoren* ist Vorsicht angebracht, da sich Messkonzepte (z. B. für Mitarbeiter- oder Kundenzufriedenheit) unterscheiden, unzureichendes Wissen über mögliche Ausprägungen besteht (Ist z. B. 10 % Fluktuation gut oder schlecht für das Unternehmen?), die wiederum zu Problemen bei der Festlegung von Soll- und Zielwerten führen. Die Interpretation von Wissensbilanzen erfordert einen Lernprozess sowohl von Erstellern als auch von Adressaten zur Destillation robuster Interpretationsmuster, Aussagen und Bedeutungszusammenhänge.
- Begrüßenswert ist die Intention einiger Wissensbilanzansätze, Indikatoren gezielt auf den *unternehmensspezifischen Kontext* sowie die dahinter stehenden Strategien i. S. eines Strategy Map abzustellen. Diese Spezifität schränkt jedoch wiederum die unternehmensübergreifende Vergleichbarkeit der Indikatorenausprägungen i. S. eines Benchmarking ein.
- Ungeklärt ist nach wie vor die *Klassifikation von IC-Kategorien*. Wenngleich der Zerlegung in Human-, Strukturund Beziehungskapital eine dominierende Rolle zugewiesen wird, gibt es Überschneidungen zwischen den Kategorien. So lässt sich z. B. der Markenwert von Oetker gleichzeitig auf die Talente und die Innovationskraft des Humankapitals als auch auf die exzellente Gestaltung der Kundenbeziehungen mittels Marketing zurückführen. Der Wert von immateriellen Ressourcen kann nicht wie ein Inventar aufaddiert werden, sondern weist multiplikative Verknüpfungen auf, die sich der traditionellen Bilanzlogik entziehen. Daher ist der Begriff Wissens b i l a n z auch unglücklich, da er genau diese Bilanz-Assoziation unterstützt.

Die Relevanz von immateriellen Werten für den Erfolg von Unternehmen und damit für die Unternehmenssteuerung ist unstrittig. Wissensbilanzen bieten konzeptionell den Ansatz, um immaterielle Ressourcen bewusst steuern zu können. Der Nutzen der Wissensbilanzen ist jedoch an die konkrete praktische Ausgestaltung der Wissensbilanz geknüpft. Da hierzu erst wenige Erfahrungen vorliegen und auch die betriebswirtschaftliche Forschung noch am Anfang steht, wird der Einsatz von Wissensbilanzen zumindest in den nächsten Jahren immer mit Unsicherheiten verbunden bleiben. Daher kann der Inschrift eines Schildes in Albert Einsteins Büro in Princeton mit folgendem Inhalt nur beigepflichtet werden:

"Not everything that counts, can be counted, and not everything that can be counted, counts"

Literatur

ABOODY, D./LEV, B.: The Value-Relevance of Intangibles: The Case of Software Capitalization, in: Journal of Accounting Research, Vol. 36 (1998), Supplement, S. 161 – 191.

AICPA (ed.): Improving Business Reporting – a Customer Focus, Meeting Information Needs of Investors and Creditors, Jersey City, N. J. 1994.

Arbeitskreis „Externe Unternehmensrechnung" der Schmalenbach-Gesellschaft für Betriebswirtschaft e.V.: Grundsätze für das Value Reporting, in: Der Betrieb, 55. Jg. (2002), S. 2337 – 2340.

Arbeitskreis „Immaterielle Werte im Rechnungswesen" der Schmalenbach-Gesellschaft für Betriebswirtschaft e.V.: Corporate Reporting on Intangibles – A Proposal from a German Perspective, in: Schmalenbach Business Review, Current Issues in Financial Reporting and Financial Statement Analysis, Vol. 56 (2005), Special Issue 2, S. 65 – 100.

Austrian Research Centers (ARC): Wissensbilanz 1999, www.arcs.ac.at/publik/fulltext/wissensbilanz/ARCS_Wissensbilanz_1999.pdf, Download 01.09.2004, Seibersdorf 2000.

BACKHUIJS, J. B./HOLTERMAN, W. G. M./OUDMAN, R. S./OVERGOOR, R. P. M./ZIJLSTRA, S. M.: Reporting on Intangible Assets, Final Report for the Benefit of the Dutch Ministry of Economic Affairs and the Intangible Assets Pilot Project Sounding Board Group, www.oecd.org/dataoecd/61/43/1947807.pdf, Download 10.04.2004, Amsterdam 1999.

Bundesministerium für Wirtschaft und Arbeit (BMWA): Wissensbilanz – Made in Germany, Leitfaden 1.0 zur Erstellung einer Wissensbilanz, Dokumentation Nr. 536, Berlin 2004.

Danish Agency for Trade and Industry: A Guideline for Intellectual Capital Statements – A Key to Knowledge Management, Stand: 30.08.2001, www.efs.dk/publikationer/rapporter/guidelineICS/ren.htm, Download 07.06.2002, Kopenhagen 2000.

Danish Ministry of Science, Technology and Innovation: Intellectual Capital Statements – The New Guideline, www.videnskabsministeriet.dk/fsk/publ/2003/guideline_uk/guideline_uk.pdf, Download 24.10.2004, Kopenhagen 2003a.

Danish Ministry of Science, Technology and Innovation: Analysing Intellectual Capital Statement, www.videnskabsministeriet.dk/fsk/publ/2003/guideline_uk/guideline_uk.pdf, Download 24.10.2004, Kopenhagen 2003b.

DENG, Z./LEV, B./NARIN, F.: Science & Technology as Predictors of Stock Performance, in: Financial Analysts Journal, Vol. 55 (1999), S. 20 – 32.

EDVINSSON, L./MALONE, M. S.: Intellectual Capital – Realizing your company's true value by finding its hidden brainpower, London 1997.

GOMEZ, P./PROBST, G. J. B.: Vernetztes Denken für die strategische Führung eines Zeitschriftenverlages, in: PROBST, G. J. B./GOMEZ, P. (Hrsg.):

Vernetztes Denken – Ganzheitliches Führen in der Praxis, 2. Aufl., Wiesbaden 1991, S. 23 – 39.

GÜNTHER, E./GÜNTHER, T.: Zur adäquaten Berücksichtigung von immateriellen und ökologischen Ressourcen im Rechnungswesen, in: Controlling, 15. Jg. (2003), Heft 3/4, S. 191 – 199.

GÜNTHER, T./BEYER, D./MENNINGER, J.: Does Relevance Influence Reporting about Environmental and Intangible Success Factors? – Empirical Results from a Survey of „New Economy" Executives, in: Schmalenbach Business Review, Vol. 56 (2005), Special Issue 2, S. 101 – 138.

GÜNTHER, T./GRÜNING, M.: Performance Measurement-Systeme im praktischen Einsatz, in: Controlling, 14. Jg. (2002), Heft 1, S. 5 – 13.

GÜNTHER, T./KIRCHNER-KHAIRY, S./ZURWEHME, A.: Measuring Intangible Resources for Managerial Accounting Purposes, in: HORVATH, P./MÖLLER, K. (Hrgs.): Intangibles in der Unternehmenssteuerung, München 2004, S. 159 – 185.

GÜNTHER, T./NEUMANN, P.: Measuring Human Capital – A meta-analytic structural equation analysis of cause and effects, in: Dresdner Beiträge zur Betriebswirtschaftslehre, Nr. 100, Working paper, TU Dresden 2005.

Italian Association of Financial Analysts (AIAF): The Communication of Intangibles and Intellectual Capital: An Empirical Model of Analysis, Official Report No. 106, University of Ferrara, January 2002.

LABHARDT, P. A.: Value Reporting, Informationsbedürfnisse des Kapitalmarktes und Wertsteigerung durch Reporting, Diss., Zürich 1999.

LEITNER, K.-H.: Wissensbilanzierung – Ein neues Instrument für die Steuerung und das Reporting von Universitäten: Hintergrund, Implementierung und Erfahrungen, in: Österreichische Rektorenkonferenz (Hrsg.): Wissensbilanz: Bilanz des Wissens? – Die Wissensbilanz für Universitäten im UG 2002, Wien 2003, S. 18 – 34.

LEITNER, K.-H./SAMMER, M./GRAGGOBER, M./SCHARTINGER, D./ZIELOWSKI, CH.: Wissensbilanzierung für Universitäten, Auftragsprojekt für das BMBWK, Seibersdorf Research Report ARC-S-0145, Oktober 2001, www.systemforschung.arcs.ac.at/Publikationen/21.pdf, Download 10.04.2004.

LEV, B.: Intangibles: Management, Measurement and Reporting, Washington 2001.

MAUL, K.-H.: Die Wissensbilanz als Teil des handelsrechtlichen Jahresabschlusses – Wissensbilanzen dargestellt am Beispiel des Jahresabschlusses von Hochschulen, in: Deutsches Steuerrecht, 47. Jg. (2000), S. 2009 – 2016.

MAUL, K.-H./MENNINGER, J.: Das „Intellectual Property Statement" – eine notwendige Ergänzung des Jahresabschlusses?, in: Der Betrieb, 53. Jg. (2000), S. 529 – 533.

MERITUM PROJECT: Guidelines for Managing and Reporting on Intangibles (Intellectual Capital Report), www.fek.su.se/home/bic/meritum/download/index.html#Guide, Download 01.10.2004.

Norske Finansanalytikeres Forening (NFF): Recommended guidelines for additional information on value creation, Oslo 2003.

ORDÓÑEZ DE PABLOS, P.: A guideline for building an intellectual capital statement: the 3R model, in: International Journal of Learning and Intellectual Capital, Vol. 1 (2004), No. 1, S. 3 – 18.

ROOS, J./ROOS, G./DRAGONETTI, N.C./EDVINSSON, L.: Intellectual Capital: Navigating in the New Business Landscape, New York 1997.

RUHWEDEL, F./SCHULTZE, W.: Value Reporting: Theoretische Konzeption und Umsetzung bei den DAX 100-Unternehmen, in: Zeitschrift für betriebswirtschaftliche Forschung, 54. Jg. (2002), Heft 7, S. 602 – 632.

SAITZ, B./WOLBERT, J. (2002): Value Reporting – Einstieg in eine neue Dimension der kapitalmarktorientierten Unternehmensberichterstattung, in: Controlling, 14. Jg. (2002), Heft 6, S. 321 – 326.

STEWART, T. A.: Intellectual Capital: The New Wealth of Organizations, London 1997.

SVEIBY, K. E.: The New Organizational Wealth: Managing and Measuring Knowledge-Based Assets, San Francisco 1997.

Anzeige

BEWERTUNG UND STEUERUNG

Controlling von Wissen

Arnold Picot / Rahild Neuburger

Wissen stellt eine wichtige Ressource dar, deren zielorientierte Steuerung von immer mehr Unternehmen als strategische Aufgabe beurteilt wird. Unweigerlich stellt sich in diesem Zusammenhang die Frage, ob und in welcher Weise ein Controlling von Wissen und Wissensmanagement möglich ist und welche Controlling-Instrumente hier sinnvoll eingesetzt werden können. Diese Frage steht im Mittelpunkt der folgenden Ausführungen. Ausgehend von der Bedeutung von Wissen für Unternehmen werden zunächst die Aufgaben eines Wissenscontrollings konkretisiert, bevor an Hand von konkreten Wissenscontrolling-Instrumenten gezeigt wird, dass Controlling von Wissen durchaus in einem gewissen Umfang möglich und sinnvoll ist.

● Wissen stellt eine wichtige Ressource dar, deren zielorientierte Steuerung von immer mehr Unternehmen als strategische Aufgabe beurteilt wird und somit auch einem Controlling unterzogen werden sollte.
● Allerdings ist das Controlling von Wissen schwierig, da es sich bei Wissen um eine persönliche, individuelle Ressource handelt, deren Erwerb, Austausch und Nutzung von zahlreichen personellen, organisatorischen und technischen Einflussfaktoren abhängig ist.
● Aufgaben des Controllings von Wissen sind die Steuerung der Identifikation und Bewertung von Wissen als Basis für die Definition und Abgrenzung unternehmensspezifischer Wissensprozesse sowie die Steuerung dieser Wissensprozesse.
● Der Einsatz von Controlling-Instrumenten wie die Methoden der Wissensbewertung, die Wissensbilanz oder die Kosten-Nutzen-Analyse sind durchaus sinnvoll im Sinne eines Anregungs- und Systematisierungspotenzials, aber auf Grund der Vielzahl an Einflussfaktoren schwierig umzusetzen.
● Zudem erfordern Steuerung und Koordination von Wissensprozessen auch indirekte Methoden, zu denen v. a. die Prüfung und Gestaltung von organisatorischen, technischen und Führungsstrukturen zählen.

■ Ausgangspunkt: Zunehmende Bedeutung von Wissen

Um auf die Möglichkeiten eines Controllings von Wissen näher eingehen zu können, ist zunächst zu klären, was Wissen überhaupt ist. Der wesentliche Unterschied zu anderen Produktionsfaktoren wie Gebäude oder Maschinen besteht in dem Merkmal der Immaterialität. Da diese Gemeinsamkeit mit der Ressource Information zu vielfältigen Verwechslungen und Missverständnissen führt, erscheint es zunächst sinnvoll, diese beiden Begriffe näher abzugrenzen (vgl. z. B. Polanyi 1962, Picot/Fiedler 2000, Fiedler 2004). Denn Wissen ist etwas anderes als Information. Vor dem Hintergrund einer semiotischen Betrachtungsweise lassen sich *Informationen* als bedeutungstragende Zeichen auffassen, an denen zum Erreichen eines Ziels Interesse besteht. *Wissen* lässt sich dagegen als subjektive, d. h. unter spontaner, oftmals unbewusster Zuhilfenahme individueller Vorerfahrungen erfolgende Vernetzung von Informationen verstehen. Dadurch wird es dem Träger ermöglicht, Erkenntnisse zu gewinnen, spezifisches Handlungsvermögen aufzubauen und bestimmte Aktionen in Gang zu setzen. Wissen steigt in der Regel durch häufigeren Gebrauch und vielfältigere Verknüpfung im Wert, während Informationen meist schnell durch die fehlende Handlungsstiftung an Wert verlieren.

Aus ökonomischer Sicht besteht Wissen somit nicht nur in der Ansammlung und Interpretation von Informationen, sondern v. a. in der Fähigkeit zur wertschöpfenden Anwendung und Verwendung. Dabei kann es sich um Fachwissen, aber auch um Kunden- oder Lieferantenwissen, Prozess- und Organisationswissen oder methodisches Wissen handeln.

Prof. Dr. Dres. h.c. Arnold Picot
Vorstand des Instituts für Information, Organisation und Management,
Munich School of Management,
Ludwig-Maximilians-Universität
München,

Ludwigstr. 28, 80539 München.
E-Mail: picot@lmu.de

Unabhängig von der zugrunde liegenden Wissensart wird in der Literatur zwischen explizitem und implizitem Wissen unterschieden. Aufgrund seines stets subjektiven Charakters ist Wissen im engeren Sinne letztlich nicht explizierbar (Polanyi 1985; Neuweg 2001); dennoch macht die tendenzielle Unterscheidung pragmatischen Sinn. Während *explizites Wissen* artikulier- und transferierbar, also insofern auch dokumentierbar ist, ist dies bei *implizitem Wissen* nur begrenzt oder gar nicht möglich. Ein Beispiel für explizites Wissen ist z. B. das Wissen über die Funktionen eines E-Mail-Programms, während zum impliziten Wissen z. B. spezifisches, in mehreren Jahren aufgebautes Kundenwissen zählt. Eine weitere Differenzierung von Wissensbegriffen, wie sie in der Literatur mitunter vorgenommen wird (z. B. Scheuble 1998) erscheint für die zugrunde liegende Fragestellung nicht relevant und unterbleibt daher.

Die *Frage*, die sich in dem hier betrachteten Zusammenhang stellt, ist, welche Bedeutung Wissen in Unternehmen spielt, und ob dies den Einsatz von Controlling und Controlling-Instrumenten überhaupt rechtfertigt bzw. ermöglicht.

Es sind mehrere Entwicklungen, die die zunehmende *Bedeutung von Wissen* in Unternehmen begründen: die Notwendigkeit der Differenzierung, das Bedürfnis nach Risikoteilung sowie die Entwicklung vom klassischen Produktgeschäft zum Wissensgeschäft (vgl. näher Picot/Fiedler 2000). Veränderte Marktbedingungen wie v. a. die Digitalisierung der Wertschöpfungsprozesse sowie die Verschmelzung materieller und immaterieller Leistungen führen zu sinkenden Eintrittsbarrieren und – damit einhergehend – wachsenden Wettbewerb. Um der Entwicklung schrumpfender Wettbewerbsvorteile gegensteuern zu können, ist Differenzierung notwendig. Dies erfordert wiederum Aktiva, die nicht jedem (wie z. B. die Informationsvielfalt des World Wide Web) zugänglich sind. Nicht zugängliches überlegenes Wissen (Expertise; vgl. Fiedler 2004) kann diese Rolle eines Aktivpostens etwa in Form von besonderen Fähigkeiten im Bereich von Wertschöpfungs- und Innovationsprozessen übernehmen und somit zu entscheidenden Wettbewerbsvorteilen führen. Wissen wird somit häufig zum einzig möglichen Differentiator. Gleichzeitig lässt sich aber feststellen, dass die verschärften Wettbewerbsbedingungen das Bedürfnis nach Risikoteilung erhöhen. Daher wundert es kaum, dass Unternehmen in zunehmendem Maß Kooperationen und Allianzen mit Partner- oder sogar Wettbewerbsunternehmen eingehen. Die Qualität dieser Verbindungen hängt stark vom Grad der gegenseitigen Zugänglichkeit zum eigenen Wissen ab. Denn nur bei Gewährung äquivalenter Wissensbeiträge ist von einer win-win-Situation und damit von funktionierenden Kooperationen auszugehen.

Schließlich entwickelt sich das Produktgeschäft immer mehr zu einem *Wissensgeschäft*. Denn einerseits werden keine Sach- oder Dienstleistungen nachgefragt, sondern zunehmend Leistungsbündel, die aus materiellen und immateriellen Komponenten bestehen; andererseits erfolgt die Erstellung dieser Leistungsbündel mit Hilfe verschiedener standortverteilter Partner, mit denen unterschiedlich enge Beziehungen bestehen. Damit dies möglich ist, ist Wissen und dessen Koordination erforderlich. Zum einen Wissen über die Möglichkeiten der Verschmelzung von materiellen und immateriellen Komponenten zum Nutzen des Kunden, zum anderen Wissen darüber, wie diese Leistungsbündel erstellt und an die Kunden verteilt werden können sowie welche standortverteilten Partner hierfür welche Ressourcen zur Verfügung stellen können. An die Stelle des Unternehmens als Fabrik tritt zunehmend die Metapher des Unternehmens als Küche. Denn entscheidend ist weniger die zur Verfügung gestellte Produktionskapazität als vielmehr das Wissen über die spezifische Zusammenführung von „Ingredienzien", also das „Rezept" zur Leistungserstellung.

Wenn dies so ist, dann stellt Wissen zunehmend die unternehmerische Kernressource dar, die – wie andere Ressourcen auch – einem Controlling unterzogen werden sollte. Andernfalls müsste ja das Controlling in einer immer stärker von wissensbasierten Unternehmen getragenen Wirtschaft versagen.

■ Wissenscontrolling

In der Literatur wird Controlling unterschiedlich abgegrenzt. Im vorliegenden Kontext wird die koordinations- und serviceorientierte Konzeption zugrunde gelegt (vgl. Küpper 2001), die *Controlling* als laufende, prozessbegleitende Steuerung und Koordination der im Unternehmen laufenden Wertschöpfungsprozesse versteht. In Bezug auf Wissen besteht die Aufgabe des Controllings damit in der laufenden, prozessbegleitenden Steuerung und Koordination der im Unternehmen ablaufenden Wissensprozesse zur Unterstützung der Wertschöpfungsprozesse. Bei diesen Wissensprozessen kann es sich beispielsweise um die typischen Phasen des Wissensmanagements handeln, wie sie z. B. von Probst, Raub und Romhardt beschrieben sind (vgl. Abbildung 1).

Dr. Rahild Neuburger
Akademische Oberrätin am Institut für Information, Organisation und Management, Munich School of Management, Ludwig-Maximilians-Universität München,

Ludwigstr. 28, 80539 München.
E-Mail:
neuburger@bwl.uni-muenchen.de

BEWERTUNG UND STEUERUNG

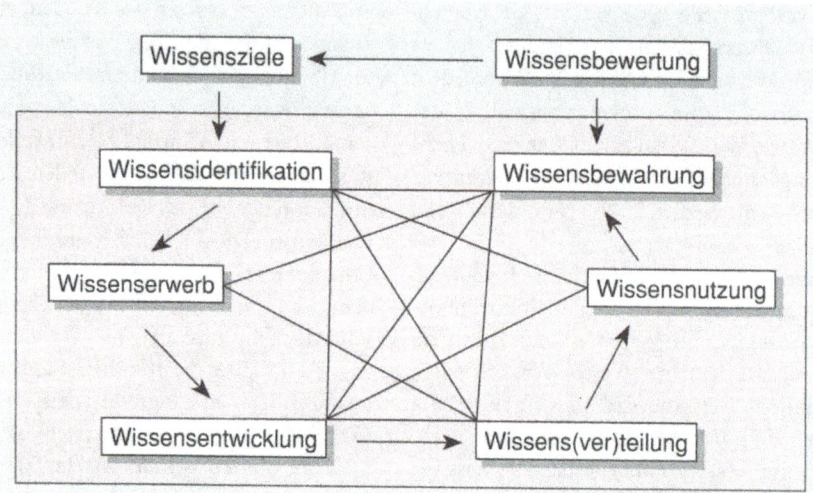

Abbildung 1: Kernprozesse des Wissensmanagements (Quelle: Probst/Raub/Romhardt 1999)

Die *Steuerung und Koordination der Wissensprozesse* ist nicht einfach, denn der Faktor „Wissen" lässt sich nicht so ohne weiteres erfassen und steuern wie es in anderen Funktionsbereichen wie z. B. im klassischen Produktions-Controlling der Fall ist, wenn Maschinen- und Arbeitszeiten, Ausschuss, Produktmengen etc. mess- und kalkulierbar sind. Ausgehend von der hier zugrunde gelegten Definition handelt es sich bei Wissen um eine individuelle, persönliche Ressource, die kaum greifbar ist und deren Wert schwierig messbar ist. Dies gilt v. a. für implizites Wissen, die eigentliche Quelle überlegen verwertbaren Könnens, dessen Messung und Bewertung schon an der nicht oder kaum gegebenen Transferier- bzw. Artikulierbarkeit scheitert. Während z. B. im Produktions-Controlling meist eindeutige Zusammenhänge zwischen Input und Output die Basis für die Bildung von Kennzahlen oder die Durchführung einer Planungs- oder Deckungsbeitragsrechnung darstellen, ist dies im Zusammenhang mit Wissensprozessen kaum möglich. Es lässt sich kaum objektiv bestimmen, welches Ergebnis auf welche Wissensbestandteile zurückführbar ist, der Einsatz von welchem Wissen noch erforderlich wäre, um den Output zu erhöhen oder wie das Verhältnis zwischen eingesetztem Wissen und erhaltenem Output verbesserbar ist. Wohl aber weiß man, dass derartige Zusammenhänge existieren und dass Nachteile entstehen, wenn relevantes Wissen nicht eingesetzt wird. Wissen stellt einen immateriellen Vermögenswert dar, dessen Einsatz personengebunden ist und dessen ökonomischer Wert bzw. Erfolg weder im Detail vorhersehbar noch im Nachhinein exakt begründet werden kann. Das zeigt sich besonders deutlich bei solchen Unternehmen, die nahezu ausschließlich auf solchem individuellen Wissen aufbauen (Beratungs-, Forschungsunternehmen). Zur besseren Abgrenzung von anderen Produktionsfaktoren wird Wissen daher häufig auch als intellektuelles Kapital bezeichnet.

Immaterialität oder Probleme bei der Erfass- und Messbarkeit sprechen jedoch nicht gegen den Einsatz von Controlling-Instrumenten im Bereich von Wissen oder intellektuellem Kapital. Im Gegenteil – Controlling-Instrumente zur Steuerung und Koordination von Wissensprozessen sind durchaus sinnvoll, wenn die eingesetzten Instrumente die Besonderheiten des Faktors Wissen wie v. a. den Unternehmens-, Personen- und Situationsbezug berücksichtigen. Konkret bedeutet dies, dass im Rahmen einer effizienten Steuerung und Koordination von Wissensprozessen durch das Controlling auf der einen Seite festzulegen ist, welche Wissensfelder und Wissensbereiche für das Unternehmen erfolgsentscheidend sind; auf der anderen Seite sind die auf dieser Basis konkretisierten unternehmensspezifischen Wissensprozesse zu gestalten und verbessern – beides mit unvermeidlicher Unschärfe, aber dennoch mit wichtigen Orientierungsfunktionen. Damit lassen sich als zwei wesentliche Aufgaben eines Wissenscontrollings die Steuerung und Koordination der Wissensidentifikation und Wissensbewertung sowie die Steuerung und Koordination der Realisierung der auf dieser Basis konkretisierten Wissensprozesse festhalten.

Steuerung der Wissensidentifikation und Wissensbewertung

Zur Identifikation erfolgskritischer Wissensfelder und ihrer Bewertung erscheint es sinnvoll, auf *Methoden der Wissensmessung und -bewertung* zurückzugreifen. Denn auch wenn Wissen personenbezogen ist und als immaterieller Vermögensgegenstand eines Unternehmens nur schwer greifbar und kaum direkt zu bewerten ist, stehen zur Messung und Ermittlung des im Unternehmen vorhandenen Wissens bzw. des intellektuellen Kapitals mittlerweile diverse Methoden zur Verfügung (vgl. z. B. North/Probst et al. 1998 sowie Picot/Fiedler 2000, Picot/Scheuble 2000). Prinzipiell werden sie in deduktiv/summarische und induktiv/analytische Ansätze unterschieden (vgl. Abbildung 2). Ergänzend wird gerade in jüngster Zeit die sog. Wissensbilanz diskutiert.

Deduktiv-summarische Ansätze

Deduktiv-summarische Ansätze gehen bei der Bewertung des intellektuellen Kapitals von der Differenz zwischen dem Markt- und dem Buchwert eines Unternehmens aus. Am bekanntesten sind hier die *Marktwert-Buchwert-Relationen*. Dabei erfolgt die Bewertung des Wissens durch Differenzbildung zwischen dem z. B. aus dem Marktwert ermittelten Börsenkurs und dem Buchwert des Einzelabschlusses. Diese Verfahren sind zwar nicht zuletzt wegen ihrer einfachen An-

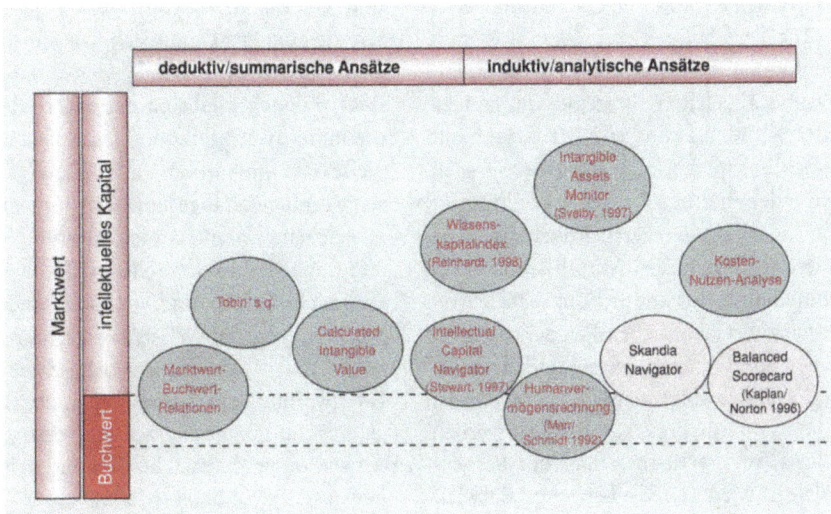

Abbildung 2: Ansätze zur Messung von Wissen (In Anlehnung an North/Probst et al. 1980)

wendung sehr beliebt, bergen aber auch eine Reihe von *Risiken* in sich: So wird davon ausgegangen, dass die Differenz zwischen Buchwert und Marktwert automatisch den Wert des Wissens bzw. des intellektuellen Kapitals repräsentiert; andere den Marktwert beeinflussende Faktoren wie spekulative Erwartungen, konjunkturelle Einflüsse, politische Entwicklungen oder unvorgesehene Ereignisse im Unternehmen, die nicht unbedingt mit Wissen zusammen hängen, werden hier nicht berücksichtigt. So erhöht sich der Wert von Wissen nicht unbedingt um mehrere Millionen Euro, wenn ein Vorstandsmitglied zurücktritt und dadurch die Börsenkurse und somit der Marktwert steigen. Durch den Rücktritt des Vorstandsmitgliedes wandert vielleicht zunächst Wissen ab, andererseits kann sich dann möglicherweise anderes wertsteigerndes Wissen besser durchsetzen. Aber auch die Höhe des Buchwertes ist durch Ansatz- und Bewertungswahlrechte beeinflussbar. Erhöht ein Unternehmen z. B. seine Schulden, reduziert es seinen Buchwert und erhöht dadurch wiederum seine Marktwert-Buchwert-Differenz. Kommen deduktiv-summarische Ansätze zur Anwendung, führt der Abbau von Schulden zu einer Reduktion des im Unternehmen vorhan-

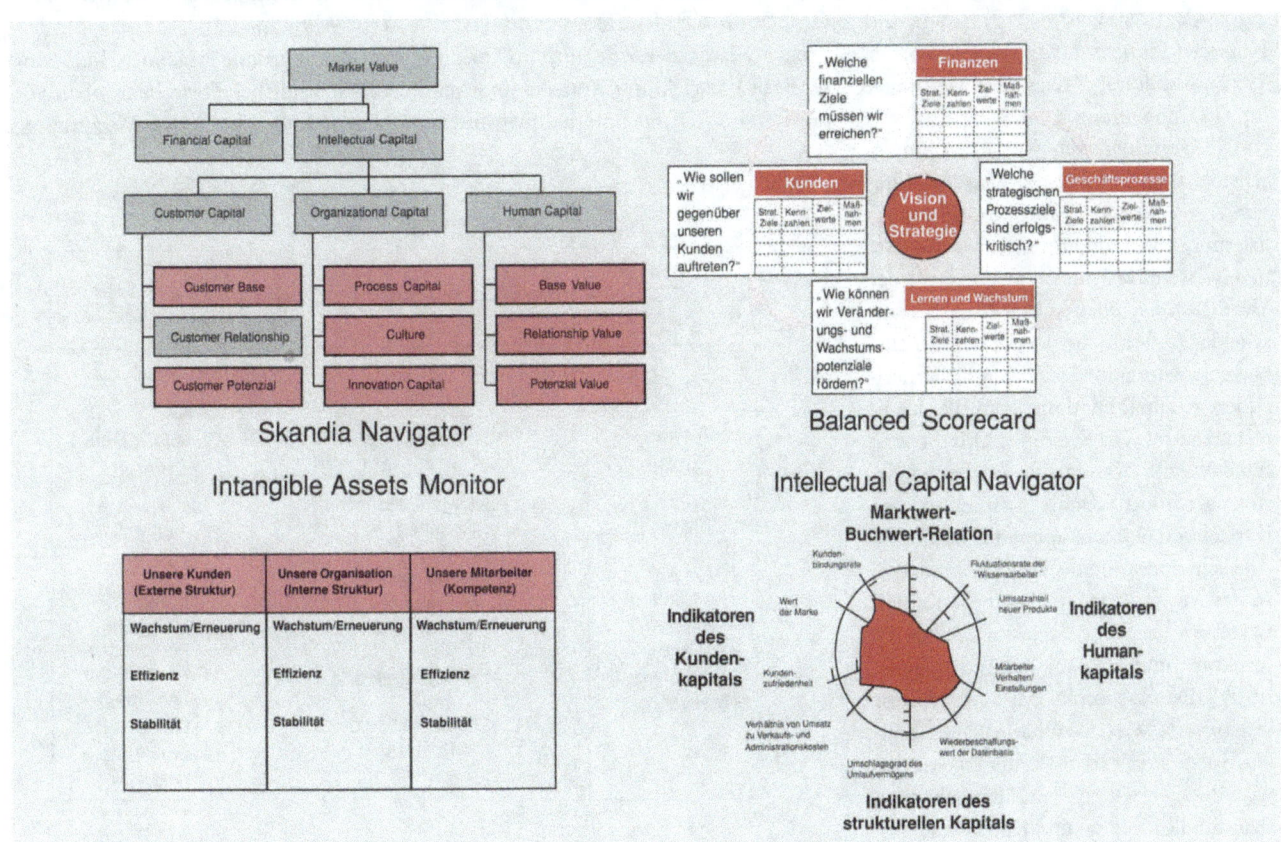

Abbildung 3: Ausgewählte induktiv-analytische Messmethoden zur Wissensmessung (Quelle: Picot/Fiedler 2000, S. 26).

denen Wissens, was nicht unbedingt der Realität entspricht. An Hand dieser Beispiele wird deutlich, dass die Aussagekraft ziemlich gering ist und für die Messung und Bewertung von Wissen kaum geeignet ist. Ein weiteres Problem dieser Ansätze liegt in der summarischen Bewertung, durch die weder Zusammensetzung noch Stellgrößen für eine zielgerichtete Gestaltung von Wissen erkennbar sind. Vor dem Hintergrund der Identifikation erfolgskritischer Wissensbereiche als wichtige Aufgabe eines Wissenscontrollings erscheinen diese Ansätze daher nur bedingt geeignet.

Induktiv-analytische Ansätze

Induktiv-analytische Ansätze versuchen dagegen, die einzelnen Elemente des intellektuellen Kapitals zu identifizieren, um sie gezielt abzubilden, zu gestalten und zu verändern. Beispiele sind der *Skandia-Navigator* (vgl. Skandia 1998), der *Intangible Assets Monitor* (vgl. Sveiby 1998), der *Intellectual Capital Navigator* (Vgl. Stewart 1997) sowie die *Balanced Scorecard* (vgl. Kaplan/Norton 1992). Abbildung 3 zeigt diese Methoden im Zusammenhang.

Die verschiedenen Verfahren unterscheiden sich v. a. bei der Klassifizierung von Wissen, der Auswahl und Operationalisierung von Indikatoren sowie der Art und Weise ihrer Darstellung. So sieht der *Skandia-Navigator* den Marktwert als entscheidende Größe für die Unternehmensbewertung an und identifiziert die Kriterien Finanzkapital und intellektuelles Kapital als zentrale Größen für den Marktwert. Intellektuelles Kapital wird dabei wiederum in Kundenkapital, organisatorisches Kapital und Humankapital unterschieden. Ähnlich operationalisiert der Intangible Assets Monitor das intellektuelle Kapital weiter in „externe Struktur", „interne Struktur" und „Kompetenzen der Mitarbeiter". Der Intellectual Capital Navigator visualisiert Wissen anhand eines Soll-Ist-Musters mit den Kriterien Marktwert-Buchwert-Verhältnis, Humankapital, strukturelles Kapital und Kundenkapital.

Bei der *Balanced Scorecard* handelt es sich um ein Kennzahlensystem, das die einzelnen Kennzahlen über Ursache-Wirkungsbeziehungen verbindet. Ausgangspunkt ist eine aus der Unternehmensvision abgeleitete Strategie, die dann in der Kunden-, Finanz-, Lern- und Entwicklungsperspektive sowie der Perspektive der internen Prozesse konkretisiert wird. Diese vier Perspektiven sind wiederum durch Ziel-Mittel-Beziehungen miteinander verknüpft: Um die Ziele der finanzwirtschaftlichen Perspektive erreichen zu können, müssen kundenbezogene Ziele verfolgt werden, die wiederum durch interne Prozesse realisiert werden. Basis für die Realisierung der Prozessziele ist wiederum die Lern- und Entwicklungsperspektive. Auf jeder Ebene ist Wissen erforderlich, deren Bestimmung, Entwicklung und Messung durch entsprechende Strategien und geeignete Kennzahlen gesteuert werden kann.

Im Gegensatz zu den deduktiv-summarischen Verfahren versuchen diese Methoden nicht nur eine Messung von Wissen oder intellektuellem Kapital. Sie *zeigen* vielmehr *Ansatzpunkte und Größen* für die Identifikation erfolgskritischer Wissensbereiche auf, um auf dieser Basis Entwicklung, Transfer und Austausch von Wissen unternehmensintern und unternehmensextern gezielt gestalten zu können. Damit erfüllen sie eine wichtige Aufgabe des Wissenscontrollings. Freilich bleibt zu bedenken, dass die induktiven Methoden lediglich Hinweise oder Indikatoren für mögliche Wissenszusammenhänge anbieten. Ob und in welchem Umfang tatsächlich etwa Veränderungen von Trainingsmaßnahmen zur nachhaltigen und wertsteigernden Verbesserung der Wissensbasis führen, bleibt einer genaueren Mittel-Zweck-Überprüfung vorbehalten, die in der Regel aus indirekten und zeitlich verzögerten Zusammenhängen besteht und daher nur unscharf zu objektivieren ist.

Wissensbilanz

Auch der gerade in jüngster Zeit vermehrt diskutierte Ansatz der Wissensbilanz (vgl. z. B. Auer 2005) geht ähnlich vor: es werden Indikatoren gebildet, die sowohl zur Messung des vorhandenen Wissens als auch zur Identifikation konkreter Stellgrößen für die Gestaltung von Wissen herangezogen werden können (vgl. Abbildung 5).

Die zugrunde liegenden Indikatoren, die in ähnlicher Form beim oben vorgestellten Intangible Assets Monitor vorzu-

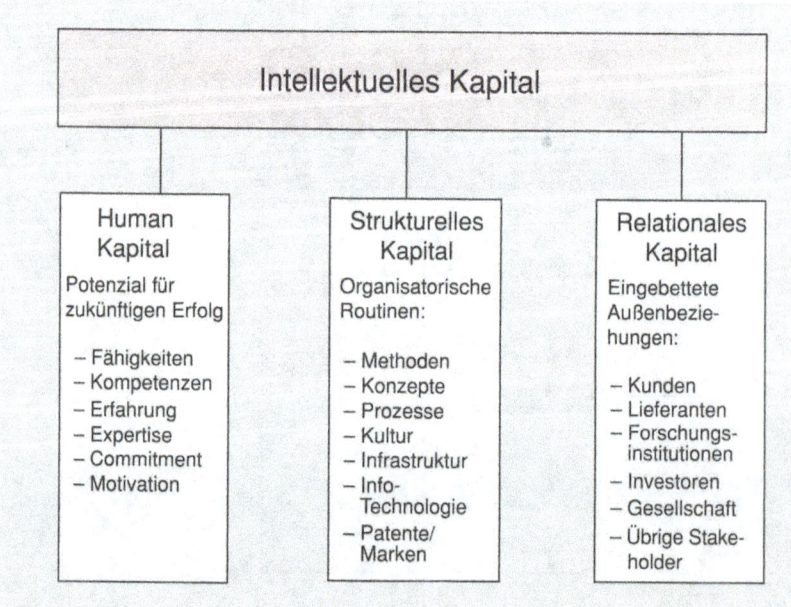

Abbildung 4: Immaterielle Vermögenswerte als Basis für die Erstellung einer Wissensbilanz (Quelle: Auer (2005), S. 2)

finden sind, sind nicht ganz unabhängig voneinander. So stellen die Human Ressources die Basis für strukturelles Kapital dar; beide zusammen generieren die relationalen Ressourcen. Im Gegensatz zum Intangible Assets Monitor sowie den übrigen oben vorgestellten induktiv-analytischen Ansätzen wird hier jedoch der Beitrag dieser Indikatoren zur *Wertschöpfung explizit gemessen*. Denn die reine Existenz dieser Indikatoren bzw. Wissenskompetenzen garantiert noch keine nachhaltige Verbesserung der Wertschöpfung. Im Rahmen einer Bewertung ist daher aufzuzeigen, wie diese Wissens-Ressourcen in Wertschöpfungsprozessen eingesetzt werden und zu welchem Erfolg diese Wertschöpfungsprozesse letztlich führen. Dabei erfolgt eine Gegenüberstellung zwischen den Investitionen in Wissen und intellektuelles Kapital auf der einen Seite – verstanden als Aufwand, Maßnahmen, Inputs – und dem erzielten Nutzen auf der anderen Seite – verstanden als Ergebnisse der Wissensprozesse. Ähnlich wie die oben vorgestellten induktiv-analytischen Methoden arbeiten Wissensbilanzen mit Indikatoren und zeigen den Zusammenhang zwischen Unternehmensstrategien und Wissensressourcen; im Unterschied zu den oben skizzierten Methoden zeigen sie die Auswirkungen des Einsatzes von Wissen. Damit lässt sich mit Hilfe von Wissensbilanzen skizzieren,

- welche Wissens-Ressourcen im Unternehmen vorhanden sind
- welchen Wert diese Wissens-Ressourcen für die Wertschöpfungsprozesse haben
- in welchen Wissens-Feldern vor dem Hintergrund der Wertschöpfungsprozesse Stärken und Schwächen liegen
- wie Unternehmen ihre Wissens-Ressourcen zur Unterstützung der Wertschöpfungsprozesse besser ausschöpfen können
- wie der unternehmensinterne und -externe Wissensfluss gezielt gesteuert und gestaltet werden kann.

So lassen sich beispielsweise für die Bereiche des relationalen Kapitals die Indikatoren „Anzahl Neukunden", „Anzahl Stammkunden", „Anzahl Beschwerden" oder „Grad der Serviceorientierung" festlegen. Für jeden dieser Indikatoren erfolgt einerseits eine Erfassung des Ist-Zustandes; andererseits eine Bewertung des Beitrags dieses Indikators für den Wertschöpfungsprozess und damit die Erzielung der Unternehmensziele. Ausgehend hiervon lassen sich dann konkrete Wissensprozesse ableiten. Beispiele sind hier „Intensivierung des Erfahrungsaustausches", „Erhöhung der Servicekompetenz", „Verstärkung des internen und externen Wissensaustauschs", „Intensivierung der Kundengespräche" oder „Umsetzung von Verbesserungsvorschlägen in der Produktion". Deutlich wird: weder die Erstellung einer Wissensbilanz, noch ihre Nutzung sind allgemeingültig anwendbar, sondern vielmehr unternehmensindividuell einzusetzen. Jedes Unternehmen muss dabei zunächst definieren, welche Wissensressourcen in den drei Bereichen Human-, Struktur- und Beziehungskapital vorhanden sind, um dann zu prüfen, welchen Wert sie für die Wertschöpfung haben und wie ihre Entwicklung, ihr Erwerb und ihr Transfer zielorientiert gestaltet werden können.

Steuerung der Wissensprozesse

Aufgabe des Wissenscontrollings ist es dann, die resultierenden Wissensprozesse effizient zu steuern und zu koordinieren. Dies kann zum einen dadurch erfolgen, dass diese Wissensprozesse einer *Kosten-Nutzen-Betrachtung* unterzogen werden, um zu prüfen, ob die definierten Wissensprozesse zielorientiert sind bzw. welche Verbesserungspotenziale erkennbar sind. Zum anderen sind *Strukturen* zu schaffen, die die Wissensprozesse unterstützen und den gewünschten Erwerb, Austausch und Transfer von Wissen ermöglichen. Wurde z. B. auf der Basis einer Wissensbilanz der regelmäßige Austausch mit Kunden im Rahmen von Workshops als wichtiger Wissensprozess definiert, ist es Aufgabe des Controllings, einerseits zu prüfen, ob der Aufwand für die durchgeführten Workshops den daraus gezogenen Nutzen i. S. von Zuwachs an relevantem Kundenwissen rechtfertigt; andererseits ist zu prüfen, ob die vorhandenen technischen und organisatorischen Strukturen den Zugang und die Weiterleitung der kundenbezogenen Informationen ermöglichen.

Kosten-Nutzen-Analyse

Mit Hilfe der Kosten-Nutzen-Analyse werden die Kosten für die Realisierung von Wissensprozessen dem daraus erzielten Nutzen gegenübergestellt (vgl. Picot/Fiedler 2000). Der Nutzen lässt sich meist daran messen, ob durch den jeweils zugrunde liegenden Wissensprozess Kosten eingespart werden konnten oder Umsätze bzw. Umsatzpotenziale generiert werden konnten. So könnte man beispielsweise den Nutzen des oben definierten Wissensprozesses „Austausch mit Kunden" an dadurch intern eingesparten Service- und Vertriebskosten oder möglicherweise mit dem Kundenaustausch verbundenen Zusatzaufträgen und Empfehlungen fest machen.

Am Beispiel von *Sharenet*, einem weltweit eingesetzten Knowledge-Portal zur Unterstützung des Wissensaustauschs im Vertriebsbereich von Siemens soll die Anwendung dieser Methode exemplarisch skizziert werden (vgl. näher Picot/Fiedler 2000, Thiel 2002 sowie Aicher et al. 1999). Primäre Ziele von Sharenet sind die Erhöhung der Intensität der Verwendung des bereits geschaffenen unternehmensinternen Wissens und damit die Vermeidung der mehrfachen Entwicklung von Wissen. Im Rahmen einer Kosten-Nutzen-Analyse werden die durch das Sharenet verursachten Kosten dem Nutzen, den es generiert, gegenüber gestellt. Dabei werden Kosten und Nutzen nicht direkt ermittelt, sondern unter Rückgriff auf eine Vertriebs- und Wissensprozessebene hergeleitet. Abbildung 6 veranschaulicht das Grundprinzip dieser sog. *Drill-Down-Vorgehensweise*.

Ausgangspunkt ist der Unternehmenserfolg, der sich bei einer kurzfristigen Betrachtung aus Kosten und Nutzen ergibt. Im nächsten Schritt ist nun aufzuzeigen, welchen Anteil der Vertrieb am Unternehmenserfolg hat. Um zu erkennen, welche Vertriebsprozesse in welchem Umfang Kosten verursachen bzw. Umsätze generieren, sind Indikatoren

BEWERTUNG UND STEUERUNG

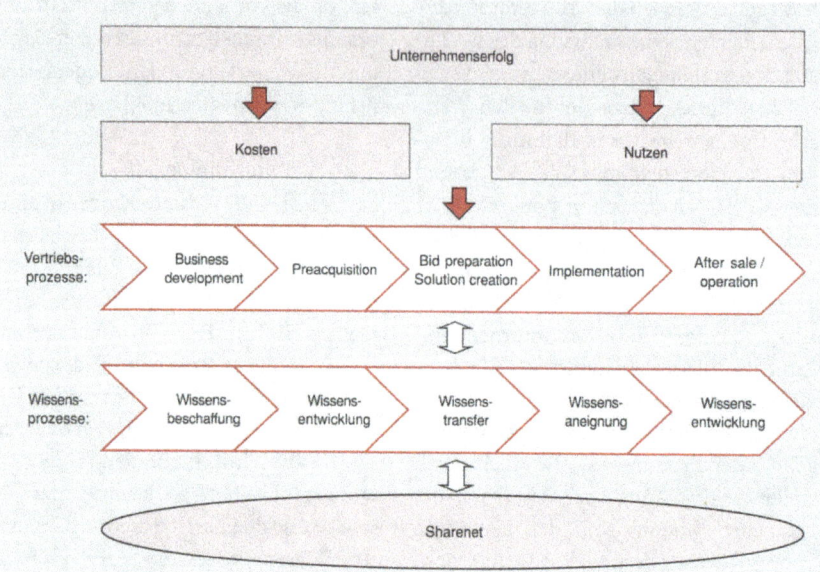

Abbildung 5: Vorgehensweise der Drill-Down-Methode (Picot/Fiedler 2000, S. 29)

festzulegen, an Hand derer die Effizienz und Effektivität der Vertriebsprozesse messbar sind. Für jeden dieser Indikatoren ist zu analysieren, welche Einflussfaktoren sich wiederum auf deren Ausprägung auswirken, um so den Einfluss der Wissensprozesse zu isolieren.

Die Wissensprozesse werden u. a. durch die Sharenet-Funktionalitäten beeinflusst. Gelingt es, den Einfluss der Sharenet-Funktionalitäten auf die Wissensprozesse zu erfassen, lässt sich ableiten, wie die Einführung des Sharenets indirekt die Vertriebsprozesse, den Vertriebserfolg und damit den gesamten Erfolg des Unternehmens beeinflusst hat.

Voraussetzung dafür, dass durch diese Methode Kosten und Nutzen des Einsatzes von Sharenet tatsächlich erfasst werden können, ist, dass es Ausgangsdaten gibt, die die Ausprägung der entwickelten Kennzahlen vor Einführung des Sharenets widerspiegeln. Um Zusammenhänge zu erkennen und einzelne Funktionalitäten von Sharenet gezielt verbessern zu können, ist es zudem sinnvoll, diese Methode langfristig durchzuführen.

Dies scheitert u. U. an der zugrunde liegenden *Komplexität* der Drill-Down-Methode, wenn sie konsequent auf sämtliche Ursachen-Wirkungs-Beziehungen angewendet wird. So sind bei ca. 15 Teilprozessen mit ca. 5 Indikatoren und jeweils 4 Indikatoreinflussgrößen für die wiederum ca. 4 Indikatoren insgesamt 1.200 Beziehungen zu untersuchen. Alternativ lassen sich Annahmen treffen, die die Methode handhabbarer machen. Beispiel ist die Annahme, dass alle Einflussfaktoren vor und nach Einführung des Sharenets konstant geblieben sind und damit die Veränderung der Indikatoren allein auf das Sharenet zurückzuführen ist. Eine andere Möglichkeit ist es, den Einfluss der Wissensprozesse auf die Teilprozesse und den Einfluss der Sharenetkomponenten auf die Wissensprozesse durch die Prozessträger abschätzen zu lassen.

Ein weiteres Problem der Anwendung dieser Methode besteht darin, dass die Isolierung des Anteils einzelner Einflussfaktoren an der Indikatorveränderung meist nur im Rahmen einer längerfristigen Betrachtung erfolgen kann, was die Wirtschaftlichkeit und somit die Anwendung dieser Methode als Wissenscontrolling-Instrument selbst in Frage stellt.

Gestaltung der Strukturen

Umso wichtiger erscheint der Einsatz des Controllings als indirektes Instrument über die Steuerung derjenigen *Strukturen*, die die Wissensprozesse beeinflussen. Denn unabhängig davon, wie Wissensprozesse definiert sind und ablaufen; ihre effiziente und effektive Realisierung gelingt nur, wenn Strukturen existieren, die ihre Realisierung unterstützen und nicht behindern. Denn es ist wenig hilfreich, wenn – um bei obigem Beispiel zu bleiben – wichtiges Kundenwissen nicht an die Produktionsabteilung weitergegeben wird, da organisatorisch strikt getrennt wird oder technisch keine Möglichkeiten der Speicherung und des Transfers von Wissen existiert. Oder die Realisierung von Wissensprozessen wie der Besuch von Weiterbildungsmaßnahmen oder Kongressen zur Auffrischung der internen Fachkenntnisse scheitert an nicht vorhandenen Reise- und Weiterbildungsbudgets bzw. Reisekostenbestimmungen, die derartige Maßnahmen nicht zulassen. Daher besteht eine weitere wichtige Aufgabe des Wissenscontrollings darin, zu prüfen, ob und in welchem Umfang die beispielsweise vor dem Hintergrund der induktiv/analytischen Ansätze bzw. der Wissensbilanz konkretisierten Wissensprozesse organisatorisch, technisch und personell unterstützt werden bzw. wie ihre Unterstützung noch verbessert werden kann.

Prinzipiell können sich Wissensprozesse auf artikulierbares, explizites Wissen oder auf nicht artikulierbares, implizites oder tazites Wissen beziehen. Geht es um die Entwicklung und den Austausch von *explizitem Wissen,* sind Strukturen zur Unterstützung der Kodifizierung von Wissen, d. h. der Beschreibung, Speicherung und Verteilung von Wissen auf der Basis entsprechender Informationssysteme und Kommunikationsstrukturen erforderlich. Dabei kann es sich um technisch unterstützte *Wissensmanagement-Systeme* wie das oben beschriebene Sharenet oder das in Abbildung 6 skizzierte System handeln; es kann sich aber auch um Berichte, Formulare, Dokumente oder Memos handeln, für deren Strukturierung, Nutzung und Verteilung organisatorische Richtlinien existieren. Beispiele sind die Zusammenfassung sämtlicher Projektschritte und -ergebnisse in vorstrukturierten elektronischen Formularen, um sie anschließend allen Projektmitarbeitern zugänglich zu machen oder die Auflistung der wichtigsten Schritte einer Veranstaltungsorganisation als Checkliste, die allen Betroffenen zugänglich ist und nach Nutzung regelmäßig weiterzuentwickeln ist.

Beziehen sich Wissensprozesse auf *implizites*, nicht transferierbares *Wissen*, sind Strukturen zur Unterstützung der Personalisierung, d. h. der Vernetzung von Wissensträgern zum Austausch und zur Weiterentwicklung des taziten Wissens erforderlich. In organisatorischer Hinsicht geht es dabei v. a. um die Schaffung von Situationen, die die Sozialisation des taziten Wissens erlauben. Beispiele sind *Mentoren- oder Patenmodelle* zur Unterstützung des direkten Transfers von Wissen und Erfahrungen, die *Bildung von Teams und Projekten* aus mehreren Experten und Wissensträgern oder Möglichkeiten des regelmäßigen Wissensaustauschs in Form von *Erfahrungsgruppen*, in die durchaus auch Mitarbeiter von Partnerunternehmen einbezogen werden können. Technisch lassen sich derartige Formen des Wissensaustauschs z. B. durch

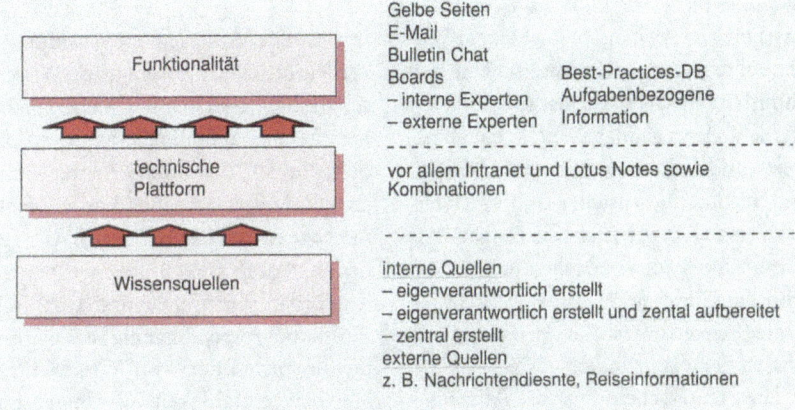

Abbildung 6: Beispiel für eine Plattform zur Unterstützung der Kodifizierung von Wissen

Anzeige

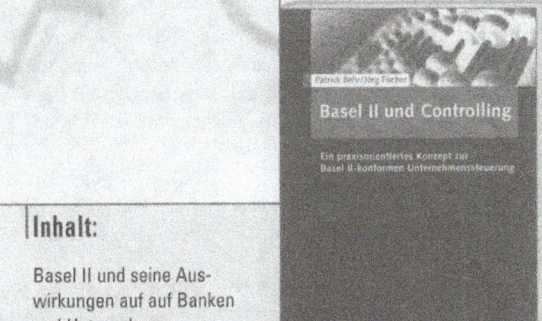

Patrick Behr / Jörg Fischer

Basel II und Controlling

Ein praxisorientiertes Konzept zur
Basel II-konformen Unternehmenssteuerung
2005. X, 227 S. Br. EUR 29,90
ISBN 3-409-12551-5

Inhalt:
- Basel II und seine Auswirkungen auf auf Banken und Unternehmen
- Internes Rechnungswesen und operative Planung
- Strategisches Controlling und Management
- Informationsmanagement und Kommunikation
- Weiterentwickelte Controlling- und Unternehmenssteuerungskonzepte

Behr/Fischer zeigen, wie mittelständische Unternehmen die relevanten Controllingaspekte von Basel II identifizieren und die sich daraus ergebenden Potenziale erschließen können. Die Autoren arbeiten nachvollziehbar heraus, dass ein Basel II-konformes Controlling mit großen Herausforderungen verbunden ist, gleichzeitig aber zu größerer Sicherheit bei unternehmerischen Entscheidungen führt und somit nachhaltig ertragssteigernd wirkt. Außerdem wird deutlich, wie mit Hilfe von Standard-Controllingkonzepten ein effizientes, auf das individuelle Unternehmen abgestimmtes Ratingmanagement erreicht werden kann.

Die Autoren: Patrick Behr ist wissenschaftlicher Mitarbeiter am Lehrstuhl für Internationales Bank- und Finanzwesen der Johann Wolfgang Goethe-Universität Frankfurt und Dozent für Risikomanagement an der Hessischen Verwaltungs- und Wirtschaftsakademie sowie der Fachhochschule für Ökonomie und Management. Er ist außerdem Partner der BGconsult in Frankfurt.
Jörg Fischer ist Unternehmensberater im Bereich "Financial Services" bei Bearing Point sowie Dozent für Betriebs- und Volkswirtschaft bei verschiedenen Bildungseinrichtungen. Er ist Mitglied im Prüfungsausschuss Controller/-in bei der Industrie- und Handelskammer Frankfurt am Main.

Änderungen vorbehalten. Erhältlich im Buchhandel oder beim Verlag.   Abraham-Lincoln-Str. 46, 65189 Wiesbaden, Tel.: 0611.7878-626, www.gabler.de   GABLER

Videokonferenzen unterstützten; die *Face-to-Face-Kommunikation* als wesentliche Basis für den Austausch von tazitem Wissen sollte jedoch nicht unterschätzt und damit organisatorisch institutionalisiert werden. Denn gelingt es nicht, ein angstfreies und kritikfreundliches Kommunikationsklima herzustellen und im Unternehmen zu leben, besteht die Gefahr, dass Wissensblockaden entstehen und der gewünschte und unter Umständen auch strategisch erforderliche Austausch von Wissen nicht stattfindet.

Die Unterscheidung in *Personalisierung und Kodifizierung* bedeutet jedoch auch, dass ein Wissenscontrolling zunächst feststellen muss, ob diese Strategien auch tatsächlich sachgerecht eingesetzt werden, um eine Fehlsteuerung bzw. technische Investitionsruinen zu vermeiden. Denn nicht selten wird im Zusammenhang mit Wissensaustausch und Wissensteilung der Einsatz der Technik zu stark betont, während „weiche" Faktoren wie Vertrauen, Kommunikationsklima, Offenheit etc. zu wenig gefördert werden. Beispiel ist ein in einem größeren Konzern eingeführtes IT-System zur Förderung des Wissensaustausches zwischen Produktentwicklung, Produktion, Einkauf und Lieferanten, dessen erfolgreicher Einsatz an dem geringen Interesse der Beteiligten zum Wissensaustausch scheitert (Kluge et al. 2003).

Doch unabhängig von Personalisierung und Kodifizierung helfen technische Strukturen und organisatorische Freiräume und Möglichkeiten wenig, wenn sie nicht genutzt und in Anspruch genommen werden. Daher sind einerseits *Anreizsysteme* erforderlich, die die Gewährung bestimmter Anreize an die aktive Unterstützung der Wissensprozesse knüpfen – Beispiele sind „Wissens-Punkte" bzw. „Shares", die mit Sachprämien verbunden sind oder der Besuch von Veranstaltungen wie Kongresse oder Weiterbildungsmaßnahmen – andererseits sind aber auch die zugrunde liegenden Führungssysteme und -strukturen zu prüfen, ob und inwieweit die für den Erwerb und den Austausch von Wissen wichtigen Faktoren wie Offenheit, Neugierde und Austausch gefördert werden.

Fazit

Insbesondere die letzten Ausführungen verdeutlichen: Controlling von Wissen ist schwierig, da es sich bei Wissen um eine persönliche, individuelle Ressource handelt, deren Wert unbestritten immer gewichtiger wird, aber kaum objektiv messbar ist und deren Erwerb, Austausch und Nutzung von zahlreichen personellen, organisatorischen und technischen Einflussfaktoren abhängig ist. Die zunehmende Bedeutung von Wissen für die Wettbewerbsfähigkeit von Unternehmen verlangt allerdings eine stärkere Auseinandersetzung mit Wissen und rechtfertigt damit auch ein Controlling dieses Produktionsfaktors, in diesem Beitrag definiert als Steuerung und Koordination der Wissensprozesse zur Unterstützung der Wertschöpfungsprozesse. So verstanden verfolgt das *Controlling von Wissen* im Wesentlichen *zwei Aufgaben:* die Steuerung der Identifikation und Bewertung von Wissen als Basis für die Definition und Abgrenzung unternehmensspezifischer Wissensprozesse sowie die Steuerung dieser Wissensprozesse. Dabei zeigt sich einerseits, dass der Einsatz von Controlling-Instrumenten wie die Methoden der Wissensbewertung, die Wissensbilanz oder die Kosten-Nutzen-Analyse durchaus sinnvoll im Sinne eines Anregungs- und Systematisierungspotenzials ist; die Vielzahl an Einflussfaktoren die Praktikabilität der Methoden jedoch erschwert. Andererseits erfordern Steuerung und Koordination von Wissensprozessen auch indirekte Methoden, zu denen v. a. die Prüfung und Gestaltung von organisatorischen und technischen Führungsstrukturen zählen. Hierin spiegelt sich der stets subjektive und implizite Charakter von Wissen und Expertise als wertschaffenden Faktoren wieder. Im Bereich des Wissens muss sich das Controlling also in besonders starken Maße von seiner traditionell oftmals ausschließlichen Zahlenorientierung lösen und sich um „weiche" Erkenntnismittel, die sich auf die Wahrscheinlichkeit der Entstehung, der Nutzung und der Teilung von relevantem Wissen im Unternehmen beziehen, ergänzen.

Literatur

AICHER, R./GUTMANN, E./HERZOG, A./WAGNER, F.: Fallstudie: Kosten-Nutzen-Analyse. Institut für Organisation, Seminar für Betriebswirtschaftliche Informations- und Kommunikationsforschung. München 1997.

AUER, TH.: Wissen als bedeutender Aktivposten, in: io new management, (2005), Heft 7, S. 1 – 4.

FIEDLER, M.: Expertise und Offenheit, Tübingen 2004.

KAPLAN, R. S./NORTON, D. P.: The Balanced Scorecard – Measures that Drive Performance, in: Harvard Business Review Vol. 70 (1992), S. 71 – 79.

KLUGE, J./STEIN, W./LICHT, TH./KLOSS, M.: Wissen entscheidet, Frankfurt/Wien 2003.

KÜPPER, H.-U.: Controlling. Konzeption, Aufgaben und Instrumente, 3. Aufl., Stuttgart 2001.

NEUWEG, G. H.: Könnerschaft und implizites Wissen: zur lehrlerntheoretischen Bedeutung der Erkenntnis- und Wissenstheorie Michael Polanyis, 2. Aufl., Münster 2001.

NORTH, K./PROBST, G./ROMHARDT, K.: Wissen messen – Ansätze, Erfahrungen und kritische Fragen, in: Zeitschrift für Organisation, (1998), Heft 3, S. 158 – 166.

PICOT, A./FIEDLER, M.: Der ökonomische Wert des Wissens, in: BOOS, M./GOLDSCHMIDT, N. (Hrsg.): Wissenswert!? Ökonomische Perspektiven der Wissensgesellschaft, Baden-Baden 2000, S. 15.37.

PICOT, A./SCHEUBLE, S.: Die Rolle des Wissensmanagement in erfolgreichen Unternehmen, in: MANDL, H./REINMANN-ROTHMEIER, G. (Hrsg.): Wissensmanagement: Informationszuwachs – Wissensschwund? Die strategische Bedeutung des Wissensmanagements, München/Wien 2000, S. 19 – 38.

POLANYI, M.: Personal Knowledge: Towards a Post-Critical Philosophy, 2. Aufl., New York 1962.

POLANYI, M.: Implizites Wissen, Frankfurt/Main, 1985.

PROBST, G./RAUB, S./ROMHARDT, K.: Wissen managen – Wie Unternehmen ihre wertvollste Ressource optimal nutzen, 3. Aufl., Wiesbaden 1999.

SCHEUBLE, S.: Wissen und Wissenssurrogate: eine Theorie der Unternehmung, Wiesbaden 1998.

SKANDIA: Human Capital in Transformation. Intellectual Prototype Report, 1998.

STEWART, TH.: Intellectual Capital. The New Wealth of Organizations, London 1997.

SVEIBY, K.-E.: Wissenskapital – das unentdeckte Vermögen: Immaterielle Vermögenswerte aufspüren, messen und steigern, Landsberg/Lech 1998.

THIEL, M.: Wissenstransfer in komplexen Organisationen, Wiesbaden 2002.

SUCHEN IST WOANDERS.

Wählen Sie aus dem umfassenden und aktuellen Fachprogramm und sparen Sie dabei wertvolle Zeit.

Sie suchen eine Lösung für ein fachliches Problem? Warum im Labyrinth der 1000 Möglichkeiten herumirren? Profitieren Sie von der geballten Kompetenz des führenden Wirtschaftsverlages und sparen Sie Zeit! Leseproben und Autoreninformationen erleichtern Ihnen die richtige Entscheidung. Bestellen Sie direkt und ohne Umwege bei uns. Willkommen bei **gabler.de**

www.gabler.de Kompetenz in Sachen Wirtschaft

BEWERTUNG UND STEUERUNG

Controlling von Intangibles und Innovationskapital: Innovation Audit und Innovation Scorecard

Alexander Gerybadze / Bernd Gaiser

Einleitung: Innovation Capital greifbar machen

Innovationen sind zu einem Schlüsselfaktor im internationalen Wettbewerb geworden. In vielen Industrien sind die Aufwendungen für Innovationen kontinuierlich angestiegen. In der pharmazeutischen Industrie liegen die Kosten für die Entwicklung eines neuen Medikaments mittlerweile bei 800 Mio. $. In anderen High-Tech-Branchen sind Milliardeninvestitionen für jede neue Produktgeneration fällig, die in immer kürzeren Zeiträumen amortisiert werden müssen. Selbst mittelständische Unternehmen sehen sich gezwungen einen rasch wachsenden Anteil ihres Umsatzes und ihrer Investitionen für die Produktpflege und die Erweiterung ihres Sortiments einzusetzen. Die hierfür erforderlichen Ressourcen und die finanziellen Aufwendungen sind ausgesprochen tangibel und führen zu spürbaren Belastungen. Tangible Vermögensgegenstände werden zum Erwerb von Intangibles eingesetzt und es werden Wechsel auf die Zukunft gezogen. Was mit den eingesetzten Ressourcen passiert, ob sie zielgerecht und erfolgswirksam eingesetzt werden, lässt sich erst in Zukunft beantworten. Dies erklärt die Suche nach geeigneten Methoden der Wissensbilanzierung und der Erfassung von immateriellen Werten für innovative Leistungen. Allerdings haben sich die Autoren, die sich mit Wissensbilanzierung und „Knowledge Capital" befassen, in den letzten Jahren vorwiegend auf Wirtschaftsbereiche mit transaktionsintensiven, eher repetitiven Leistungen konzentriert, systematische Neuerungsaktivitäten und Innovationen dagegen tendenziell als „zu schwierig" ausgeblendet. Der vorliegende Beitrag konzentriert sich daher auf neuere Methoden der Kompetenzbewertung und Performancemessung, die speziell für Unternehmen mit hohen Innovationsraten entwickelt wurden.

Aufbauend auf den Ergebnissen des Schmalenbach-Arbeitskreises „Immateriel-

---

- Innovations-Aufwendungen stellen einen Rohstoff dar, der zu schlagkräftiger Innovations-Kompetenz weiterverarbeitet werden muss
- Innovations-Kompetenz wird durch eine entsprechende Metrik bewertet, die folgende Bausteine umfasst:
  – F&E-Ressourcenstärke
  – Innovations-Management-Kompetenz
  – Intellectual Property Management
  – Innovationsstrategie & Fokussierung
- Entscheidend ist die Innovations-Performance; diese wird bewertet durch:
  – die Neu-Produkt-Performance
  – die Prozess- und Kosten-Performance
  – die Service-Performance und
  – das gezielte Branding/Positioning
- Innovations-Erfolge setzen voraus, dass diese Schlüsselelemente der Kompetenz und Performance durch ein konsequentes Innovations-Controlling gesteuert werden

---

Prof. Dr. Alexander Gerybadze
Inhaber des Lehrstuhls für Betriebswirtschaftslehre mit Schwerpunkt Internationales Management an der Universität Hohenheim.

Dr. Bernd Gaiser
Sprecher des Vorstands
Horváth AG
Horváth & Partners
Management Consultants Stuttgart.

le Werte im Rechnungswesen", der 2001 Vorschläge zur bilanziellen Erfassung immaterieller Werte formuliert hat, wird im folgenden der Begriff des Innovationskapitals näher präzisiert. Die Empfehlungen folgen der Kategorisierung von Edvinsson und Malone (1997) und Sveiby (2001, 2004) und unterscheiden zwischen sieben Kategorien von immateriellen Werten (Intangible assets); diese sind in Abbildung 1 übersichtsartig dargestellt. Allerdings ist der Begriff des Innovationskapitals (Innovation Capital) nach Definition des Schmalenbach-Arbeitskreises vergleichsweise eng gefasst: Er „beinhaltet die immateriellen Werte im Bereich der Produkt-, Dienstleistungs- und Verfahrensinnovationen eines Unternehmens. Hierzu zählen z. B. neue Software, Patente, Filme oder ungeschützte Rezepturen eines Unternehmens" (Arbeitskreis „Immaterielle Werte im Rechnungswesen" der Schmalenbach-Gesellschaft für Betriebswirtschaft e.V. 2001, S. 990).

Wir schlagen im Folgenden eine begriffliche Präzisierung vor und unterscheiden zwischen Innovationskapital im engeren Sinne und Innovationskapital im erweiterten Sinne. Innovationskapital im engeren Sinne ist deckungsgleich mit der Definition des Schmalenbach-Arbeitskreises. Innovationskapital im weiteren Sinne umfasst dagegen alle Routinen und dynamischen Fähigkeiten einer Unternehmung bei der Hervorbringung und erfolgreichen Ausrichtung auf Innovationen. Dazu gehört auch die Mobilisierung von Humankapital und Process Capital. Darüber hinaus betont die neuere Sichtweise des Innovationsprozesses die Dynamik des Zusammenspiels von Unternehmen und wichtigen Stakeholdergruppen. Angesichts von Network embeddedness und wechselseitigen Verstärkungen im Innovationsprozess durch externe Partner lässt sich das Innovationskapital von Unternehmen nicht unabhängig von der Erfassung der Größen „Customer Capital", „Supplier Capital" sowie „Location Capital" bestimmen.[1]

In diesem erweiterten Sinne wird im Folgenden eine möglichst operationale Definition von Innovationskapital verwendet. Controlling von Intangibles im Innovationsprozess umfasst:

- die bilanzielle Erfassung und Kapitalisierung von *Innovationsinputs*. Dies ist der am meisten verbreitete Ansatz in der F&E-Statistik und in vielen Innovationserhebungen. Auf diesen Aspekt der „Rohdaten" wollen wir im Folgenden nur kursorisch eingehen.
- Viel wichtiger ist, was aus Innovationsaufwendungen im Sinne von unternehmerisch relevanten Vermögenswerten gemacht wird. In diesem Zusammenhang gehen wir auf Methoden der Bewertung von *Innovations-Kompetenz* ein (siehe dazu Abschnitt 2 bis 5).
- Aufbauend darauf werden in Abschnitt 6 Methoden der Bewertung der *Innovations-Performance* beschrieben. Während Kompetenzen Potenziale beschreiben, die erst zu Realisierungen führen müssen, beschreibt Performance die wirklich im Markt und Wettbewerbsprozess erbrachten Leistungen und Wertsteigerungen.[2]
- Schließlich gehen wir in einem abschließenden Teil auf den Zusammenhang zwischen Innovations-Performance und Innovationserfolg und auf Möglichkeiten der Messung des Innovationsoutputs ein.

Öffnung der Black Box der innerbetrieblichen Innovation

In der Innovationsforschung gab es zahlreiche Untersuchungen, die den Zusammenhang von Innovationsinputs (F&E-Aufwendungen, Innovationsaufwendungen) und Innovationserfolgen (Outcome, finanzielle Erfolgskennziffern) analysiert, aber selten überzeugende Befunde gebracht haben. Eine neuere Bestandsaufnahme und Kritik der Untersuchungen zum Zusammenhang zwischen Innovationsintensität und Innovationserfolg bieten Hauschildt und Salomo (2005). Problematisch an entsprechenden quantitativen Untersuchungen blieb stets, dass auf innerbetriebliche Prozesse die Meisterung von Komplexität durch Einsatz hochspezifischer Ressourcen nicht adäquat eingegangen werden konnte. Wichtige Einfluss- bzw. Störvariablen blieben somit ausgeblendet, haben aber die Ergebnisse in die eine oder andere Richtung beeinflusst, ohne dass verallgemeinerungsfähige Aussagen abgeleitet werden konnten.

Die systematische Erfassung und Bilanzierung von Innovations-Kompetenzen und Fähigkeiten muss die „Black Box der Innovation aufbrechen" und betriebsinterne Routinen und Regelungsmecha-

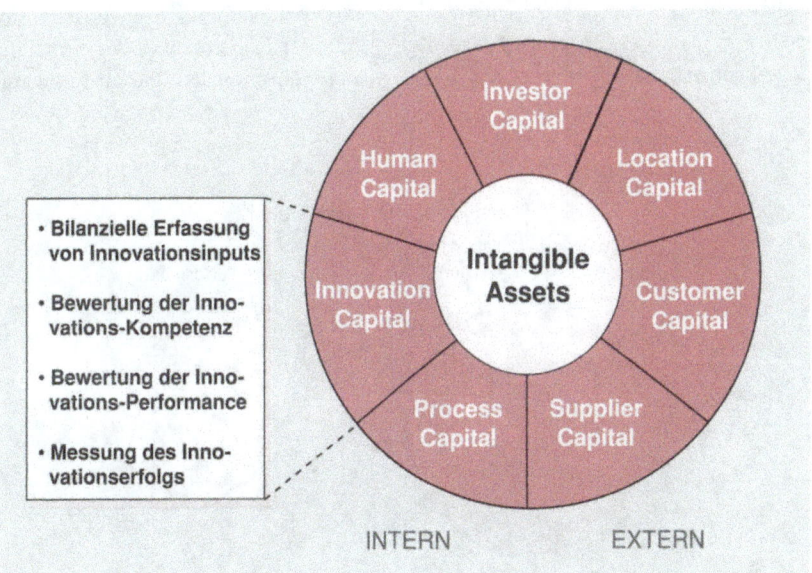

Abbildung 1: Kategorisierung immaterieller Werte/Die Bedeutung von Innovationskapital
Quelle: Arbeitskreis „Immaterielle Werte im Rechnungswesen" der Schmalenbach-Gesellschaft für Betriebswirtschaft e.V. 2001, S. 990, Horváth & Partners 2005, S. 7

nismen offen legen. Wie Abbildung 2 zeigt, setzt wirksames Innovationsmanagement die Beherrschung mehrerer Transformationsstufen voraus.

- In einem ersten Schritt werden Innovationsinputs zu *Innovations-Kompetenz* transformiert; Wissen und finanzielle Ressourcen werden firmenintern angeeignet und zu Kompetenzen verdichtet, über die andere Wettbewerber in dieser Form nicht verfügen.
- Innovations-Kompetenz muss darüber hinaus auch genutzt und in marktgängige Produkte und Dienstleistungen mit entsprechenden Leistungssteigerungen „umgemünzt" werden; wir sprechen erst dann von *Innovations-Performance*, wenn werthaltige Leistung am Markt erbracht werden und Innovationen sich durchsetzen.
- Das Zusammenspiel von Innovations-Kompetenz und Innovations-Performance, das innerhalb der Black Box (Abbildung 2) vonstatten geht, wird erst unter ganz bestimmten Voraussetzungen zu einem Innovationserfolg transformiert (z. B. gemessen durch die Steigerung des Marktanteils, durch den ROI etc.).

Die Variablen außerhalb der Black Box sind in der Regel quantitativ-numerisch erfassbar und lassen sich durch finanzwirtschaftliche Kennzahlen abbilden. Von daher neigt man im Management dazu, Zusammenhänge zwischen Innovationsinput und -erfolg zu ermitteln und das Wirkungsgefüge innerhalb der Black Box zu vernachlässigen. Die entscheidenden Determinanten für Innovationserfolge verstecken sich aber innerhalb der Black Box; sie lassen sich zudem oft nur ungenau erfassen und nur selten durch finanzielle Kenngrößen abbilden. In der Literatur zum betrieblichen Innovationsmanagement wurden hierfür Scoring-Verfahren und Metriken entwickelt. Diese erfassen zum einen Indikatoren für die Innovations-Kompetenz eines Unternehmens (vgl. dazu die Ausführungen in den Abschnitten 3 bis 5) und diese analysieren Routinen und Ablaufprozesse im F&E-Bereich ebenso wie die Wirksamkeit von Prozessen der Strategieentwicklung und der bereichsübergreifenden Zusammenarbeit. Ergänzend dazu gibt es Metriken der Innovations-Performance, die überwiegend durch das Innovations-Marketing entwickelt wurden (Darstellung hierzu in Abschnitt 6). Vielversprechend sind integrierte Ansätze der Entwicklung einer „Innovation Scorecard", die alle vier Ebenen der Bewertung aus der Darstellung in Abbildung 2 (Input-, Kompetenz-, Performance- und Erfolgsbewertung) miteinander verbinden.[3]

Bewertung der Innovations-Kompetenz in Unternehmen

Innovationsinputs und Wissen stellen eine Art Rohstoff dar, der firmenintern angeeignet werden und zu Innovations-Kompetenzen verdichtet werden muss. Zur Bilanzierung und Bewertung der Innovations-Kompetenz wurden Scoringverfahren und Metriken entwickelt, die sehr nützliche Diagnosen erlauben. Siehe dazu den Innovation Audit in Gerybadze (2004, S. 58 ff.) sowie die entsprechenden Analyseverfahren in Braun et al. (2001, S. 346 ff.) und Grimm und Sommerlatte (2001). Zentrales Element der Kompetenzbewertung stellt die Ermittlung der F&E-Kompetenz und Ressourcenstärke dar. Für jeden Produktbereich und jede Branche gibt es kritische Mindestgrößen zu F&E-Budgets und effizienten Laboreinheiten (Indikatoren zu Fixkosten und erfolgskritischen Teamgrößen). Über solche Eingangshürden wird zumeist entschieden, welche Firma im Innovationswettlauf mitspielen kann und welche nicht.

Allerdings wird die Bedeutung des F&E-Bereichs auch etwas überbewertet. Erfolge im Innovationsprozess erfordern die Absicherung mehrerer komplementärer Faktoren, die weit über den engen Bereich F&E hinausgehen. Hohe F&E-Kompetenz und Ressourcenstärke, auf die zunächst in Abschnitt 4 eingegangen wird, ist zwar eine notwendige Bedingung, reicht aber für sich genommen noch nicht aus. Innovationserfolge werden auf dynamischen Märkten durch ein komplexes Bündel von firmenspezifischen Kompetenzen untermauert. Eine hinreichend hohe Ressourcenstärke im F&E-Bereich muss daher komplettiert werden durch differenzierungsrelevante Fähigkeiten auf folgenden drei Ebenen:

- durch ausgeprägte Innovationsmanagement-Kompetenz, um die Pipeline der Neuproduktentwicklung möglichst durchgängig zu gestalten;
- durch entsprechende Stärken bei der konsequenten Absicherung von Schutzrechten und Intellectual Property sowie
- durch ausgeprägte Stärken bei der Formulierung und Implementierung von Strategien, die zu einer Fokussierung von Kompetenz auf wenige ertragreiche Felder führen.

Defizite bei nur einem einzelnen Element des in Abbildung 3 beschriebenen Leistungskranzes der Innovations-Kompe-

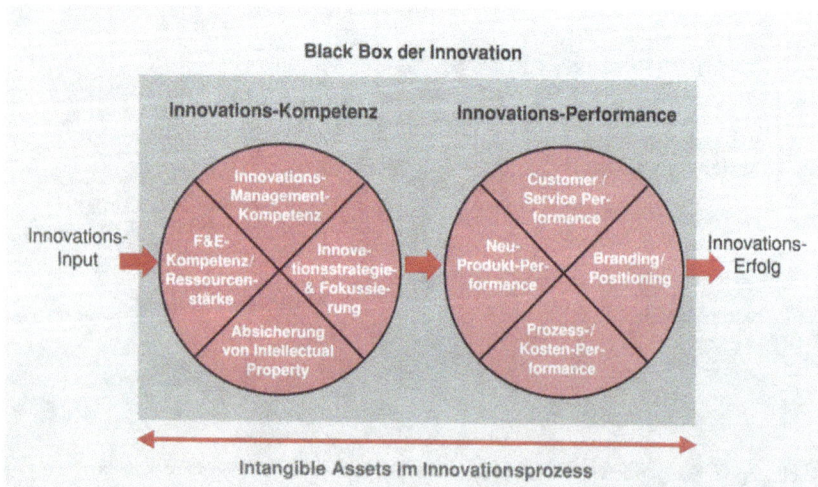

Abbildung 2: Zusammenspiel von Innovations-Kompetenz und Innovations-Performance

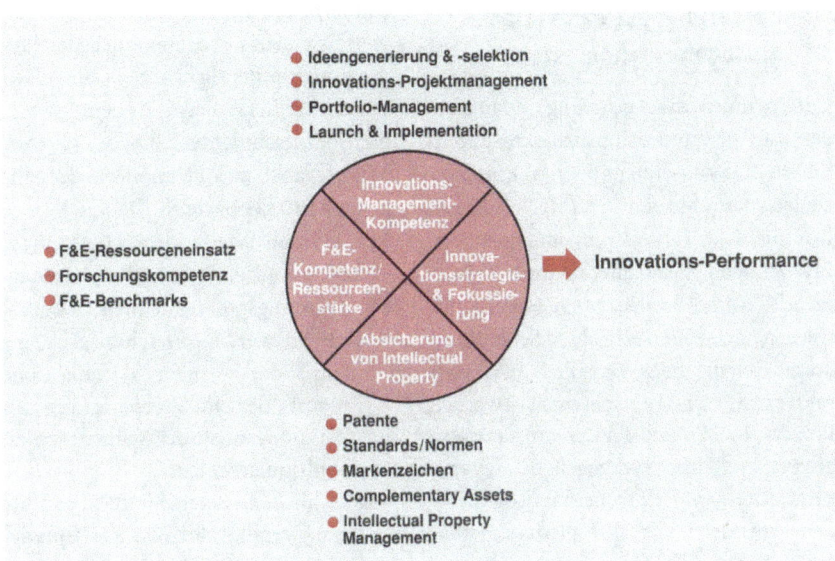

Abbildung 3: Kriterien zur Bewertung der Innovations-Kompetenz

tenz werden von intelligenten und schnellen Wettbewerbern sofort gnadenlos ausgenutzt. Viele deutsche Firmen in der Elektronik und im Maschinenbau wurden trotz hoher F&E-Kompetenz dafür bestraft, dass sie nicht konsequent die erforderlichen Strategien der Absicherung von Intellectual Property ergriffen haben. Zu beobachten sind häufig auch Defizite der Innovationsmanagement-Kompetenz: Frühe Entwicklungserfolge werden nicht schnell genug „hochskaliert" und mit der erforderlichen Energie implementiert. Erst die gleichzeitige Absicherung aller vier Kompetenzebenen schafft die Voraussetzungen für eine gezielte Steigerung der Innovations-Performance.

Metrik der F&E-Kompetenz und Ressorcenstärke

Der F&E-Bereich ist innerhalb der Innovationsmanagementliteratur vergleichsweise gut dokumentiert und hierfür gibt es bewährte Instrumente des F&E-Controllings und des F&E-Benchmarkings (vgl. Bürgel et al. 1996, ADL 1991). Die F&E-Kompetenz und Ressourcenstärke ist entscheidend davon abhängig, wie viel ein Unternehmen verglichen mit seinen Wettbewerbern für F&E einsetzt und wie hoch seine F&E-Leistungsfähigkeit ist.

Das kumulierte Wissen, das durch F&E-Investitionen in der Vergangenheit angesammelt wurde, bildet sozusagen den Kapitalstock für die Innovations-Kompetenz. Ein sehr wichtiger Indikator für die Ressourcenstärke sind die jährlichen Aufwendungen für Forschung und Entwicklung (F&E), die kumulierten Investitionen im Zeitablauf und die F&E-Intensität, gemessen zumeist als Anteil der F&E-Ausgaben am Umsatz. Wettbewerber in einem bestimmten Geschäftsfeld müssen einen bestimmten Anteil ihres Umsatzes für F&E aufwenden, um mit ihren Produkten up-to-date zu bleiben und ihren Marktanteil zumindest zu halten. Was dabei eine angemessene Größe ist, ist vom jeweiligen Geschäftsfeld abhängig. Maschinenbaufirmen investieren 4 – 5 % ihres Umsatzes in F&E, Elektronikfirmen (je nach Fachgebiet) zwischen 8 und 12 % und im Pharmabereich, in der Biotechnologie und in anderen High-tech-Feldern, liegt dieser Anteil mitunter bei 15 % und darüber. In jedem Geschäftsfeld gelten bestimmte Mindestanforderungen und jedes Unternehmen muss kritisch hinterfragen, ob es angemessene finanzielle Mittel für F&E einsetzt.

Genauso wichtig ist es aber auch, zu fragen, ob die verfügbaren finanziellen Mittel auch sachgerecht und produktiv eingesetzt werden. Wie wird das F&E-Budget in einem diversifizierten Unternehmen auf mehrere Produktbereiche verteilt? Welcher Anteil wird für Forschung, welcher eher für marktnahe Entwicklungen investiert? Was dient eher der Produktpflege auf bestehenden Märkten und welcher Anteil des Budgets wird demgegenüber für die Entwicklung

Determinanten der Bewertung der F&E-Kompetenz und der Ressourcenstärke	Gewichtung	Kompetenzniveau 1	2	3	4	5
• Setzt das Unternehmen angemessene finanzielle Mittel für F&E ein?	g_1	☐	☐	☐	☐	☐
• Werden die verfügbaren finanziellen Mittel für F&E optimal eingesetzt?	g_2	☐	☐	☐	☐	☐
• Sind die finanziellen Mittel adäquat auf die F&E-Einheiten/F&E-Prioritäten aufgeteilt?	g_3	☐	☐	☐	☐	☐
• Ist sichergestellt, dass finanzielle Mittel schnell und flexibel für die besten Projekte und erfolgversprechendsten Vorhaben mobilisiert werden?	g_4	☐	☐	☐	☐	☐
• Entwicklungsstand der F&E-Kapazitäten im Hinblick auf technisches Niveau, apparative Ausstattung, Gebäudeinfrastruktur etc.	g_5	☐	☐	☐	☐	☐
• Bewertung im Hinblick auf wichtige Benchmarks (z. B. Umsatzanteil neuer Produkte, Entwicklungszeit für Neuprodukte etc.)	g_6	☐	☐	☐	☐	☐
• Nutzt das Unternehmen die Innovationsquellen außerhalb der eigenen F&E angemessen?	g_7	☐	☐	☐	☐	☐
Ermittelter Gesamtscore für die F&E-Kompetenz und Ressourcenstärke		☐	☐	☐	☐	☐

Abbildung 4: Metrik zur Bewertung des F&E-Kompetenz und Ressourcenstärke

BEWERTUNG UND STEUERUNG

von neuen Produkten für zukunftsträchtige Märkte eingesetzt? Es muss also kritisch hinterfragt werden, ob die verfügbaren finanziellen Mittel adäquat auf die einzelnen F&E-Einheiten bzw. auf unterschiedliche Prioritätsbereiche aufgeteilt werden.[4]

Entscheidend für die Leistungsfähigkeit und Performance von F&E ist selbstverständlich auch, ob das Unternehmen über einen hohen Entwicklungsstand seiner Entwicklungs- und Versuchseinrichtungen, über die entsprechende IT-Unterstützung, apparative Ausstattung und die geeignete Gebäudeinfrastruktur verfügt. Nicht nur die Hardware und tangible Technologien geben allein den Ausschlag, sondern auch die finanziellen und administrativen Verfahren im F&E-Bereich. Entscheidend ist der firmeninterne Ressourcenallokations- und Budgetierungsprozess. Durch diesen erst wird sicher gestellt, dass die verfügbaren finanziellen Mittel auch tatsächlich für die besten und ertragreichsten Vorhaben eingesetzt werden. Die F&E-Produktivität in vielen Unternehmen leidet darunter, dass der größte Teil des Budgets, in vielen Fällen 80 – 90 %, von vornherein festgelegt ist und man nicht schnell und flexibel genug auf erfolgversprechende Vorhaben und wachstumsträchtige Entwicklungen reagieren kann.

Um die F&E-Leistungsfähigkeit zu überprüfen, sind Benchmarks im Vergleich zu den führenden Unternehmen unverzichtbar. Nur durch diese erhält ein Unternehmen Aufschluss darüber, wie es im Vergleich zu Marktanforderungen und Leistungsmessgrößen steht.[5] Wichtige Indikatoren sind z.B. der Anteil des Umsatzes aus neuen Produkten sowie die Entwicklungszeit für Neuprodukte. Darüber hinaus ist für die F&E-Kompetenz nicht nur die Beherrschung der internen F&E entscheidend, sondern in zunehmender Weise auch die Frage, ob das Unternehmen auch die Innovationsquellen außerhalb des eigenen Unternehmens angemessen und wirkungsvoll nutzt. Abbildung 5 fasst die wichtigsten Determinanten zur Evaluierung des F&E-Ressourceneinsatzes und der F&E-Kompetenz übersichtsartig zusammen.

Bewertung der Innovationsmanagement-Kompetenz

Unternehmen, die regelmäßig und mit hoher Kadenz Innovationsprojekte durchführen und konsequent bis zum kommerziellen Durchbruch verfolgen, haben Routinen der Innovation implementiert. Erfahrungen aus früheren Innovationsprojekten und Projektmanagement-Skills werden nach einem erprobten Schema auf immer wieder neue Projekte übertragen und angepasst. Typischerweise werden Prozessmodelle und Phasenkonzepte eingesetzt und durch vorgegebene Reviewprozeduren und Entscheidungsalgorithmen wird der Innovationsprozess gesteuert. Cooper (2001) hat entsprechende Stage-Gate-Modelle entwickelt und in nordamerikanischen und europäischen Unternehmen implementiert. Fujimoto (1999) hat entsprechende Innovationsroutinen detailliert am Beispiel japanischer Automobilfirmen beschrieben. Zu einer ausführlichen Darstellung entsprechender Methoden des Innovationsmanagements auch in deutschsprachigen Unternehmen siehe Gerybadze (2004, S. 6 ff.).

Phasenmodelle der Innovation müssen zum einen branchenspezifische Besonderheiten berücksichtigen; beispielsweise sieht das Prozessmodell der Pharmaindustrie deutlich anders aus als bei Automobilherstellern. Zudem sind firmenspezifische Unterschiede der Prozessabläufe auch bei Herstellern derselben Branche zu beobachten. Dennoch finden sich typischerweise drei Hauptphasen vor, die jeweils in weitere Teilphasen und Entscheidungspunkte gegliedert sind:

- Projekte werden zunächst durch einen mehr oder weniger systematischen Prozess der Ideengenerierung und -selektion sowie der frühen Projektdefinition geschleust;
- anschließend setzt der zeit- und kostenaufwendige Prozess der Entwicklung ein, der häufig durch Verfahren des Portfolio-Managements begleitet wird;
- in späteren Phasen werden erfolgversprechende Projekte dann „hochskaliert" und entsprechende Organisationseinheiten für die kommerzielle Umsetzung geschaffen (vgl. Cooper 2001, Kap. 5, Gerybadze 2004, S. 12).

Die Innovationsmanagement-Kompetenz eines Unternehmens bzw. einer einzelnen Geschäftseinheit lässt sich systematisch überprüfen und durch Prozess-Bench-

Determinanten der Bewertung der F&E-Kompetenz und der Ressourcenstärke	Gewichtung	Kompetenzniveau 1 2 3 4 5
• Sind die Ziele und Strategien des Unternehmens/der Organisationseinheit konsequent auf Innovationen ausgerichtet?	g_1	☐ ☐ ☐ ☐ ☐
• Gibt es einen systematischen Prozess der Ideengenerierung und -selektion und werden durch diesen fortlaufend neue Projekte angestoßen?	g_2	☐ ☐ ☐ ☐ ☐
• Gibt es einen systematischen und effizient gesteuerten Prozess der Produktentwicklung?	g_3	☐ ☐ ☐ ☐ ☐
• Setzt das Unternehmen konsequent Methoden des Portfolio-Managements ein?	g_4	☐ ☐ ☐ ☐ ☐
• Gibt es einen starken Lenkungskreis, der Innovationsprojekte systematisch unterstützt?	g_5	☐ ☐ ☐ ☐ ☐
• Werden erfolgversprechende Projekte schnell und konsequent zu Business Units ausgebaut?	g_6	☐ ☐ ☐ ☐ ☐
• Gibt es ein innovationsgerechtes Anreiz- und Beförderungssystem für erfolgreiche Projektmanager?	g_7	☐ ☐ ☐ ☐ ☐
Ermittelter Gesamtscore für die Innovationsmanagementkompetenz		☐ ☐ ☐ ☐ ☐

Abbildung 5: Determinanten der Bewertung der Innovationsmanagement-Kompetenz in Unternehmen

marks beschreiben. Die Qualität und Stringenz des Innovationsprozesses lässt sich durch eine entsprechende Metrik analysieren, die einerseits die auf die drei genannten Hauptphasen eingeht und zudem überprüft, wie der Gesamtprozess gesteuert und strategisch ausgerichtet wird. In Abbildung 5 wird eine entsprechende *Metrik für die Innovationsmanagement-Kompetenz* dargestellt, die sieben besonders kritische Fragen überprüft. Zu jedem Item wird innerhalb eines Unternehmens oder einer Geschäftseinheit überprüft, wie hoch das erreichte Kompetenzniveau ist. Die Bewertung erfolgt entlang einer Skala, die von 1 (schwach/nicht erfüllt) bis 5 (sehr gut/vollumfänglich erfüllt) reicht. Zu den einzelnen Fragen können jeweils differenzierte Gewichtungsfaktoren berücksichtigt werden. Der daraus zu ermittelnde Gesamtscore gibt Aufschluss über die Beherrschung und Stringenz des Innovationsprozesses; oftmals sind Unternehmen vergleichsweise gut bei Teilprozessen (z. B. bei der Ideenfindung und beim Anstoßen neuer Projekte), aber es hakt später bei wichtigen Budgetentscheidungen oder beim konsequenten Überleiten von Entwicklungsprojekten zu eigenständigen Geschäftseinheiten.

Der Lackmus-Test der Innovation: Messung der Innovations-Performance

Die bisherigen Darstellungen zur Kompetenz beschreiben den Ressourceneinsatz und die internen Stärken resp. Schwächen einer Unternehmung bei der Verfolgung der Innovationsziele. Wir haben in Abschnitt 4 und 5 gezeigt, wie man die Ressourcenstärke im F&E-Bereich messen kann und durch welche organisatorischen Maßnahmen Innovationsprojekte ausgewählt, gesteuert und konsequent bis zum Markterfolg geführt werden können. Die dargestellten Kompetenzen müssen sich über kurz oder lang in einer entsprechenden Performance niederschlagen. Wir definieren die *Innovations-Performance* durch eine Reihe von Leistungs- und Erfolgsindikatoren, die durch reale Markttests und unter Wettbewerbsbedingungen überprüft werden. Im Vordergrund steht bei Produktinnovationen durch Sachgüter herstellende Unternehmen die Messung der Neu-Produkt-Performance. Hierzu bietet die neuere Literatur des Innovations-Marketings erprobte Bewertungsansätze und Benchmark-Methoden. Im angelsächsischen Raum ist besonders Robert G. Cooper durch seine empirischen Studien zur Performance der Neu-Produktentwicklung hervorgetreten (Cooper 2001, Kapitel 4 und 5). Auf Verbandsebene hat die Product Development Management Association (PDMA) entsprechende Guidelines und empirische Studien vorgelegt. Cooper (2001, S. 84) hat insgesamt 15 kritische Erfolgsfaktoren für Produktinnovationen ermittelt, von denen die ersten sechs sich unmittelbar den Leistungsmerkmalen der Produkte und dem Produktmarketing zuordnen lassen.

Folgende Kriterien können, aufbauend auf diesen Untersuchungen, zur Messung der *Neu-Produkt-Performance* herangezogen werden:

- das neue Produkt zielt besonders auf Anforderungen in wachstumsträchtigen und wenig preissensitiven Märkten ab;
- es bietet dort einzigartige, neue und aus Sicht des Kunden überzeugende Leistungsmerkmale und Funktionalitäten an;
- es erfüllt Kundenanforderungen deutlich besser als die am Markt vorhandenen Produkte;
- es löst Probleme, die Kunden mit bisherigen Produkten/Wettbewerberprodukten haben;
- es ermöglicht Kosten- und Zeiteinsparungen bei der Nutzung und Anwendung;
- das neue Produkt ist weltmarktfähig und ohne aufwändige Anpassungen international einsetzbar;
- das Timing der Produkteinführung ist optimiert und liegt voll im Zeitfenster (d. h. weder zu spät noch zu früh).

Ganz analog zu den bisher dargestellten Metriken zur Bewertung der Innovations-Kompetenz kann auch die Neu-Produkt-Kompetenz anhand dieser Kriterien überprüft werden. Zu jedem genannten Item sollte für ein neu am Markt zu platzierendes Produkt überprüft werden, in welchem Maße diese Kriterien erfüllt werden. Der Gesamt-Score der Neu-Produkt-Performance lässt sich entsprechend als gewichteter Durchschnitt berechnen.

Innovationen sind bewusst weiter gefasst als Veränderungen entlang der Produktdimension. Die Innovations-Performance muss gleichermaßen auch Prozess- und Verfahrensinnovationen, Serviceinnovationen, organisatorische Innovationen wie auch innovative Geschäftsmodelle und neuartige Segmentierungen berücksichtigen. Von daher ist unsere *Metrik der Innovations-Performance* umfassender angelegt. Ergänzend zur Neu-Produkt-Performance sind als weitere Dimensionen zu berücksichtigen:

- Die Prozess- und Kosten-Performance der Innovation;
- Die Customer- und Service-Performance im Prozess der Anwendung sowie
- Die Segmentierung, Positionierung und das Branding für eine Innovation bzw. ein neuartiges Geschäftsmodell.

Viele erfolgversprechende neue Produktkonzepte scheitern daran, dass nicht frühzeitig genug ergänzend zu den Produktvorteilen die Kosten- und Prozess-Performance überprüft wird. Gerade in Deutschland besteht eine Tendenz, neue Produkte dort zu platzieren, wo auf Kosten zunächst nicht konsequent geachtet wird (z. B. für wenig preissensitive neue Sonderausstattungen bei Geschäftsfahrzeugen). Dies hat aber oft die Disziplin im Innovationsprozess beeinträchtigt und zu Innovationsdefiziten auf solchen Märkten geführt, auf denen hohe Produktinnovationsraten mit permanenten Kostensenkungen einhergehen müssen. Entsprechendes gilt für viele konsumnahe High-Tech-Bereiche und für die gesamte Informationstechnik und genau auf diesen Feldern spielen deutsche Unternehmen im internationalen Innovationswettlauf oft nicht mehr mit.

Die beiden zuletzt genannten Performance-Indikatoren (Service-Performance, neuartige Geschäftsmodellierung und Segmentierung) sind ergänzend dazu für die Bewertung von Service-Innovationen und auch für die Entwicklung produkt-

BEWERTUNG UND STEUERUNG

begleitender Dienstleistungen sehr wichtig. Die in der Literatur verbreiteten Metriken der Innovation sind zu einseitig für Produktinnovationen in Sachgüter herstellenden Unternehmen entwickelt worden. Die Weiterentwicklung der Methoden des Innovations-Controllings sollte sich in den nächsten Jahren verstärkt auf die Entwicklung passender Bewertungsverfahren für neuartige Dienstleistungen und veränderte Konfigurationen von Geschäftsmodellen richten.

Innovationsaufwendungen und Innovations-Performance in deutschen Unternehmen

Die Erfassung und Bilanzierung von Innovations-Aktivitäten ist auf europäischer und internationaler Ebene weit vorangeschritten. Der Community Innovation Survey (CIS) der Europäischen Union wird im vierjährigen Turnus durchgeführt und erfasst detailliert Indikatoren zu Innovationsaufwendungen und zur Innovations-Performance.[6] In Deutschland werden entsprechende Untersuchungen bislang jährlich im Rahmen der Berichterstattung zur technologischen Leistungsfähigkeit durchgeführt. Die Untersuchungen sind ausgesprochen detailliert, lassen jedoch bislang durch ihren industrieökonomischen und volkswirtschaftlichen Analysefokus nur bedingt die Behandlung betriebswirtschaftlicher Fragestellungen zur Innovations-Kompetenz und Innovations-Performance im oben definierten Sinne zu. Die regelmäßig veröffentlichten Innovationserhebungen bieten sehr detaillierte Untersuchungen zu wichtigen Rohdaten. Diese stecken insbesondere die Rahmenbedingungen außerhalb der „Black Box" aus Abbildung 2 ab und liefern Hintergrundinformationen zu Innovationsaufwendungen, zum Patentierungsverhalten und auch zu Innovationsergebnissen und Erfolgsindikatoren.

Parallel zu den regelmäßigen Erhebungen der F&E-Aufwendungen deutscher Firmen durch den Stifterverband der deutschen Wissenschaft, veröffentlicht das ZEW in Mannheim Paneldaten zu Innovationsaufwendungen. Im Jahr 2003 wurden durch deutsche Unternehmen insgesamt Innovationsaufwendungen von 98 Mrd. Euro und F&E-Aufwendungen von 36,8 Mrd. Euro getätigt. Abbildung 6 enthält eine Übersicht zu den zehn bedeutsamsten Wirtschaftssektoren im deutschen Innovationssystem, angeführt von den Hauptexportsektoren des Verarbeitenden Gewerbes (Fahrzeugbau, Chemie, Elektrotechnik und Maschinenbau). Auf diese entfallen 55 % der Innovationsaufwendungen der Wirtschaft. Überraschenderweise treten aber auch innovative Dienstleistungsunternehmen immer stärker in Erscheinung; auf die vier wichtigsten innovationsbetreibenden Dienstleistungssektoren entfallen im Jahr 2003 bereits 17 % der Innovationsaufwendungen, mit weiter steigender Tendenz.

Aus den veröffentlichten Innovationserhebungen lassen sich auch interessante Hintergrundinformationen zum Innovationsverhalten und zur Innovations-Performance in den wichtigsten Wirtschaftsbereichen ziehen. Das ZEW veröffentlicht jährlich sektorspezifische Analysen zur besonderen Rolle von Innovatoren, zur Zielrichtung von Innovationsprozessen (Produkt- und Prozessinnovationen, Sortimentserweiterungen sowie Qualitätsverbesserungen). Zudem wird, als wichtiger Erfolgsindikator, der Umsatzanteil neuer Produkte erfasst. Die Analysen in Abbildung 6 zeigen, dass gerade die Automobilindustrie, die Elektroindustrie, Software und Telekommunikation und Instrumentenbau eine besonders hohe Innovationsdynamik aufweisen. Im Umkehrschluss kann aber auch gefolgert werden, dass wichtige High-Tech-Bereiche und dynamische Dienstleistungssektoren, die weltweit das Innovationsgeschehen prägen, in Deutschland unzureichend vertreten sind (z. B. Bio- und Gentechnologie, IT-Hard- und Software etc.).

Zusammenfassung und Ausblick

Innovationen stehen auf der Prioritätenliste der Unternehmensführung ganz oben. Sie sind mit steigenden Investitionen und hohen Risiken verbunden. Insofern ist Controlling von Innovationen

	Indikatoren für Innovations-Aufwendungen			Indikatoren für Innovations-Performance		
	Innovations-Aufwendungen 2003 in Mrd. €	F&E-Aufwendungen 2003 in Mrd. €	Anteil der Innovations-Aufwendungen am Umsatz (%)	Umsatz mit neuen Produkten 2003 in Mrd. €	Umsatzanteil neuer Produkte 2003 in %	Anteil der Unternehmen mit Innovationen in %
Fahrzeugbau/Automobile	24,2	13,6	8,1	146	49	70
Chemie/Pharma/Mineralöl	11,2	6,1	4,7	29	12	81
Elektroindustrie	10,5	7,3	7,2	51	35	73
Maschinenbau	8,0	4,0	5,0	36	23	75
Banken/Versicherungen	5,7	k.A.	0,7	107	14	50
Software/Telekommunikation	4,4	k.A.	6,1	22	30	70
Metallerzeugung/-bearbeitung	4,0	0,8	2,7	22	15	62
Verkehr/Post	3,4	0,8	2,3	10	7	31
Instrumentenbau	3,0	k.A.	9,0	10	29	78
Technische/F&E-Dienstleistungen	2,8	k.A.	7,5	5	14	67

Abbildung 6: Innovationsaufwendungen und Indikatoren der Innovations-Performance in deutschen Unternehmen (Quelle: ZEW, Innovationsverhalten der deutschen Wirtschaft 2004; BMF, Bundesbericht Forschung 2004.)

von zentraler Bedeutung. Da die Innovationsfähigkeit und -performance aber vorwiegend durch intangible Werte geprägt ist, die nur schwer messbar sind, hat das Controlling lange Zeit einen Bogen um Innovationen gemacht und wird häufig zu spät, d. h. bei Feuerwehraktionen und Reparaturen eingesetzt. Der vorliegende Beitrag plädiert für eine noch viel konsequentere Verbindung von Rechnungswesen und Controlling auf der einen und Innovationsmanagement und F&E auf der anderen Seite. Er beschreibt eine erweiterte Sichtweise der Bilanzierung von Innovationskapital und zeigt Wege für die Integration erprobter Methoden der Innovations-Performancemessung in ein aussagefähiges, zukunftsgerichtetes Controllingsystem auf.

Methoden der Wissensbilanzierung und des Controllings von Intangibles sollten noch viel systematischer zur Analyse und Bewertung von Innovationsprozessen auf betriebswirtschaftlicher, wie auch auf sektoraler und nicht zuletzt auch auf volkswirtschaftlicher Ebene eingesetzt werden. Im Bereich der Betriebswirtschaft sollte es eine viel stärkere Verbindung zwischen Controlling und Finanzwirtschaft einerseits und Innovationsmanagement bzw. F&E-Management andererseits geben. Zu diesem Zweck plädieren wir für eine weiter gefasste Definition des Begriffs des Innovations-Kapitals, das nicht nur F&E-Aufwendungen und Patente erfasst, sondern aussagefähige Indikatoren für die Innovations-Kompetenz und die Innovations-Performance in einen Gesamtrahmen einordnet. Innovationsberichterstattung und Innovation-Auditing sollte künftig genau so wichtig genommen werden wie der Jahresabschluss, die Gewinn- und Verlustrechnung und die Bilanz.

Nur durch die noch engere Zusammenarbeit von Spezialisten aus Rechnungswesen und Controlling mit Experten aus dem Innovationsmanagement wird es gelingen, den vorhandenen Fundus an erprobten Methoden des Innovations-Auditing und der Performancemessung im F&E-Bereich zu heben und in ein aussagefähiges Finanz- und Steuerungsinstrument einzubetten. Die neueren Methoden der Unternehmenswertanalyse, der Performance Measurements und der Balanced Scorecard sollten gezielt für die Analyse und Bewertung hochinnovativer Prozesse und Geschäftsbereiche weiterentwickelt werden. Besonders vielversprechend ist die Weiterentwicklung der Balanced Scorecard zu einer Innovation Scorecard und hierzu gibt es inzwischen vielversprechende Ansätze der Kooperation zwischen betriebswirtschaftlichen Lehrstühlen und besonders dafür ausgewiesenen Unternehmensberatungsfirmen.[7]

Noch immer ist ein wesentlicher Teil der vorhandenen Innovationsmanagement-Instrumente auf Produktinnovationen in Unternehmen des Verarbeitenden Gewerbes konzentriert. Ein zunehmender Anteil von Innovationen wird durch dynamische Firmen aus dem Dienstleistungssektor vorangetrieben und erfasst insbesondere die Schnittstelle und den Wissenstransfer zwischen Servicefunktionen und herstellenden Bereichen. Künftig sollte die Forschung und Methodenentwicklung noch viel stärker Prozesse der Serviceinnovation dokumentieren und hierfür die geeigneten Methoden des Controlling von Intangibles und der Innovations-Performancemessung bereitstellen.

Schließlich empfehlen wir auch eine engere Verbindung zwischen Betriebswirtschaft und Innovationsberichterstattung, die bislang noch zu sehr unternehmensübergreifend und volkswirtschaftlich angelegt ist. In anderen Ländern (Großbritannien, Kanada, Finnland) wurden sehr viel konsequenter einzelbetriebliche wie auch volkswirtschaftliche Ansätze der Innovations-Performancemessung miteinander verbunden. Auch in Deutschland wäre eine stärkere Einbeziehung betriebswirtschaftlicher Lehrstühle und erprobter Methoden des Innovationsmanagements auf Unternehmensebene in die technologische Berichterstattung auf der Ebene von Ministerien, der Forschungsinstitute und der Projektträger ratsam.[8] Zudem könnten die bereits vorhandenen Methoden der Wissensbilanzierung und der Innovations-Performancemessung auch für Universitäten, Forschungsinstitute und den Transfer zwischen Wirtschaft und Wissenschaft verstärkt nutzbar gemacht werden.

Anmerkungen

1 Ein wesentlicher Teil des Innovationskapitals ist relationaler Natur und bezieht innovationsförderliche Geschäftsbeziehungen mit ein. Entsprechend berücksichtigt Sveiby (2001) externe Beziehungen zu Kunden, Lieferanten und Anbietern komplementärer Leistungen sowie den Wissenstransfer von externen Partnern in das Unternehmen als wichtige Komponenten in seiner Systematik der Wissensbilanzierung.

2 Wir verwenden im Folgenden bewusst den Begriff „Performance" und nicht eine deutsche Übersetzung des Begriffs „Innovation-Performance" wie z. B. „Erfolg" oder „Leistung", die den prozessualen Charakter von Innovationsvorhaben oft nur unzureichend oder verkürzt wiedergeben würde.

3 Die Innovation Scorecard ist eine Weiterentwicklung der Balanced Scorecard, die den Besonderheiten und methodischen Problemen von Innovationsprozessen besonders Rechnung trägt. Entsprechende Methoden der Innovation Scorecard werden gegenwärtig im Rahmen einer Zusammenarbeit zwischen Horváth & Partner und dem Lehrstuhl Internationales Management an der Universität Hohenheim entwickelt.

4 Eine sehr gute Übersicht zum Audit der F&E-Aktivitäten und der F&E-Leistungsfähigkeit findet sich in Braun et al. (2001) und in ADL (1991).

5 Siehe hierzu die sehr detaillierten Darstellungen zum F&E-Audit bzw. zu F&E-Benchmarks in Braun et al. (2001, 373) und Goodman, Lawless (1994, 134 ff.).

6 Die aktuellste bislang veröffentlichte Untersuchung des Community Innovation Survey (CIS) geht auf die Erhebung 2001 zurück. Die für 2005 aktualisierte Untersuchung wird voraussichtlich Anfang 2006 veröffentlicht.

7 Beispiele hierfür bieten die Zusammenarbeit von ADL und European Business School (Grimm und Sommerlatte 2001) sowie zwischen Horváth & Partner und der Universität Hohenheim (Gaiser und Gerybadze 2005).

8 Gegenwärtig erfolgt eine Neustrukturierung der Innovations-Berichterstattung auf Ebene des Forschungsministeriums und des Deutschen Bundestages. Gerade in dieser Phase wäre es wünschenswert, wenn die beschriebenen Ansätze des Innovations-Controllings noch konsequenter bei der Neuausrichtung der Leistungsberichterstattung und Politikberatung berücksichtigt werden könnten.

Literatur

ADL (1991): Management der F&E-Strategie, Arthur D. Little, Wiesbaden 1991.
BMBF (2004): Faktenbericht Forschung, Berlin 2004.
BMBF (2005): Zur technologischen Leistungsfähigkeit Deutschlands 2005, Berlin 2005.
BRAUN, M., FEIGE, A., SOMMERLATTE, T. (2001): Business Innovation, Frankfurt/Main 2001.
BÜRGEL, H. D, HALLER, C., BINDER, M. (1996): F&E-Management, Vahlen, München 1996.
COOPER, R. G. (1999): The Invisible Success Factors in Product Innovation, in: Journal of Product Innovation Management, Vol. 16, April 1999, S. 115 – 133.
COOPER, R. G. (2001): Winning at New Products, 3. Edition, Perseus Publishing, Cambridge (MA) 2001.
ARBEITSKREIS „IMMATERIELLE WERTE IM RECHNUNGSWESEN" DER SCHMALENBACH-GESELLSCHAFT FÜR BETRIEBSWIRTSCHAFT E.V. (2001): Kategorisierung und bilanzielle Erfassung immaterieller Werte, in: Der Betrieb, 2001, Heft 19, S. 989 – 995.
EDVINSSON, L, MALONE, M. S. (1997): Intellectual Capital: Realizing your Company´s True Value by Finding its Hidden Brainpower, Harper Business, New York 1997.
GAISER, B. (1993): Schnittstellencontrolling bei der Produktentwicklung, Vahlen, München 1993.
GERYBADZE, A. (2004): Technologie- und Innovationsmanagement, Vahlen, München 2004.
GERYBADZE, A. (2005): Innovations-Kompetenz bewerten: Innovation Audit als Standortbestimmung, in: Management und Qualität, 2005, Heft 7-8, S. 6 – 11.
GERYBADZE,, A., GAISER, B. (2005): Competence-based Growth and Innovation in Professional Service Firms, Paper presented at the EURAM 2005 Conference, Munich, May 2005.
GOODMAN R. A., Lawless, M. W. (1994): Technology and Strategy. Conceptual Models and Diagnostics, New York/Oxford 1994.
GRIMM, U., SOMMERLATTE, T. (2001): Steigerung des Unternehmenswertes durch Innovationsmanagement, Ergebnisse einer Untersuchung durch ARTHUR D. LITTLE (ADL) und European Business School, Wiesbaden/Oestrich-Winkel 2001.
HAUSCHILDT, J. (2004): Innovationsmanagement, 3. Auflage, Vahlen, München 2004.
HAUSCHILDT, J., SALOMO, S. (2005): Je innovativer, desto erfolgreicher? Eine kritische Analyse des Zusammenhangs zwischen Innovationsgrad und Innovationserfolg, in: Journal für Betriebswirtschaft, 55. Jg., 2005, S. 3 – 20.
HORVÁTH & PARTNER (2005): Intangibles: Rechnung mit dem Nicht-Fassbaren, in: The Performance Architect, Ausgabe 7, Juni 2005, S. 7 – 9.
OECD (1997): Oslo Manual, Proposed Guidelines for Collecting and Interpreting Technological Innovation Data, Paris 1997.
SVEIBY, K. E. (2001): A Knowledge-based Theory of the Firm to Guide Strategy Formulation, in: Journal of Intellectual Capital, Vol. 2, No. 4, 2001.
SVEIBY, K. E. (2004): Methods for Measuring Intangible Assets, Internet Version: www.sveiby.com.au/EmergingStandard.html (Status: July 2004).
TEECE, D. J. (2000): Managing Intellectual Capital, Oxford University Press, Oxford/New York 2000.
VDI (2001): Innovationskompass 2001, Radikale Innovationen erfolgreich managen, Untersuchung von VDI, McKinsey und TU Berlin, Düsseldorf 2001.
ZEW (2005): Innovationsverhalten der deutschen Wirtschaft, Indikatorenbericht zur Innovationserhebung 2004, Zentrum für Europäische Wirtschaftsforschung, Mannheim 2005.

BILANZIERUNG

Intangible Assets im Jahresabschluss nach IFRS – Ansatz- und Bewertungsvorschriften sowie bilanzpolitische Implikationen

Reinhard Heyd/Martin Lutz-Ingold

Einleitung

Die bilanzielle Behandlung von Intangible Assets erweckt aus zwei Gründen zunehmendes Interesse:

- Zum einen gewinnen Intangibles als Werttreiber sowohl im Controlling als auch bei Unternehmenserwerben zunehmende Bedeutung. Das Geschäftsmodell der Wissensökonomie stellt die Möglichkeiten zur Akquirierung von Kundenaufträgen, zur Erlangung von Marktkenntnissen, zur Gestaltung von strategischen Netzwerken und zur Generierung von spezifischen Wissensinhalten in den Mittelpunkt des wertorientierten Managements und Controllings; Kaufpreistreiber sind vornehmlich Kundenbeziehungen, technisches Know-how und die Reputation des Unternehmens (vgl. Daum 2004, S. 54 f.).
- Zum zweiten unterscheidet sich die bilanzielle Behandlung von Intangibles nach IFRS grundlegend von der am Vorsichtsprinzip ausgerichteten Bilanzierung nach HGB (§ 248 Abs. 2 HGB). Hierbei geht es vor allem um Ansatz und Bewertung von Intangibles beim isolierten Erwerb, bei eigener Herstellung sowie beim Erwerb im

---

- Intangible Assets erlangen als Werttreiber im Controlling sowie insbesondere im Zusammenhang mit Unternehmenserwerben zunehmende Bedeutung. Eine vollständige Erfassung von Intangibles im Rahmen der Bilanzierung ist für die Steuerung des betrieblichen Wertpotenzials sowie für die Entscheidungen von Unternehmensexternen von großer Bedeutung.
- Die bilanzielle Behandlung von Intangible Assets unterscheidet sich hierbei von der Bilanzierung nach HGB hinsichtlich Ansatz und Bewertung beim isolierten Erwerb, bei eigener Herstellung sowie beim Erwerb im Rahmen von Unternehmensakquisitionen. Die Ansatzvorschriften sind umfassender und die Bewertung ist mehr am Fair Value ausgerichtet.
- Im Rahmen der Bilanzierung von Intangibles nach IFRS besteht ein beträchtliches bilanzpolitisches Potenzial. Besondere Möglichkeiten zur Bilanzpolitik bieten sich hierbei bei der erstmaligen Anwendung der IFRS.

Rahmen von Unternehmensakquisitionen. Für die Bilanzierung und Bewertung von Intangibles in den Folgeperioden ist vor allem die Unterscheidung in solche mit bestimmbarer und unbestimmbarer Nutzungsdauer von Bedeutung. Ferner lässt IAS 38 sowohl das Cost Model als auch das Revaluation Model für die Folgebewertung zu. Schließlich sollen die Regelungen und bilanzpolitischen Implikationen beim Übergang auf die IFRS-Rechnungslegung erläutert werden.

Ansatz von Intangible Assets

Ansatz von isoliert erworbenen Intangible Assets

IAS 38.8 definiert einen immateriellen Vermögenswert als identifizierbaren, nicht monetären Vermögenswert ohne physische Substanz. Zur Aktivierung müssen also die Voraussetzungen eines Vermögenswertes (Asset) erfüllt sein. Ein Asset ist nach Framework F 49a ein Nutzenpotenzial, das auf einem vergangenen Ereignis beruht und über das das Unternehmen

Prof. Dr. Reinhard Heyd lehrt an der Hochschule für Wirtschaft und Umwelt Nürtingen-Geislingen Rechnungswesen und Controlling und ist Honorarprofessor an der Universität Ulm

Dr. Martin Lutz-Ingold ist selbständig tätiger Unternehmensberater sowie Dozent für Rechnungslegung an der Universität Freiburg

verfügen kann (wirtschaftliches Eigentum). Es ist anzusetzen, wenn der Nutzen dem Unternehmen (über den jeweiligen Bilanzstichtag hinaus) wahrscheinlich zufließt (more likely than not) und die Anschaffungs- oder Herstellungskosten bzw. der Wert des Nutzenpotenzials zuverlässig ermittelbar sind (vgl. d'Arcy/Mori/Rossbach 2004, S. 71). Um als Intangible Asset in die Bilanz aufgenommen werden zu können, muss es identifizierbar und substanzlos, d. h. immateriell sein.

- Ein Intangible Asset ist identifizierbar, wenn es vom Goodwill unterschieden (separiert) werden kann. Eine Separierbarkeit vom Goodwill wird angenommen,
  - wenn die Ressource gesondert verkauft, übertragen, lizenziert, vermietet oder getauscht werden kann (Separability Kriterium) bzw.
  - aus vertraglichen bzw. gesetzlichen Rechten entstanden ist (Contractual-Legal Kriterium, IAS 38.12).
- Das Kriterium substanzlos bedeutet nicht, dass gar keine Materialität gegeben sein darf; vielmehr sollte das Gepräge des Assets von der immateriellen Komponente ausgehen (Heyd/Lutz-Ingold 2005, S. 35).

Die zuverlässige Wertermittlung des Intangible Assets setzt eine Abgrenzung der hierfür geleisteten Ausgaben von laufendem Aufwand voraus.

Ansatz von selbst geschaffenen Intangible Assets

Selbst geschaffene Intangible Assets sind nach IAS 38 grundsätzlich ansatzfähig, jedoch bestehen Sondervorschriften, um für die „Grauzone" zwischen originärem Goodwill und „self-made Intangible Assets" eine klare „Aktivierungs-Guidance" vorzugeben. IAS 38.48 sowie IAS 38.69 sprechen ein Aktivierungsverbot aus für den originären Firmenwert, für Gründungs- und Anlaufkosten, Aus- und Weiterbildungskosten, Ausgaben für Werbung und Verkaufsförderung sowie für die Verlegung oder Umorganisation von Unternehmen(steilen). Auch selbst geschaffene Werte wie Markennahmen, Drucktitel, Verlagsrechte und Kundenlisten sind nach IAS 38.63 nicht aktivierungsfähig. Schließlich unterliegen auch Forschungskosten einem Aktivierungsverbot (IAS 38.54), wohingegen Entwicklungskosten bei kumulativer Relevanz aller Kriterien nach IAS 38.57 aktivierungspflichtig sind. Während die Forschung dem Ziel dient, durch eigene Untersuchungen neue wissenschaftliche oder technische Erkenntnisse zu gewinnen, führt die Entwicklung zur Anwendung von Forschungsergebnissen für die Produktion neuer oder wesentlich verbesserter Materialien, Produkte, Verfahren etc. vor dem Beginn der industriellen Produktion. Die Entwicklungsphase befindet sich also zwischen der Forschungsphase einerseits und der Phase der kommerziellen Nutzung andererseits.

Die Kriterien nach IAS 38.57 sind im Einzelnen

- die technische Realisierbarkeit, d. h. die Voruntersuchungen (Erstellung von Quellprogrammen, Prototypen, konzeptionelle Basisarbeiten etc.) müssen abgeschlossen sein,
- die Absicht zur Fertigstellung sowie zur zukünftigen Nutzung oder zum Verkauf,
- die Fähigkeit zur internen Nutzung oder zum Verkauf,
- die Möglichkeit zur Erwirtschaftung künftiger Mittelzuflüsse, was entweder durch die Existenz eines aktiven Marktes oder durch eine quantifizierbare Nutzenstiftung (z. B. durch Einsparung von Kosten bei interner Nutzung) zum Ausdruck kommen kann,
- die Verfügbarkeit adäquater Ressourcen zur Fertigstellung sowie zur zukünftigen Nutzung oder zum Verkauf sowie
- die Fähigkeit zur zuverlässigen Bestimmung der während der Entwicklungsphase anfallenden Ausgaben.

Für die Beurteilung, ob ein künftiger wirtschaftlicher Nutzen in Form von zurechenbaren Cashflows wahrscheinlich entstehen wird, ist ein potenzieller Marktwert (auf einem aktiven Markt) oder ein Value in Use für das Intangible Asset zu bestimmen.

Da für Intangible Assets wegen ihrer hohen Individualität ein aktiver Markt nur in Ausnahmefällen existiert, ist der Nutzenzufluss nach eigenen Methoden zu ermitteln:

- Nach dem Market Approach werden Wertindikatoren ermittelt, die auf Multiples oder Transaktionspreisen vergleichbarer Assets basieren.
- Nach dem Cost Approach werden Wertindikatoren ermittelt aus den Reproduktions- bzw. Wiederbeschaffungskosten bereinigt um Abschreibungen und Veralterung:
  - Dabei ermittelt die Reproduktionskostenmethode die Kosten für ein exaktes Duplikat unter Verwendung gleicher Materialien, Produktionsverfahren, Design etc. während
  - die Ersatzkostenmethode die Kosten für einen Ersatz gleichen Nutzens unter Verwendung aktueller Materialien, Produktionsverfahren, Design etc. ermittelt.
- Nach dem Income Approach werden Wertindikatoren ermittelt aus dem Zeitwert der Erträge, die das Intangible Asset generiert bzw. den Kosten, die es vermeidet oder einspart. Dies beinhaltet eine Cashflow Prognose für die Zahlungsüberschüsse aus der fortgesetzten Nutzung und dem letztendlichen Abgang des immateriellen Vermögenswertes sowie die Bestimmung eines angemessenen Diskontierungssatzes zur Abzinsung der künftigen Cashflows. Nach IAS 36.30 müssen nachstehende Aspekte dabei berücksichtigt werden:
  - Eine Schätzung der zukünftigen Cashflows, die das Unternehmen aus der Nutzung des Vermögenswertes generiert,
  - Erwartungen über die Volatilität der Höhe und des zeitlichen Anfalls der erwarteten zukünftigen Cashflows,
  - der Gegenwartswert des Geldes, welcher durch den Zinssatz für risikolose Anlagen erfasst wird,
  - ein Risikoaufschlag, der die mit dem Vermögenswert verbundene Unsicherheit und andere Risikofaktoren reflektiert, welche die Marktteilnehmer bei der Bewertung der zukünftigen Cashflows, die das Unternehmen aus der Nut-

zung des Vermögenswertes erwartet, berücksichtigen würden.
Um Risikofaktoren bei der Emittlung des Value in Use zu berücksichtigen, werden in Anlehnung an CON 7 (SFAC 7) der traditionelle und der Expected Cashflow Ansatz zur Wahl gestellt. Während der traditionelle Ansatz von einer wahrscheinlichen Cashflow Reihe ausgeht und die mehrwertigen Erwartungen durch einen Risikozuschlag im Diskontierungssatz berücksichtigt, geht der Expected Cashflow Ansatz von einer Wahrscheinlichkeitsverteilung der prognostizierten Cashflows aus, welche mit dem Zins für risikolose Anlagen diskontiert wird (Appendix A zu IAS 36).

Ansatz von Intangible Assets, die im Rahmen eines Unternehmenszusammenschlusses erworben wurden

Im Rahmen der Erstkonsolidierung eines Unternehmenszusammenschlusses ist zu prüfen, inwieweit bei der Akquisition immaterielle Vermögenswerte erworben wurden unabhängig davon, ob sie in der Bilanz des Vorbesitzers aufgeführt waren. IFRS 3 Illustrative Examples nennt fünf Kategorien mit Beispielen für mögliche zu aktivierende immaterielle Vermögenswerte aus Unternehmenserwerben:
1. Marketingbezogene immaterielle Vermögenswerte, z. B.
- Markenrechte, Markenzeichen,
- Internet-Adressen,
2. Kundenbezogene immaterielle Vermögenswerte, z. B.
- Kundenlisten,
- Auftragsbestände,
3. Kunstbezogene immaterielle Vermögenswerte, z. B.
- Theaterstücke, Opern, Ballettaufführungen,
- Bücher, Zeitschriften, Zeitungen,
- Bilder, Filme,
4. Vertragsbezogene immaterielle Vermögenswerte, z. B.
- Lizenzen, Tantiemen,
- Nutzungsrechte,
- Mietverträge,
5. Technologiebezogene immaterielle Vermögenswerte, z. B.
- Patente und auch nicht patentierte Technologien,
- Software,
- Datenbanken.

Während selbst geschaffene immaterielle Vermögenswerte nach IAS 38 neben anderen Bedingungen nur dann aktiviert werden dürfen, wenn der erwartete Nutzenzufluss wahrscheinlich ist (probable, more likely than not), wird dieses Kriterium im Rahmen der Aktivierung von Intangibles aus Unternehmenserwerben nicht gefordert („Zwei-Klassen-Objektivierung").

Beispiel (vgl. Hahn 2005, S. 24)
Im Rahmen eines Unternehmenserwerbs wird u. a. ein Patent mit erworben. Der Erwerber geht alternativ von zwei Szenarien aus:
1. Das Patent wird zu einem Erfolg, d. h. es wird unterstellt, dass es einen diskontierten Cashflow von 500 GE erbringt.
2. Das Patent wird kein Erfolg, d. h. es wird unterstellt, dass es zu einem diskontierten negativen Cashflow von – 100 GE führt.

Die Wahrscheinlichkeit soll
- für Szenario 1 30 % und
- für Szenario 2 70 % sein.

Nach IAS 38.21a und 22 darf das Patent beim Erwerber nicht aktiviert werden, da der Nutzenzufluss nicht wahrscheinlich ist.

Für die Konzernbilanz des Erwerbers gilt aber das Wahrscheinlichkeitskriterium nicht, vielmehr erfolgt der Ansatz dem Grunde nach auf jeden Fall. Die Bewertung erfolgt zum beizulegenden Zeitwert, der gemäß IAS 38.22 die Markterwartungen über die Wahrscheinlichkeiten des Nutzenzuflusses widerspiegelt, d. h. es erfolgt im Rahmen der Erstkonsolidierung ein Ansatz des Patents zum Erwartungswert von

500 * 0,3 + (– 100 * 0,7) = 80

Die Beurteilung des künftigen Nutzenzuflusses aus Intangible Assets, die im Rahmen einer Unternehmensakquisition erworben wurden, weist einige Besonderheiten auf. Daher wurden folgende spezifischen Bewertungsverfahren entwickelt:
- Nach der Relief-from-Royalty-Method (Lizenzpreisanalogie) wird unterstellt, dass der Eigentümer des immateriellen Vermögenswertes Lizenzzahlungen an Dritte spart, die er sonst zahlen müsste, um den Vermögenswert zu nutzen. Die eingesparten Lizenzzahlungen bilden die zukünftig erwarteten Cashflows für den zu bewertenden immateriellen Vermögenswert.
- Nach der Multi-Period Excess Earnings Method werden die zukünftigen Cashflows des immateriellen Vermögenswertes nach Steuern abgeleitet. Der so ermittelte Betrag wird um Ausgaben für die Inanspruchnahme anderer Vermögenswerte (hypothetische Leasingraten) vermindert; als Zwischenergebnis erhält man die isolierten Cashflows, aus welchen sich der Barwert durch Diskontierung bestimmen lässt.
- Nach der Incremental Cashflow Method werden die einem immateriellen Vermögenswert zurechenbaren Cashflows entweder ermittelt als die Kosten, die mittels des immateriellen Vermögenswertes gespart werden können oder als die Umsätze, die mittels des immateriellen Vermögenswertes generiert werden können (z. B. durch höhere Preise) (Vgl. Beyer 2004, S. 31 – 43).

Im Rahmen eines Unternehmenserwerbs sind auch aktive Forschungs- und Entwicklungsprojekte (Research and Development in Progress) als getrennt vom Goodwill auszuweisende immaterielle Vermögenswerte zu aktivieren, wenn sie die Aktivierungsvoraussetzungen nach IAS 38 erfüllen und der beizulegende Zeitwert zuverlässig bestimmt werden kann (IFRS 3.45). Dabei kommt es zwar nicht auf die Definitionsmerkmale aktivierungspflichtiger Entwicklungsprojekte nach IAS 38.57 an, jedoch sind nach dem Erwerbszeitpunkt anfallende Ausgaben aus diesen Projekten
- Aufwand, wenn es sich um Forschungskosten handelt,
- Aufwand, wenn es sich zwar um Entwicklungskosten handelt, aber die sechs Aktivierungskriterien nach IAS 38.57 nicht erfüllt sind, und
- als Intangible Asset zu aktivieren, wenn es sich um Entwicklungskosten handelt und die sechs Aktivierungskriterien nach IAS 38.57 erfüllt sind.

Bilanzpolitische Spielräume beim Ansatz von Intangible Assets

Zur zielorientierten Jahresabschlussgestaltung stehen folgende Beurteilungsspielräume zur Verfügung

- bei erworbenen Intangibles:
  - Ansatzkriterien für ein Asset vorhanden? (Konsequenz: Aktivierung oder Aufwand)
    - Nutzenpotenzial aus einem vergangenen Ereignis,
    - ausschließliche Nutzung durch das Unternehmen, Ausschluss anderer von der Nutzung (z. B. bei Mitarbeiterpotenzialen, Forschergruppen etc),
    - Nutzenstiftung wahrscheinlich (more likely than not),
  - Wert zuverlässig bestimmbar,
  - Identifizierbarkeit,
    - Separierbarkeit,
    - vertragliche oder sonstige Rechte.
- Bei selbst erstellten Intangibles:
  - Definitionsmerkmale für ein Asset,
  - Abgrenzung von Aufwand bzw. originärem Firmenwert,
  - Kriterien für aktivierungsfähige Entwicklungskosten (IAS 38.57) kumulativ erfüllt?
  - Beurteilung, ob ein künftiger Nutzenzufluss wahrscheinlich ist.
- Bei Intangibles, die im Rahmen einer Unternehmensakquisition erworben wurden
  - Ansatzkriterien für ein Asset,
  - wahrscheinlicher Nutzenzufluss nicht gefordert,
  - Abgrenzung von erworbenen Intangible Assets, einschließlich laufenden Forschungs- und Entwicklungskosten, vom derivativen Goodwill; diese Unterscheidung ist für die Folgebewertung von Bedeutung, je nachdem ob planmäßige Abschreibungen oder fallweise Impairments angestrebt werden.

Bewertung von Intangible Assets

Erstbewertung

Grundsatz:
In Analogie zu den Ansatzkriterien ist die Erstbewertung von Intangible Assets von der Art ihres Zugangs abhängig:
(1) Zugang durch isolierten Erwerb,
(2) Zugang durch Eigenerstellung,
(3) Zugang im Rahmen eines Unternehmenszusammenschlusses.

Zu (1) Zugang durch isolierten Erwerb
Grundsätzlich sind isoliert erworbene Intangible Assets bei Zugang zu Anschaffungskosten zu bewerten (vgl. Kahre/Schwetje 2003 S. 125). Die Anschaffungskosten beinhalten die nachstehend aufgeführten Bestandteile (zu näheren Einzelheiten bezüglich der Ermittlung der Anschaffungskosten vgl. m. w. N. Kümpel 2003, S. 219).

Kaufpreis
– Anschaffungspreisminderungen
+ Anschaffungsnebenkosten
+ nachträgliche Anschaffungskosten
+ Fremdkapitalzinsen (IAS 23.11)

= Anschaffungskosten

Anschaffungspreisminderungen, wie z. B. Rabatte oder Skonti sind grundsätzlich bei der Ermittlung der Anschaffungskosten in Abzug zu bringen. Überschreitet das gewährte Zahlungsziel die üblichen Zahlungsfristen, entsprechen die Anschaffungskosten dem Barpreisäquivalent des erworbenen Vermögenswertes. Die Differenz zwischen dem Barwert und der zu leistenden Gesamtzahlung ist grundsätzlich über die Laufzeit erfolgswirksam als Zinsaufwand zu erfassen.

Zu den Anschaffungsnebenkosten zählen Einfuhrzölle, nicht erstattungsfähige Erwerbsteuern sowie alle direkt zurechenbaren Ausgaben, um den Vermögenswert in seine bestimmungsgemäße Betriebsbereitschaft zu versetzen. Hierzu gehören beispielsweise Arbeitnehmervergütungen, Aufwendungen für Rechts- und Beratungskosten sowie Aufwendungen für Testläufe.

Nachträgliche Anschaffungs- oder Herstellungsausgaben sind grundsätzlich als Aufwand zu erfassen. Nur dann, wenn durch die nachträglichen Ausgaben der ursprünglich vorhandene wirtschaftliche Nutzen erhöht wird, die Erhöhung des Nutzens zuverlässig bewertet und die nachträglichen Ausgaben dem Vermögenswert eindeutig zugeordnet werden können, müssen die nachträglichen Anschaffungs- oder Herstellungskosten aktiviert werden.

Fremdkapitalzinsen, die direkt der Anschaffung zugerechnet werden können, sind bei Qualifying Assets den Anschaffungskosten zuzurechnen, ansonsten sind sie als Zinsaufwand in der GuV-Rechnung zu erfassen (IAS 23.7 ff.). Qualifying Assets zeichnen sich dadurch aus, dass ihre Versetzung in einen gebrauchs- oder verkaufsfähigen Zustand einen größeren Zeitraum umfasst.

Die Aktivierbarkeit von Anschaffungskosten endet mit dem Zeitpunkt, ab dem der immaterielle Vermögenswert bestimmungsgemäß genutzt werden kann. Dementsprechend zählen Aufwendungen für die Inbetriebnahme oder Markteinführung, Instandhaltungsaufwendungen, eventuelle Anlaufverluste sowie allgemeine Verwaltungskosten und andere allgemeine Nebenkosten nicht zu den Anschaffungskosten.

> **Beispiel:**
> Ein Automobilzulieferer erwirbt von einem Erfinder eine ungeschützte Erfindung für einen chipgesteuerten Elektromotor, der den Antrieb der Zeiger in den Instrumenten des Armaturenbretts übernimmt. Der Automobilzulieferer möchte die Erfindung patentrechtlich schützen lassen, aus diesem Grund begleitet ein Patentanwalt den Erwerb, der den gewünschten Patentschutz erwirkt. Für die Patentierung muss eine Dokumentation der Erfindung erstellt werden. Diese Aufgabe wird von einem Mitarbeiter des Automobilzulieferers übernommen. Da der Chip für die spezifischen Instrumente der verschiedenen KFZ-Hersteller verwendet werden soll, führt der Automobilzulieferer mehrere Tests mit dem Elektromotor durch. Bei den Tests stellt sich heraus, dass der Chip, der die Steuerung des Elektromotors übernimmt, für jeden Instrumententyp entsprechend programmiert werden muss. Der Erfinder übernimmt gegen Honorar die Schulung der mit der Programmierung betrauten Mitarbeiter des Automobilzulieferers. Aufgrund der schnell fortschreitenden Entwicklung im Elektronikbereich beauftragt die Geschäftsleitung des Automobilzulieferers eine Wirtschaftsprüfungsgesellschaft mit der Erstellung eines Gutachtens zur Bestimmung der Nutzungsdauer des Patents.
> Nach IAS 38.27 zählen zu den Anschaffungskosten der Kaufpreis der ungeschützten Erfindung, das Beratungshonorar des Patentanwalts, die direkt mit der Patentierung verbundenen Kosten (Erstellung der Dokumentation sowie die Kosten der Patentanmeldung) und die Aufwendungen zur Durchführung der Tests. Nicht zu den Anschaffungskosten zählen hingegen die später jährlich an das Patentamt zu entrichtende Patentgebühr, die Schulungskosten der Mitarbeiter und die Kosten des Gutachtens der Wirtschaftsprüfungsgesellschaft.

Besonderheiten:
Ausnahmen vom Grundsatz der Erstbewertung zu Anschaffungskosten bilden Intangibles, die durch eine Zuwendung der öffentlichen Hand (IAS 38.44 i. V. m.

IAS 20.23) oder im Rahmen eines Tauschgeschäfts (IAS 38.45-47) in das Vermögen der bilanzierenden Einheit eingehen.

Für Intangibles, welche die bilanzierende Einheit durch eine Zuwendung der öffentlichen Hand erlangt, besteht ein Bewertungswahlrecht. Sie können zum Nominalwert der Gegenleistung (symbolischer Wert) zuzüglich evtl. anfallender Nebenkosten oder zum Fair Value (beizulegender Zeitwert) bewertet werden (vgl. Langecker/Mühlberger 2003, S. 114). Ein Ansatz zum Fair Value ist jedoch nur bei jenen (seltenen) Intangibles gestattet, für die es einen aktiven Markt im Sinne von IAS 38.8 gibt. Ein aktiver Markt liegt vor, wenn

- die gehandelten Intangibles homogen sind,
- es zu jedem Zeitpunkt geschäftsfähige und geschäftswillige Handelspartner gibt und
- die Marktpreise öffentlich bekannt sind.

Solche Märkte haben sich gebildet oder können sich z. B. bilden für Flughafenlanderechte, Senderechte, Verschmutzungsrechte u. dergl.

Wenn Intangibles im Rahmen eines Tauschgeschäfts (Tausch eines Intangibles gegen einen oder mehrere monetäre Vermögenswerte oder gegen eine Kombination von monetären und nichtmonetären Vermögenswerten) erworben werden, dann ist das erlangte Intangible Asset mit dem Fair Value des hingegebenen Vermögenswertes anzusetzen. Weicht der Fair Value des hingegebenen Vermögenswertes von seinem Buchwert ab, so kommt es regelmäßig zu einer Gewinn- bzw. Verlustrealisierung nach den Vorschriften des IAS 18 (zu Ausnahmen vgl. Heyd/Lutz-Ingold 2005, S. 61 ff.).

Zu (2): Zugang durch Eigenerstellung
Selbst erstellte Intangibles sind bei Zugang zu Herstellungskosten zu bewerten. Der Zugangszeitpunkt wird durch den Zeitpunkt bestimmt, zu dem ein selbst erstellter immaterieller Vermögenswert zum ersten Mal die vorstehend näher bezeichneten Ansatzkriterien für selbst erstellte Intangibles kumulativ erfüllt. Die in diesem Zusammenhang notwendige zeitliche Abgrenzung hat gemäß IAS 38.53 bereits innerhalb des Geschäftsjahres zu erfolgen, in dem der selbst geschaffene immaterielle Vermögenswert die Ansatzkriterien erfüllt und nicht erst zum Ende des entsprechenden Geschäftsjahres.

In den Herstellungskosten dürfen wegen des Aktivierungsverbots von Forschungsausgaben grundsätzlich nur Entwicklungsausgaben berücksichtigt werden. Außer den Ausgaben zur Entwicklung des immateriellen Vermögenswertes fließen in die Herstellungskosten auch noch Ausgaben zur Vorbereitung dieses Wertes auf die vom Management beabsichtigte Nutzung ein. Aktivierungsfähig sind nur Ausgaben, die direkt dem immateriellen Vermögenswert zugeordnet werden können. Zu den Herstellungskosten zählen gemäß IAS 38.66 folgende Pflichtbestandteile:

Ausgaben für Material
+ Ausgaben für Dienstleistungen
+ Ausgaben für Löhne und Gehälter sowie andere mit der Beschäftigung jener Arbeitnehmer verbundene Aufwendungen, die an der Herstellung des Intangible Assets direkt beteiligt sind
+ alle direkt zurechenbaren Ausgaben, wie z. B. Registrierungsgebühren für Rechte oder Abschreibungen auf Vermögenswerte, die zur Herstellung des Intangible Assets benutzt werden
+ produktionsbezogene Gemeinkosten, die bei der Herstellung des Intangible Assets zwangsläufig anfallen und über vernünftige und stetige Schlüsselgrößen zugeordnet werden können
+ Fremdkapitalzinsen nach den Vorschriften des IAS 2.17 i. V. m. IAS 23.11.

= Herstellungskosten

Nach den Vorstellungen des IASB sind direkt zurechenbare Kosten nicht nur Einzelkosten. Nach IAS 38.66 zählen auch produktionsbezogene Gemeinkosten zu den direkt zurechenbaren Kostenbestandteilen. Darüber hinaus bleibt offen, wo die Produktionsbezogenheit beginnt und wo sie endet. Zählt z. B. das Gehalt des Werkmeisters, der für alle Produktionsbereiche zuständig ist, noch zu den produktionsbezogenen Gemeinkosten oder ist es bereits den allgemeinen Gemeinkosten (General Overheads), die nicht in die Herstellungskosten mit einbezogen werden dürfen, zuzuordnen?

Neben den vorstehend dargestellten Pflichtbestandteilen, werden in IAS 38 auch Kostenbestandteile genannt, die nicht in die Herstellungskosten einbezogen werden dürfen (IAS 38.67). Hierzu zählen:

- Vertriebs- und Verwaltungsgemeinkosten sowie sonstige Gemeinkosten, sofern diese Kosten nicht dazu dienen, den selbst erstellten immateriellen Vermögenswert in einen vom Management beabsichtigen Nutzungszustand zu versetzen;
- identifizierbare Ineffizienzen und Anlaufverluste, die anfallen, bevor der selbst erstellte immaterielle Vermögenswert seinen geplanten wirtschaftlichen Nutzen entfaltet;
- Schulungsausgaben, die anfallen, um die Arbeitnehmer mit der Handhabung des selbst erstellten immateriellen Vermögenswertes vertraut zu machen;
- Ausgaben, die bereits als Aufwendungen in die GuV-Rechnung eingeflossen sind.

Die Aktivierbarkeit von Aufwendungen endet, wenn das selbst erstellte Intangible Asset seine bestimmungsgemäße Betriebsbereitschaft erlangt hat (zu näheren Einzelheiten bezüglich der Ermittlung der Herstellungskosten vgl. m. w. N. Kümpel 2003, S. 219). Insofern muss bei der Folgebewertung zwischen Herstellungs- und Erhaltungsaufwand differenziert werden.

Zu (3): Zugang im Rahmen eines Unternehmenszusammenschlusses
Die im Rahmen eines Unternehmenszusammenschlusses erworbenen Intangibles werden, sofern sie vom Goodwill separiert werden können, im Zuge der bei einem Unternehmenszusammenschluss durchzuführenden Kaufpreisallokation grundsätzlich zum Fair Value bewertet (IFRS 3.45 i. V. m. IAS 38.33). Die Bewertung zum Fair Value impliziert somit die Aufdeckung ggf. vorhandener stiller Reserven bzw. stiller Lasten (vgl. Esser/

Hackenberger 2004, S. 407). Dabei wird der Fair Value im Idealfall aus dem aktuellen Marktpreis abgeleitet, der sich auf einem aktiven Markt gebildet hat. Kann ein aktueller Marktpreis nicht ermittelt werden, darf zur Bestimmung des Fair Value auch auf Marktpreise zurückgegriffen werden, die aufgrund zeitnaher Transaktionen für ähnliche Assets bezahlt wurden. Für den Fall, dass keine Marktpreise existieren, wird der Fair Value auf Basis eines gedachten Handels zwischen unabhängigen, sachverständigen und transaktionswilligen Geschäftspartnern ermittelt. Alternativ können auch selbst entwickelte Bewertungsverfahren (z. B. Market Approach, Cost Approach, Income Approach angewendet werden, wenn die bilanzierende Einheit mit der Anwendung dieser Verfahren in Bezug auf die Bewertung spezifischer Intangibles vertraut ist (IAS 38.41). Wenn in Ausnahmefällen eine Einzelbewertung der im Rahmen eines Unternehmenszusammenschlusses erworbenen Intangibles nicht möglich ist, weil ein immaterieller Vermögenswert nur zusammen mit einem anderen materiellen oder immateriellen Vermögenswert vom Goodwill separiert werden kann, dann erlaubt IAS 38.36 die in komplementärer Beziehung zueinander stehenden Vermögenswerte zu einer Gruppe zusammenzufassen (Gruppenbewertung) und sie wie einen einzelnen Vermögenswert zu bewerten. Demnach steht z. B. der Markenname eines Mineralwassers mit der dazugehörigen Quelle derart in Beziehung, dass die Marke nur zusammen mit der Quelle verkauft und somit vom Goodwill separiert werden kann. Insofern bilden Markenname und Quelle eine bewertungstechnische Einheit. Abschließend sei angemerkt, dass der Fair Value auf Marktbewertungen beruht und nicht aus unternehmensindividuellen Chancen und Risiken abgeleitet wird.

Da das Ansatzkriterium „wahrscheinlicher Nutzenzufluss" bei Intangibles, die im Rahmen eines Unternehmenszusammenschlusses erworben werden, vom IASB stets als erfüllt angesehen wird, ist ein separater Ansatz nur vom zweiten Ansatzkriterium „zuverlässige Bewertbarkeit" abhängig. Aufgrund der Vielzahl der in IAS 38.35 – 38.41 zugelassenen Bewertungsmaßstäbe und -verfahren, wird ein immaterieller Vermögenswert, der im Rahmen eines Unternehmenszusammenschlusses in das Vermögen des Erwerbenden eingeht, nur in seltenen Ausnahmefällen nicht zuverlässig bewertbar sein. In jenen seltenen Fällen, bei denen eine zuverlässige Bewertung nicht möglich ist, fließen die Werte der im Rahmen eines Unternehmenszusammenschlusses erworbenen Intangibles in den Goodwill ein (zu Einzelheiten der Goodwillbewertung vgl. Heyd/Lutz-Ingold 2005, S. 160 ff.).

Folgebewertung

Bewertungsmethoden:
Für die Folgebewertung immaterieller Vermögenswerte wird den Bilanzierenden ein eingeschränktes Bewertungsmethodenwahlrecht eingeräumt. Zur Wahl stehen grundsätzlich:

- das Cost Model, welches eine Folgebewertung zu fortgeführten Zugangswerten vorsieht, oder
- das Revaluation Model, welches dem Bilanzierenden eine Neubewertung zum beizulegenden Zeitwert erlaubt.

Das IASB erlaubt bei Intangibles die Anwendung des Revaluation Model allerdings nur dann, wenn ein aktiver Markt gemäß IAS 38.8 für die Wertermittlung zur Verfügung steht.

Unabhängig von der gewählten Methode sind ggf. Wertberichtigungen in Form von planmäßigen und außerplanmäßigen Abschreibungen (Wertminderungsaufwendungen) vorzunehmen. Bei Wegfall der Gründe, die zu einer außerplanmäßigen Abschreibung geführt haben, muss eine Wertaufholung (Zuschreibung) vorgenommen werden; das gilt jedoch nicht für den Goodwill.

Bestimmung der Nutzungsdauer:
Die Berücksichtigung planmäßiger Abschreibungen hängt davon ab, ob das zu bewertende Intangible eine bestimmbare oder eine unbestimmbare Nutzungsdauer hat. Bei einem immateriellen Vermögenswert mit unbestimmbarer Nutzungsdauer handelt es sich um einen Vermögenswert, bei dem der Zeitpunkt nicht absehbar ist, ab dem ein Vermögenswert keine positiven Cashflows mehr generiert. Eine zeitlich unbestimmbare Nutzungsdauer darf also nicht mit einer unendlichen Nutzungsdauer gleichgesetzt werden.

Intangibles mit unbestimmbarer Nutzungsdauer, z. B. Marken, unterliegen nicht der planmäßigen Abschreibung. Sie müssen jedoch unter Beachtung der Vorschriften in IAS 36 ggf. außerplanmäßig abgeschrieben werden. Zudem sind die Gründe, die zur Unbestimmbarkeit der Nutzungsdauer geführt haben, jährlich zu überprüfen. Beim Wegfall der Gründe ist eine Umklassifizierung vom Intangible mit unbestimmbarer zum Intangible mit bestimmbarer Nutzungsdauer vorzunehmen.

Immaterielle Vermögenswerte mit bestimmbarer Nutzungsdauer sind hingegen planmäßig unter Anwendung des Cost Models oder bei Existenz eines aktiven Marktes wahlweise auch auf Basis des Revaluation Models abzuschreiben. Die planmäßigen Abschreibungen sollen den tatsächlichen Werteverzehr widerspiegeln. Im Zweifel ist die lineare Methode anzuwenden. Ein Restwert darf nur berücksichtigt werden, wenn eine Verpflichtung eines Dritten besteht, den immateriellen Vermögenswert am Ende seiner Nutzungsdauer zu erwerben, oder es existiert ein aktiver Markt, der es ermöglicht, den Restwert unter Bezugnahme auf die dort festgestellten Marktpreise zu bestimmen (IAS 38.100).

Cost Model:
Nach dem Cost Model sind Intangibles mit ihren (fortgeführten) Anschaffungskosten zu bewerten. Der Buchwert eines nach dem Cost Model bewerteten Intangible setzt sich demnach aus den folgenden Komponenten zusammen:

Anschaffungskosten (historischer Zugangswert)
- planmäßige Abschreibungen (nur bei Intangibles mit bestimmbarer Nutzungsdauer)
- ggf. außerplanmäßige Abschreibungen
+ ggf. Zuschreibungen

= Buchwert (= fortgeführte Anschaffungskosten)

Revaluation Model:
Sind die Voraussetzungen zur Anwendung des Revaluation Model erfüllt (ein aktiver Markt ist vorhanden), dürfen Intangibles zum Fair Value bewertet werden. Der Buchwert eines nach dem Revaluation Model bewerteten Intangibels wird wie folgt ermittelt:

Fair Value
– planmäßige Abschreibungen (nur bei Intangibles mit bestimmbarer Nutzungsdauer)
– ggf. außerplanmäßige Abschreibungen
+ ggf. Zuschreibungen

= Buchwert (= fortgeführter Fair Value)

Wird ein immaterieller Vermögenswert neu bewertet, muss die ganze Gruppe, zu der der immaterielle Vermögenswert gehört, neu bewertet werden. Dabei bilden bezüglich Art und Verwendungszweck ähnliche immaterielle Vermögenswerte eine Gruppe. Gemäß IAS 38.119 kommt für Intangibles u. a. folgende Gruppierung in Betracht:
- Markennamen,
- Drucktitel und Verlagsrechte,
- Computersoftware,
- Lizenzen und Franchiseverträge,
- Urheberrechte, Patente, sonstige gewerbliche Schutzrechte, Betriebs- und Nutzungskonzessionen sowie
- Rezepte, Geheimverfahren, Modelle, Entwürfe und Prototypen.

Auch eine tiefer gehende Unterteilung wäre möglich und zulässig.

Die Häufigkeit der Neubewertung macht das IASB von der Volatilität der Märkte und Preise abhängig. Dabei gilt die Regel: je häufiger und stärker die Schwankungen, umso häufiger ist eine Neubewertung durchzuführen. Grundsätzlich soll eine Neubewertung in regelmäßigen Abständen durchgeführt werden, um am Bilanzstichtag wesentliche Abweichungen der Buchwerte von den entsprechenden Fair Values zu verhindern. Schwanken die Marktpreise stark und häufig, so ist jährlich eine Neubewertung durchzuführen. Bei Intangibles mit lediglich unbedeutenden Marktpreisschwankungen ist nach IAS 38.79 eine derart häufige Neubewertung nicht erforderlich.

Zur buchungstechnischen Behandlung der Neubewertung sind folgende Vorschriften zu beachten: Liegt der Neubewertungsbetrag über dem Buchwert eines immateriellen Vermögenswertes, ist die Werterhöhung direkt und somit erfolgsneutral dem Eigenkapital unter der Position „Neubewertungsrücklage" zuzuschreiben. Die Zuschreibung ist jedoch in dem Umfang erfolgswirksam als Ertrag zu erfassen, in dem sie eine Wertminderung desselben Vermögenswertes aufhebt, die zuvor aufgrund einer Neubewertung erfolgswirksam als Aufwand erfasst wurde. Im umgekehrten Fall, wenn also der Neubewertungsbetrag unter dem Buchwert liegt, muss die aus der Neubewertung resultierende Wertminderung so lange mit der Neubewertungsrücklage erfolgsneutral verrechnet werden, bis die Neubewertungsrücklage des Vermögenswertes vollständig aufgebraucht ist. Eine darüber hinausgehende Wertminderung wird erfolgswirksam als Aufwand erfasst. Somit bilden die historischen Zugangswerte die „Demarkationslinie" für eine erfolgswirksame respektive erfolgsneutrale Verbuchung der Neubewertung.

Außerplanmäßige Abschreibungen (Impairment):
Das IASB hält eine außerplanmäßige Abschreibung für erforderlich, wenn der Buchwert (Carrying Amount) eines Vermögenswertes über seinem erzielbaren Betrag (Recoverable Amount) liegt. Demnach ist im Rahmen eines Niederstwert-Tests (Impairment-Test) der erzielbare Betrag zu ermitteln und mit dem Buchwert zu vergleichen. Gemäß IAS 36.6 ist der erzielbare Betrag der jeweils höhere Wert aus
- dem Nutzungswert (Value in Use) oder
- dem Nettoveräußerungswert (Fair Value less Cost to Sell).

Dabei ist die Ermittlung beider Werte oft nicht notwendig, da der jeweils höhere Wert mit dem Buchwert verglichen werden muss. Es reicht daher aus, wenn einer der beiden Werte den Buchwert übersteigt. Ist dies der Fall, liegt keine Wertminderung vor.

Zur Bestimmung des Nettoveräußerungswertes ist zunächst auf einen Kaufpreis abzustellen, der zwischen unabhängigen, sachverständigen und vertragswil-

Beispiel:
Im Land X wurde die Gesetzgebung dahingehend geändert, dass Gastronomieunternehmen für sog. Raucherzonen eine spezielle Lizenz benötigen. Die Lizenzen werden nach einem bestimmten Schlüssel und in einem bestimmten Umfang, der die Größe der Raucherzonen begrenzt, an die Unternehmen unentgeltlich und unbefristet abgegeben. Für diese Lizenzen hat sich ein aktiver Markt entwickelt, der die Bedingungen des IAS 38.8 erfüllt. Die Restaurantkette Dinette erwirbt im Geschäftsjahr 01 auf dem Markt eine „Raucherlizenz" zum Preis von 100.000 €. Da die Lizenz unbefristet ist, wurde ein immaterieller Vermögenswert mit unbestimmbarer Nutzungsdauer erworben, der gemäß IAS 38.107 nicht planmäßig abgeschrieben werden darf. Entsprechende Raucherlizenzen werden an den nachfolgenden Bilanzstichtagen zu folgenden Marktpreisen gehandelt:

Bilanzstichtag	Marktwert in €	Bilanzstichtag	Marktwert in €
02	180.000	04	70.000
03	150.000	05	120.000

Wenn die Restaurantkette Dinette das Revaluation Model zur Bewertung der Lizenz anwendet, ergibt sich folgendes Bild:

	Bilanz				GuV	
Jahr	Zugangswert	Neubewertungsbetrag	Δ Neubewertungsrücklage	Neubewertungsrücklage	Aufwand	Ertrag
01	100.000	–	–	–	–	–
02	–	180.000	+ 80.000	80.000	–	–
03	–	150.000	– 30.000	50.000	–	–
04	–	70.000	– 50.000	0	30.000	–
05	–	120.000	+ 20.000	20.000	–	30.000

Da sich die Restaurants der Kette Dinette inzwischen zu einem Treffpunkt für gesundheitsbewusste Genießer entwickelt hat, wird die Raucherlizenz im Geschäftsjahr 06 für 125.000 € verkauft. Nach dem Verkauf ist die Neubewertungsrücklage realisiert und muss aufgelöst werden. Die Restaurantkette Dinette bucht dann gemäß IAS 38.87 die Neubewertungsrücklage erfolgsneutral in die Gewinnrücklage: Zahlungsmittel 125.000 an Intangible Assets 120.000 so. betriebl. Ertrag 5.000. Neubewertungsrücklage an andere Gewinnrücklagen 20.000.

ligen Geschäftspartnern ausgehandelt und im Rahmen eines verbindlichen Kaufvertrages vereinbart wurde. Von diesem Kaufpreis müssen noch ggf. anfallende Transaktionskosten (z. B. Rechtsberatungskosten) abgezogen werden. Liegt kein verbindlicher Kaufvertrag vor, wird der Nettoveräußerungspreis aus dem aktuellen Marktpreis abgeleitet, (unter Berücksichtigung von ggf. noch anfallenden Transaktionskosten) der sich auf einem aktiven Markt gebildet hat. In Ermangelung eines aktuellen Marktpreises bilden Vergleichspreise aus zeitnahen Transaktionen die Basis zur Ermittlung des Nettoveräußerungspreises. Fallen Marktpreise als Bewertungsbasis aus, weil kein aktiver Markt existiert, ist von einem fiktiven Marktpreis, der zwischen unabhängigen, sachverständigen und vertragswilligen Geschäftspartnern ausgehandelt werden würde, auszugehen. Von diesem fiktiven Wert sind ggf. noch anfallende Transaktionskosten abzuziehen. Ist die Ermittlung eines Nettoveräußerungswertes aufgrund der Einzigartigkeit des Intangibles nicht möglich, wird der erzielbare Betrag ausschließlich durch den Nutzungswert bestimmt.

Die Ermittlung des Nutzungswertes ist im Vergleich zum Nettoveräußerungswert aufwändiger und umfangreicher. Die Bestimmung des Nutzungswertes erfordert die Berechung des Ertragswertes, der sich aus der fortgesetzten Nutzung eines Vermögenswertes ergibt. Dabei sind die bereits beim Ansatz von selbst geschaffenen Intangibles erwähnten Aspekte (erwartete Cashflows und deren Volatilität, Gegenwartswert des Geldes, vermögenswertspezifischer Risikoaufschlag) ebenso in die Berechnung des Nutzungswertes einzubeziehen, wie der Barwert eines am Ende der Nutzungsdauer ggf. noch vorhandenen Restwertes. Bei der Ermittlung des Nutzungswertes unterscheidet das IASB explizit zwischen zwei Verfahren: dem Traditional Approach und dem Expected Cashflow Approach.

Beim Traditional Approach wird der Barwert meist aus einer einzigen Reihe von Einnahmeüberschüssen ermittelt, die mit einem All Risk Yield abgezinst werden, der alle mit dem Intangible verbundenen Imponderabilien berücksichtigt. Diese Vorgehensweise setzt voraus, dass sich das vermögenswertinhärente Risiko im Diskontierungszinssatz widerspiegelt oder anders ausgedrückt: Beim Traditional Approach wird das vermögenswertinhärente Risiko implizit im Diskontierungszinssatz berücksichtigt. Daher liegt der Schwerpunkt dieses Verfahrens bei der Ermittlung des anzuwendenden Diskontierungszinssatzes. Wenn sich Vermögenswerte auf dem Markt befinden, die dem zu bewertenden Vermögenswert gleichen (was bei Intangibles regelmäßig nicht der Fall sein dürfte) oder bei denen die Höhe und die Zeitpunkte der Zahlungen vertraglich vereinbart sind (wie z. B. bei Lizenzen), ist der Traditional Approach angemessen und anwendbar.

Beim Expected Cashflow Approach wird das vermögenswertinhärente Risiko explizit bei der Schätzung der Cashflows berücksichtigt. Dabei werden die einzelnen diskontierten Cashflows mit ihren jeweiligen Eintrittswahrscheinlichkeiten multipliziert und anschließend addiert. Der so ermittelte Erwartungswert reflektiert den zu ermittelnden Nutzungswert. Der Expected Cashflow Approach ermöglicht es der bilanzierenden Einheit das vermögenswertinhärente Risiko explizit zu berücksichtigen. Die Risikoanpassungen werden durch Anwendung des Expected Cashflow Approach transparenter (vgl. Appendix A zu IAS 36).

Unabhängig davon, nach welcher Methode der Nutzungswert ermittelt wird, muss im Rahmen des Impairment-Tests zwischen zwei verschiedenen Klassen von Intangibles, im Folgenden als Klasse A und Klasse B bezeichnet, differenziert werden. Als Abgrenzungskriterien zwischen den beiden Klassen dient die Verpflichtung planmäßige Abschreibung beim betreffenden Intangible vornehmen zu müssen (vgl. Petersen, K./ Bansbach, F./Dornbach, E. 2005, S. 121). Zur Klasse A zählen folgende, nicht oder noch nicht planmäßig abschreibbare Intangibles:

- Intangibles des Anlagevermögens, deren Nutzungsdauer unbestimmbar ist,
- erworbener Goodwill, der gemäß IFRS 3.55 nicht der planmäßigen Abschreibung unterliegt sowie
- Intangibles des Anlagevermögens, die von der bilanzierenden Einheit noch nicht genutzt werden können.

Zur Klasse B zählen folglich alle planmäßig abzuschreibenden Intangibles. Die bilanzierende Einheit hat bei Intangibles der Klasse B gemäß IAS 36.9 an jedem Bilanzstichtag zu überprüfen, ob Anzeichen für eine Wertminderung vorliegen (Wertminderungstest dem Grunde nach = Impairment-Test Stufe I). Sind solche Anzeichen existent, muss der Bilanzierende den erzielbaren Betrag des entsprechenden Vermögenswertes ermitteln (Wertminderungstest der Höhe nach = Impairment-Test Stufe II).

Bei Intangibles der Klasse A, ist nach IAS 36.10 ungeachtet dessen, ob Anzeichen für eine Wertminderung gegeben sind oder nicht, jährlich ein rechnerischer Wertminderungstest (Impairment-Test Stufe II) durchzuführen. Dieser Test kann am Jahresende oder auch unterjährig erfolgen, sofern er in den nachfolgenden Perioden zum selben Zeitpunkt durchgeführt wird. Dabei können unterschiedliche Intangibles der Klasse A zu unterschiedlichen Zeitpunkten getestet werden. Unabhängig vom Zugangszeitpunkt sind Intangibles der Klasse A nach IAS 36.10 spätestens bis zum Ende des Zugangsjahres auf Wertminderung zu testen.

Zur Beurteilung, ob Anhaltspunkte für eine Wertminderung eines immateriellen Vermögenswertes vorliegen, nennt IAS 36.12 neben externen auch interne Informationsquellen. Als externe Informationsquellen werden genannt:

- außergewöhnlich starke Marktwertminderungen,
- wesentliche Änderungen im technischen, ökonomischen oder gesetzlichen Umfeld,
- Erhöhung der Marktzinssätze oder anderer Marktrenditen,
- der Buchwert des bilanzierten Eigenkapitals ist höher als die Marktkapitalisierung.

Zu den internen Informationsquellen zählen:

- Veralterung,
- signifikante Veränderungen im unter-

nehmensinternen Umfeld, in dem das Intangible eingesetzt wird,
- substanzielle Hinweise des internen Berichtswesens, die auf eine geminderte Ertragskraft des Intagible hindeuten.

Die vorstehend genannten Informationsquellen sind nicht abschließend. Die bilanzierende Einheit kann andere oder weitere Anhaltspunkte haben, um eine Wertminderung bei Intangibles zu erkennen.

Erstmalige Anwendung der IFRS (IFRS 1)

Gestaltungsmöglichkeiten bei der erstmaligen Anwendung der IFRS

Die Umstellung auf IFRS hat grundsätzlich retrospektiv und erfolgsneutral zu erfolgen.
- Der Grundsatz der retrospektiven IFRS-Anwendung besagt, dass alle zum Stichtag der IFRS-Eröffnungsbilanz noch schwebenden Geschäftsvorfälle sowie Bilanzposten neu zu beurteilen und so darzustellen sind, als ob schon immer IFRSs angewandt worden wären.
- Der Grundsatz der erfolgsneutralen IFRS-Erstanwendung besagt, dass Buchwertunterschiede zwischen der Anwendung der bisherigen Rechnungslegungsnorm und den IFRSs im Umstellungszeitpunkt, d. h. zum Beginn der Vorperiode zum Berichtszeitraum nicht in der GuV-Rechnung, sondern im Eigenkapital erfasst werden.

Für Intangible Assets bedeutet dies, dass zum Transition Date untersucht werden muss,
1. ob Intangible Assets vorhanden sind, die vor der Umstellung auf IFRS nicht aktiviert waren,
2. mit welchem Wertansatz die „nachaktivierten" Intangibles anzusetzen sind,
3. ob der Wertansatz der bereits bilanzierten Intangible Assets bestehen bleiben kann oder geändert werden muss,
4. ob Intangible Assets, welche beim Verkäufer nach den von ihm vor dem Unternehmensverkauf angewandten Rechnungslegungsvorschriften angesetzt waren, die Aktivierungskriterien von IAS 38 erfüllen,
5. ob Erleichterungsvorschriften angewandt werden sollen; hier kommen in Betracht:
- die Fair Value Bewertung statt fortgeführter Anschaffungs- oder Herstellungskosten (IFRS 1.16-18),
- die prospektive Anwendung von IFRS 3 (IFRS 1 App. B1),
- die prospektive Anwendung von IFRS 3 für alle Business Combinations ab einem definierten Zeitpunkt in der Vergangenheit (IFRS 1 App. B1).

Zu 1.: Intangibles, die nach bisherigen Rechnungslegungsgrundsätzen nicht aktiviert waren, aber die Ansatzvorschriften von IAS 38 erfüllen, sind mit ihrem Fair Value nachzuaktivieren. Dabei sind die Intangible Assets auf den Zugangszeitpunkt zurückzuverfolgen und seit diesem Zeitpunkt entsprechend IAS 38 fortzuführen. Die nachträgliche Aktivierung hat zu Lasten des Goodwills zu erfolgen und nicht durch Erhöhung des Eigenkapitals.

Zu 2.: Für die Bewertung nachaktivierter Intangibles bildet der Fair Value die „Basis of Accounting". Werden Intangibles mit ihrem Fair Value im Erwerbszeitpunkt nachaktiviert, so sind sie,
- falls sie eine bestimmbare Nutzungsdauer haben, planmäßig abzuschreiben,
- falls sie keine bestimmbare Nutzungsdauer haben, bei Auftreten bestimmter Ereignisse (Triggering Events) oder jährlich mindestens jedoch einmal auf Ihre Werthaltigkeit zu testen (IAS 38.88-108).

Zu 3.: Die Werte von bereits nach bisherigen Rechnungslegungsgrundsätzen bilanzierten Intangibles sind als Deemed Cost fortzuführen. Lediglich wenn die Wertansätze aus dem bisher angewandten Rechnungslegungssystem nicht den Prinzipien der IFRS entsprechen, (z. B. wenn sie stark steuerlich geprägt sind), müssen die fortgeführten Anschaffungs- oder Herstellungskosten unter IFRS-Gesichtspunkten neu bestimmt werden.

Zu 4.: Wurden nach bisherigen Rechnungslegungsstandards Intangible Assets angesetzt, die nicht die Aktivierungsvoraussetzungen des IAS 38 erfüllen (z. B. Forschungskosten), so sind diese zu eliminieren. Die Ausbuchung erfolgt gegen den Goodwill, nicht gegen das Eigenkapital (IFRS 1 Appendix B Tz B2(c) (i)).

Zu 5.: Der Erstanwender kann für die Erstbilanzierung von Intangible Assets folgende Erleichterungsvorschriften nach IFRS 1 isoliert oder zusammen in Anspruch nehmen:
a) Fair Value Bewertung statt fortgeführter Anschaffungs- oder Herstellungskosten

Der Erstanwender hat die Möglichkeit, Intangible Assets retrospektiv nach IFRS zu bewerten oder den Buchwert nach HGB aufgrund einer Neubewertung im Zusammenhang mit besonderen Ereignissen (z. B. Privatisierung oder Börsengang) als Deemed Cost beizubehalten (IFRS 1.16-18).

Der Erstanwender hat weiterhin die Möglichkeit, immaterielle Vermögenswerte, für die ein aktiver Markt besteht,
- entweder zu dem Wert zu übernehmen, der auf einer nach bisher angewandten Grundsätzen durchgeführten Neubewertung beruht, wenn dieser Wert weitgehend vergleichbar ist mit dem Fair Value oder den fortgeführten Anschaffungskosten nach IFRS (nicht zulässig ist die Weiterführung von Buchwerten, die vorwiegend steuerlich geprägt sind) oder
- die Vermögenswerte in der IFRS-Eröffnungsbilanz zum Fair Value als Deemed Cost neu zu bewerten (IFRS 1.16-18).

Dieses Wahlrecht kann für jeden einzelnen Vermögenswert gesondert ausgeübt werden.

b) Retrospektive oder prospektive Anwendung von IFRS 3, IAS 38 (rev. 2004) und IAS 36 (rev. 2004) zum Transition Date oder einem früheren definierten Zeitpunkt

Der Erstanwender kann Unternehmenszusammenschlüsse, die vor dem Umstellungszeitpunkt auf IFRS stattgefunden haben, entweder retrospektiv nach IFRS 3 abbilden, d. h. in der Eröffnungsbilanz so darstellen, als ob zum Acquisition Date

IFRS 3, IAS 38 revised 2004 und IAS 36 revised 2004 schon gegolten hätten, oder nach der Vereinfachungsregel des IFRS 1 Appendix B behandeln, d. h. die Darstellung früherer Akquisitionen nach bisher angewandten Rechnungslegungsnormen belassen und IFRS 3 prospektiv anwenden. Dabei kann er die Vereinfachungsregel entweder für alle Business Combinations vor dem Übergangszeitpunkt auf IFRS oder ab einem vom Bilanzierenden festzulegenden Zeitpunkt in der Vergangenheit anwenden; ein Cherry Picking für einzelne Unternehmenserwerbe kommt dabei nicht in Betracht. Da für die rückwirkende Anwendung von IFRS 3 aussagefähige Informationen zu den erworbenen identifizierbaren Vermögenswerten, Schulden und bedingten Verpflichtungen, ihrer Werthaltigkeit im Zeitablauf (Impairmenttests) und ihrer buchmäßigen Fortführung notwendig sind, wird eine rückwirkende Anwendung v. a. bei US-GAAP-Bilanzierern nach SFAS 141, 142 sowie für Akquisitionen, die zeitnah vor dem 1.4.2004 stattgefunden haben, in Frage kommen (vgl. Hachmeister/Kunath 2005, S. 63). Die Anwendung der Vereinfachung bedeutet,

- die Qualifizierung des Unternehmenserwerbs (Purchase Method, Pooling of Interest Method, Reverse Acquisition), die Kaufpreisallokation und die Behandlung des Firmenwertes sind so beizubehalten, wie sie nach bisherigen Rechnungslegungsvorschriften dargestellt wurden; selbst eine Verrechnung des Goodwills mit den Rücklagen nach § 309 HGB wird nicht geändert,
- die im Rahmen der Erstkonsolidierung nach bisherigen Rechnungslegungsvorschriften ermittelten Wertansätze werden als Deemed Cost übernommen, d. h.
- die Buchwerte aus den bisherigen Rechnungslegungsvorschriften gelten als Deemed Cost nach IFRS, sofern die IFRSs eine Bewertung zu Anschaffungs- oder Herstellungskosten vorsehen bzw. zulassen,
- es können aber auch Zeitwerte angesetzt werden, sofern die IFRSs dies vorsehen bzw. zulassen.

Die als Deemed Cost übernommenen Wertansätze sind allerdings prospektiv nach IFRS-Grundsätzen fortzuführen, d. h. die Deemed Cost bilden den Ausgangswert für die IFRS-Bewertung; das bedeutet für die Behandlung von übernommenen Intangible Assets zu entscheiden, ob das Benchmark Treatment für die Folgebewertung angewandt wird (fortgeführte Anschaffungs- oder Herstellungskosten mit jährlichem Impairment Test und ggf. Wertaufholung) oder das Allowed Alternative Treatment (Revaluation Model) gewählt wird (Neubewertungsmethode, die allerdings nur zulässig ist, wenn für das Intangible Asset ein aktiver Markt besteht). Unabhängig von der gewählten Methode zur Folgebewertung ist zu klären, ob für das Intangible Asset eine bestimmbare Nutzungsdauer vorliegt, dann ist eine planmäßige Abschreibung vorzunehmen, oder keine bestimmbare Nutzungsdauer vorliegt, dann ist mindestens einmal jährlich sowie bei Vorliegen von Triggering Events ein Impairment Test durchzuführen und ggf. ein Impairment Loss erfolgswirksam zu erfassen.

- die Ansatz- und Bewertungsvorschriften nach IFRS sind prospektiv anzuwenden, d. h.
  - es sind zum Übergangszeitpunkt die nach IFRS im Rahmen der Kaufpreisallokation ansatzpflichtigen, nach HGB aber nicht angesetzten Posten anzusetzen unter der Voraussetzung, dass die Posten im IFRS-Einzelabschluss des Tochterunternehmens ansatzfähig wären (z. B. Finance Leases, Entwicklungskosten),
  - es hat die Bewertung zu den sich im Einzelabschluss des Tochterunternehmens ergebenden Werten zu erfolgen,
  - es sind die nach HGB im Rahmen der Kaufpreisallokation angesetzten, nach IFRS aber nicht ansatzfähigen Posten auszubuchen (z. B. Umgliederung der Aufwands- oder Restrukturierungsrückstellungen gegen die Gewinnrücklagen, Umgliederung von immateriellen Vermögenswerten, die die Ansatzkriterien von IAS 38 nicht erfüllen, in den Goodwill),
  - es sind die bisherigen Werte für den Goodwill nach nationalen Vorschriften beizubehalten, allerdings ist im Umstellungszeitpunkt ein Werthaltigkeitstest für den Goodwill nach IAS 36 durchzuführen:

- wurde ein Firmenwert nach bisherigen Rechnungslegungsvorschriften aktiviert, so gilt folgende Überleitung:

Buchwert des Firmenwertes nach nationalen Vorschriften am Transition Date
+/– nach bisherigen Rechnungslegungsnormen aktivierte (nicht aktivierte) immaterielle Vermögenswerte, die die Ansatzkriterien nach IAS 38 (nicht) erfüllen
+/– Berücksichtigung von nachträglichen Änderungen der Anschaffungskosten des Unternehmenserwerbs (Contingent Consideration)
– Impairment nach IAS 36
= Buchwert des Firmenwertes nach IFRS am Transition Date,

- wurde ein Firmenwert nach bisherigen Rechnungslegungsvorschriften mit den Rücklagen verrechnet, so wird er auch nachträglich in der Eröffnungsbilanz nicht angesetzt.

- die Anpassungen am Transition Date sind grundsätzlich gegen die Gewinnrücklagen erfolgsneutral zu buchen (Ausnahme: immaterielle Vermögenswerte, die nicht die Ansatzkriterien von IAS 38 erfüllen, werden in den Goodwill umgegliedert).

Grundsätzlich sind alle im Rahmen einer Business Combination erworbenen identifizierbaren Vermögenswerte, Schulden und bedingten Verpflichtungen ebenso wie der Firmenwert auf Cash Generating Units zu verteilen, um einen Impairmenttest durchführen zu können (IAS 36.80). Im Falle von Reorganisationen ist auch der Goodwill neu auf die (verbleibenden) Cash Generating Units zu verteilen (IAS 36.87).

Bilanzpolitik für Intangible Assets und Goodwill im Übergangszeitpunkt auf IFRS

Die Möglichkeit zur Fair Value Bewertung im Übergangszeitpunkt lässt zu, stille Reserven erfolgsneutral aufzudecken, was zu einem höheren Eigenkapital führt. Zu bedenken ist allerdings, dass diese Eigenkapitalerhöhung im Umstellungszeitpunkt erfolgsneutral erfolgt, wohingegen mit den erhöhten Buchwerten das Abschreibungspotenzial des Anlagegutes erhöht wird, was zusätzliche erfolgswirksame Ergebnisbelastungen künftiger Jahre zur Folge hat. Dies gilt bei Intangible Assets mit nicht bestimmbarer Nutzungsdauer, z. B. Marken, nur sofern ein Impairment erforderlich ist. Weiterhin ist zu bedenken, dass ein höheres Eigenkapital bei konstant gewünschter Eigenkapitalrendite einen entsprechend höheren Gewinn voraussetzt, was darstellungsbedingte Reputationsrisiken birgt, wenn dieser Gewinn in der Zukunft nicht nachhaltig erzielt werden kann.

Beurteilungsspielräume bei der Umstellung auf IFRS im Zusammenhang mit Intangible Assets und Goodwill ergeben sich insbesondere bei

- der Zuordnung des Kaufpreises auf die erworbenen identifizierbaren Vermögenswerte, Schulden, bedingten Verpflichtungen und den Goodwill (Kaufpreisallokation),
- der Identifizierung, Abgrenzung und Bestimmung der Anzahl von Cash Generating Units,
- der Zuordnung der erworbenen identifizierbaren Vermögenswerte, Schulden, bedingten Verpflichtungen und des Goodwills auf die Cash Generating Units,
- der Neufestlegung der Zuordnung des Goodwills bei Reorganisationen.

Um die Wahrscheinlichkeit für ein Goodwill-Impairment in künftigen Jahren eher gering zu halten,

- sind Cash Generating Units im Rahmen der Beurteilungsspielräume eher so zu gestalten, dass die ertragstabilen Bestandteile überwiegen und
- ist der Goodwill eher den ertragstabilen Cash Generating Units zuzuordnen.

Die Möglichkeit zur prospektiven Anwen-

Business-Wissen nachschlagen und anwenden!

Reinhard Heyd
Business-Wissen Bilanzierung von A-Z
Kompetent entscheiden.
Richtig handeln.
2005. 533 S. Geb. EUR 44,90
ISBN 3-409-12434-9

Die wichtigsten Grundlagen, Methoden und Instrumente der Rechnungslegung finden Sie in Stichwortbeiträgen ausführlich erläutert und in Praxisbeispielen anschaulich dargestellt. Damit ist das Lexikon ein ideales Nachschlagewerk für alle, die sich in die Materie der Rechnungslegung neu einarbeiten.

Der Autor:
Reinhard Heyd ist Professor für Rechnungswesen und Controlling an der Hochschule Nürtingen und Leiter des Masterstudiengangs (LL.M) Wirtschaftsprüfung, Steuer- und Unternehmensberatung. Darüber hinaus ist er Honorarprofessor an der Universität Ulm sowie Autor zahlreicher Bücher zum Thema Rechnungswesen.

Änderungen vorbehalten. Erhältlich im Buchhandel oder beim Verlag.
Abraham-Lincoln-Str. 46, 65189 Wiesbaden, Tel: 06 11.78 78-626, www.gabler.de

dung von IFRS 3 ermöglicht, den Goodwill mit seinem Buchwert nach bisherigen Rechnungslegungsstandards zu übernehmen, erfordert aber im Umstellungszeitpunkt einen Impairmenttest durchzuführen.

- Wird der Impairmenttest voraussichtlich zu keinen Impairment Losses führen, so kann mit einer rückwirkenden Anwendung von IFRS 3 die planmäßige Goodwillabschreibung nach bisherigen Standards früher beendet werden.
- Sind dagegen aus dem Impairmenttest Impairment Losses zu erwarten, so könnte eine hohe erfolgsneutrale Abwertung des Goodwills im Umstellungszeitpunkt geeignet sein, erfolgswirksame Goodwill Impairments in künftigen Jahren zu vermeiden oder zu reduzieren (vgl. Hahn 2005, S. 64).

Beispiel:
Ein Konzern möchte 2006 erstmals nach IFRS berichten. Der Umstellungszeitpunkt ist somit 1.1.2005. Im Jahr 2002 wurde eine Akquisition getätigt, die nach der Erwerbsmethode abgebildet wurde. Dabei wurde ein Firmenwert vergütet, der aber mittlerweile nach HGB bereits mit den Rücklagen verrechnet (§ 309 HGB) bzw. abgeschrieben wurde. Um buchmäßig Eigenkapital zu generieren möchte die Konzernleitung IFRS 3 retrospektiv seit 2002 anwenden. Dadurch kommt es zu einem rückwirkenden Ansatz und Bewertung des Goodwills. Ferner ist der Unternehmenserwerb rückwirkend daraufhin zu untersuchen, ob Intangible Assets erworben wurden, die beim Verkäufer nicht aktiviert waren. Sollte dies der Fall gewesen sein, so wäre ein Beurteilungsspielraum gegeben

- für die Aufteilung zwischen dem Fair Value des Goodwill und den erworbenen Intangible Assets sowie
- für die Aufteilung der den Intangible Assets zugewiesenen Fair Values auf jene Intangibles mit bestimmbarer und nicht bestimmbarer Nutzungsdauer. Es gilt dann
- Intangibles mit begrenzter Nutzungsdauer sind planmäßig abzuschreiben,
- für Intangibles mit unbegrenzter Nutzungsdauer ist ein jährlicher Impairmenttest durchzuführen,
- für den Goodwill ist ebenfalls ein jährlicher Impairmenttest durchzuführen.

Soll ein planmäßiger periodischer Aufwandsausweis eher gering gehalten werden, so müsste in diesem Fall der Fair Value im Rahmen der Beurteilungsspielräume eher dem Goodwill und den erworbenen Marken (als Beispiel für Intangibles mit nicht begrenzter Nutzungsdauer) zugeordnet werden als den Intangibles mit bestimmbarer Nutzungsdauer (z. B. Patente und Software).

Schlussbetrachtung

Während die Vorschriften des HGB stark auf das Bilanzziel Reliability ausgerichtet sind, ist die bilanzielle Behandlung von Intangible Assets nach IFRS stärker dem Ziel der Relevance verpflichtet. Dies kommt sowohl in den Ansatzvorschriften für selbsterstellte und im Rahmen von Unternehmenszusammenschlüssen erworbene immaterielle Vermögenswerte zum Ausdruck als auch bei der Bewertung, die stärker am Fair Value ausgerichtet ist. Dabei wird der Bedeutung der Intangibles nicht nur für die Unternehmensberichterstattung, sondern auch für die Unternehmenssteuerung entsprochen. Ohne Erfassung der wichtigen immateriellen Werttreiber im Business Reporting würde sowohl die Steuerung dieser Wertpotenziale beeinträchtigt (Controlling) als auch die Qualität von Entscheidungen Außenstehender über die Fortsetzung oder Beendigung von deren finanziellem Engagement am Unternehmen (Reporting) vermindert. Eine vollständige Darstellung und eine an Marktwerten bzw. Opportunitätskosten ausgerichtete Bewertung der Intangibles führt dagegen zu einer weitergehenden Harmonisierung von internem und externem Rechnungswesen und somit zu erhöhter Transparenz nach innen und außen gleichermaßen. Dennoch sind Objektivierungsvorschriften für die Darstellung von Intangibles in der Unternehmensrechnung für die Qualität des Reporting unverzichtbar, was eine Kompromisslösung zwischen den Reportingzielen Relevance und Reliability erfordert.

Literatur

D'ARCY, A./MORI, M./ROßBACH, CH.: Die Bilanzierung immaterieller Vermögenswerte in den Abschlüssen börsennotierter Unternehmen in Deutschland und Japan, in: Kapitalmarktorientierte Rechnungslegung 4. Jg. (2004), Heft 2, S. 67–77.

BEYER, S.: Bewertung immaterieller Vermögenswerte, in: Unternehmenskäufe in der Internationalen Rechnungslegung, Frankfurt 2004.

DAUM, J. H.: Transparenzproblem Intangible Assets: Intellectual Capital Statements und der Neuentwurf eines Frameworks für Unternehmenssteuerung und externes Reporting, in: HORVATH P./MÖLLER K. (Hrsg): Intangibles in der Unternehmenssteuerung, München 2004, S. 45–81.

ESSER, M./HACKENBERGER, J.: Bilanzierung immaterieller Vermögenswerte des Anlagevermögens nach IFRS und US-GAAP, in: Kapitalmarktorientierte Rechnungslegung, 4. Jg. (2004), Heft 10, S. 402–414.

HACHMEISTER, D./KUNATH, O.: Die Bilanzierung des Geschäfts- oder Firmenwerts im Übergang auf IFRS 3, in: Kapitalmarktorientierte Rechnungslegung, 5. Jg. (2005), Heft 1, S. 62–75.

HAHN, K.: Impairment-Test und Goodwill-Bilanzierung nach IFRS 3 und IAS 36, Stuttgart 2005.

HEYD, R./LUTZ-INGOLD, M.: Immaterielle Vermögenswerte und Goodwill nach IFRS, Bewertung, Bilanzierung und Berichterstattung, München 2005.

KAHRE, B./SCHWETJE, J.: Unternehmensexterne Kommunikation immaterieller Ressourcen, in: Kapitalmarktorientierte Rechnungslegung, 3. Jg. (2003), Heft 3, S. 123–135.

KÜMPEL, T.: Immaterielle Vermögenswerte nach International Financial Reporting Standards, in: bilanz & buchhaltung, 49. Jg. (2003), Heft 6, S. 215–225.

LANGECKER, A./MÜHLBERGER, M.: Berichterstattung über immaterielle Vermögenswerte im Konzernabschluss: Vergleichende Gegenüberstellung von DRS 12, IAS 38 und IAS 38 rev., in: Kapitalmarktorientierte Rechnungslegung, 3. Jg. (2003), Heft 3, S 109–123.

PERTERSEN, K./BANSBACH, F./DORNBACH, E.: IFRS Praxishandbuch, München 2005.

BILANZIERUNG

Kaufpreisallokation: Bilanzierung erworbener immaterieller Vermögenswerte nach IFRS 3 (2004)/IAS 38 (rev. 2004) und ED IFRS 3 (amend. 2005)

Oliver Kunath

Einführung

Mit der Veröffentlichung von IFRS 3 (2004) „Unternehmenszusammenschlüsse" und IAS 38 „Immaterielle Vermögenswerte" (rev. 2004) Ende März 2004 wurde die bilanzielle Behandlung erworbener immaterieller Vermögenswerte inhaltlich konkretisiert und erweitert. Des Weiteren verabschiedete das International Accounting Standards Board (IASB) zusammen mit dem US-amerikanischen Financial Accounting Standards Board (FASB) am 30. Juni 2005 den Exposure Draft of Proposed Amendments to IFRS 3 „Business Combinations" (ED IFRS 3 (amend. 2005)), der u. a. die Bilanzierung erworbener immaterieller Vermögenswerte nochmals spezifiziert.

Kern und Ausgangspunkt der Neuregelungen ist die Abschaffung der Pooling-of-Interests Methode zur Abbildung von Unternehmenszusammenschlüssen in IFRS 3 (2004). Einzig zulässige Methode ist nunmehr nur noch die Erwerbsmethode (Purchase Method). Die Erwerbsmethode sieht im Wesentlichen vor, dass alle im Rahmen eines Unternehmenszu-

- Mit der Verabschiedung von IAS 38 (rev. 2004) und IFRS 3 im März 2004 ist die Bilanzierung von erworbenen immateriellen Vermögenswerten konkretisiert und erweitert worden.
- Im Rahmen eines Unternehmenszusammenschlusses erworbene immaterielle Vermögenswerte sind zukünftig vom nicht weiter planmäßig abzuschreibenden Geschäfts- oder Firmenwert getrennt zu aktivieren und separat fortzuschreiben.
- Der Prozess der Kaufpreisallokation erfordert eine umfassende Identifikation aller erworbenen immateriellen und materiellen Vermögenswerte, Schulden und Eventualschulden. Dies schließt auch bisher nicht beim erworbenen Unternehmen bilanzierte Vermögenswerte mit ein.
- Die widerlegbare Vermutung über eine maximale wirtschaftliche Nutzungsdauer von 20 Jahren für immaterielle Vermögenswerte wurde in IAS 38 (rev. 2004) gestrichen. Überdies sind immaterielle Vermögenswerte, für die im Zugangszeitpunkt keine begrenzte Nutzungsdauer bestimmt werden kann, als separate Kategorie immaterieller Vermögenswerte mit unbegrenzter Nutzungsdauer zu bilanzieren.
- Immaterielle Vermögenswerte mit unbegrenzter Nutzungsdauer sind nicht planmäßig abzuschreiben, sondern mindestens einmal jährlich auf Werthaltigkeit zu testen.
- Nach Ansicht des IASB ist eine Gruppe komplementärer immaterieller Vermögenswerte immer dann als ein Vermögenswert zu aktivieren, wenn die einzelnen immateriellen Vermögenswerte nicht auch einzeln bewertet werden können. Insofern scheidet für solche Ressourcen eine Aktivierung im Geschäfts- oder Firmenwert aus.
- Im Falle eines Bündelkaufs von separat erworbenen immateriellen Vermögenswerten kommt es zu denselben Schwierigkeiten bei der Identifikation und Bewertung wie beim Erwerb im Rahmen eines Unternehmenszusammenschlusses.

Dipl. oec. Oliver Kunath, MBA
ist Referent für Konzernrechnungslegung bei der Verlagsgruppe Georg von Holtzbrinck GmbH & Co. KG und Doktorand am Lehrstuhl für Rechnungswesen und Finanzierung von Prof. Dr. Dirk Hachmeister an der Universität Hohenheim.

Der Verfasser gibt seine persönliche Meinung wieder.

sammenschlusses identifizierbaren erworbenen Vermögenswerte, Schulden und Eventualschulden unabhängig davon, ob diese bereits beim erworbenen Unternehmen bilanziert wurden, im Rahmen der so genannten Kaufpreisallokation (Purchase Price Allocation) zum Stichtag des Erwerbs (Acquisition Date) vollständig neu zu bewerten sind. Wertmaßstab der Neubewertung ist der beizulegende Zeitwert (Fair Value). Restrukturierungsrückstellungen und Rückstellungen für sich aus dem Unternehmenszusammenschluss zukünftig ergebende Verluste und sonstige Kosten dürfen nicht in der Kaufpreisallokation passiviert werden.

Unter dem beizulegenden Zeitwert versteht das International Accounting Standards Board (IASB) den fiktiven Betrag, zu dem zwischen sachverständigen, vertragswilligen und voneinander unabhängigen Geschäftspartnern ein Vermögenswert getauscht werden könnte (vgl. IFRS 3 (2004), Appendix A). Welche Maßgrößen das IASB im Einzelnen als beizulegenden Zeitwert für erworbene Vermögenswerte, Schulden und Eventualschulden vorsieht wird in IFRS 3 B16-B17 weiter spezifiziert. Darüber hinaus gilt es bei der Durchführung der Kaufpreisallokation zu beachten, dass ausschließlich zur Weiterveräußerung bestimmte langfristige Vermögenswerte bzw. Gruppen solcher Vermögenswerte zum beizulegenden Zeitwert abzüglich direkt zurechenbarer Veräußerungskosten anzusetzen sind (vgl. hierzu IAS 27.12 i.V.m. IFRS 5).

Eine sich aus der Kaufpreisallokation ergebende positive Differenz zwischen Kaufpreis und vollständig neu bewertetem Eigenkapital des erworbenen Unternehmens ist als residualer Geschäfts- oder Firmenwert (Goodwill) zu aktivieren. Den bis dato undifferenzierten Residualcharakter des Geschäfts- oder Firmenwerts beschreibt das IASB mit Verabschiedung von IFRS 3 (2004) erstmals als Restrukturierungs- und Synergiepotenziale unter Zuhilfenahme eines Ebenenkonzepts (vgl. Hachmeister/Kunath, 2005, S. 64 – 66). Ein sich gegebenenfalls ergebender negativer Unterschiedsbetrag ist nach nochmaliger Überprüfung der Wertansätze aus der Kaufpreisallokation stets sofort erfolgswirksam zu erfassen.

Die wohl weitest reichende Konsequenz der Abschaffung der Pooling-of-Interests Methode ist die Einführung des so genannten Impairment-Only bzw. Non-Amortization Approach. Danach ist ein Geschäfts- oder Firmenwert nicht weiter planmäßig abzuschreiben, sondern vielmehr auf Ebene so genannter zahlungsmittel-generierender Einheiten (Cash-generating Units) mindestens einmal jährlich auf Werthaltigkeit nach IAS 36 (rev. 2004) zu testen. Die Entscheidung des IASB den Geschäfts- oder Firmenwert nunmehr als „indefinite-lived asset" zu betrachten, machte es indes notwendig, dass die bereits bestehenden Regelungen zur Separierung von im Zuge eines Unternehmenszusammenschlusses erworbenen immateriellen Vermögenswerten konkretisiert und erweitert wurden, um den Informationsnutzen der Jahresabschlussinformationen gewährleisten zu können. Ohne diese schärferen Vorschriften zur Separierung immaterieller Vermögenswerte wäre die Versuchung seitens der Bilanzierungspraxis groß, auch weiterhin grundsätzlich abschreibungspflichtige immaterielle Vermögenswerte und andere stille Reserven im residualen Geschäfts- oder Firmenwert zu aktivieren (vgl. IAS 38.BC23; IFRS 3.BC89 (2004)).

Des Weiteren wurde die widerlegbare Vermutung einer Abschreibungsdauer immaterieller Vermögenswerte von maximal zwanzig Jahren in IAS 38 (rev. 2004) gestrichen. Mit den immateriellen Vermögenswerten, welche eine unbegrenzte bzw. im Erwerbszeitpunkt nicht bestimmbare Nutzungsdauer aufweisen, wurde neben den weiterhin planmäßig abzuschreibenden immateriellen Vermögenswerten eine neue Vermögenswertkategorie geschaffen. Immaterielle Vermögenswerte mit unbegrenzter Nutzungsdauer sind mindestens einmal jährlich auf Werthaltigkeit nach IAS 36 (rev. 2004) zu überprüfen.

Der nachfolgende Beitrag wird zunächst einige Anmerkungen zur erstmalig verpflichtenden Anwendung von IAS 38 (rev. 2004) und den damit einhergehenden Übergangsregelungen machen. Ausgehend von einer Darstellung der allgemeinen und speziellen Ansatzkriterien immaterieller Vermögenswerte des Anlagevermögens wird mit der Darstellung der Bilanzierung und Bewertung erworbener immaterieller Vermögenswerte und dem damit verbundenen Prozess der Kaufpreisallokation im Zugangszeitpunkt der Schwerpunkt gesetzt. Darüber hinaus wird auf mögliche Änderungen in der Bilanzierung erworbener immaterieller Vermögenswerte eingegangen, die durch die Veröffentlichung von ED IFRS 3 (amend. 2005) seit dem 30. Juni 2005 zur öffentlichen Diskussion stehen.

Anwendungszeitpunkt und Übergangsregelungen

Die Rechnungslegungsvorschriften des IAS 38 (rev. 2004) zur Bilanzierung immaterieller Vermögenswerte sind von jenen Unternehmen, die bereits freiwillig nach IFRS Rechnung legen, verpflichtend ab dem ersten auf den 31. März 2004 folgenden Geschäftsjahrs prospektiv anzuwenden. Für alle kapitalmarktorientierten Unternehmen eines EU-Mitgliedsstaates, die nicht unter die so genannte „Ausnahmeregelung 2007" des Art. 9 der EU-Verordnung 1606/2002 fallen, sind indes die IFRS für den Konzernabschluss der Geschäftsjahre, die nach dem 01. Januar 2005 beginnen, verpflichtend anzuwenden.

Im Zeitpunkt der erstmaligen Anwendung von IAS 38 (rev. 2004) sind sämtliche Altbestände immaterieller Vermögenswerte in solche mit begrenzter und unbegrenzter Nutzungsdauer zu unterscheiden und einer Überprüfung der restlichen verbleibenden Nutzungsdauer zu unterziehen (vgl. IAS 38.130(b)). Anpassungen der Nutzungsdauern sind als Änderung der Bilanzierungs- und Bewertungsmethoden gemäß IAS 8 (rev. 2003) erfolgsneutral zu bilanzieren.

Des Weiteren sind alle Altbestände, die nach IAS 38 (rev. 2004) nicht mehr als immaterieller Vermögenswert zu klassifizieren sind, inklusive hierauf entfallender latenter Steuern, in den Geschäfts-

oder Firmenwert umzugliedern. Zu denken wäre hierbei z. B. an einen bis dato aktivierten Mitarbeiterstamm (vgl. IAS 38.15; IFRS 3.BC132 (2004); Wirth, 2005, S. 156; anderer Meinung sind Esser/Hackenberger, 2004, S. 405; Lüdenbach, 2005, S. 1568 i. V. m. IFRS 3.IE D9 (2004)). Reklassifizierungen in entgegengesetzter Richtung sind nicht vorzunehmen (vgl. IFRS 3.79-80, 82 (2004)).

Ansatzkriterien immaterieller Vermögenswerte des Anlagevermögens

Die Bilanzierung immaterieller Vermögenswerte des Anlagevermögens lässt sich in Regelungen für originäre bzw. selbst erstellte (vgl. IAS 38.48-67) und derivative bzw. entgeltlich erworbene immaterielle Vermögenswerte (vgl. IAS 38.25-47) unterscheiden. Die Kategorie der derivativen immateriellen Vermögenswerte umfasst dabei auch den Erwerb durch Tausch sowie durch Zuwendung der öffentlichen Hand.

Eine immaterielle Ressource ist zwingend als immaterieller Vermögenswert zu aktivieren, wenn sie zum einen die im IASB Rahmenkonzept (Framework) dargelegten allgemeinen Aktivierungskriterien, welche in IAS 38 nochmals wiederholt und teilweise ergänzt werden, und zum anderen zusätzliche, speziell auf immaterielle Vermögenswerte anzuwendende Aktivierungskriterien erfüllt (vgl. IAS 38.1; vgl. alternativ die Unterscheidung in abstrakte und konkrete Bilanzierungsfähigkeit bei Esser/Hackenberger, 2004, S. 403 – 406).

Eine immaterielle Ressource erfüllt die allgemeinen Aktivierungskriterien für Vermögenswerte dann, wenn sie in der Verfügungsmacht bzw. unter der Kontrolle des bilanzierenden Unternehmens steht, sie Ergebnis vergangener Ereignisse ist und es erwartet werden kann, dass dem bilanzierenden Unternehmen zukünftig ein wirtschaftlicher Nutzen aus der Ressource in Form von Umsätzen, Kosteneinsparungen oder anderer Art zufließen wird (vgl. F.49a; IAS 38.17).

Nach IAS 38.13 besitzt das bilanzierende Unternehmen die Verfügungsmacht über eine immaterielle Ressource, wenn sie nicht nur selbst auf den zukünftig erwarteten wirtschaftlichen Nutzen zugreifen, sondern gleichzeitig auch den Zugriff Dritter auf diesen Nutzen ausschließen kann (vgl. ähnlich F.57). Durch das Vorliegen juristisch durchsetzbarer Ansprüche wird das Kontrollkriterium regelmäßig erfüllt sein, wenngleich solche Ansprüche nicht zwingend vorliegen müssen. Eine faktische Durchsetzbarkeit der Verfügungsmacht reicht aus (vgl. F.57; IAS 38.16).

Das IASB verlangt darüber hinaus, dass der wirtschaftliche Nutzen aus einem Vermögenswert dem bilanzierenden Unternehmen nicht nur zufließt, sondern zumindest wahrscheinlich zufließt und gleichzeitig zuverlässig bewertbar sein muss (vgl. F.83; IAS 38.21-23). Die Abschätzung der Wahrscheinlichkeit des Nutzenzuflusses hat sich dabei auf die vernünftige und tragfähige Einschätzung des Managements zu stützen, das die wirtschaftlichen Rahmenbedingungen über die gesamte Nutzungsdauer des immateriellen Vermögenswerts in seiner Beurteilung zu berücksichtigen hat (vgl. IAS 38.22). Hierbei hat das Management externe Informationen stärker zu gewichten als interne (vgl. IAS 38.23).

Gleichwohl ist zu konstatieren, dass dem Bilanzierenden bei der Auslegung der Begriffe „wahrscheinlich" und „zuverlässig" erhebliche Ermessens- und Beurteilungsspielräume eingeräumt werden. Im Zweifelsfall führen diese vagen Formulierungen in der Bilanzierungspraxis gerade für selbst erstellte immaterielle Vermögenswerte zu einem faktischen Aktivierungswahlrecht. Unproblematisch gestaltet sich dagegen die Beurteilung einzelner entgeltlich erworbener immaterieller Vermögenswerte, da kein rational handelnder Käufer bereit sein wird, einen Preis für einen immateriellen Vermögenswert zu bezahlen, ohne in Zukunft einen irgendwie gearteten wirtschaftlichen Nutzen daraus zu ziehen (vgl. Hoffmann, 2005, S. 529, Rz. 31; Heyd/Lutz-Ingold, 2005, S. 37). Sobald jedoch immaterielle Vermögenswerte im Bündel mit anderen immateriellen und materiellen Vermögenswerten erworben werden, ergeben sich wiederum Ermessensspielräume.

Zusammenfassend erfüllt eine (materielle oder immaterielle) Ressource die allgemeinen Vermögenswertkriterien immer dann, wenn sie

1. vom Bilanzierenden kontrolliert wird,
2. in ihrer Entstehung vergangenheitsbezogen,
3. wirtschaftlich vorteilhaft und
4. zuverlässig bewertbar ist sowie
5. der aus ihr zu erwartende zukünftige wirtschaftliche Nutzen wahrscheinlich zufließen wird.

Das fünfte Ansatzkriterium ist gleichwohl redundant. Ist eine Ressource wirtschaftlich vorteilhaft und kann das bilanzierende Unternehmen diese Ressource und den ihr daraus zufließenden wirtschaftlichen Nutzen kontrollieren, so wird das Wahrscheinlichkeitskriterium stets erfüllt sein. (vgl. Heyd/Lutz-Ingold, 2005, S. 28; Lüdenbach, 2005, S. 1557).

Um festzustellen, ob ein Vermögenswert als immaterieller Vermögenswert in der Bilanz angesetzt werden kann, sind weitere speziell auf immaterielle Vermögenswerte anzuwendende Ansatzkriterien zu prüfen. So muss ein immaterieller Vermögenswert

6. nicht-monetär,
7. ohne körperliche Substanz und
8. identifizierbar sein (vgl. IAS 38.8).

Die Abgrenzung nicht-monetärer Vermögenswerte ohne physische Substanz von materiellen Vermögenswerten ist immer dann problematisch, wenn ein Vermögenswert sowohl aus materiellen als auch immateriellen Komponenten besteht. Dies ist bspw. bei Software der Fall, die zum einen aus immateriellen Informationen und zum anderen aus dem materiellen Speichermedium der CD-ROM besteht. Zur Lösung solcher Abgrenzungsprobleme schlägt das IASB vor, dass der Bilanzierende nach dem Wertverhältnis der Komponenten zueinander über deren Bilanzansatz entscheiden soll.

Als identifizierbar gilt ein immaterieller Vermögenswert, wenn er sich aus vertraglichen oder anderen gesetzlichen Rechten ergibt, unabhängig davon, ob diese Rechte:

- übertragbar sind („transferable") oder
- vom Unternehmen als Ganzem oder von anderen Rechten und Verpflichtungen separierbar sind (vgl. IAS 38.12(b)).

Die Erfüllung dieses so genannten *Contractual-Legal-Kriteriums* ist für einen Bilanzansatz jedoch nur hinreichend ansatzbegründend, da ein immaterieller Vermögenswert auch dann als identifizierbar gilt, wenn er separierbar ist.

Separierbarkeit ist gegeben, wenn der immaterielle Vermögenswert vom Unternehmen als Ganzem getrennt, d. h. verkauft, übertragen, lizenziert, vermietet oder getauscht werden kann *(Separability-Kriterium* bzw. Verkehrsfähigkeit). Dies kann grundsätzlich:

- einzeln oder
- in Verbindung mit einem Vertrag, einem Vermögenswert oder einer Schuld erfolgen (vgl. IAS 38.12(a)).

Eine Vielzahl immaterieller Vermögenswerte wird beide Kriterien zur Identifizierbarkeit erfüllen (vgl. IAS 38.BC10).

Gegenüber der Vorgängernorm IAS 38 (1998) ist insbesondere festzustellen, dass das Kriterium der Identifizierbarkeit inhaltlich konkretisiert und wesentlich erweitert wurde. Immaterielle Vermögenswerte sind gemäß IAS 38 (rev. 2004) bereits dann aktivierungsfähig, wenn sie als Bündel zusammen mit anderen Vermögenswerten, Schulden oder einer mit der Ressource verbundenen vertraglichen Vereinbarung separiert werden können. Dadurch kommt es letztendlich zu einer bedeutenden Ausweitung der als identifizierbar zu klassifizierenden immateriellen Vermögenswerte nach IAS 38 (rev. 2004) (vgl. Heyd/Lutz-Ingold, 2005, S. 35).

Um einen Bilanzansatz begründen zu können, hat ein (immaterieller) Vermögenswert auch die Rechnungslegungsgrundsätze des IASB Rahmenkonzepts, Wesentlichkeit, der Verlässlichkeit und der Relevanz zu erfüllen, wenngleich das IASB festhält, dass das Rahmenkonzept gegenüber allen IFRS-Rechnungslegungs-Standards generell nachrangigen Charakter besitzt (vgl. F.84 und F.2). Entspricht ein entgeltlich erworbener immaterieller Vermögenswert allen der aufgeführten acht allgemeinen und speziellen Ansatzkriterien sowie den Grundsätzen des IASB Rahmenkonzepts, hat ein Bilanzansatz nur dann zwingend zu erfolgen, wenn kein explizites Bilanzierungsverbot existiert.

So schließt bereits das IASB Rahmenkonzept den Bilanzansatz selbst erstellter Geschäfts- oder Firmenwerte aus (vgl. F.34; gleich lautend IAS 38.48-50). Gänzlich von einer Aktivierung ausgeschlossen sind auch selbst erstellte Markennamen, Drucktitel, Verlagsrechte, Kundenlisten sowie ihrem Wesen nach ähnliche Sachverhalte (vgl. IAS 38.20). Begründet wird dies vom IASB mit der Schwierigkeit einer klaren Trennung der hierfür anfallenden Aufwendungen von jenen, die das Unternehmen als Ganzes betreffen und somit dem nicht aktivierungsfähigen, selbst erstellten Geschäfts- oder Firmenwert zuzuweisen sind (vgl. auch IAS 38.63-64; des Weiteren noch IAS 38.68-71). Außerdem können Aufwendungen für die Fort- und Weiterbildung einzelner Mitarbeiter nicht aktiviert werden. Dies liegt zum einen daran, dass Mitarbeiter das Unternehmen grundsätzlich jederzeit verlassen können und zum anderen an der Ermangelung jeglicher Rechtsansprüche, die das durch entsprechende Maßnahmen entwickelte Wissen zum Vorteil des bilanzierenden Unternehmens schützen könnten (vgl. IAS 38.15).

Für entgeltlich erworbene immaterielle Vermögenswerte besteht indes kein explizites Aktivierungsverbot und somit kommen für eine Aktivierung im Erwerbsfall gerade jene immateriellen Vermögenswerte in Frage, denen ein Bilanzansatz bei Selbsterstellung verwehrt bleibt.

Damit die Bilanz ihrer Funktion der Informationsvermittlung über die Vermögenslage der bilanzierenden Gesellschaft nachkommen kann, muss der Bilanzierende jedem Vermögenswert und jeder Schuld einen monetären Betrag zuweisen. Aufgrund der fehlenden körperlichen Substanz, kann sich eine zuverlässige Zugangsbewertung immaterieller Ressourcen zu Anschaffungs- oder Herstellungskosten (vgl. IAS 38.24) schwierig darstellen (vgl. Heyd/Lutz-Ingold, 2005, S. 38 – 46). Unter allen genannten Ansatzkriterien findet daher das Kriterium der verlässlichen Bewertbarkeit besondere Beachtung in IAS 38 (rev. 2004). Das IASB unterscheidet dabei nach Art des Zugangs der immateriellen Ressourcen in:

1. die gesonderte Anschaffung (vgl. IAS 38.25-32),
2. den Erwerb im Rahmen eines Unternehmenszusammenschlusses (vgl. IAS 38.33-43),
3. den Erwerb durch Zuwendung der öffentlichen Hand (vgl. IAS 38.44),
4. den Erwerb durch Tausch (vgl. IAS 38.45-47) und
5. selbst erstellte immaterielle Vermögenswerte (vgl. IAS 38.48-67).

Nachfolgend beschränkt sich der Verfasser ausschließlich auf den separaten Erwerb immaterieller Vermögenswerte (Einzel- und Bündelkauf) sowie den Erwerb im Rahmen eines Unternehmenszusammenschlusses.

Im Rahmen eines Unternehmenszusammenschlusses erworbene immaterielle Vermögenswerte

Grundlagen und Begrifflichkeiten

Ein Unternehmenszusammenschluss liegt unabhängig von der Transaktionsstruktur (Asset oder Share Deal) immer dann vor, wenn ganze Unternehmen (Entity) oder Geschäftsbetriebe in einem Bericht erstattenden Unternehmen zusammengeführt werden. Ergebnis des Unternehmenszusammenschlusses ist, dass der Erwerber einen beherrschenden Einfluss auf das erworbene Unternehmen ausüben kann. Als Beherrschung (Control) wird die Möglichkeit verstanden, die Finanz- und Geschäftspolitik des erworbenen Unternehmens oder Geschäftsbetriebs zu bestimmen, um aus dessen Tätigkeiten einen wirtschaftlichen Nutzen zu ziehen.

Unter einem Geschäftsbetrieb (Business) ist im Sinne des IASB eine integrierte Gruppe von Tätigkeiten und Vermögenswerten zu verstehen, die durch Ressourceneinsatz und die darauf anzuwendenden Verfahren und Prozesse Leistungen generiert, die gegenwärtig oder zukünftig dazu dienen, Erträge zu erwirtschaften, Kosten zu senken oder einen anderweitigen ökonomischen Vorteil für die Investoren des Unternehmens zu erzielen (vgl. IFRS 3.4 (2004); IFRS 3 (2004), Appendix A).

Beim Erwerb einer Vermögensverwaltungsgesellschaft wird es sich daher nicht um eine integrierte Gruppe von Tätigkeiten und Vermögenswerten und damit auch nicht um einen Unternehmenszusammenschluss handeln, da Zweck einer solchen Gesellschaft nicht die (regelmäßige) Erzielung von Erträgen, die Senkung von Kosten oder die Erzielung anderer ökonomischer Vorteile ist. Vielmehr liegt im Rahmen einer wirtschaftlichen Betrachtung (Substance over Form) ein separater Erwerb bzw. Bündelkauf von nicht ineinander integrierten Vermögenswerten nach IAS 38.25-31 i.V. m. IFRS 3.4 (2004) vor (vgl. Hommel/Benkel/Wich, 2004, S. 1269).

Erworbene integrierte Gruppen von Tätigkeiten und Vermögenswerten, für die der Verkäufer bei Ermittlung eines Veräußerungsgewinns oder -verlusts einen Geschäfts- oder Firmenwert berücksichtigt, begründen nach Meinung des IASB stets einen Unternehmenszusammenschluss (vgl. IFRS 3 (2004), Appendix A). Nach IAS 36.86 ist dies immer dann der Fall, wenn der Verkäufer eine „operation" veräußert. Diese Formulierung ist insofern unglücklich, da das IASB für das Vorliegen eines Unternehmenszusammenschlusses in IFRS 3 (2004) stets den Begriff des „business" unterstellt und an keiner Stelle von einer „operation" spricht. Nur dann, wenn man für beide Begriffe Deckungsgleichheit unterstellt, kann jedoch die Forderung des IASB in IFRS 3 (2004), Appendix A überhaupt als erfüllt gelten.

Insofern ist es zu begrüßen, dass das IASB die begriffliche Inkonsistenz erkannt hat und diesen Zusatz in der Definition des Geschäftsbetriebs streichen möchte (vgl. ED IFRS 3.3(d) (amend. 2005)). Bis diese Änderung wirksam wird kann die Berücksichtigung eines Geschäfts- oder Firmenwerts bei der Berechnung eines Veräußerungsgewinns oder -verlusts lediglich ein Indiz für das Vorliegen eines Geschäftsbetriebs sein, sofern entsprechende Informationen vom Veräußerer überhaupt zur Verfügung gestellt werden. In einem von der wirtschaftlichen Betrachtungsweise geprägten Regelwerk der IFRS ist es m. E. notwendig, die Gegebenheiten des Einzelfalls zu berücksichtigen.

Wurde geklärt, ob es sich bei einer konkreten Transaktion um einen Unternehmenszusammenschluss oder einen Bündelkauf handelt und das erwerbende Unternehmen sowie der Erwerbszeitpunkt des Unternehmenszusammenschlusses bestimmt, ist der bezahlte Kaufpreis inklusive geleisteter und direkt zurechenbarer Kaufpreisnebenkosten im Erwerbszeitpunkt auf die erworbenen Vermögenswerte, Schulden und Eventualschulden zu deren beizulegenden Zeitwerten zu verteilen (Kaufpreisallokation). Der beizulegende Zeitwert bestimmt sich unabhängig von der bisherigen Bilanzierung beim Veräußerer. Vielmehr ist er ein Wertmaßstab, der auf sachverständige, vertragswillige und unabhängige Vertragsparteien abstellt, die sich zur Wertfindung an den besten zur Verfügung stehenden Marktinformationen orientieren.

Ziel der Kaufpreisallokation ist es, die Buchwertbilanz des erworbenen Unternehmens durch die vollständige Aufdeckung stiller Reserven und Lasten auf Vermögenswerte, Schulden und Eventualschulden in eine Zeitwertbilanz bzw. Neubewertungsbilanz zu transformieren (vgl. Abb. 1). Lediglich der auf Minderheiten entfallende Anteil am Geschäfts- oder Firmenwert wird (noch) nicht aufgedeckt. Die Möglichkeit einer nur beteiligungsproportionalen Neubewertung, wie sie in IAS 22 enthalten war, existiert in IFRS 3 (2004) nicht mehr. Bewertungsstichtag für das neue erworbene Reinvermögen ist der Erwerbszeitpunkt (= Zeitpunkt des Kontrollübergangs).

Zur Durchführung der Kaufpreisallokation ist es notwendig, die erworbenen (immateriellen) Vermögenswerte, Schulden und Eventualschulden zu erfassen, sie auf Erfüllung der allgemeinen und speziellen Ansatzkriterien zu prüfen, für jeden abnutzbaren Vermögenswert eine Nutzungsdauer zu bestimmen und die

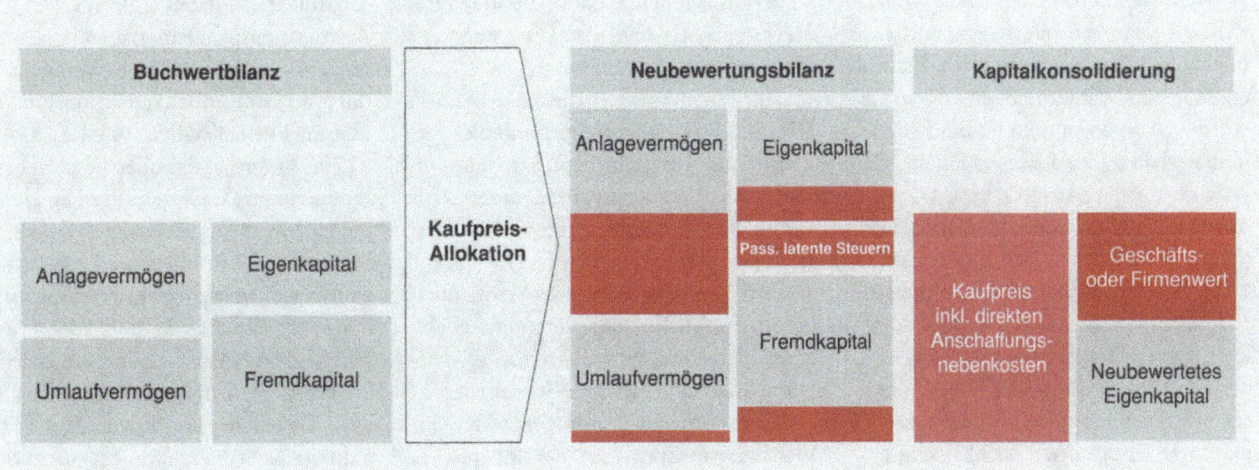

Abbildung 1: Transformation der erworbenen Buchwertbilanz in eine Neubewertungsbilanz

Absatzmarktbezogene immaterielle Vermögenswerte	Kundenbezogene immaterielle Vermögenswerte	Immaterielle Vermögenswerte im künstlerischen Bereich	Auf Verträgen basierende immaterielle Vermögenswerte	Technologiebezogene immaterielle Vermögenswerte
Markenrechte, Markenzeichen, Embleme	Auftragsbestände und Produktionsrückstände	Theaterstücke, Opern, Ballettaufführungen	Lizenzen, Förderungs- und Abbaurechte, Stillhalteabkommen	Patentierte Technologien
Internet-Adressen	Vertragliche Kundenbeziehungen	Bücher, Zeitschriften, Zeitungen	Werbe-, Dienstleistungs-, Liefer-, Abnahme- und ähnliche Verträge	EDV-Software
Aufmachung und Design	Kundenlisten	Kompositionen, Liedtexte, Werbemelodien	Leasingverträge, Baurechte, Franchise, Betriebs- und Senderechte	Geschäftsgeheimnisse wie z. B. vertrauliche Formeln, Prozesse und Rezepte
Zeitschriftentitel	Nicht-vertragliche Kundenbeziehungen	Gemälde, Fotografien	Vorteilhafte Dienstverträge	Nicht-patentrechtlich geschützte Technologien
Wettbewerbsunterlassungsklauseln	...	Videoaufzeichnungen, Filme, TV-Sendungen	Schuldenbedienungsrechte durch Dritte	Datenbanken

Abbildung 2: Liste identifizierbarer immaterieller Vermögenswerte des IASB

Bewertung zum beizulegenden Zeitwert durchzuführen. Hieran schließt sich die Bilanzierung (i. d. R. passivischer) latenter Steuern für aufgedeckte stille Reserven (und Lasten) an. Abgeschlossen wird die Kaufpreisallokation durch die Gegenüberstellung des identifizierbaren Nettovermögens mit dem hierfür entrichteten Kaufpreis, um den Unterschiedsbetrag (i. d. R. Geschäfts- oder Firmenwert) zu bestimmen (vgl. hierzu auch IFRS 3.56 (2004)). Der Prozess der Kaufpreisallokation soll nachfolgend anhand der Bilanzierung immaterieller Vermögenswerte dargestellt werden.

Erfassung immaterieller Ressourcen

Zunächst sind alle erworbenen immateriellen Ressourcen zu erfassen, und zwar unabhängig davon, ob diese bereits beim erworbenen Unternehmen bilanziert wurden. Ausgangspunkt für das Erfassen immaterieller Ressourcen stellt die Prüfung der beiden Ansatzkriterien „nichtmonetär" sowie „ohne physische Substanz" dar. Bereits beim erworbenen Unternehmen bilanzierte immaterielle Vermögenswerte lassen sich aus dessen geprüftem Jahresabschluss bzw. aus etwaigen zu erstellenden Zwischenabschlüssen sowie aus den für diese Erstellungszwecke geführten Buchhaltungssystemen erkennen. Desgleichen lassen sich anhand dieser Informationsquellen auch jene Vermögenswerte identifizieren, die das erworbene Unternehmen mit Abschluss des zurückliegenden Geschäftsjahrs bereits vollständig abgeschrieben hat, aber über einen Erinnerungsbuchwert verfügen.

Um ein Vielfaches schwieriger und arbeitsintensiver gestaltet sich indes die Identifikation bisher nicht bilanzierter immaterieller Vermögenswerte, welche oftmals wichtige Werttreiber des erworbenen Unternehmens darstellen und aufgrund ihrer fehlenden physischen Substanz die Kenntnis über das jeweilige Geschäftsmodell unabdingbar machen. Gerade die strategischen Intentionen des Erwerbers sind hierbei von entscheidender Bedeutung, um die Erfolgspotenziale der Transaktion und damit die stillen Reserven des erworbenen Unternehmens identifizieren zu können.

Hilfestellung bietet die vom IASB in IFRS 3 (2004), Illustrative Examples veröffentlichte Liste für identifizierbare immaterielle Vermögenswerte, deren Aufzählung jedoch keinen abschließenden Charakter besitzt (vgl. Abb. 2).

Darüber hinaus könnte bspw. auch eine vom AICPA, der Vereinigung US-amerikanischer Wirtschaftsprüfer, verfasste Zusammenstellung identifizierbarer immaterieller Vermögenswerte im Identifikationsprozess verwendet werden. Auch diese Aufzählung erhebt keinen Anspruch auf Vollständigkeit (vgl. Abb. 3; in Anlehnung an Mard/Hitchner/Hyden/Zyla, 2002, S. 21).

Ergebnis des Identifikationsprozesses ist letztlich eine Bestandsliste potenziell anzusetzender immaterieller Ressourcen, die jeweils in einem weiteren Teilschritt auf die Erfüllung der verbleibenden Ansatzkriterien für immaterielle Vermögenswerte zu überprüfen sind.

Identifizierbarkeit und Bewertbarkeit

Immaterielle Vermögenswerte, die im Rahmen eines Unternehmenszusammenschlusses erworben wurden, erfüllen nach Ansicht des IASB aufgrund des Erwerbsvorgangs stets das Kriterium des wahrscheinlich zukünftig zufließenden wirtschaftlichen Nutzens (vgl. IAS 38.33; zur Abgrenzungsproblematik von Eventualforderungen aufgrund des Verzichts auf das Wahrscheinlichkeitskriterium vgl. Hommel/Benkel/Wich, 2004, S. 1269 – 1270). Aufgrund der oben beschriebenen redundanten Logik der allgemeinen Vermögenswertkriterien ist daher zu folgern, dass eine im Rahmen eines Unternehmenszusammenschlusses erworbene immaterielle Ressource stets einen wirtschaftlichen Nutzen verkörpert, der vom erwerbenden Unternehmen kontrolliert wird. Da bereits geprüft wurde, ob es sich um eine nicht-monetäre Ressource ohne jegliche physische Substanz handelt, hängt der Bilanzansatz erworbener im-

Identifiable and transferable intangible assets		
- Airport gates and slots - Bank customers - Blue prints - Book libraries - Brand names - Broadcast licenses - Buy-sell agreements - Certificates of need - Chemical formulas - Computer software - Computerized databases - Contracts - Cooperative agreements - Copyrights - Credit information files - Customer contracts - Customer and client lists - Customer relationships - Designs and drawings - Development rights - Distribution networks - Distribution rights - Drilling rights - Easements - Employment contracts - Engineering drawings - Environmental rights - FCC licenses - Favorable financing - Film libraries	- Food flavorings and receipes - Franchise agreements - Historical documents - HMO enrollment lists - Insurance expirations - Insurance in force - Joint ventures - Know-how - Laboratory notebooks - Landing rights - Leasehold interests - Literary works - Loan portfolios - Location value - Management contracts - Manual databases - Manuscripts - Medical charts and records - Mineral rights - Musical compositions - Natural resources - Newspaper morgue files - Noncompete covenants - Options, warrants, grants - Patent applications - Patents (product and process) - Patterns - Permits - Prescription drug files - Prizes and awards	- Procedural manuals - Production backlogs - Product designs - Property use rights - Proposals outstanding - Proprietary computer software - Proprietary processes - Proprietary products - Proprietary technology - Publications - Retail shelf space - Royalty agreements - Schematics and diagrams - Securities portfolios - Security interests - Shareholder agreements - Solicitation rights - Stock and bond instruments - Subscription lists - Supplier contracts - Technical and specialty libraries - Technical documentation - Technology-sharing agreements - Title plants - Trade secrets - Training and assembled workforce - Trademarks and trade names - Training manuals - Usage rights (air, water, land)

Abbildung 3: Liste identifizierbarer immaterieller Vermögenswerte des AICPA

materieller Vermögenswerte damit ausschließlich von deren Identifizierbarkeit sowie zuverlässigen Bewertbarkeit ab.

Für das Ansatzkriterium der Bewertbarkeit geht das IASB davon aus, dass dieses im Rahmen eines Unternehmenszusammenschlusses normalerweise erfüllt ist. Für erworbene immaterielle Vermögenswerte mit bestimmbarer Nutzungsdauer stellt es sogar eine widerlegbare Vermutung für deren zuverlässige Bewertbarkeit zum beizulegenden Zeitwert auf (vgl. IAS 38.35). Somit ist davon auszugehen, dass das Kriterium der Bewertbarkeit im Rahmen eines Unternehmenszusammenschlusses nur in wenigen Fällen nicht erfüllt sein wird. In Verbindung mit der oben bereits beschriebenen Ausweitung des Identifizierbarkeits-Kriteriums wird ein Unternehmenszusammenschluss somit i. d. R. eine umfassende Aktivierung immaterieller Vermögenswerte zur Folge haben.

In IAS 38.36-38 werden die Ansatzkriterien „Identifizierbarkeit" und „Bewertbarkeit" vom IASB zueinander in Beziehung gesetzt. Dabei hätte das IASB durchaus systematischer vorgehen können. Nachfolgend sollen diese Beziehungen daher auch graphisch verdeutlicht werden (vgl. hierzu auch Abb. 4).

Einzeln separierbare immaterielle Vermögenswerte

Ist eine immaterielle Ressource einzeln separierbar, wird das Identifizierbarkeitskriterium erfüllt. Daher wird das Contractual-Legal-Kriterium in Abbildung 4 zunächst vernachlässigt, wenngleich für die überwiegende Zahl einzeln separierbarer immaterieller Ressourcen zu konstatieren ist, dass diese auch auf vertraglichen Vereinbarungen beruhen werden (vgl. hierzu eine Aufstellung bei Esser/Hackenberger, 2004, S. 404; IAS 38.BC10).

Existiert für einzeln separierbare immaterielle Vermögenswerte eine Historie zu oder Hinweise auf Tauschvorgänge für dieselben oder ähnliche Vermögenswerte, dann ist es nach Meinung des IASB grundsätzlich möglich, diese anhand marktorientierter Bewertungsverfahren (s. unten) verlässlich zu bewerten. Obwohl das IASB diese Bedingung nur in Verbindung mit der Erfüllung des Contractual-Legal-Kriteriums aufführt (vgl. IAS 38.35 i. V. m. IAS 38.38(b)), muss sie auch für lediglich einzeln separierbare immaterielle Vermögenswerte gelten, die nicht vertraglich fixiert sind (z. B. Kundenlisten, nicht patentierte Technologien).

Gleiches gilt, wenn die immaterielle Ressource zwar nicht mit marktorientierten Verfahren bewertbar ist, der beizulegende Zeitwert der immateriellen Ressource jedoch im Übrigen nicht von unbestimmbaren Faktoren abhängt, welche eine verlässliche Bewertung auch unter Verwendung einkommensorientierter Bewertungsverfahren (s. unten) unmöglich machen würde. Immaterielle Ressourcen, die diese Bedingung erfüllen, sind dem Einzelbewertungsgrundsatz folgend, welcher sich implizit aus F.82-85 des IASB Rahmenkonzepts ergibt, einzeln und separat vom Geschäfts- oder Firmenwert zu aktivieren.

Nach Ansicht des IASB ist es einigen wenigen Fällen vorbehalten, da eine einzeln separierbare immaterielle Ressource nicht auch einzeln zuverlässig bewertet werden kann. Mangelnde Einzelbewertbarkeit könnte gemäß IAS 38.35 insbesondere bei immateriellen Vermögenswerten mit unbestimmbarer bzw. unbegrenzter Nutzungsdauer oder bei komplementären Vermögenswerten gemäß IAS 38.36-37 vorliegen.

Komplementäre immaterielle Vermögenswerte

Ist es nicht möglich, eine separierbare immaterielle Ressource einzeln zu bewerten, muss untersucht werden, ob weitere immaterielle und/oder materielle Vermögenswerte existieren, mit welchen die Ressource zusammen als Gruppe komplementärer Vermögenswerte separierbar ist (vgl. Abb. 4). Dies wird dann regelmäßig der Fall sein, wenn eine immaterielle Ressource nur in Verbindung mit einem Vertrag, einem Vermögenswert oder einer Verbindlichkeit separierbar ist (vgl. hierzu IAS 38.12(a)). Kann eine solche Vermögenswertgruppe bestimmt werden, dann muss sie insgesamt zuverlässig bewertbar sein, um aktiviert werden zu können. Ist auch für die Gruppe komplementärer Vermögenswerte ein beizulegen-

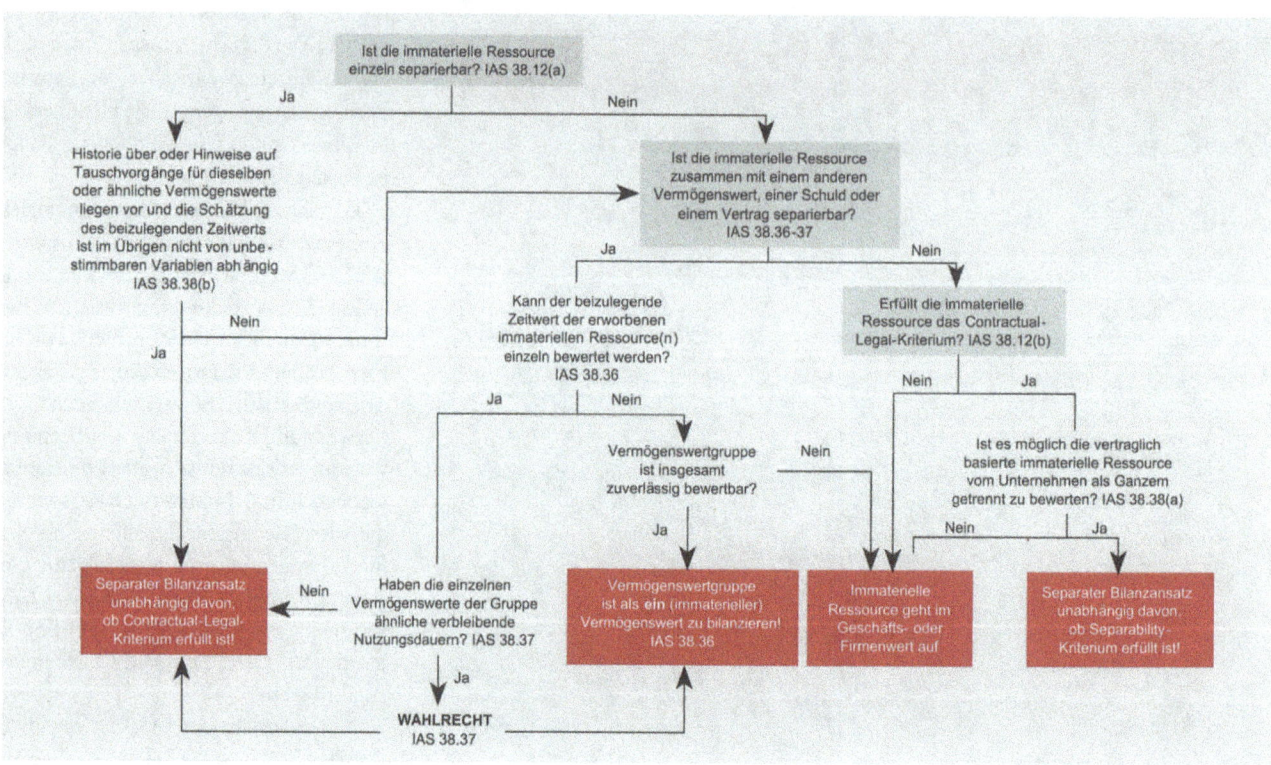

Abbildung 4: Identifizierbarkeit und Bewertbarkeit im Rahmen von Unternehmenszusammenschlüssen

der Zeitwert nicht zuverlässig bestimmbar, dann sind die in der Gruppe enthaltenen immateriellen Ressourcen im Geschäfts- oder Firmenwert zu bilanzieren. Alle anderen Vermögenswerte der Gruppe sind hingegen vom Geschäfts- oder Firmenwert zu separieren (vgl. Abb. 4).

Unter komplementären, sich ergänzenden Vermögenswerten versteht das IASB solche immateriellen Vermögenswerte, die ausschließlich zusammen mit einem anderen materiellen oder immateriellen Vermögenswert separierbar sind (vgl. IAS 38.36). Beispielhaft nennt das IASB Zeitschriftentitel, für die es vorstellbar sei, dass sie nicht losgelöst von den auf sie laufenden Abonnementverträgen zuverlässig bewertet werden können. Denkbar sei auch, dass ein Markenname für ein natürliches Mineralwasser nicht unabhängig von der Quelle, auf die sich der Wiedererkennungswert des Mineralwassers bezieht, bewertet werden kann (vgl. IAS 38.36).

In einem weiteren Beispiel verdeutlicht das IASB, dass eine Aufteilung von Markennamen in kleinere immaterielle Bestandteile wie Geheimverfahren, Rezepte und technologische Gutachten nur dann zwingend vorzunehmen ist, wenn deren einzelne beizulegende Zeitwerte zuverlässig bestimmbar sind und sie unterschiedliche verbleibende Nutzungsdauern aufweisen. Für den Fall ähnlicher verbleibender Nutzungsdauern wird dem Bilanzierenden ein Wahlrecht eingeräumt, die komplementären Vermögenswerte einzeln oder aber alle zusammen als Markenname zu aktivieren (vgl. Abb. 4; IAS 38.37). Diese Regelung gilt es insbesondere vor dem Hintergrund zu beachten, dass das IASB für identifizierbare Vermögenswerte wie „Geheimverfahren" und „Rezepte" in den Illustrative Examples zu IFRS 3 (2004) explizit einen separaten Bilanzansatz fordert. Stellen diese grundsätzlich einzeln zu aktivierenden Vermögenswerte jedoch insgesamt einen wirtschaftlichen Nutzen dar, der die Existenz einer Marke begründet, erlaubt das IASB eine vom Einzelbewertungsgrundsatz abweichende Zugangsbilanzierung (vgl. IAS 38.IE E5).

Dass insbesondere immaterielle Vermögenswerte die Qualität komplementärer Beziehungen zu anderen Vermögenswerten besitzen können, dessen ist sich das IASB bewusst. Das IASB betont jedoch gleichzeitig, dass dies keinen grundsätzlichen Widerspruch zur Erfordernis der separaten Aktivierung getrennt vom Geschäfts- oder Firmenwert darstellt. Vielmehr möchte das IASB durch die Regelung zu komplementären immateriellen Vermögenswerte verhindern, dass diese im nicht weiter planmäßig abzuschreibenden Geschäfts- oder Firmenwert aufgehen. Daher wird eine vom Einzelbewertungsgrundsatz abweichende Bilanzierung immaterieller Vermögenswerte zugelassen, wenn deren beizulegende Zeitwerte nur in Verbindung mit anderen komplementären Vermögenswerten zuverlässig bestimmbar sind (vgl. IFRS 3.BC103 (2004)).

Unter komplementären Vermögenswerten sind somit mindestens zwei Ressourcen zu verstehen, die beide die allgemeinen Aktivierungskriterien für Vermögenswerte erfüllen müssen und von denen mindestens eine immaterieller Natur ist. Das Besondere an komplementären Vermögenswerten ist, dass die isolierte Kontrolle über die einzelnen komplementären Vermögenswerte keinen bzw. nur einen geringen wirtschaftlichen Nutzen generieren würde und demnach die Bestimmung des beizulegenden Zeitwerts kein zuverlässiges Ergebnis erwarten ließe. Nur die Kontrolle über die sich ergänzenden Vermögenswerte in der Gesamtheit einer komplementären Vermögenswertgruppe macht eine wertmaximale Nutzenrealisierung erst möglich (vgl. IFRS 3.BC103 (2004); IAS 38.BC25 sowie den Begriff der „Sogwirkungen" bei Lüdenbach/Prusaczyk, 2004, S. 212).

Eine solche Bilanzierungsregel hat damit aber auch Konsequenzen für die Aktivierung materieller Vermögenswerte. Da für materielle Vermögenswerte i. d. R. ein beizulegender Zeitwert ermittelt werden kann, entscheidet nach Ansicht des IASB letztlich die Bewertbarkeit immaterieller Vermögenswerte darüber, ob ein materieller Vermögenswert einzeln oder innerhalb einer komplementären Vermögenswertgruppe zusammen mit immateriellen Vermögenswerten zu bilanzieren ist. Ein Ausweis unter den immateriellen Vermögenswerten kann für einen solchen „Sammelposten" nur dann erfolgen, wenn die immateriellen Bestandteile innerhalb der Vermögenswertgruppe überwiegen (vgl. IAS 38.4-5). Theoretisch wäre es dann sogar möglich, dass ein abschreibungspflichtiger materieller Vermögenswert durch Aufnahme in eine komplementäre Vermögenswertgruppe in einem immateriellen Vermögenswert mit unbegrenzter Nutzungsdauer aufgeht, welcher gemäß IAS 38.107 nicht weiter planmäßig abzuschreiben ist (s. obiges Bsp. Markenname „Mineralwasser"). Subjektive Einschätzungen des Bilanzierenden sind hierbei unvermeidbar.

Wie bereits dargestellt, kann ein Zeitschriftentitel gemäß IAS 38.36 als komplementäre Vermögenswertgruppe aufgefasst werden. Noch 2002 war das IASB der Meinung, dass ein Zeitschriftentitel auch als zahlungsmittel-generierende Einheit (ZGE) klassifiziert werden kann (vgl. ED IAS 36.IE A17-A19). ZGEs sind bei Vorliegen bestimmter Bedingungen für Zwecke der Durchführung von Werthaltigkeitstests für Vermögenswerte nach IAS 36 (rev. 2004) zu Grunde zu legen (vgl. IAS 36.66 i. V. m. IAS 36.6; von einer ZGE nach IAS 36.6 sind Goodwill-tragende ZGEs zu unterscheiden; vgl. hierzu Hachmeister/Kunath, 2005, S. 67 – 69). Mithin ist davon auszugehen, dass eine Gruppe komplementärer Vermögenswerte theoretisch auch die Größe einer ZGE annehmen kann.

Allerdings ist davon auszugehen, dass dem IASB an einer solch weiten Auslegung des Begriffs der komplementären Vermögenswertgruppe, schon allein wegen des Einzelbewertungsgrundsatzes im Zeitpunkt des Zugangs, nicht gelegen sein kann. Um eine vom Geschäfts- oder Firmenwert separate Aktivierung komplementärer Vermögenswerte – nicht um jeden Preis – sicher zu stellen, wäre es daher zu begrüßen, wenn das IASB die Begrifflichkeit der komplementären Vermögenswerte zukünftig schärfer definiert und zu anderen (vergleichbaren) Bilanzierungs- und Bewertungskonstrukten eindeutig abgrenzt. Die jetzige Regelung lässt dem Bilanzierenden in jedem Fall zu viele Ermessensspielräume, welche die Vergleichbarkeit der Jahresabschlussinformationen stark beeinträchtigen.

Es bleibt abschließend festzuhalten, dass der Einzelbewertungsgrundsatz auch weiterhin vorrangig zu befolgen ist, solange dieser einen der Höhe nach zuverlässigen Bilanzansatz bei der Zugangsbewertung sicherstellen kann.

Vertraglich basierte immaterielle Vermögenswerte

Immaterielle Vermögenswerte, die das Contractual-Legal-Kriterium erfüllen, sind immer dann separat vom Geschäfts- oder Firmenwert zu bilanzieren, wenn sie getrennt vom Unternehmen als Ganzem bewertet werden können; einzeln oder als Vermögenswertgruppe. In der Bilanzierungspraxis wird dies nach Auffassung des IASB i. d. R. der Fall sein, wenn sie – wie überwiegend anzunehmen – gleichzeitig separierbar sind (vgl. IAS 38.35 i.V.m. IAS 38.BC10; für eine der seltenen Ausnahme vgl. IAS 38.BC21-22).

Auf das Schema der Kaufpreisallokation immaterieller Vermögenswerte übertragen bedeutet dies Folgendes: Bis dato wurden entsprechend dem Verlaufsschema in Abb. 4 einzeln und in Gruppe separier- sowie bewertbare immaterielle Vermögenswerte unabhängig vom Contractual-Legal-Kriterium aktiviert und demzufolge von der Liste potenziell aktivierungsfähiger immaterieller Ressourcen gestrichen. Somit befinden sich auf der Liste immaterieller Ressourcen überhaupt nur noch solche immaterielle Vermögenswerte, die einzig und allein das Contractual-Legal-Kriterium erfüllen. Eine Bilanzierung dieser Ressourcen bei alleinigem Vorliegen des Contractual-Legal-Kriteriums scheidet aber mehrheitlich aus. Immaterielle Ressourcen, die sich noch auf der Liste befinden, konnten bereits nach dem Separability-Kriterium nicht vom Unternehmen als Ganzem getrennt bewertet werden; weder einzeln noch als Vermögenswertgruppe. Die ausschließlich vertraglich basierte immaterielle Ressource geht folglich im Geschäfts- oder Firmenwert bzw. einem gegebenenfalls erfolgswirksam zu erfassenden negativen Unterschiedsbetrag auf. Da hier von keiner grundsätzlichen Regelhaftigkeit auszugehen ist, muss die Prüfung des Einzelfalls darüber befinden, ob eine zuverlässige Bewertbarkeit dennoch möglich erscheint. Qualitative Vorüberlegungen sind hierfür unabdingbar (vgl. ähnlich Lüdenbach/Prusaczyk, 2004, 211 – 212).

Für nicht sachgerecht ist m. E. die Ansicht des IASB einzuschätzen, dass auch nichtvertraglich fixierte immaterielle Ressourcen das Contractual-Legal-Kriterium erfüllen sollen, wenn sie die Möglichkeit auf eine Erneuerung der vertraglichen Beziehung versprechen lassen. Die Tatsache, dass das IASB bspw. nichtvertragliche Stammkundenbeziehungen für bilanzierungsfähig hält, beraubt das Contractual-Legal-Kriterium jeglicher objektiver Schärfe. Nach Meinung des IASB reicht für die Bilanzierungsfähigkeit nichtvertraglicher Stammkundenbeziehungen die Existenz einer früheren vertraglichen Kundenbeziehung aus, die die Möglichkeit auf eine zukünftige Erneuerung der Kundenbeziehung verspricht (vgl. IAS 38.16 i. V. m. IAS 38.BC11-BC14; IFRS 3.IE B3 (2004)).

Diese Einschätzung des IASB kann nur dann geteilt werden, wenn die betreffende immaterielle Ressource zumindest separierbar ist. Für nichtvertragliche Stammkundenbeziehungen kann jedoch auch keine separate Verkehrsfähigkeit festgestellt werden. Ein Ein-Produkt-Unternehmen kann seinen Kundenstamm normalerweise nicht getrennt von seinen übrigen operativen Tätigkeiten an einen Dritten verkaufen, verpachten oder in anderer Weise überlassen, ohne den Geschäftsbetrieb insgesamt einstellen zu müssen. Eine Aktivierung im Geschäfts- oder Firmenwert wäre die Folge. Mehr-Produkt-Unternehmen müssen zumindest teilweise ihre operativen Tätigkeiten aufgeben. Insofern läge zunächst ein Indiz für komplementäre Vermögenswerte vor, die getrennt vom Geschäfts- oder Firmenwert bilanzierungsfähig sein könnten (s. obiges Bsp. „Zeitschriftentitel und Abonnentenstamm").

Die faktische Qualifizierung des Kundenstamms als vertraglich basierter Vermögenswert hat demnach zur Folge, dass nach Meinung des IASB letztlich nur noch die zuverlässige Bewertbarkeit eines immateriellen Vermögenswerts über dessen Bilanzansatz entscheidet. Zur Begründung verlässlicher Bewertbarkeit finden sich vor allem in der US-amerikanischen Bilanzierungspraxis „hoch artifizielle Modelle" (vgl. Lüdenbach, 2005, S. 1559).

Abschließend bedarf es noch einer letzten Klarstellung der Beziehung zwischen den Ansatzkriterien „Bewertbarkeit" und „Identifizierbarkeit". Eine immaterielle Ressource erfüllt das Kriterium der Identifizierbarkeit nach IAS 38.12(b) bereits dann, wenn der betreffende Vertrag nicht vom Unternehmen als Ganzem separiert werden kann (Contractual-Legal-Kriterium). Um jedoch auch einzeln oder als komplementäre Vermögenswertgruppe bewertbar zu sein, darf eine immaterielle Ressource gerade nicht untrennbar mit dem Unternehmen als Ganzem verbunden sein. Folglich geht eine solche immaterielle Ressource wegen Ermangelung der zuverlässigen Bewertbarkeit im Geschäfts- oder Firmenwert auf, obwohl sie das Contractual-Legal-Kriterium erfüllt.

Bestimmung der Nutzungsdauer

Bei der Ermittlung der Nutzungsdauer eines immateriellen Vermögenswerts sind wirtschaftliche und rechtliche Faktoren zu berücksichtigen (vgl. IAS 38.90). Dabei bestimmen die wirtschaftlichen Faktoren den Zeitraum, in dem das Unternehmen aus dem immateriellen Vermögenswert einen zukünftigen wirtschaftlichen Nutzen zieht. Rechtliche Faktoren können diesen Zeitraum insofern begrenzen, da vertragliche Abreden einen kürzeren Zeitraum bestimmen können, über den das Unternehmen Zugriff auf den immateriellen Vermögenswert besitzt. Die für Bilanzierungszwecke zu unterstellende Nutzungsdauer entspricht dem kürzeren der durch wirtschaftliche und rechtliche Faktoren bestimmten Zeiträume.

Wenn die vertraglichen oder gesetzlichen Rechte, die eine begrenzte Nutzungsdauer unterstellen lassen, die Möglichkeit der Verlängerung einer Nutzung des immateriellen Vermögenswerts einräumen, darf die Nutzungsdauer die Verlängerungsperiode(n) nur mit einschließen, wenn es belegt werden kann, dass eine tatsächliche Verlängerung der Nutzungsdauer ohne erhebliche Kosten möglich wäre (vgl. IAS 38.96).

Falls die Verlängerungskosten den zukünftigen wirtschaftlichen Nutzen, der dem Unternehmen durch Ausübung einer Verlängerungsoption voraussichtlich zufließen wird, erheblich übersteigen, dann sind die Verlängerungskosten als Anschaffungskosten für einen neuen immateriellen Vermögenswert zu verstehen und entsprechend separat zu bilanzieren.

Zur Bestimmung der Nutzungsdauer einer Gruppe komplementärer Vermögenswerte, die mit einem einzigen „Sammelwert" in den Büchern angesetzt werden, gibt das IASB keinerlei Hilfestellung.

Ist es indes nicht möglich die verbleibende wirtschaftliche Nutzungsdauer für einen erworbenen immateriellen Vermögenswert zu bestimmen, dann ist er der Kategorie immaterieller Vermögenswerte mit unbegrenzter Nutzungsdauer zuzuweisen und mindestens einmal jährlich oder bei Vorliegen eines Anhaltspunktes auf eine potenzielle Wertminderung auf Werthaltigkeit zu testen (vgl. IAS 38.108 i. V. m. IAS 36.10-17). Ob ein solcher Vermögenswert auch zukünftig eine unbegrenzte Nutzungsdauer aufweist, ist in jeder nachfolgenden Berichtsperiode zu prüfen. Deuten Ereignisse und Umstände darauf hin, dass eine unbegrenzte Nutzungsdauer nicht weiter gerechtfertigt ist, muss der Vermögenswert umgruppiert und sich hieraus ergebende Bilanzierungsänderungen gemäß IAS 8 (rev. 2003) erfasst werden. Gleichzeitig mag die Umgruppierung zu den immateriellen Vermögenswerten mit begrenzter Nutzungsdauer ein Indiz für eine potenzielle Wertminderung sein.

Zur Bestimmung der Nutzungsdauer gibt das IASB in IAS 38, Illustrative Examples einige Beispiele als Hilfestellung vor.

Bewertung immaterieller Vermögenswerte

Alle im Rahmen eines Unternehmenszusammenschlusses erworbenen immateriellen Vermögenswerte sind im Zeitpunkt des Erwerbs zu ihrem jeweiligen beizulegenden Zeitwert zu bewerten, welcher erwerberspezifische Bewertungsaspekte stets zu vernachlässigen hat. Somit stellen die auf einem aktiven Markt gehandelten Angebotspreise die verlässlichste Schätzgrundlage für den beizulegenden Zeitwert dar („direktes" Marktpreisverfahren). Unter einem „aktiven Markt" versteht das IASB einen Markt für homogene Güter, für die jederzeit Käufer und Verkäufer gefunden werden können und deren Preise der Öffentlichkeit zugänglich sind (vgl. IAS 38.8). Allerdings wird ein Markt für erworbene immaterielle Vermögenswerte, der diese Kriterien erfüllt, nur in den seltensten Fällen vorliegen, da deren Handel i. d. R. keiner Regelmäßigkeit unterliegt, immaterielle Vermögenswerte aufgrund ihrer Individualität nur bedingt homogen und die erzielten Preise für erworbene immaterielle Vermögenswerte der Öffentlichkeit oftmals nicht zugänglich sind (vgl. IAS 38.78).

In den meisten Bewertungsfällen wird es daher in Ermangelung eines aktiven

Marktes nicht möglich sein, den beizulegenden Zeitwert erworbener immaterieller Vermögenswerte frei von subjektiven Einschätzungen des Bilanzierenden zu bestimmen. Das IASB schränkt diesen Ermessensspielraum des Bewerters jedoch dadurch ein, dass sich die Schätzung eines fiktiven Marktpreises im Zeitpunkt des Unternehmenszusammenschlusses an sachverständigen, vertragswilligen und unabhängigen Vertragsparteien auf Basis der besten zur Verfügung stehenden Informationen zu orientieren hat. Waren Einschätzung und Verwendungsabsicht des erwerbenden Unternehmens für die Identifikation immaterieller Ressourcen von wesentlicher Bedeutung, so treten diese demnach für Zwecke der Bewertung zum beizulegenden Zeitwert zu Gunsten der Einschätzungen des Marktes zurück.

Ist ein direkter Marktpreis nicht bestimmbar, sind Transaktionen mit vergleichbaren immateriellen Vermögenswerten der jüngsten Vergangenheit als Basis für eine indirekte Wertfindung heranzuziehen. Dabei ist darauf zu achten, dass ein solches „indirektes" Analogiepreisverfahren nur dann zulässig ist, wenn die vergleichbaren immateriellen Vermögenswerte in den wesentlichen wertrelevanten Eigenschaften mit der zu bewertenden immateriellen Ressource weitestgehend übereinstimmen. Um Vergleichbarkeit gewährleisten zu können, darf es bspw. seit Abschluss der Vergleichstransaktionen zu keinen signifikanten Veränderungen im (gesamt-)wirtschaftlichen Umfeld gekommen sein.

Aufgrund der Individualität immaterieller Vermögenswerte wird die erforderliche hinreichende Vergleichbarkeit in der Bilanzierungspraxis nur selten erfüllt sein und auch das Analogiepreisverfahren zur Ermittlung eines beizulegenden Zeitwerts somit ausscheiden (vgl. IAS 38.39-40). Ist es dem Bilanzierenden nicht möglich den beizulegenden Zeitwert erworbener immaterieller Vermögenswerte mit einem marktpreisorientierten Verfahren direkt oder indirekt zu bestimmen (Market Approach), präferiert das IASB eine Bewertung unter Zuhilfenahme von Multiplikatoren in Abhängigkeit von der Unternehmensperformance des Bewertungsobjekts (z. B. Umsatz, Betriebsergebnis oder Marktanteil) oder anhand einkommensorientierter Verfahren (Income Approach; vgl. IAS 38.41).

Einkommensorientierte Verfahren basieren auf Discounted Cashflow (DCF)-Kalkülen und unterscheiden sich im Wesentlichen in der Art der Bestimmung der Einzahlungsüberschüsse. Die Risikoberücksichtigung erfolgt überwiegend im Diskontierungsfaktor mittels Bestimmung der gewichteten durchschnittlichen Kapitalkosten. Die bekanntesten Bewertungsmethoden des einkommensorientierten Bewertungsansatzes sind die (vgl. u. a. Mard/Hitchner/Hyden/Zyla, 2002; Lüdenbach, 2005, S. 1529–1544):
1. Direct Cashflow-Methode,
2. Multi Period Excess Earnings-Methode,
3. Relief from Royalty-Methode und die
4. Incremental Cashflow-Methode.

Bei der Anwendung einkommensorientierter Bewertungsmethoden gilt es zu beachten, dass die Nutzungsdauer des immateriellen Vermögenswerts in zweifacher Hinsicht Einfluss auf das Bewertungskalkül nimmt. Zum einen sind für alle Perioden, in denen immaterielle Vermögenswerte mit begrenzter Nutzungsdauer einen wirtschaftlichen Nutzen generieren, periodenspezifische Einzahlungsüberschüsse bis zum Ende der Nutzungsdauer zu ermitteln und mit dem Kapitalisierungszinssatz zu diskontieren. Für den Fall, dass die verbleibende wirtschaftliche Nutzungsdauer im Zugangszeitpunkt nicht bestimmt werden konnte, kommt das so genannte Phasenkonzept, wie es auch in IAS 36.33(b)-(c) zu finden ist, zur Anwendung. In einem Detailplanungszeitraum erfolgt eine explizite Prognose der künftigen Einzahlungsüberschüsse. Dieser kann beispielsweise wie in IAS 36.33(b) fünf Jahre umfassen. In einem sich anschließenden Grobplanungszeitraum werden die Einzahlungsüberschüsse hingegen unter vereinfachenden Annahmen in Form einer auf den Bewertungsstichtag diskontierten ewigen Rente für alle übrigen Perioden der unbegrenzten Nutzungsdauer erfasst.

Zum anderen gilt es bei der Bestimmung des adäquaten Kapitalisierungszinssatzes für das DCF-Kalkül die Laufzeitäquivalenz zwischen der den Einzahlungsüberschüssen zu Grunde gelegten Nutzungsdauer im Zähler und dem Annahmengerüst des Nenners zu beachten.

Beizulegende Zeitwerte die mittels einkommensorientierter Bewertungsverfahren ermittelt wurden, stellen zunächst nur einen Nettowert dar, der den Vorteil aus deren steuerlicher Abschreibungsfähigkeit noch nicht berücksichtigt. Dieser so genannte „Tax Amortization Benefit" ist dem Nettowert unabhängig davon hinzu zu addieren, ob der Unternehmenszusammenschluss in Form eines Asset oder Share Deal zustande gekommen ist. Von einer Berücksichtigung des Tax Amortization Benefit ist bei Anwendung marktorientierter Bewertungsmethoden abzusehen, da unterstellt wird, dass die steuerliche Vorteilhaftigkeit bereits im Marktpreis enthalten ist (vgl. IDW, 2004, Tz. 36).

In der Bilanzierungspraxis hat sich neben den marktorientierten und einkommensorientierten Bewertungsverfahren eine weitere Methodengruppe etabliert, die als kostenorientierter Bewertungsansatz (Cost Approach) bezeichnet wird. Die bekanntesten kostenorientierten Bewertungsverfahren sind die Wiederbeschaffungskostenmethode und die Reproduktionskostenmethode. Auch der kostenorientierte Bewertungsansatz berücksichtigt grundsätzlich keinen Tax Amortization Benefit (vgl. IDW, 2004, Tz. 40).

Wenngleich kostenorientierte Verfahren vom IASB zur Bewertung immaterieller Vermögenswerte weder in IAS 38 (rev. 2004) noch IFRS 3 (2004) explizit erwähnt werden, sind sie als Hilfsverfahren in jenen seltenen Fällen anzuwenden, in welchen markt- und einkommensorientierte Bewertungsmethoden keinen zuverlässigen beizulegenden Zeitwert ermitteln lassen.

Dass entsprechende Fälle nach Auffassung des IASB eher selten auftreten und die Bedeutung kostenorientierter Bewertungsverfahren als grundsätzlich gering einzuschätzen ist, verdeutlicht auch eine Regelung zur Folgebilanzierung immaterieller Vermögenswerte mit unbestimmter Nutzungsdauer. Der für diese Vermögenswerte mindestens jährlich durchzuführende Werthaltigkeitstest ist dem Stetigkeitsprinzip folgend mittels jenes Verfahrens durchzuführen, das bereits bei dessen Zugangsbewertung im Rahmen der Kaufpreisallokation verwendet wurde. Die Verwendung kostenorientierter Bewertungsverfahren für Zwecke des Werthaltigkeitstest schließt das IASB allerdings gerade aus (vgl. IAS 36.BCZ29; IDW, 2004, Tz. 21). Insofern kann ihnen bereits im Rahmen der Kaufpreisallokation nur eine untergeordnete Rolle zukommen.

Separater Erwerb immaterieller Vermögenswerte

Separat, d. h. nicht im Rahmen eines Unternehmenszusammenschlusses, erworbene immaterielle Vermögenswerte sind im Zeitpunkt ihres Zugangs mit ihren Anschaffungskosten zu bewerten. Die Anschaffungskosten eines separat erworbenen immateriellen Vermögenswerts entsprechen dessen Kaufpreis inklusive Anschaffungsnebenkosten, um den Vermögenswert seiner beabsichtigten betrieblichen Nutzung zuzuführen, abzüglich etwaiger Anschaffungspreisminderungen wie Skonti und Rabatte (vgl. IAS 38.27-32).

Wird die Bezahlung des Kaufpreises eines erworbenen immateriellen Vermögenswerts über ein normales Zahlungsziel hinaus aufgeschoben, so ist der Barwert des Kaufpreises zu aktivieren (vgl. IAS 38.32). Die sich zum tatsächlich zu bezahlenden Kaufpreis ergebende Differenz ist als Fremdkapitalkosten nach IAS 23 zu behandeln und entweder erfolgswirksam im Zinsaufwand zu erfassen (vgl. IAS 23.7; benchmark treatment) oder aber dem immateriellen Vermögenswert zuzurechnen (vgl. IAS 23.11; allowed alternative treatment).

Auch für separat erworbene immaterielle Vermögenswerte vermutet das IASB, dass diese stets zuverlässig bewertet werden können. Insbesondere beim Erwerb eines einzelnen immateriellen Vermögenswerts ist diese Vermutung unproblematisch.

Der Kauf von immateriellen Vermögenswerten im Bündel zusammen mit anderen materiellen und/oder immateriellen Vermögenswerten wirft jedoch dieselben Probleme der Identifikation und Bewertung auf, wie sie bereits für Unternehmenszusammenschlüsse diskutiert wurden. Explizit geregelt ist ein separater Bündelkauf immaterieller Vermögenswerte nicht. Insofern ist davon auszugehen, dass grundsätzlich die in Abb. 4 für Unternehmenszusammenschlüsse dargestellten Zusammenhänge auch für mehrere im Bündel erworbene immaterielle Vermögenswerte Geltung besitzen. Allerdings sind diese insoweit anzupassen, als dass etwaige sich aus der Kaufpreisallokation ergebende Unterschiedsbeträge zum Gesamtkaufpreis, die noch nicht auf einen der erworbenen Vermögenswerte des Bündels verteilt werden konnten, nicht als Geschäfts- oder Firmenwert gelten, sondern proportional anhand der im Erwerbszeitpunkt festgestellten beizulegenden Zeitwerte auf die identifizierten immateriellen und/oder materiellen Vermögenswerte zu verteilen sind (vgl. IFRS 3.4 (2004); Hommel/Benkel/Wich, 2004, S. 1268).

Mögliche Änderungen in der Bilanzierung immaterieller Vermögenswerte

Der Rechnungslegungsentwurf Amendments to IFRS 3 „Business Combinations" des IASB wurde im Zuge von Konvergenzbestrebungen zusammen mit dem US-amerikanischen FASB erarbeitet, am 30. Juni 2005 gemeinsam verabschiedet und soll IFRS 3 (2004) sowie sein FASB-Pendant SFAS 141 ersetzen. Der Entwurf ist frühestens für Geschäftsjahre die am oder nach dem 01. Januar 2007 beginnen verpflichtend anzuwenden und besitzt damit auch uneingeschränkte Gültigkeit für jene kapitalmarktorientierten Unternehmen der Europäischen Union, die unter die „Ausnahmeregelung 2007" fallen. Eine vorgezogene Anwendung der zur Diskussion stehenden Regelungen ist nur für solche Geschäftsjahre erlaubt, die unmittelbar am oder nach dem Tag der Verabschiedung des Entwurfs als offizieller IFRS beginnen. Eine vorgezogene Anwendung ist in jedem Fall im Jahresabschluss anzugeben (vgl. ED IFRS 3.82). Bis dahin sind jedoch IFRS 3 (2004) und IAS 38 (rev. 2004) uneingeschränkt anzuwenden.

Der vorgelegte Entwurf beabsichtigt u. a. die so genannte Full Goodwill Methode (bzw. Acquisition Method; vgl. ED IFRS 3.8 (amend.2005)) zur bilanziellen Abbildung von Unternehmenszusammenschlüssen einzuführen. Hierbei wird auch der auf den so genannten „non-controlling interest" entfallende Anteil am Geschäfts- oder Firmenwert in der Bilanz ausgewiesen und in den jährlich durchzuführenden Werthaltigkeitstest einbezogen. Der den Minderheiten zugewiesene Eigenkapitalanteil erhöht sich entsprechend (vgl. ED IFRS 3.49-51 (amend.)). Nachfolgend werden jedoch ausschließlich jene Änderungsvorschläge und Neuerungen des ED IFRS 3 (amend. 2005) dargestellt, die Einfluss auf die Bilanzierung immaterieller Vermögenswerte nehmen.

Änderungsvorschläge des ED IFRS 3 (amend. 2005)

Die Vorschriften zur Bilanzierung erworbener immaterieller Vermögenswerte im Allgemeinen (vgl. IAS 38.1-24) und im Falle des separaten Erwerbs (Einzel- und Bündelkauf; vgl. IAS 38.25-32) sollen in materieller Hinsicht nicht verändert werden. In diesem Bereich besitzt der Entwurf lediglich klarstellenden Charakter (vgl. ED IFRS 3.C3-C5 (amend. 2005)) und möchte Doppelnennungen sowie bestehende Unterschiede zu SFAS 141 eliminieren. Daher sollen die Nachfolger von IFRS 3 (2004) und IAS 38 (rev. 2004) sowohl auf das Wahrscheinlichkeitskriterium als auch auf das Kriterium der verlässlichen Bewertung zur Bilanzierung erworbener (immaterieller) Vermögenswerte verzichten. Beide Kriterien seien bereits durch zu Grunde legen des IASB Rahmenkonzepts zu beachten. Im Zuge dieser Änderungen werden außerdem einige Begrifflichkeiten, auch für im Rahmen eines Unternehmenszusammenschlusses erworbene immaterielle Vermögenswerte, angepasst (vgl. insb. ED IFRS 3.D11 sowie BC91-102 (amend. 2005)).

Dadurch ändert sich nichts an der Tatsache, dass das IASB die Bewertbarkeit erworbener immaterieller Vermögenswerte weiterhin als gegeben annimmt – einzeln oder auch für Gruppen komplementärer Vermögenswerte. Allerdings wird hierzu eine Ausnahme formuliert. In ED IFRS 3.D11 (amend. 2005) stellt das IASB gegenüber IFRS 3 (2004) explizit klar, dass ein erworbener Mitarbeiterstamm nicht als aktivierungsfähiger immaterieller Vermögenswert klassifiziert. Er ist insofern im Unterschiedsbetrag (i. d. R. Geschäfts- oder Firmenwert) zu erfassen (vgl. auch ED IFRS 3.40 (amend. 2005)).

Durch die in ED IFRS 3.D11 (amend. 2005) vorgeschlagene Streichung der Ausnahmetatbestände einer verlässlichen Bewertbarkeit des äußerst unsystematisch formulierten IAS 38.38 (rev. 2004) betont das IASB seine unbedingte Absicht der umfassenden Aktivierung aller im Rahmen eines Unternehmenszusammenschlusses erworbenen immateriellen Vermögenswerte. Leider unterbleibt dabei die wünschenswerte Klarstellung der Begrifflichkeit der komplementären Vermögenswerte.

Die mögliche Streichung der IAS 38.39-41 (rev. 2004) zieht ebenfalls keine materiellen Konsequenzen nach sich, da die dort festgehaltenen Bewertungsmaßstäbe zur Bestimmung des beizulegenden Zeitwerts (Market und Income Approach) lediglich in einen separaten Anhang umgegliedert werden (vgl. ED IFRS 3, Appendix E (amend. 2005)). Einzige Besonderheit: Kostenorientierte Bewertungsverfahren zur Bestimmung des beizulegenden Zeitwerts sind gegenüber IFRS 3 (2004) und IAS 38 (ev. 2004) explizit aufgenommen worden.

Die Liste potenziell identifizierbarer immaterieller Vermögenswerte wurde aus den Illustrative Examples zu IFRS 3 (2004) heraus- und in ED IFRS 3, Appendix A (amend. 2005) aufgenommen. Die Liste wäre somit zukünftig integraler Bestandteil des neuen Rechnungslegungsstandards. Im Bereich vertraglicher und nicht-vertraglicher Kundenbeziehungen nimmt das IASB weitere Spezifizierungen vor und fügt zusätzliche Beispiele ein. Die im vorliegenden Beitrag geschilderte Entschärfung des Contractual-Legal-Kriteriums bei nicht-vertraglich basierten Kundenbeziehungen wird jedoch bewusst beibehalten (vgl. ED IFRS 3.A45-A49).

Weitere zusätzliche Ausführungen werden für Dienstleistungs- und Schuldenbedienungsverträge sowie für technologie-basierte immaterielle Vermögenswerte eingefügt (vgl. ED IFRS 3.A53-A54 und A57-A60 (amend. 2005)).

Neuerungen des ED IFRS 3 (amend. 2005)

In ED IFRS 3.41 (amend. 2005) äußert sich das IASB erstmals über so genannte „pre-existing relationships" beim (Rück-)kauf immaterieller Vermögenswerte im Rahmen eines Unternehmenszusammenschlusses (vgl. auch ED IFRS 3.A91-A97). Ein Recht, das ein Erwerber zuvor an das erworbene Unternehmen übertragen hatte (z. B. Vergabe einer Lizenz auf den Markennamen des Erwerbers) und im Rahmen eines Unternehmenszusammenschlusses zurück erwirbt, ist in der Kaufpreisallokation unabhängig davon zu aktivieren, ob es beim Erwerber zuvor bilanziert worden war oder nicht. Da der Erwerber bereits vor dem Unternehmenszusammenschluss rechtlicher und überwiegend auch wirtschaftlicher Eigentümer des zu Grunde liegenden immateriellen Vermögenswerts sein wird, liegt streng genommen gar kein Erwerb vor. Für den durch ein Nutzungsrecht übertragenen originären oder derivativen immateriellen Vermögenswert darf sich somit im vermeintlichen Erwerbsfall an seiner ursprünglichen bilanziellen Behandlung nichts ändern, außer dass alle sich aus dem weiteren Vertragsverhältnis ergebenden Leistungsverflechtungen im Konzernabschluss zu eliminieren sind, da diese nicht mehr mit Konzerndritten entstehen.

Folgt man in Zukunft jedoch der Meinung des IASB kommt es zu einer klaren Ausweitung der Aktivierung originärer immaterieller Vermögenswerte. Anscheinend ist der entscheidende Unterschied zu „herkömmlichen" originären Vermögenswerten, dass ein übertragener originärer immaterieller Vermögenswert durch die Erzielung einer Lizenzrate seine Marktfähigkeit und damit seinen zukünftig erzielbaren wirtschaftlichen Nutzen bereits unter Beweis gestellt hat. Einer zuverlässigen (hier: marktpreisorientierten) Bewertung steht daher nichts mehr im Wege. Der wohl wesentlichste Widerspruch der gegen eine Aktivierung originärer immaterieller Vermögenswerte vorzubringen ist, wäre damit entkräftet (vgl. IAS 38.20, 64 (rev. 2004)).

Das IASB verlangt in ED IFRS 3.41 (amend. 2005) folgerichtig, dass der Erwerber einen einmaligen Gewinn oder Verlust aus der Ablösung des erworbenen Rechts verbucht. Dieser entspricht der Differenz zwischen dem Barwert aus den Zahlungen des abzulösenden Vertrags und dem beizulegenden Zeitwert, der sich unter Annahme der zum Erwerbszeitpunkt des Unternehmenszusammenschlusses vorherrschenden Marktgegebenheiten berechnet (vgl. ED IFRS 3.A92 (amend. 2005)). Nur für den Fall, dass eine vertraglich fixierte einmalige Abschlagszahlung zur Auflösung des zu Grunde liegenden Vertrags niedriger wäre als der Differenzbetrag der beiden Barwerte, ist die niedrigere Abschlagszahlung erfolgswirksam zu erfassen. Der immaterielle Vermögenswert ist über die verbleibende vertragliche Restlaufzeit abzuschreiben.

Die erfolgswirksame Erfassung des Differenzbetrags ist Konsequenz der vom IASB geforderten Zeitwertbilanzierung im Erwerbszeitpunkt, von der nur in begrenzten Ausnahmefällen abzuweichen ist (vgl. ED IFRS 3.42-48 (amend. 2005)). Um den Differenzbetrag rechnerisch zu erhalten, ist jedoch zwingend ein (fiktiver) beizulegender Zeitwert zu ermitteln. Dies gilt auch für einen abzulösenden Vertrag, dem ein zuvor beim Erwerber selbst erstellter immaterieller Vermögenswert zu Grunde liegt. Im Falle eines lizenzierten Markennamens wären hierzu bspw. Lizenzraten vergleichbarer Marken heranzuziehen (Relief from Royalty-Methode). Wenn nach Meinung des IASB eine verlässliche Bestimmung dieses fiktiven beizulegenden Zeitwerts auch für vormals selbst erstellte immaterielle Vermögenswerte möglich sein soll, dann stellt sich grundsätzlich die Frage, warum originäre immaterielle Vermögenswerte zukünftig nicht generell als zuverlässig bewertbar gelten sollen. Damit wäre auch das explizite Bilanzierungsverbot des IAS 38.63 zu hinterfragen. M. E. bewegt sich das IASB mit seinen vorgeschlagenen Änderungen zu „pre-existing relationships" daher auf einem sehr schmalen Grat. Zumal das IASB weitere Problemkreise der „pre-existing relationships scheinbar nicht erkannt zu haben scheint (vgl. Lüdenbach, 2005, S. 1574 – 1588).

Unabhängig von „pre-existing relationships" kann ein immaterieller Vermögenswert in der Kaufpreisallokation auch dann zu bilanzieren sein, wenn sich die Konditionen für einen übernommenen Operating-Lease-Vertrag als vorteilhaft gegenüber den zum Erwerbszeitpunkt bestehenden Marktverhältnissen darstellen. Es ist der Differenzbetrag zu ermitteln, zu aktivieren und über die Restlaufzeit des Leasingvertrages abzuschreiben (vgl. ED IFRS 3.47 (amend. 2005)).

■ Zusammenfassung

Die Bilanzierung erworbener immaterieller Vermögenswerte wurde durch Verabschiedung des IAS 38 (rev. 2004) sowie IFRS 3 (2004) inhaltlich konkretisiert und erweitert. Der Wegfall der planmäßigen Abschreibung für Geschäfts- oder Firmenwerte, die Ausweitung des Identifizierbarkeitskriteriums und die Annahmen, dass im Rahmen eines Unternehmenszusammenschlusses erworbene immaterielle Vermögenswerte grundsätzlich das Wahrscheinlichkeitskriterium erfüllen sowie normalerweise zuverlässig bewertbar sind, führen zu einer verstärkten Separierung von erworbenen immateriellen Vermögenswerten vom derivativen Geschäfts- oder Firmenwert.

Des Weiteren wurde festgestellt, dass die Erstbewertung immaterieller Vermögenswerte grundsätzlich auch eine vom Einzelbewertungsgrundsatz abweichende Gruppenbewertung erfordern kann, wenn immaterielle Vermögenswerte komplementäre Beziehungen zu anderen materiellen oder immateriellen Vermögenswerten aufweisen und eine zuverlässige Einzelbewertung dadurch nicht möglich ist.

Entsprechende Phänomene der Gruppenbewertung finden sich beispielsweise auch in den ebenfalls jüngst veröffentlichten IAS 36 (rev. 2004) zur Folgebewertung von Vermögenswerten und IFRS 5 zur Bilanzierung von zum Verkauf stehenden langfristigen Vermögenswerten und Gruppen solcher Vermögenswerte. Andererseits verabschiedete das IASB mit dem so genannten Komponentenansatz aus IAS 16 „Sachanlagen" (rev. 2003) auch einen stärker vom Einzelbewertungsgrundsatz geprägten Rechnungslegungsstandard. Dieser sieht vor, dass Sachanlagen bei Vorliegen bestimmter Kriterien in ihre einzelnen Komponenten zu zerlegen und fortzuschreiben sind, anstatt sie als (komplementäre) Gesamtheit zu behandeln.

Den dargestellten Bewertungsansätzen ist gemein, dass die Qualität ihrer Ergebnisse und damit deren Aussagegehalt für die Adressaten des Jahresabschlusses ganz entscheidend von der Art und Qualität der den Kalkülen zu Grunde liegenden Informationen abhängt. Dem Bilanzierenden wie auch dem Bilanzleser muss bewusst sein, dass durch das Erfordernis der zunehmenden Bilanzierung von Vermögenswerten, Schulden und Eventualschulden zum beizulegenden Zeitwert (Fair Value) bis heute ungelöste Fragen der Bewertungstheorie Eingang in die internationale Rechungslegung erhalten haben.

Mit Veröffentlichung der Änderungsvorschläge des ED IFRS 3 (amend. 2005) wird die Bilanzierung immaterieller Vermögenswerte weiter spezifiziert. Materielle Auswirkungen auf die hier dargestellten Zusammenhänge werden sich daraus jedoch nicht ergeben. Wünschenswerte begriffliche Klarstellungen und definitorische Abgrenzungen scheinen überwiegend zu unterbleiben.

Literatur

ESSER, M./HACKENBERGER, J.: Bilanzierung immaterieller Vermögenswerte des Anlagevermögens nach IFRS und US-GAAP, in: KoR 2004, S. 402 – 414.

EUROPÄISCHES PARLAMENT UND RAT DER EUROPÄISCHEN UNION: Verordnung Nr. 1606/2002 betreffend die Anwendung internationaler Rechnungslegungsstandards, 19. Juli 2002, abrufbar unter: http://europa.eu.int/comm/internal_market/accounting/officialdocs_de.htm, Stand: 05. Juni 2005.

FASB: Statement of Financial Accounting Standards No. 141 „Business Combinations", Financial Accounting Series, Norwalk 2001.

HACHMEISTER, D./KUNATH, O.: Die Bilanzierung des Geschäfts- oder Firmenwerts im Übergang auf IFRS 3, in: KoR 2005, S. 62 – 75.

HEYD, R./LUTZ-INGOLD, M.: Immaterielle Vermögenswerte und Goodwill nach IFRS, München 2005.

HOFFMANN, W.-D.: § 13 Immaterielle Vermögenswerte des Anlagevermögens, S. 519 – 577, in: Haufe IFRS-Kommentar, hrsg.: LÜDENBACH, N./HOFFMANN, W.-D., Freiburg u. a. 2005.

HOMMEL, M./BENKEL, M./WICH, S.: IFRS 3 Business Combinations: Neue Unwägbarkeiten im Jahresabschluss, in: BB 2004, S. 1267–1273.

IASB: Exposure Draft of proposed Amendments to IFRS 3 „Business Combinations", International Accounting Standards Board, London 2005.

IASB: IAS 23 „Fremdkapitalkosten", International Accounting Standards Board, London 2004.

IASB: IAS 36 (rev. 2004) „Wertminderung von Vermögenswerten", International Accounting Standards Board, London 2004.

IASB: IAS 38 (rev. 2004) „Immaterielle Vermögenswerte", International Accounting Standards Board, London 2004.

IASB: IFRS 3 „Unternehmenszusammenschlüsse", International Accounting Standards Board, London 2004.

IDW: Bewertungen bei der Abbildung von Unternehmenserwerben und bei Werthaltigkeitsprüfungen nach IFRS (IDW ERS HFA 16), abrufbar unter (Stand: 11.06.2005): http://www.idw.de/idw/generator/id=302224.html, IDW 2004.

LÜDENBACH, N.: § 31 Unternehmenszusammenschlüsse, S. 1483 – 1648, in: Haufe IFRS-Kommentar, hrsg.: LÜDENBACH, N./HOFFMANN, W.-D., Freiburg u. a. 2005.

LÜDENBACH, N./PRUSACZYK, P.: Bilanzierung von „In-Process Research and Development" beim Unternehmenserwerb nach IFRS und US-GAAP, in: KoR 2004, S. 415 – 422.

WIRTH, J.: Firmenwertbilanzierung nach IFRS, Stuttgart 2005.

Wissensorientierte Unternehmenspublizität – Ergebnisse einer empirischen Studie in deutschen börsennotierten Unternehmen

Thomas M. Fischer / Sabrina Becker

Notwendigkeit der wissensorientierten Unternehmenspublizität

„In an economy where the only certainty is uncertainty, the one sure source of lasting competitive advantage is knowledge." (Nonaka 1991, S. 96).

Dieses Zitat und die Vielzahl der Veröffentlichungen zum Thema Wissensmanagement weisen auf die mit dem Strukturwandel von der Industrie- zur Wissensgesellschaft einhergegangene gestiegene Bedeutung der Ressource Wissen für die Wertschöpfung von Unternehmen hin (vgl. z. B. Willke 2001, S. 1 ff., North 2002, S. 14 f.). Als weitere Triebkräfte für die steigende Bedeutung der Ressource Wissen werden die Globalisierung, die zu einer veränderten internationalen Arbeitsteilung führt, sowie die Informations- und Kommunikationstechnologien, mit denen eine schnelle, kostengünstige Übermittlung, Verarbeitung und Speicherung von Daten ermöglicht wird, angesehen (vgl. North 2002, S. 15).

Die gestiegene Bedeutung von Wissen hat auch Eingang in die strategische Managementforschung gefunden. Insbesondere die drei nachfolgend beschriebenen

- Die Zielsetzung der wissensorientierten Unternehmenspublizität besteht in der Bereitstellung relevanter Informationen über die aktuelle und zukünftige, durch die organisatorische Wissensbasis bedingte Wettbewerbsfähigkeit des Unternehmens für externe Stakeholder, denen hierdurch interessensgerechte Entscheidungen ermöglicht werden sollen.
- Im Rahmen einer empirischen Studie wurden (potenzielle) Ersteller, d. h. Unternehmen, und (potenzielle) externe Adressaten, d. h. Wirtschaftsprüfer, Analysten, Fondsmanager u. a., über Relevanz, aktuellen Stand und Form der wissensorientierten Unternehmenspublizität befragt.
- Unternehmen und externe Adressaten schätzen die Relevanz der wissensorientierten Unternehmenspublizität gegenwärtig als eher unwichtig ein.
- Bislang publizieren nur wenige Unternehmen wissensbezogene Informationen. Als Erklärungen werden die diffizile Mess- und Bewertbarkeit von Wissen angegeben. Ferner wird die Veröffentlichung von wissensbezogenen Informationen von Unternehmen und externen Adressaten negativ im Hinblick auf die Wettbewerbsposition der Unternehmen eingeschätzt.
- Aufgrund der schwierigen monetären Bewertbarkeit von Wissen wird sowohl von Unternehmen als auch von externen Adressaten eine qualitative, d. h. verbale Darstellung des Wissensmanagementsystems in der Unternehmenspublizität bevorzugt.
- Die externen Adressaten präferieren den freien, d. h. nicht prüfungspflichtigen Teil des Geschäftsberichts für die Veröffentlichung von Angaben zur wissensorientierten Unternehmenspublizität.

Theorien messen Wissen eine hohe Relevanz für den Unternehmenserfolg bei:
- Im Rahmen der *ressourcenorientierten Theorie* werden Unternehmen als einzigartige Bündel von Ressourcen angesehen. Aufgabe des Managements ist es, durch einen optimalen Einsatz der bestehenden Fähigkeiten und Ressourcen,

Univ.-Prof. Dr. Thomas M. Fischer
ist Inhaber des Lehrstuhls für Allgemeine Betriebswirtschaftslehre, insb. Controlling und Wirtschaftsprüfung an der Katholischen Universität Eichstätt-Ingolstadt.

Dipl.-Kffr. Sabrina Becker
ist wissenschaftliche Mitarbeiterin an o. g. Lehrstuhl

zu denen Wissen explizit gezählt wird, den Unternehmenswert zu maximieren (vgl. Wernerfelt 1984, S. 172 ff. und Connor/ Prahalad 1996, S. 484 ff.).
- Die Vertreter der *Knowledge-based Theory of the Firm,* die einen Spezialfall der ressourcenorientierten Theorie darstellt, betrachten Wissen als die wichtigste strategische Ressource zur Generierung eines nachhaltigen Wettbewerbsvorteils (vgl. Grant 1996, S. 110).
- Der *Dynamic Capabilities Ansatz* verkörpert eine Weiterentwicklung im Sinne einer Dynamisierung des ressourcenorientierten Ansatzes. Unter dynamic capabilities wird „the firm's ability to integrate, build, and reconfigure internal and external competences to address rapidly changing environments" (Teece et al. 1997, S. 516) verstanden. Im Rahmen dieser Theorie zeichnen sich erfolgreiche Unternehmen durch eine hohe Güte der Prozessbeherrschung, insbesondere von Integrations-, Rekonfigurations- und Lernprozessen, aus. Dabei bestimmen die organisatorischen Fähigkeiten die Güte der Prozessbeherrschung (vgl. zum Dynamic Capabilities Ansatz Teece et al. 1997, S. 516 ff., und Burmann 2002, S. 229).

Die hohe Bedeutung von Wissen bzw. Wissensmanagement wird auch von Unternehmen in verschiedenen empirischen Studien geteilt. So schätzen 80 % der an einer von KPMG durchgeführten Studie teilnehmenden Unternehmen „knowledge as a strategic asset" (KPMG 2003, S. 4) ein (vgl. KPMG 2003, S. 4). In einer anderen Umfrage hielten 97 % der Befragten Wissensmanagement für sehr wichtig bzw. wichtig im Hinblick auf die Wertschöpfung ihres Unternehmens (vgl. Deutsche Bank 1999, S. 10).

Umso erstaunlicher ist die bislang (nahezu vollständig) fehlende Berücksichtigung der Ressource Wissen bzw. des Wissensmanagements sowohl in der internen Unternehmensberichterstattung als auch in der externen Unternehmenspublizität.

Auf der unternehmensinternen Ebene werden wissensbezogene Informationen zur Planung, Steuerung und Kontrolle der Wissensbestände im Unternehmen sowie für die betrieblichen Entscheidungsprozesse benötigt. Dagegen sollen mit einer externen wissensbezogenen Unternehmenspublizität Informationsasymmetrien bzgl. der aktuellen und zukünftigen Wettbewerbsfähigkeit des Unternehmens abgebaut und Kapitalmarktteilnehmern interessensgerechte Investitionsentscheidungen ermöglicht werden. Bislang existiert jedoch kein Standard, der eine vollständige Publizität über die Ressource Wissen verpflichtend vorschreibt. Von besonderer Bedeutung ist hierbei der am 26. Februar 2005 vom Bundesministerium der Justiz bekannt gemachte DRS 15 zur Lageberichterstattung, der u. a. die gem. § 315 Abs. 2 Nr. 3 HGB verpflichtende Lageberichterstattung über den Bereich Forschung und Entwicklung des Konzerns konkretisiert (vgl. DRS 15.40-42 und 15.99-102). Zudem wird die Veröffentlichung von Angaben über Mitarbeiterqualifikation, Weiterbildungsaufwendungen pro Mitarbeiter, Produktqualität und Durchlaufzeit der Auftragsabwicklung empfohlen (vgl. DRS 15.119), die sich als wissensbezogene Indikatoren interpretieren lassen.

Auch wenn in DRS 15 kein weiterer direkter Bezug auf die Ressource Wissen bzw. das Wissensmanagement enthalten ist, impliziert DRS 15.118 eine wissensbezogene Unternehmenspublizität:

„Insbesondere sollten Änderungen des Humankapitals, der Kundenbeziehungen sowie der Organisations- und Verfahrensvorteile erläutert werden, wenn sie wesentliche Auswirkungen auf die wirtschaftliche Lage haben können."

Da das Wissen der Mitarbeiter dem „Humankapital" und das Wissensmanagementsystem den „Organisations- und Verfahrensvorteilen" zuzurechnen ist und diese, wie einleitend gezeigt, vielfach einen maßgeblichen Einfluss auf die Wettbewerbsposition des Unternehmens besitzen, sollte über Änderungen des Wissensbestandes bzw. des Wissensmanagementsystems im (Konzern-)Lagebericht berichtet werden.

Vor diesem Hintergrund werden im Rahmen des vorliegenden Berichts auf Basis einer empirischen Studie die Relevanz, der aktuelle Stand und die Form der wissensorientierten Unternehmenspublizität analysiert. Um ein einheitliches Begriffsverständnis sicherzustellen, wird eine kurze Charakterisierung der wissensorientierten Unternehmenspublizität vorangestellt.

Charakterisierung der wissensorientierten Unternehmenspublizität

Zunächst wird der Begriff der Unternehmenspublizität definiert, bevor anschließend das der vorliegenden Studie zugrunde liegende Begriffsverständnis von Wissen erläutert wird.

Die Unternehmenspublizität wird einheitlich als nicht exklusive Informationsgewährung an einen unbestimmten, offenen Adressatenkreis definiert (vgl. Merkt 2001, S. 22). (Anmerkung der Verf.: Die exklusive Informationsgewährung an einen bestimmten, geschlossenen externen Adressatenkreis stellt eine Form der externen Berichterstattung von Unternehmen, nicht jedoch der Unternehmenspublizität dar.)

Da bislang kein einheitliches Begriffsverständnis von Wissen existiert, kann in der Literatur eine Vielzahl unterschiedlicher Definitionen von Wissen gefunden werden (vgl. z. B. Kleinhans 1989, S. 6 oder Amelingmeyer 2002, S. 40 ff.). Der vorliegenden empirischen Studie wurde das weite Wissensverständnis von Bode zugrunde gelegt:

„Wissen ist jede Form der Repräsentation von Teilen der realen oder gedachten (d. h. vorgestellten) Welt in einem materiellen Trägermedium." (Bode 1997, S. 458).

Die organisatorische Wissensbasis umfasst sämtliche Wissensbestände, auf die eine Organisation (z. B. ein Unternehmen) zur Lösung ihrer vielfältigen Aufgaben zurückgreifen kann (vgl. Pautzke 1989, S. 63 und 76).

Nachfolgend werden die für das Verständnis der Studie wichtigen Implikationen des gewählten Wissensverständnisses dargestellt.

Zunächst stellen Informationen eine Teilmenge von Wissen dar, weil mit diesen diejenigen „Wissensbestandteile, die in Form menschlicher Sprache repräsentiert sind" (Bode 1997, S. 459), bezeichnet werden. Zugleich ist Wissen eine Teilmenge der immateriellen Werte, deren Gesamtheit als Intellectual Capital verstanden wird.

Aufgrund der physischen Hirnmasse wird in der Terminologie von Bode auch das menschliche Gehirn zu den materiellen Trägermedien gezählt. Da das menschliche Gehirn jedoch nicht das einzige materielle Trägermedium verkörpert, handelt es sich bei dem gewählten Wissensverständnis um einen nicht personengebundenen Ansatz. So stellen in elektronischen Medien (z. B. Datenbank) gespeicherte Daten ebenfalls Wissen dar (vgl. Amelingmeyer 2002, S. 44). Jedoch kann nur der Mensch allein die Zuordnung zwischen der Welt und ihrer Abbildung vornehmen, wodurch das gespeicherte Wissen eine spezifische Bedeutung erhält. Aus diesem Grund kommt dem Mensch als Wissensträger ein überragender Stellenwert zu. Mit dem Begriff Wissensträger werden alle materiellen, d. h. gegenständlichen Medien bezeichnet, die Wissen speichern und repräsentieren können (vgl. ähnlich Rehäuser/Krcmar 1996, S. 16).

Da Wissen nur bei Nutzung zur Wertschaffung des Unternehmens beitragen kann, wird das Wissensmanagementsystem des Unternehmens als geeigneter Bezugsrahmen der wissensorientierten Unternehmenspublizität betrachtet.

„Wissensmanagement bildet ein integriertes Interventionskonzept, das sich mit Möglichkeiten zur Gestaltung, Lenkung und Entwicklung der organisatorischen Wissensbasis befasst." (Romhardt 1998, S. 45).

Als Wissensmanagementkonzept wurde der Ansatz von Probst/Raub/Romhardt leicht modifiziert. Dieser ist aufgrund seiner Praxisorientierung und der damit einhergehenden hohen Operationalisierbarkeit weit verbreitet und wird folgerichtig zu den ‚etablierten' Ansätzen gezählt (vgl. z. B. Bodrow/Bergmann 2003, S. 44).

Die Kernprozesse des Wissensmanagements werden als Bausteine (vgl. Abb. 1) bezeichnet, die in einem inneren und einem äußeren Kreislauf angeordnet werden (vgl. hierzu und zum Folgenden Romhardt 1998, S. 49 ff., Probst et al. 2003, S. 28 ff., und Al-Laham 2003, S. 83 ff.).

Die Bausteine Wissensidentifikation, Wissensentwicklung, Wissensteilung, Wissensnutzung und Wissensbewahrung bilden den inneren Kreislauf und werden als Kernprozesse des Wissensmanagements bezeichnet. Diese Aktivitäten beziehen sich alle auf die operative Ebene des Wissensmanagements. Insbesondere die Bausteine der Wissensentwicklung, Wissensteilung und der Wissensnutzung sind eng mit dem Humankapital-Management verbunden. Die Wissensentwicklung beinhaltet neben der Neueinstellung von Experten insbesondere Trainingsmaßnahmen (Aus-, Weiter- und Fortbildung) für Mitarbeiter.

Im Rahmen der Wissensteilung gilt es, den Mitarbeitern (monetäre und nicht-monetäre) Anreize für die Teilung ihres Wissens zu geben. Dies umfasst auch die Schaffung einer entsprechenden kooperativen Lernkultur im Unternehmen. Abgesehen von wissensbasierten Systemen sind es überwiegend Menschen, die Wissen nutzen bzw. anwenden und hierbei weiterentwickeln, d. h. neues Wissen generieren. (Anmerkung der Verf.: auch wissensbasierte Systeme basieren wiederum auf dem individuellen Wissen des ‚Programmierers'.)

Durch die Ergänzung des inneren Kreislaufs um die Bausteine Wissensziele und Wissensbewertung, die zusammen den äußeren Kreislauf des Wissensmanagements ergeben, erfolgt ein Ausbau zu einem Managementregelkreis. Gleichzeitig wird eine Verknüpfung des Wissensmanagements mit der Unternehmensstrategie vorgenommen.

Im Hinblick auf die wissensorientierte Berichterstattung besitzt der Baustein der Wissensbewertung eine besondere Relevanz. Zum einen soll die interne wissensorientierte Berichterstattung die zur Bewertung der organisatorischen Wissensbestände benötigten Daten zur Verfügung stellen. Zum anderen soll das Ergebnis der Wissensbewertung in nachvollziehbarer Weise auch an außenstehende (externe) Adressaten im Rahmen der wissensorientierten Unternehmenspublizität übermittelt werden. Jedoch konnte bislang keine allgemein anerkannte Methode zur monetären Bewertung von Wissen entwickelt werden, sodass von den Adressaten der Berichterstattung eine nicht-monetäre quantitative Bewertung von Wissen sowie qualitative, d. h. verbale Erläuterungen bevorzugt werden könnten (vgl. PwC 2003, S. 18).

Als Ansatzpunkte für die Entwicklung einer Methode zur monetären Bewertung von Wissen könnte die Kostenmethode auf Basis historischer Kosten, Wiederbeschaffungs- oder Opportunitätskosten so-

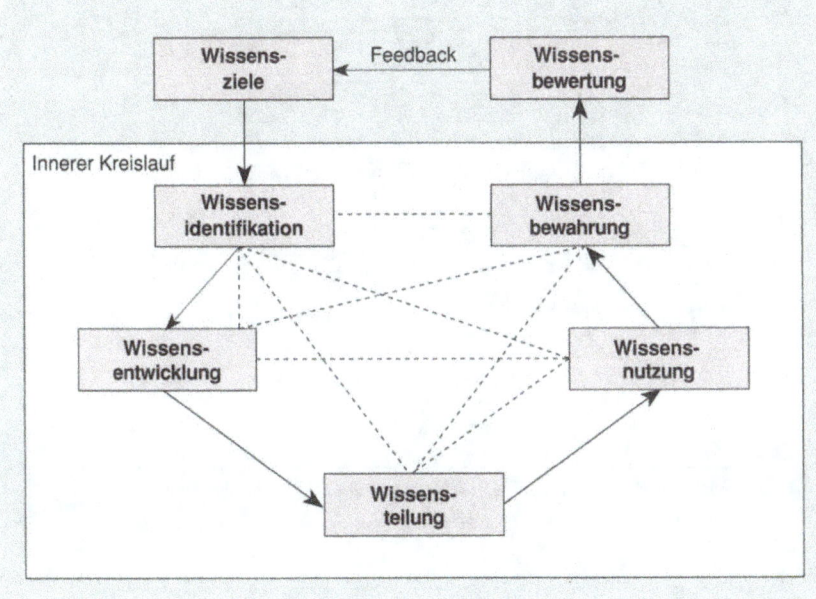

Abbildung 1: Bausteine des Wissensmanagements (Quelle: Modifiziert aus Probst et al. 2003, S. 32)

wie die Barwertmethode dienen. Letztere ist in die Ausprägungen des Discounted Cashflow (DCF)-, Ertragswert- und Residualgewinnansatzes zu differenzieren.

Aufgrund der eingangs gezeigten hohen Bedeutung von Wissensmanagement für die Wertschöpfung von Unternehmen erscheint eine gezielte Steuerung der organisatorischen Wissensbasis notwendig. Hierfür werden wissensbezogene Informationen benötigt. Diese werden den für das Wissensmanagement verantwortlichen Personen im Rahmen der internen wissensorientierten Berichterstattung zur Verfügung gestellt. (Anmerkung der Verf.: Eine organisatorische Einbindung der wissensorientierten Berichterstattung in das Controlling des Unternehmens erscheint sinnvoll.) Für die wissensorientierte Unternehmenspublizität dient die interne wissensorientierte Berichterstattung als Datenbasis, aus der dann die wesentlichen Informationen ausgewählt, ggf. aufbereitet und in geeigneter Weise extern kommuniziert werden (vgl. Horváth 2003, S. 616).

Zusammenfassend wird der Begriff der wissensorientierten Unternehmenspublizität definiert als die nicht exklusive Gewährung von Informationen über die organisatorische Wissensbasis sowie das zu deren Planung, Steuerung und Kontrolle im Unternehmen eingesetzte Wissensmanagementsystem an einen unbestimmten, offenen Adressatenkreis.

Empirische Ergebnisse

Da bislang keine empirische Studie zur wissensorientierten Unternehmenspublizität von deutschen Unternehmen existiert, sollten mit der nachfolgend dargestellten Untersuchung aktuelle Befunde bzgl. der Relevanz, des aktuellen Standes sowie der Form der wissensorientierten Unternehmenspublizität gewonnen werden.

Vorgehensweise bei der empirischen Untersuchung

Im Einzelnen wurden sowohl die (potenziellen) Ersteller, d. h. deutsche börsennotierte Unternehmen, als auch die (potenziellen) externen Adressaten, d. h. Analysten, Wirtschaftsprüfer, Fondsmanager, Investmentbanker u. a., der wissensorientierten Unternehmenspublizität befragt. Für jede Probandengruppe wurde ein eigener Fragebogen erstellt, deren Aufbau weitestgehend identisch gestaltet war, sodass die Antworten direkt miteinander verglichen werden konnten. Nach einem Pretest im November 2004 wurde die Erstbefragung am 7. Dezember 2004 durchgeführt. Dabei wurden 353 Fragebögen an Ansprechpartner in 152 deutschen börsennotierten Unternehmen der Auswahlindizes DAX, MDAX, SDAX und TecDAX sowie 371 Fragebögen an potenzielle externe Adressaten der wissensorientierten Unternehmenspublizität, die in 92 unterschiedlichen Gesellschaften (z. B. Wirtschaftsprüfungs- und Fondsgesellschaften) tätig waren, versandt. Im Rahmen der Nachfassaktion, die am 18. Januar 2005 begann und per E-Mail durchgeführt wurde, wurden nochmals 105 externe

	Unternehmen	Externe Adressaten	Gesamt
Erstbefragung	353	371	724
Rücklauf absolut	25	28	53
Nachfassaktion	19	105	124
Rücklauf absolut	3	4	7
Rücklauf gesamt absolut	28	32	60
Rücklauf gesamt in %	7,93 %	8,63 %	8,29 %

Abbildung 2: Rücklauf der Befragung zur wissensorientierten Unternehmenspublizität

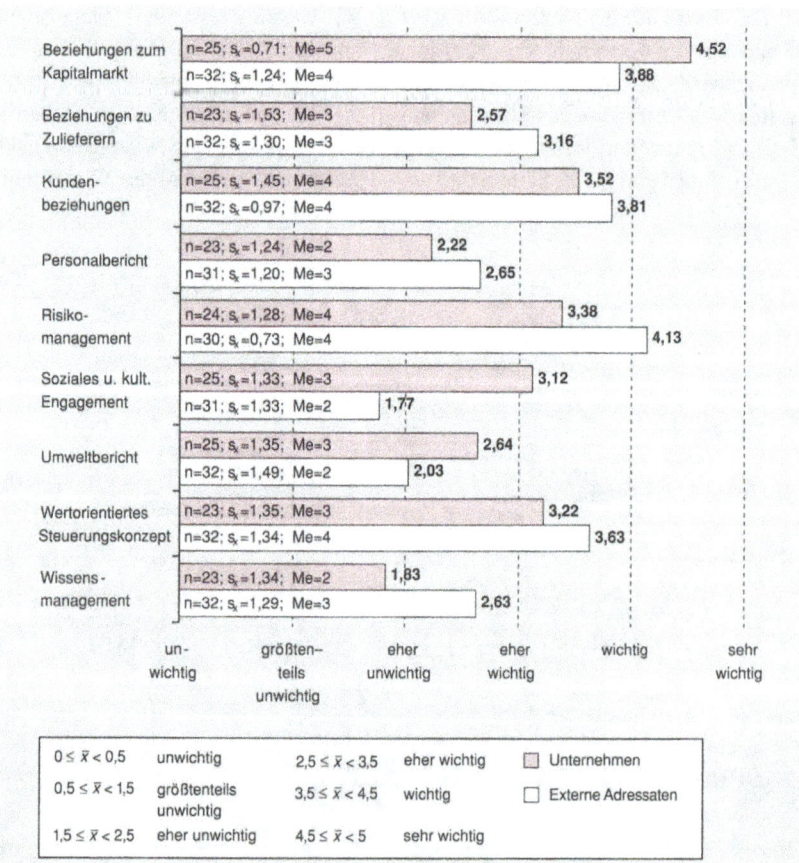

Abbildung 3: Relevanz verschiedener Inhalte der Unternehmenspublizität

Inhalte der Unternehmenspublizität
* kennzeichnet Signifikanz bei einem Konfidenzintervall von 95 %
** kennzeichnet Signifikanz bei einem Konfidenzintervall von 99 %

	Extremste Differenzen			Kolmogorov-Smirnov Z	Asymp. Sig. (2-seitig)
	Absolut	Positiv	Negativ		
Beziehungen zum Kapitalmarkt	0,234	0,234	0,000	0,876	0,427
Beziehungen zu Zulieferern	0,154	0,000	–0,154	0,562	0,911
Kundenbeziehungen	0,226	0,141	–0,226	0,848	0,469
Personalbericht	0,157	0,000	–0,157	0,571	0,900
Risikomanagement	0,325	0,000	–0,325	1,187	0,120
Soziales und kulturelles Engagement	0,422	0,422	0,000	1,570	* 0,014
Umweltbericht	0,225	0,225	–0,054	0,843	0,476
Wertorientiertes Steuerungskonzept	0,209	0,031	–0,209	0,765	0,601
Wissensmanagement	0,364	0,043	–0,364	1,332	0,058

Abbildung 4: Signifikanzauswertung für die Relevanz verschiedener Inhalte der Unternehmenspublizität

Adressaten und 19 Ansprechpartner in Unternehmen um die Teilnahme an der Studie gebeten. Bei den Unternehmen wurden nur solche in die Nachfassaktion einbezogen, die im Rahmen einer Vorstudie angegeben hatten, Wissensmanagement zu betreiben, und zugleich einen Ansprechpartner für dieses Thema benannt hatten. Abbildung 2 enthält eine zusammenfassende Darstellung der Daten zu Versand und Rücklauf der Fragebögen.

Relevanz der wissensorientierten Unternehmenspublizität

Zunächst wurde die relative Bedeutung der wissensorientierten Unternehmenspublizität erhoben, indem Unternehmen und externe Adressaten um eine Relevanzeinschätzung verschiedener Inhalte der Unternehmenspublizität gebeten wurden.

Basierend auf den Mittelwerten der Stichproben wird die Unternehmenspublizität über die Beziehungen zum Kapitalmarkt von den Unternehmen als sehr wichtig und von den externen Adressaten als wichtig eingeschätzt (vgl. Abb. 3). (Anmerkung der Verf.: In dieser und den folgenden Abbildungen stellt die Balkenlänge jeweils den Mittelwert der in der Stichprobe enthaltenen Antworten dar.) Während die Unternehmen die Beziehungen zum Kapitalmarkt als wichtigsten Berichtsinhalt in der Unternehmenspublizität ansehen, werden diese von den externen Adressaten nur auf den zweiten Rang hinter dem Risikomanagement eingestuft. Jedoch wird auch von den Unternehmen das Risikomanagement mit Rang drei als eher wichtiger Berichtsinhalt betrachtet. Dagegen wird die Unternehmenspublizität über Wissensmanage-

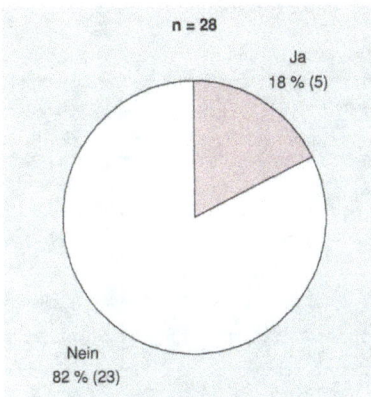

Abbildung 5: Existenz einer wissensorientierten Unternehmenspublizität in deutschen börsennotierten Unternehmen

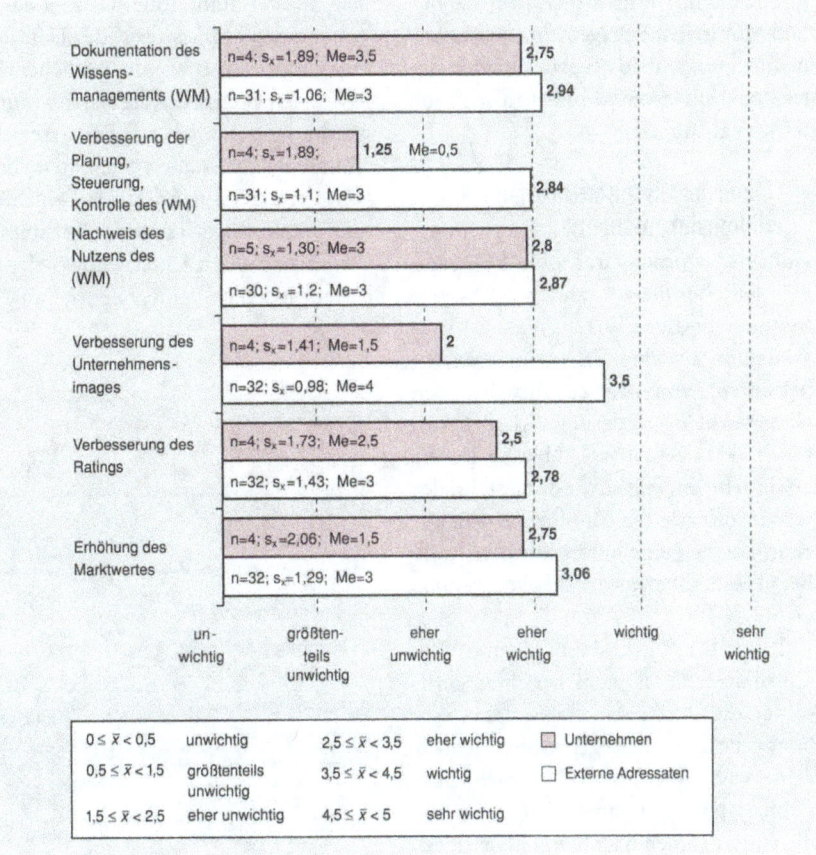

Abbildung 6: Relevanz ausgewählter Ziele der wissensorientierten Unternehmenspublizität

ment von den Unternehmen auf den letzten Rang und als eher unwichtig eingestuft. Diese Einschätzung wird von den externen Adressaten geteilt, auch wenn diese der Unternehmenspublizität über Wissensmanagement mit Rang sieben eine größere Bedeutung als dem Umweltbericht und der Unternehmenspublizität über das soziale und kulturelle Engagement beimessen.

Insgesamt kann festgestellt werden, dass sechs Berichtsinhalten (Beziehungen zu Zulieferern, Kundenbeziehungen, Personalbericht, Risikomanagement, wertorientiertes Steuerungskonzept und Wissensmanagement) von den externen Adressaten eine größere Bedeutung beigemessen wird als von den Unternehmen. Lediglich die Beziehungen zum Kapitalmarkt, das soziale und kulturelle Engagement sowie der Umweltbericht werden von den Unternehmen als relevanter eingeschätzt.

Jedoch ergab sich für die Relevanz verschiedener Inhalte der Unternehmenspublizität nur hinsichtlich des sozialen und kulturellen Engagements von Unternehmen ein statistisch signifikanter Unterschied auf einem Konfidenzniveau von 95 % (vgl. Abb. 4).

Stand der wissensorientierten Unternehmenspublizität

Zunächst wurde gefragt, ob die Unternehmen über die vorhandenen Wissensbestände und das Wissensmanagementsystem in systematischer Form extern berichten. Von den 28 antwortenden Unternehmen wurde dies lediglich von fünf (18 %) bejaht (vgl. Abb. 5). Da die Unternehmen, wie zuvor dargestellt, der wissensorientierten Unternehmenspublizität lediglich eine untergeordnete Rolle beimessen, überrascht dieses Ergebnis nicht.

Falls über Wissensbestände und Wissensmanagementsystem berichtet wird, sollten die Unternehmen ihre damit verbundenen Ziele darlegen. Sofern jedoch keine wissensorientierte Unternehmenspublizität vorgenommen wird, wurden die Unternehmen nach den Hinderungsgründen befragt. Den externen Adressaten wurden korrespondierende Fragen gestellt, indem diese nach den mit der wissensorientierten Unternehmenspublizität erreichbaren Zielen und den Hinderungsgründen aus Unternehmenssicht befragt wurden.

Mit der wissensorientierten Unternehmenspublizität werden von den Unternehmen insbesondere vier Ziele verfolgt, die jedoch im Mittel lediglich als eher wichtig beurteilt wurden (vgl. Abb. 6). So ist aus Unternehmenssicht der Nachweis des Nutzens des Wissensmanagements das wichtigste Ziel der wissensorientierten Unternehmenspublizität. Jedoch werden der Dokumentation des Wissensmanagements und der Erhöhung des Marktwertes des Unternehmens eine ähnlich hohe Relevanz beigemessen. Mit einem Mittelwert von 2,5 wird das Ziel der Verbesserung des Ratings gerade noch als eher wichtig eingestuft.

Die externen Adressaten halten lediglich die Verbesserung des Unternehmensimage für ein Ziel, das die Unternehmen fast vollständig erreichen können. Auf dem zweiten Rang folgt das Ziel der Erhöhung des Marktwertes des Unternehmens, das ebenso wie die restlichen Ziele von den externen Adressaten als überwiegend erreichbar eingeschätzt wird. Auffällig ist, dass allen genannten Zielen von den externen Adressaten ein höheres Zielerreichungspotenzial beigemessen wird als von den Unternehmen. Jedoch besteht lediglich bei der Beurteilung des Ziels der Verbesserung der Planung, Steuerung und Kontrolle des Wissensmanagements ein statistisch signifikanter Unterschied (vgl. Abb. 7). Während das Ziel der Verbesserung der Planung, Steuerung und Kontrolle des Wissensmanagements durch die wissensorientierte Unternehmenspublizität von den Adressaten als überwiegend zu erreichen eingeschätzt wird, erachten die Unternehmen dieses Ziel als größtenteils unwichtig.

Allen ausgewählten Hinderungsgründen wird von den externen Adressaten eine größere Bedeutung beigemessen als von den Unternehmen (vgl. Abb. 8). Wichtigste Hinderungsgründe aus Adressatensicht sind die mangelnde Bewertbarkeit und Messbarkeit von Wissen, Objektivierungsprobleme und die Nicht-Verfügbarkeit benötigter Daten. Diese vier Problemfelder stellen die einzigen Kriterien dar, die als wichtig eingeschätzt wurden. Mit Ausnahme der Nicht-Verfügbarkeit benötigter Daten, die als eher unwichtig betrachtet wird, stufen die Unternehmen diese Hinderungsgründe als eher wichtig ein.

Das vierte Kriterium, das von den Unternehmen mit eher wichtig beurteilt wurde, ist die Wettbewerbssensitivität der wissensbezogenen Informationen. Diese Einschätzung wurde auch von den externen Adressaten geteilt. Anscheinend werden die organisatorische Wissensbasis und Wissensmanagementsysteme

Relevanz ausgewählter Ziele der wissensorientierten Unternehmenspublizität
* kennzeichnet Signifikanz bei einem Konfidenzintervall von 95 %
** kennzeichnet Signifikanz bei einem Konfidenzintervall von 99 %

	Extremste Differenzen			Kolmogorov-Smirnov Z	Asymp. Sig. (2-seitig)
	Absolut	Positiv	Negativ		
Dokumentation des Wissensmanagements (WM)	0,303	0,110	−0,303	0,629	0,823
Verbesserung der Planung, Steuerung und Kontrolle des WM	0,671	0,000	−0,671	1,392	* 0,041
Nachweis des Nutzens des WM	0,133	0,133	0,000	0,298	1,000
Verbesserung des Unternehmensimages	0,475	0,106	−0,475	0,988	0,283
Verbesserung des Ratings	0,287	0,287	−0,181	0,598	0,867
Erhöhung des Marktwertes	0,306	0,306	−0,244	0,637	0,812

Abbildung 7: Signifikanzauswertung für die Relevanz ausgewählter Ziele der Unternehmenspublizität

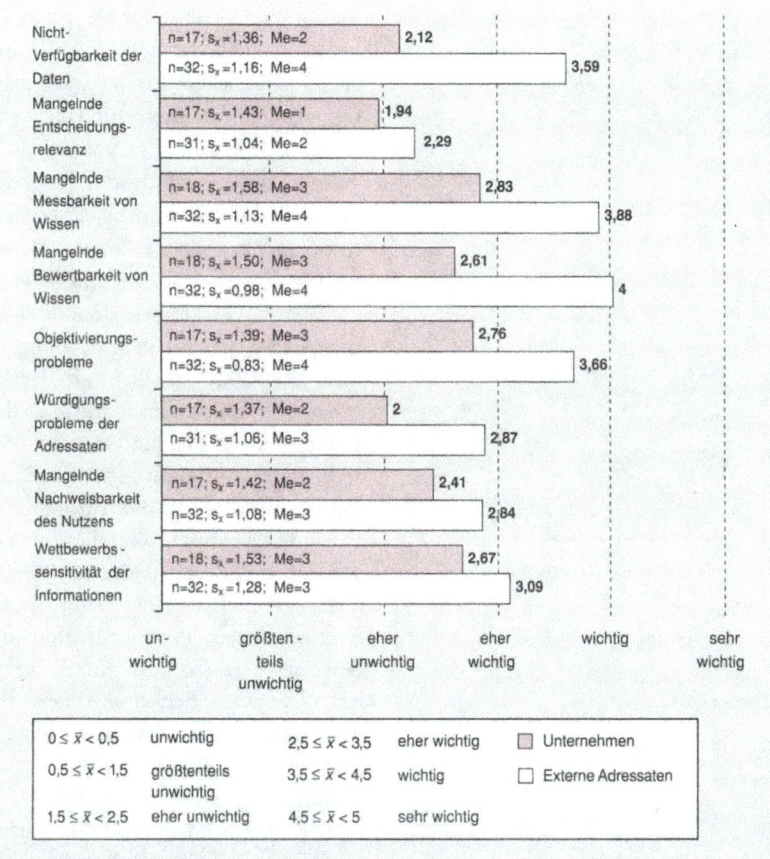

Abbildung 8: Relevanz ausgewählter Hinderungsgründe

als Wettbewerbsvorteile betrachtet, die durch eine wissensorientierte Unternehmenspublizität beeinträchtigt werden könnten.

Statistisch signifikante Unterschiede zwischen den Urteilen der externen Adressaten und Unternehmen ergaben sich nur für die Nicht-Verfügbarkeit der Daten sowie für die mangelnde Bewertbarkeit von Wissen (vgl. Abb. 9).

Abschließend wurden beide Gruppen zu ihrer Zufriedenheit mit der wissensorientierten Unternehmenspublizität befragt. Von Unternehmensseite sollte diese Frage nur beantwortet werden, wenn zuvor eine wissensorientierte Unternehmenspublizität des Unternehmens bejaht wurde. Da, wie bereits dargestellt, dies bei lediglich fünf Unternehmen der Fall war und lediglich vier Unternehmen die Frage nach der Zufriedenheit mit der wissensorientierten Unternehmenspublizität beantwortet haben, besitzt der in Abbildung 10 dargestellte Mittelwert und somit auch der Vergleich der Zufriedenheit mit der wissensorientierten Unternehmenspublizität von Unternehmen und externen Adressaten nur eine sehr geringe Aussagekraft und kann nicht verallgemeinert werden.

Trotzdem liefert das Ergebnis den Hinweis, dass sowohl Unternehmen als auch externe Adressaten mit der wissensorientierten Unternehmenspublizität eher unzufrieden sind, wobei die Unzufriedenheit bei den externen Adressaten nur unwesentlich größer ist. Aus diesem Grund liegt auch kein statistisch signifikanter Unterschied vor.

Form der wissensorientierten Unternehmenspublizität

Hier wurden die externen Adressaten zunächst nach der Eignung verschiedener Elemente des Geschäftsberichts für die wissensorientierte Unternehmenspublizität befragt (vgl. Abb. 11). Während die Eignung des (Konzern-) Lageberichtes mit einem Mittelwert von 2,47 als indifferent angesehen wird, werden der (Konzern-) Anhang als eher ungeeignet, der freie Teil des Geschäftsberichts jedoch als für die wissensorientierte Unternehmenspublizität eher geeignet betrachtet. Dies könnte mit der fehlenden Prüfungspflicht des freien Teils des Geschäftsberichts zusammenhängen. Allerdings besteht bei einer Veröffentlichung der wissensbezogenen Informationen im freien Teil des Geschäftsberichts keine Möglichkeit der Standardisierung

Relevanz ausgewählter Hinderungsgründe für eine wissensorientierte Unternehmenspublizität * kennzeichnet Signifikanz bei einem Konfidenzintervall von 95 % ** kennzeichnet Signifikanz bei einem Konfidenzintervall von 99 %					
	Extremste Differenzen			Kolmogorov-Smirnov Z	Asymp. Sig. (2-seitig)
	Absolut	Positiv	Negativ		
Nicht-Verfügbarkeit der benötigten Daten	0,480	0,000	−0,480	1,599	* 0,012
Mangelnde Entscheidungsrelevanz	0,271	0,139	−0,271	0,899	0,394
Mangelnde Messbarkeit von Wissen	0,368	0,000	−0,368	1,249	0,088
Mangelnde Bewertbarkeit von Wissen	0,424	0,000	−0,424	1,438	* 0,032
Objektivierungsprobleme	0,259	0,000	−0,259	0,864	0,445
Würdigungsprobleme der Adressaten	0,319	0,000	−0,319	1,056	0,214
Mangelnde Nachweisbarkeit des Nutzens	0,213	0,009	−0,213	0,710	0,694
Wettbewerbsschädlichkeit der berichteten Informationen	0,111	0,000	−0,111	0,377	0,999

Abbildung 9: Signifikanzauswertung für die Relevanz ausgewählter Hinderungsgründe

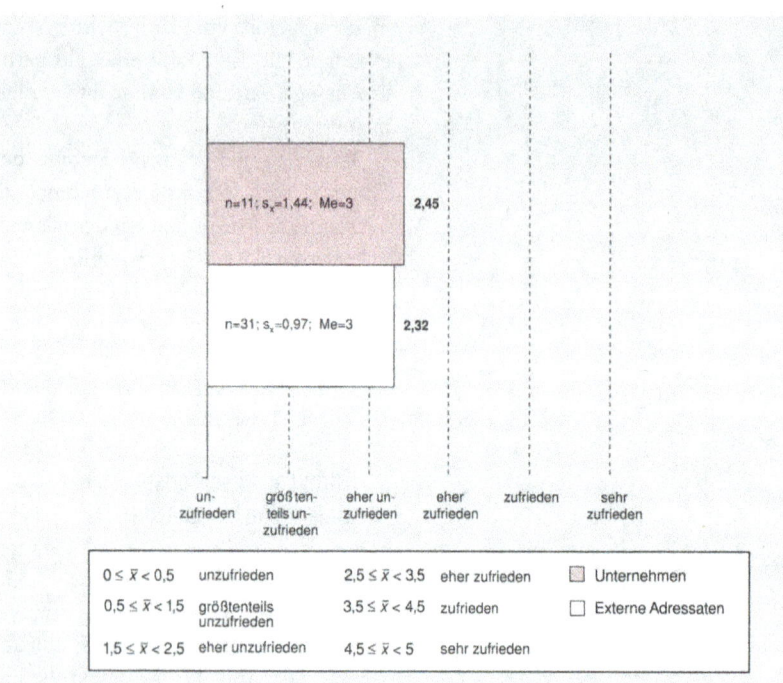

Abbildung 10: Zufriedenheit mit der wissensorientierten Unternehmenspublizität

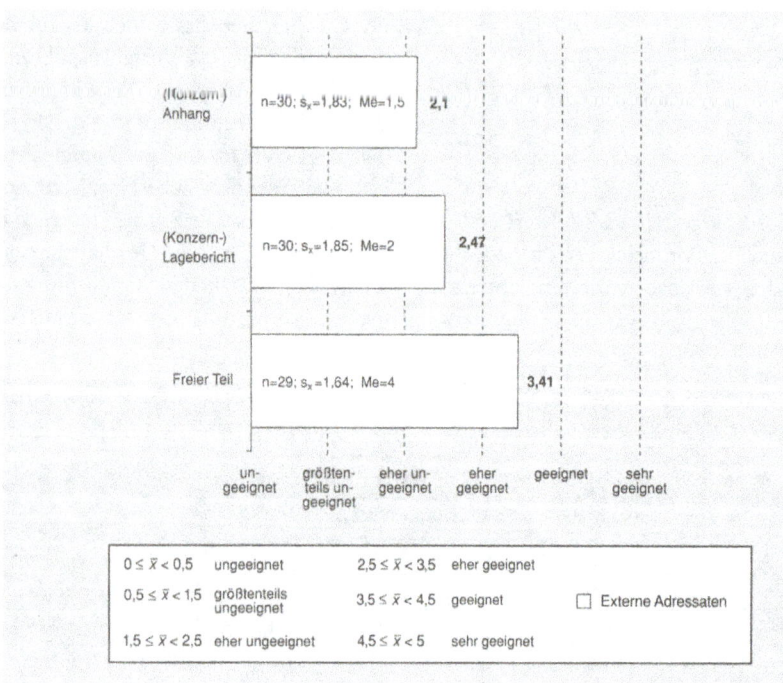

Abbildung 11: Eignung verschiedener Elemente des Geschäftsberichts für die wissensorientierte Unternehmenspublizität

aufgrund von Rechnungslegungsnormen und somit keine bzw. nur eine sehr geringe unternehmensübergreifende Vergleichbarkeit der wissensbezogenen Informationen. Bei den externen Adressaten scheint eine Präferenz für die Integration der Anga-

ben zur wissensorientierten Unternehmenspublizität in den freien, d. h. nicht prüfungspflichtigen Teil des Geschäftsberichts vorzuliegen. Dies könnte auch mit der mangelnden Mess- und Bewertbarkeit von Wissen, die, wie zuvor dargestellt, zu den wichtigsten Hinderungsgründen einer wissensorientierten Unternehmenspublizität zählt und eine Prüfung der gewährten Informationen erschwert, zusammenhängen. Jedoch unterliegen gemäß dem Prüfungsstandard (PS) 202.7 des Instituts der Wirtschaftsprüfer in Deutschland auch die im freien Teil des Geschäftsberichts veröffentlichten Informationen der kritischen Durchsicht der Wirtschaftsprüfer.

Unternehmen wie externe Adressaten wurden zur Wissensbewertung befragt. Zunächst sollten beide Gruppen angeben, ob Wissen in ihrem Unternehmen bewertet wird bzw. ob eine Bewertung des Wissens der betreuten Unternehmen von den externen Adressaten vorgenommen wird. Die Ergebnisse sind in Abbildung 12 dargestellt.

Die Unternehmen gaben mehrheitlich an, dass keine Wissensbewertung durchgeführt wird (86 %). Lediglich ein Unternehmen (7 %) bewertet Wissen und ebenfalls ein Unternehmen (7 %) gab an, nicht zu wissen, ob eine entsprechende Bewertung durchgeführt wird. Mit einem Anteil von 61 % nehmen auch die externen Adressaten im Rahmen ihrer Tätigkeit mehrheitlich keine Wissensbewertung vor. Dennoch ist der Anteil der externen Adressaten, welcher eine Wissensbewertung durchführt, mit 39 % deutlich höher als bei den Unternehmen (7 %).

Danach wurde die Eignung von bestimmten Verfahren für die Bewertung von Wissen erhoben. Basierend auf den Mittelwerten ist zu erkennen, dass die Kostenmethode (Historische Kosten, Wiederbeschaffungskosten, Opportunitätskosten) sowohl von den Unternehmen als auch von den externen Adressaten als tendenziell „eher ungeeignet" angesehen wird (vgl. Abb. 13). Die Unternehmen beurteilen die Bewertung zu historischen Kosten sogar als „größtenteils ungeeignet". Grundsätzlich schätzen beide Gruppen auch die Verfahren

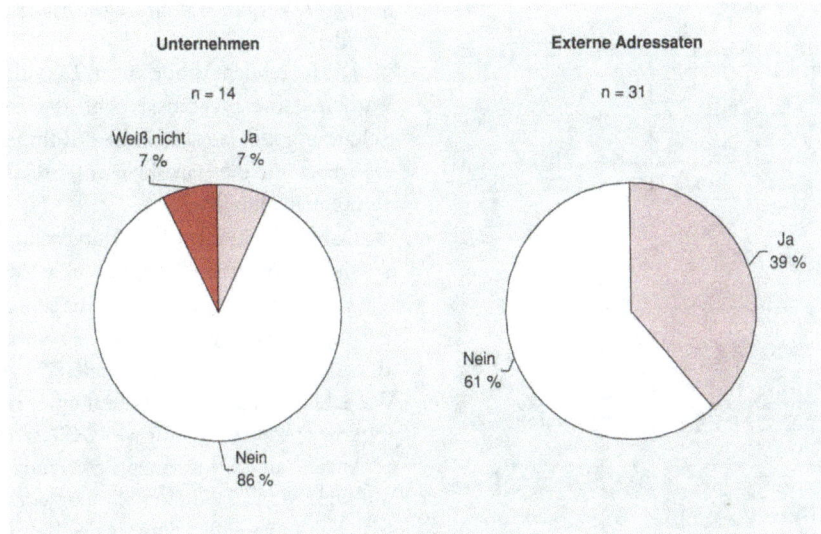

Abbildung 12: Durchführung der Wissensbewertung in Unternehmen und bei externen Adressaten

der (dynamischen) Barwertmethode (Discounted Cashflow-, Ertragswert- und Residualgewinn-Ansatz) als tendenziell „eher ungeeignet" ein. Lediglich die externen Adressaten beurteilen den Discounted Cashflow-Ansatz als „eher geeignet" für die Bewertung von Wissen. Auffällig ist weiterhin, dass sowohl die Unternehmen als auch die externen Adressaten eine nicht-monetäre, quantitative Bewertung sowie qualitative Erläuterungen tendenziell als „eher geeignet" ansehen, um Wissen zu bewerten. Insgesamt betrachtet werden die qualitativen Erläuterungen von beiden Gruppen als am ehesten geeignet angesehen, um Wissen zu bewerten. Zusammenfassend ist somit festzuhalten, dass die Einschätzungen beider befragten Gruppen bzgl. der Eignung dieser Verfahren zur Wissensbewertung kaum Unterschiede aufweisen. Daher konnten auch keine statistisch signifikanten Unterschiede festgestellt werden.

Es zeigt sich, dass keines der Verfahren zur Bewertung von Wissen mehrheitlich angewendet wird, weder von den Unternehmen noch von den externen Adressaten (vgl. Abb. 14). Von beiden Gruppen am häufigsten angewandt werden qualitative Erläuterungen: 31,6 % der Unternehmen und 50 % der externen Adressaten gaben an, anhand dieser eine Wissensbewertung durchzuführen. Somit werden qualitative Erläuterungen von beiden Gruppen nicht nur als am ehesten geeignet für die Bewertung von Wissen angesehen, sondern auch am häufigsten angewandt. Am seltensten wird eine Wissensbewertung von den Unternehmen anhand der Wiederbeschaffungskosten (5,3 %) und von den externen Adressaten anhand des Residualgewinnansatzes (12,5 %) durchgeführt.

Abschließend wurde die Eignung ausgewählter Rahmenkonzepte für die wissensorientierte Unternehmenspublizität untersucht. Da in der betriebswirtschaftlichen Literatur eine Vielzahl von Rahmenkonzepten im Bereich der Intellectual Capital Berichterstattung diskutiert wird, musste in dieser Studie eine Auswahl getroffen werden. Jedoch konnte die Kenntnis der ausgewählten Konzepte bei den befragten Personen nicht vorausgesetzt werden, sodass zunächst der Bekanntheitsgrad der zu beurteilenden Ansätze ermittelt wurde. Abbildung 15 enthält die Ergebnisse aus Unternehmenssicht.

Am bekanntesten war bei den Unternehmen der Intangible Assets Monitor

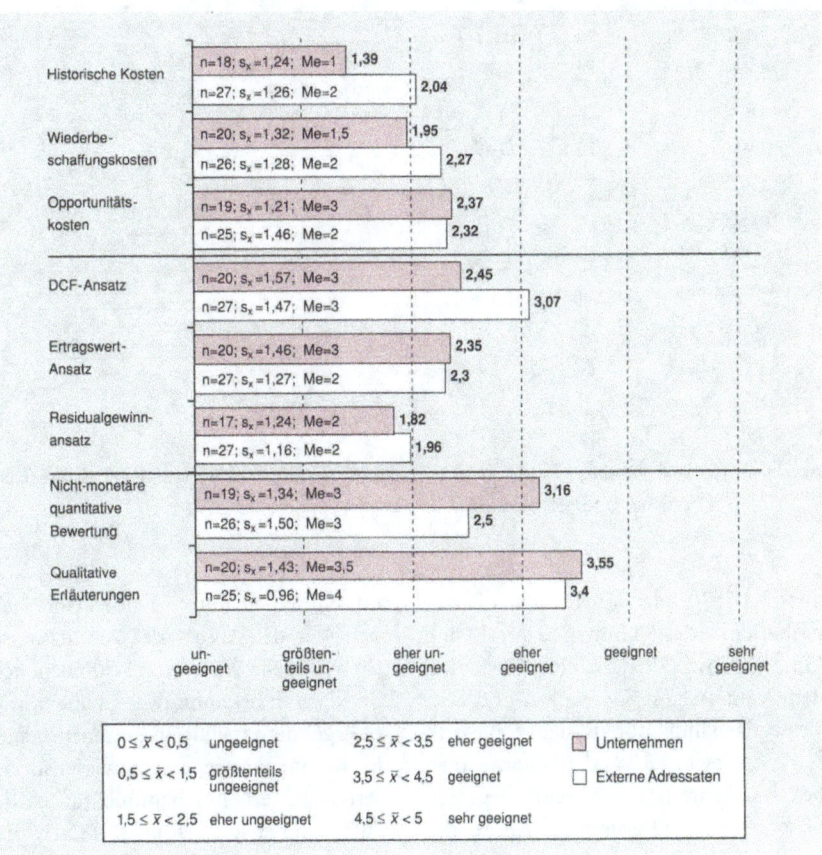

Abbildung 13: Eignung ausgewählter Verfahren zur Bewertung von Wissen

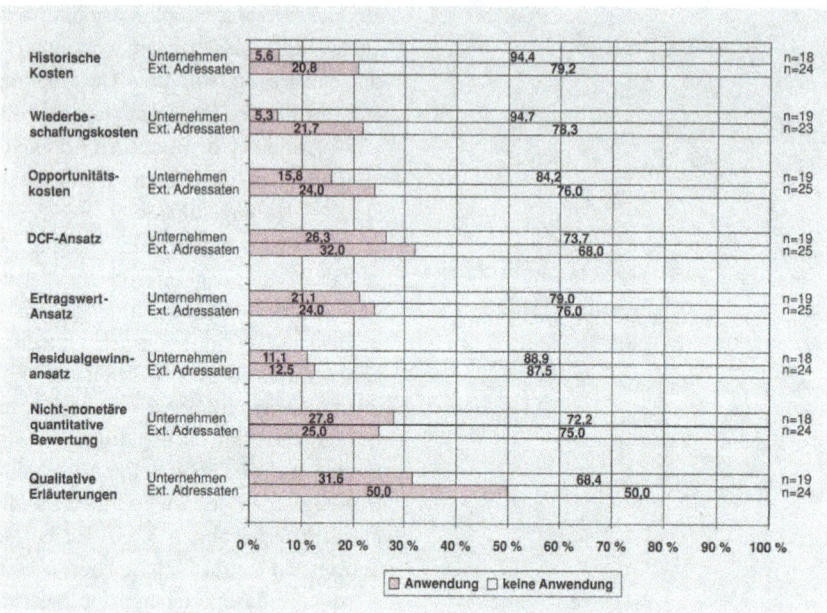

Abbildung 14: Anwendung ausgewählter Verfahren zur Bewertung von Wissen

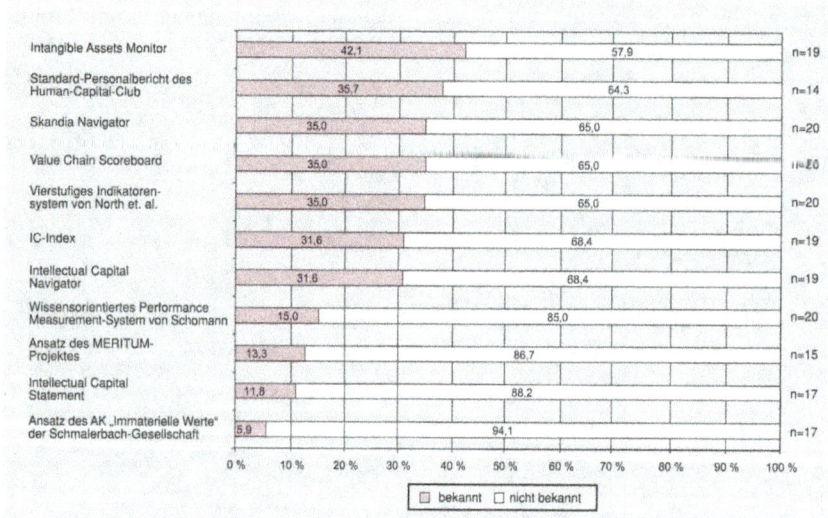

Abbildung 15: Bekanntheitsgrad von Rahmenkonzepten für die wissensorientierte Unternehmenspublizität aus Unternehmenssicht

jüngster Vergangenheit rege diskutiert wurden.

Die folgenden Abbildungen 16 und 17 enthalten die Ergebnisse bzgl. der Einschätzung der ausgewählten Rahmenkonzepte für die wissensorientierte Unternehmenspublizität.

Dabei ist die Anzahl der Unternehmen sowie der externen Adressaten, welche die Rahmenkonzepte beurteilt haben, als gering einzustufen. So weist der Ansatz des Arbeitskreises „Immaterielle Werte" der Schmalenbach-Gesellschaft unter den externen Adressaten mit n = 12 die größte Anzahl an abgegebenen Bewertungen auf (vgl. Abb. 17), dies entspricht jedoch lediglich etwa einem Drittel der Befragten. Hingegen wurde die Eignung dieses Konzeptes von lediglich einem der befragten Unternehmen beurteilt. Aus diesem Grund kann auch in diesem Fall den Ergebnissen der Analyse lediglich ein beschränkter Aussagegehalt zugestanden werden.

Wie den Abbildungen 16 und 17 entnommen werden kann, werden alle genannten Rahmenkonzepte von den externen Adressaten als „eher geeignet" oder „geeignet" bewertet. So erreichen das Konzept der Intellectual Capital Berichterstattung, der Intellectual Capital Navigator und das Intellectual Capital Statement die höchste Eignungseinschätzung. Hingegen liegt bei den Bewertungen durch die Unternehmen ein eher heterogenes Bild vor. Während hier der Standard-Personalbericht des Human-Capital-Club (HCC) als „eher geeignet" beurteilt wird, gilt der Intellectual Capital Navigator als „eher ungeeignet", obgleich dieser ein von den externen Adressaten präferiertes Instrument darstellt. Im Falle des Ansatzes des Arbeitskreises „Immaterielle Werte" der Schmalenbach-Gesellschaft kann die im vorangehenden Absatz geschilderte Problematik der geringen Anzahl abgegebener Bewertungen durch die befragten Gruppen verdeutlicht werden. Zwar wird diesem Konzept von den Unternehmen die größte Eignung aller genannten Konzepte zugemessen. Diese Einschätzung beruht jedoch lediglich auf einer Antwort und ist daher nicht zu verallgemeinern.

mit 42,1 %, gefolgt vom Standard-Personalbericht des Human-Capital-Club (35,7 %) sowie dem Skandia Navigator, dem Value Chain Scoreboard und dem vierstufigen Indikatorensystem von North et al., die jeweils 35 % der Unternehmen bekannt waren. Einen sehr niedrigen Bekanntheitsgrad weisen der Ansatz des MERITUM-Projektes (13,3 %) und das Intellectual Capital Statement (11,8 %) auf. Nur einem antwortenden Unternehmen war der Ansatz des Arbeitskreises „Immaterielle Werte" der Schmalenbach-Gesellschaft bekannt, was ein unerwartetes Ergebnis darstellt. Insgesamt scheinen die Rahmenkonzepte der wissensorientierten Unternehmenspublizität in der Unternehmenspraxis noch relativ unbekannt zu sein, obwohl diese in der betriebswirtschaftlichen Literatur in

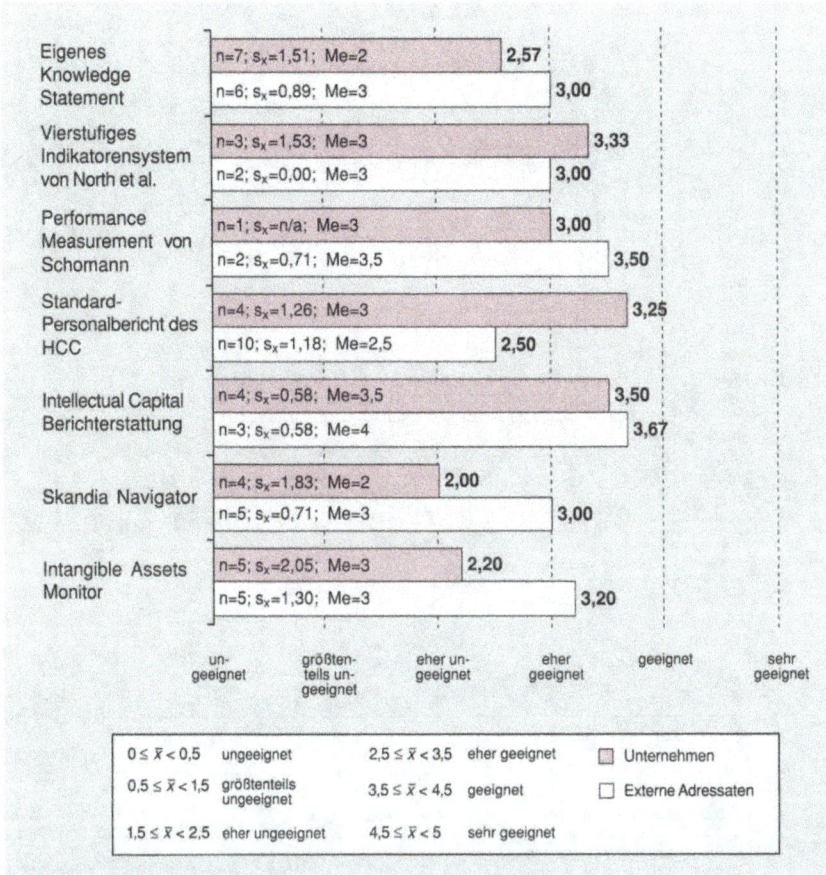

Abbildung 16: Eignung von Rahmenkonzepten für die wissensorientierte Unternehmenspublizität (I)

Zusammenfassung und Ausblick

Bislang publizieren nur sehr wenige deutsche börsennotierte Unternehmen wissensbezogene Informationen, was insbesondere auf die schwierige Mess- und Bewertbarkeit von Wissen zurückzuführen ist. Deshalb sollten in der Zukunft zum einen verstärkt Anstrengungen unternommen werden, die Mess- und Bewertungsverfahren für Wissen weiterzuentwickeln. Zum anderen erscheint eine möglichst vollständige Unternehmenspublizität der organisatorischen Wissensbasis sowie des Wissensmanagements notwendig. Eine solche wissensorientierte Unternehmenspublizität wird gegenwärtig jedoch von keinem nationalen oder internationalen Standardsetter der Rechnungslegung verlangt. Der Deutsche Standardisierungsrat (DSR) hat mit der Verabschiedung des DRS 15 einen Schritt in die richtige Richtung getan. Während für den Bereich Forschung und Entwicklung konkrete und umfassende Empfehlungen für die Lageberichterstattung enthalten sind, wird allerdings die Berichterstattung über die organisatorische Wissensbasis sowie über das Wissensmanagementsystem nicht weiter thematisiert. Somit fehlt bislang weiterhin die Verpflichtung bzw. Empfehlung zu einer vollständigen wissensbezogenen Unternehmenspublizität.

Diesbezüglich könnten sich neue Ansatzpunkte ergeben, falls die wissensorientierte Unternehmenspublizität in dem vom International Accounting Standards Board (IASB) geplanten Standard zum „Management Commentary" (MC) berücksichtigt wird. Dabei stellt der MC ein Äquivalent zum deutschen (Konzern-)Lagebericht dar, der die Financial Statements nach IFRS ergänzt:

„MC should be defined as information that accompanies financial statements as part of an entity's financial reporting and explains the main trends and factors underlying the development, performance, and position of the business of an entity during the period covered by the financial statements, as well as the main trends and factors which are likely to affect the entity's development, performance and position." (IASB 2005, S. 3)

Dieser Verweis auf für die zukünftige Entwicklung von Unternehmen relevanten (Erfolgs-)Faktoren lässt sich, wie in DRS 15.118, als Empfehlung für eine wissensorientierte Unternehmenspublizität interpretieren. In welchem Umfang diese in dem für die zweite Jahreshälfte 2005 angekündigten Discussion Paper zum „Management Commentary" explizit abgebildet sein wird, kann heute (Stand: 30.06.2005) noch nicht abschließend beantwortet werden.

Literatur

AL-LAHAM, A.: Organisationales Wissensmanagement – Eine strategische Perspektive, München 2003.
AMELINGMEYER, J.: Wissensmanagement – Analyse und Gestaltung der Wissensbasis von Unternehmen, 2. Aufl., Wiesbaden 2002.
BODE, J.: Der Informationsbegriff in der Betriebswirtschaftslehre, in: Zeitschrift für betriebswirtschaftliche Forschung, 49. Jg., 1997, S. 449–468.
BODROW, W./BERGMANN, P.: Wissensbewertung in Unternehmen – Bilanzieren von intellektuellem Kapital, Berlin 2003.
BURMANN, C.: Immaterielle Unternehmensfähigkeiten als Komponenten des Unternehmenswertes: Operationalisierung und empirische Messung, in: Die Unternehmung, 56. Jg., 2002, S. 227–245.
CONNOR, K./PRAHALAD, C.: A Resource-based Theory of the Firm – Knowledge Versus Opportunism, in: Organization Science, Vol. 7, 1996, S. 477–501.
DEUTSCHE BANK (Hrsg.): Wettbewerbsfaktor Wissen – Leitfaden zum Wissensmanagement, Frankfurt 1999.
GRANT, R.: Toward a knowledge-based theory of the firm, in: Strategic Management Journal, Vol. 17, 1996, Winter Special Issue, S. 109–122.
HORVÁTH, P.: Controlling, 9. Aufl., München 2003.
IASB (Hrsg.): Information For Observers – MD&A – Research Group Findings (Agenda Item 8), in: http://www.iasb.org/uploaded_files/documents/8_977_0502sob08.pdf, verfügbar, Stand: 24.06.2005.

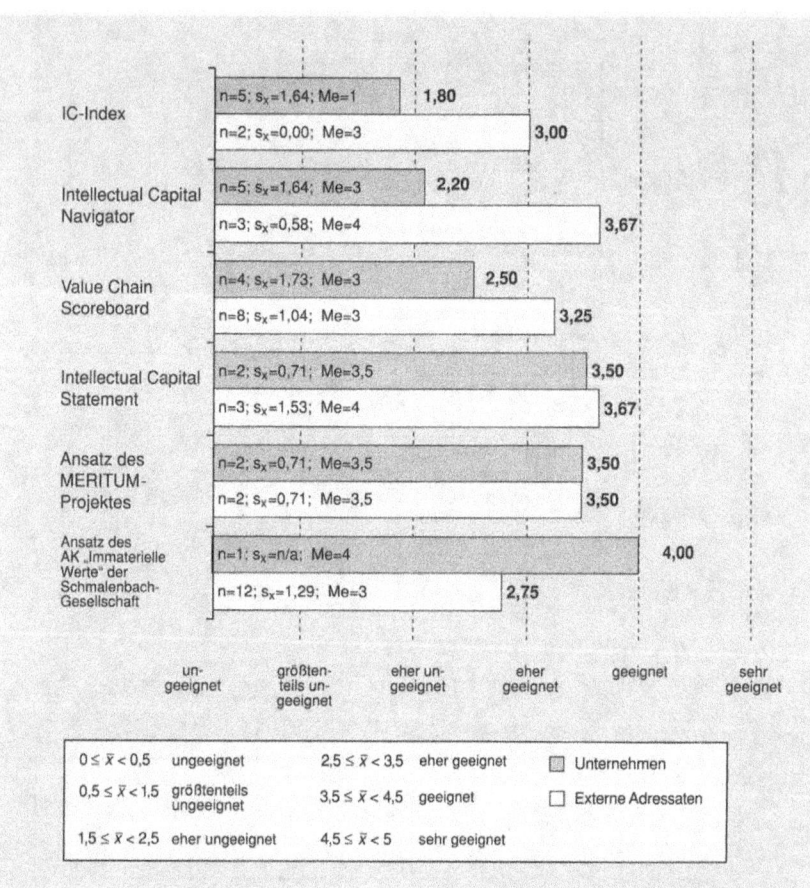

Abbildung 17: Eignung von Rahmenkonzepten für die wissensorientierte Unternehmenspublizität (II)

KLEINHANS, A.: Wissensverarbeitung im Management – Möglichkeiten und Grenzen wissensbasierter Managementunterstützungs-, Planungs- und Simulationssysteme, Frankfurt am Main u. a. 1989.

KPMG (Hrsg.): Insights from KPMG's European Management Survey 2002/2003 – Results January 2003, in: www.kpmg.nl/Docs/Knowledge_Advisory_Services/Documents/KPMG%20KMSURVEY%20RESULTS%20JAN%202003_877K.pdf, verfügbar, Stand: 12.07.2004.

MERKT, H.: Unternehmenspublizität – Offenlegung von Unternehmensdaten als Korrelat der Marktteilnahme, Tübingen 2001.

NONAKA, I.: The Knowledge-Creating Company, in: Harvard Business Review, Vol. 69, 1991, November-December, S. 96 – 104.

NORTH, K.: Wissensorientierte Unternehmensführung – Wertschöpfung durch Wissen, 3. Aufl., Wiesbaden 2002.

PAUTZKE, G.: Die Evolution der organisatorischen Wissensbasis – Bausteine zu einer Theorie des organisatorischen Lernens, München 1989.

PROBST, G./RAUB, S./ROMHARDT, K.: Wissen managen – Wie Unternehmen ihre wertvollste Ressource optimal nutzen, 4. Aufl., Wiesbaden 2003.

PWC (Hrsg.): Immaterielle Werte und andere weiche Faktoren in der Unternehmensberichterstattung, Frankfurt am Main 2003.

REHÄUSER, J./KRCMAR, H.: Wissensmanagement im Unternehmen, Arbeitspapier Nr. 98 des Lehrstuhls für Wirtschaftsinformatik der Universität Hohenheim, Stuttgart 1996.

ROMHARDT, K.: Die Organisation aus der Wissensperspektive – Möglichkeiten und Grenzen der Intervention, Wiesbaden 1998.

TEECE, D./PISANO, G./SHUEN, A.: Dynamic Capabilities and Strategic Management, in: Strategic Management Journal, Vol. 18, 1997, S. 509 – 533.

WERNERFELT, B.: A Resource-based View of the Firm, in: Strategic Management Journal, Vol. 5, 1984, S. 171 – 180.

WILKE, H.: Systemisches Wissensmanagement – Mit Fallstudien von Carsten Krück, Susanne Mingers, Konstanze Piel, Torsten Strulik und Oliver Vogel, 2. Aufl., Stuttgart 2001.

Die neuen Seiten des Controlling

- Die Fachzeitschrift „Controlling & Management" ist schnell, aktuell und lösungsorientiert und bietet für jeden Bedarf die richtige Informationstiefe.

- Der Magazinteil liefert einen umfassenden Überblick über Themen, Trends, Tools, Unternehmen und Strategien, Köpfe und Meinungen.

- Controlling & Management „Praxis" beschreibt fundiert Methoden, Instrumente und neue Entwicklungen des Controlling und enthält Praxisberichte zu aktuellen Themen.

- Controlling & Management „Wissenschaft" liefert den State of the Art aus Controlling-Forschung und Wissenschaft.

- Die renommierten Herausgeber Prof. Dr. Jürgen Weber, Prof. Dr. Thomas Hess und Prof. Dr. Dirk Hachmeister bringen die Experten der Community zusammen.

- Mit einem Klick alles im Blick: Nutzen Sie unser Volltextarchiv im Internet: www.zfcm.de

**Jetzt kostenlos testen:
Bestell-Fax: 0611.7878-423**

**Gabler Verlag
Kundenservice
Abraham-Lincoln-Str. 46

65189 Wiesbaden**

Tel.: 06 11.78 78-615
www.zfcm.de

GPSR Compliance

The European Union's (EU) General Product Safety Regulation (GPSR) is a set of rules that requires consumer products to be safe and our obligations to ensure this.

If you have any concerns about our products, you can contact us on

ProductSafety@springernature.com

In case Publisher is established outside the EU, the EU authorized representative is:

Springer Nature Customer Service Center GmbH
Europaplatz 3
69115 Heidelberg, Germany

www.ingramcontent.com/pod-product-compliance
Lightning Source LLC
LaVergne TN
LVHW080249260326
834688LV00042BA/1197